本书是国家社科基金重大项目"世界社会主义发展大视野大格局大趋势下的中国特色社会主义研究"（项目号：17ZDA004）的重要阶段成果。

VISION AND METHOD

Research on Socialism
from the 19th Century
to the 21st Century

韦定广 著

视野与方法

19世纪至21世纪的社会主义问题研究

天津出版传媒集团

天津人民出版社

图书在版编目（CIP）数据

视野与方法 ：19 世纪至 21 世纪的社会主义问题研究 /
韦定广著. -- 天津 ：天津人民出版社，2022.2
　　ISBN 978-7-201-17863-9

　　Ⅰ．①视… Ⅱ．①韦… Ⅲ．①社会主义理论－理论研
究 Ⅳ．①D0-0

中国版本图书馆 CIP 数据核字 (2021) 第 239866 号

视野与方法：19 世纪至 21 世纪的社会主义问题研究
SHIYE YU FANGFA：19 SHIJI ZHI 21 SHIJI DE SHEHUIZHUYI WENTI YANJIU

出　　版	天津人民出版社
出 版 人	刘　庆
地　　址	天津市和平区西康路 35 号康岳大厦
邮政编码	300051
邮购电话	（022）23332469
电子信箱	reader@tjrmcbs.com
责任编辑	王佳欢
封面设计	汤　磊
印　　刷	天津新华印务有限公司
经　　销	新华书店
开　　本	710 毫米×1000 毫米　1/16
印　　张	24.5
插　　页	2
字　　数	310 千字
版次印次	2022 年 2 月第 1 版　2022 年 2 月第 1 次印刷
定　　价	118.00 元

自　序

十年前,在《后革命时代的文化主题》(人民出版社,2011 年)出版后,我曾经在该书的"后记"中"宣布":以后不会再写专著性理论著作。一是觉得该说的话也都说得差不多了,二是因为纯学术著作社会接受面比较窄。后来虽然出于某种原因,又出版过两本理论性读物(如《历史悬崖上的思考》,人民出版社,2014 年),但篇幅不是很大,并且都是约稿性质。时隔十年打破"誓言",写作和出版本书,首先是为情势所"逼"。

退休前主要由于工作原因,与上海社会科学院的徐觉哉、轩传树等研究人员时有交往,特别是在本单位学科建设方面经常得到他们的支持与帮助。时间长了,内心难免有所愧疚。退休后时间不但宽裕了许多,而且能够完全由自己支配了,于是努力为他们做一些事。除了给研究生上课和参与国家项目研究外,自 2018 年 3 月起,应邀在其负责的《世界社会主义研究动态》杂志开辟"社会主义问题纵横谈"专栏。每月一篇、每篇八千字左右。感谢他们的宽容与信任,题目自拟、文责自负,思之所至、信马由缰。原拟十篇为限,年底结束,然而越写越多,直到满二十篇才勉强收笔。完全出乎我的预料:在拙作连载过程中,得到了许多人士的鼓励和来自不同方面的支持。尤其令我感动的是,中国人民大学高放教授生前抱病打来电话,不但给予充分肯定,而且亲自向国内其他杂志推荐转载。由于各方面的肯定与支持,"纵横谈"有十余篇文章被《求索》《理论与改革》《党政论坛》等多家杂志转载,特别是《中共宁波市委党校学报》曾连续两期以"本刊特稿"形式推出;《上海思想界》将前十篇在文字上略加压缩后,一次性介绍给国内思想界,从而产生较大反响;同时中国人民大学报刊复印资料有关专题也不断进行二次转载……在此基础上,轩传树先生强烈建议我将其汇集成书,并热心为我联系天津人民出版社,进而素不相识的王佳欢女士又热情相约,很快签订了出书合同。

其次,也确实有许多话想说一说。

十易寒暑,说长不长、说短不短,关键是无论中国还是世界都发生了很大变化。虽然谈不上沧海桑田、地覆天翻,但中国已经不是十年前的中国,世界也已经不是十年前的世界。记得十年前国内开会或讲课时,论及中国的国际地位,只能使用"地区性强国"的提法。即便这样,还得赔上许多的谨慎与小心翼翼。如今中国似乎不但稳坐世界"老二"的位置,而且已经在为如何领导全球或者为世界发展提供更多"中国方案"了。世界的变化更是有目共睹。特别是 2020 年初以来新冠肺炎疫情大流行,全球为之惶惶然,至今仍难以预计根本遏制时日。在世界科技如此发达的今天,疫情不但夺去了近五百万人的性命,而且也改变了世界的格局、潮流,尤其是人们对于美好未来的期待。

中国与世界的每一个变化,都会对人文社会科学研究产生影响:或者是提供新的内容、产生新的课题,或者是对以往的观点、结论、方法等形成重大挑战。例如,究竟如何认识和评价中国的发展? 全球化趋势是否仍然存在? 新冠肺炎疫情后的世界还会美好吗? 诸如此类,不一而足。总之,就是面对当下的中国与世界,尤其是面对理论研究的变化或挑战,还有一些话想说一说。于是在二十篇论文的基础上,也就有了这本书的写作和出版。

全书围绕社会主义问题,共分为三个部分:①关于 19 世纪理论的认识和评价,②分析 20 世纪实践的得失成败,③从中国和世界两个层面展望未来发展前景。

在很长的时间里,我们曾经强调:面对同一个事实或问题,立场不同,得出的结论可能会截然相反。"立场"所指,主要是不同的阶级或政治观点。其实即使阶级立场或政治观点完全相同,视野与方法有异,结论也会存在很大差别,有时甚至是黑白分明、天壤之别。

"老祖宗不能丢",它是我们的旗帜、是我们的灵魂。然而如何认识"老祖宗",特别是如何评说他们的一些基本观点,却似乎是一个常说常新的话题。四十多年前,我们读"老祖宗",翻来翻去,发觉满篇都写着四个字:"阶级斗争"。1978 年后再读,却认为核心的语言是"生产力"。那么究竟什么才是马克思所说的社会主义最为本质的内容?列宁讲:"社会主义灵魂 = 自由。"如何理解?这样概括是否符合马克思所说的社会主义的本义或本质精神?这里确实存在着一个认识方法问题。马克思是伟大的,马克思的伟大在于他不是从理论原则出发,而是从历史发展实际和现实生活实际出发,提出人类未来前景问题、后资本主义时代问题。既然是从两个实际出发,我们首先需要做好"还原"工作,即将其论述或观点放到当时的历史发展实际中进行评判和考量:哪些是正确的,哪些是错误的;哪些虽然符合当时的实际,然而却又被后来的发展否定了;哪些在当时来看未免不着边际,但在后来发展中却不断被证明是科学的预见、是伟大的精神财富……

任何人都会存在思想局限或认识局限。马克思再伟大,也有他考虑不周或认识不足的地方;现代人阅读再认真,也会存在把握不准甚至认识错误的方面。姑且不论文化水平不同,立场或出发点不一,会给阅读和接受带来怎样的制约或影响,即使文明背景有所差别,也能够使人们的阅读效果大相径庭。存在各种"误读",这是20世纪社会主义国家理论指导中经常犯的错误之一。要使理论指导在实践中取得更好的效果,必须认真清除和尽量避免各种误读。然而遗憾的是,这项工作至今做得不够深入与仔细。拙作在这方面作了一些努力,但愿能够获得读者的肯定与认可。

分析20世纪社会主义实践的得失成败、荣耀与衰退,无疑可以多领域、多层面、多视角展开。考虑到这方面的研究成果早已是多如牛毛,我只是集中笔墨于视野和方法。

受思维和知识的局限,老一辈学者研究社会主义问题,大都沿袭阶级斗争的观点。这样的认识视野和方法至今仍然有相当的市场。虽然不能认为这是完全错误的,但至少存在很大缺陷。事实上,世界社会主义运动始终是在现代化的背景下进行的;世界现代化的每一次新进程或新变化,都会给社会主义带来深刻影响。这种影响在20世纪社会主义实践中,表现得更为深刻与显著。现代化既是20世纪社会主义革命的助推器,又是落后国家革命胜利后必须首先解决的"生死券"。最先认识到这一点的,是列宁;最后成功解决这个难题的,则是邓小平。我最近二十余年所做的工作之一,就是尝试着突破旧的思维束缚和方法制约,将20世纪社会主义实践置于现代化的视野下加以观照与考察、认识和研究。由于篇幅限制,这方面内容不能充分展现,因此有挂一漏万之嫌。

无论社会构成还是社会主义的建设和发展,都包括经济、政治、文化等多方面内容。虽然在一定条件下或一定时期内重要程度有所不同,甚至如马克思唯物史观所侧重强调的经济对其他方面存在"决定作用";但每一个方面都不可或缺,任何方面在一定的条件下都有可能对其他方面起某种程度的"决定作用",这同样是不容否认的客观事实。

20世纪东方落后国家的社会主义实践为何举步维艰?一时间高歌猛

进,为什么突然又功败垂成? 无论政治制度建设还是执政党的建设,关键环节或最为困难之处究竟什么? 诸如此类,我们当然可以从不同领域且运用不同方法开展分析和研究,但长期以来,文化的维度与方法却遭到不应有的忽视。其实在这方面,列宁早就给我们树立了榜样。在其晚年,更准确地说是在经历了"战时共产主义"的失败后,他明确认识到,文化上的落后("贫困")、文化中的各种前资本主义性质的大量存在,是制约社会主义建设和发展的"关键环节"(列宁语)。甚至他将文化的重要性提到这样的高度:共产党在落后国家夺得政权后,能否顺利发展生产、加强政治建设,最终成功走向社会主义,"问题'只'在于无产阶级及其先锋队的文化力量"。尤其值得肯定的是,列宁当时通过吸收国际学术界最新研究成果,再加上他个人的实践体悟,对"文化"及其社会特性的认识已进入人类文化学范畴,并且达到很高的水平。例如,他特别注意从一个民族的传统、习俗或文化心理层面考察"文化"对现实生活的影响,从而成为国际共运史上,第一位提出共产党在落后国家执政必然面临文化制约难题的领袖人物。可惜的是,庸俗唯物论蒙蔽了我们的视线,列宁这方面的理论贡献长期没有能够进入我们的视野。本着"人无我有"的原则,拙著"20世纪实践"这一部分在现代化视野下,侧重研究东方落后国家文化的特点及其对经济建设、政治发展的制约。相对于社会构成的其他部分,文化既是一个领域,同时也是一种分析方法。究其来源或借鉴,我只是在列宁相关思想内容的基础上,又尝试往前多走了几步而已。这方面更重要的工作,或更深刻思想的提出,可能还有待许多年后的人们来完成。

预测未来总是一件很危险、很困难的事情。所以本书的"下篇"写得既拘谨又有些词不达意,尤其是出于多种原因,经常是"话到嘴边留半句"。

围绕中国最近几十年的发展,我和许多同行或同事们的差别或许在于,肯定之余总喜欢强调内在矛盾与问题;另外,我一直不赞成使用"中国模式",最近十几年,曾就这个问题在国内学术会议的发言中多次表明自己的观点。"中国道路"是一个客观存在,因为只要是在"走自己的路",就必定会有一条现代化的"中国道路"。"模式"意味着一定的框框,意味着可复制性。中国几十年来是"摸着石头过河",并且为解决三大历史主题所形成的制度框架、经验做法等,别的国家很难复制。再就是,中国作为十几亿人口的东方大国,如果成功实现了现代化的目标与任务,未来肯定会对世界历史进程产生重大影响,这一点毫无疑问,然而倘若出于某种目的过于夸大这方面影响,则是既不严谨也不负责任。

人们总是会对未来怀有某种期待。人类未来前景究竟如何? 社会主义的未来前景究竟如何? 这两个问题经常盘旋于国人心头。十七年前,在《"世界历史"语境中的人类解放主题》(人民出版社,2004 年)一书的"自序"中,我曾经对中国未来、人类未来表现出非常乐观的态度。然而七年后,即到了写作《后革命时代的文化主题》一书的"自序"时,这种乐观态度有了某些改变。其中写道:"过去的,真的能够成为过去吗? 无论对于世界或者个人,尤其是一个国家。在前面等待着我们的,肯定会有挑战与风险——甚至非常巨大,但之后必然就是更加灿烂的、充满温馨与浪漫的春天吗? 此时此刻,突然想到了梁漱溟先生,想到了这位世纪老人生前最后的疑问……"由于某种考虑,文章没有交代梁先生生前最后的疑问究竟是什么? 后来,时常有细心的读者问及此事。其实很简单,就是"这个世界会好吗?"

"这个世界会好吗?"

毫无疑义,梁先生的这句问话在当下,不但拥有更加令人坐立不安的现实依据,而且也产生了更为深刻的内涵。或者说,这已经成为许多人挥之不去的口头语,并进而演化出无数个问号:未来的中国会怎么发展? 明天的世界还会发生哪些变化? 中国与美国之间会走向战争状态吗? 难民潮还会继续蔓延吗? 我们还能够如以前一样去世界各地自由行走吗?

面对这许多个问号,我想起了马克思生前的一个回答:在没有充分已知项的情况下,是没法求解"未来将会如何"这道方程的。是啊,任何人都无法清晰地回答"未来如何"这道难题。或许人们能够做到的只在于:

在秋天已经来临时,尽情想象来年春天的美好!

韦定广

2021 年 8 月 20 日于苏州晚明园

目 录

上篇

19世纪理论：

本质精神及其误判与误读

从历史发展的角度审视,19世纪无疑属于资本主义。

最初萌发于亚平宁半岛的思想种子,经过几百年的孕育、培植,18世纪后期扎根于英伦三岛,19世纪很快遍布整个欧洲大陆,甚至远播南北美洲及东亚。机器轰鸣,不到一百年创造出比以往一切时代总和还要大得多的生产力;一顶顶皇冠落地,各种各样的"现代国家"如雨后春笋般出现,"主权在民""人人生而自由平等"一类的人权思想、政治理念迅速传遍世界每一个角落;地球很快被英、法等老牌资本主义国家瓜分完毕,大大小小的资本家为了资本快速增殖的需要竞相将"触角"伸向任何有人群居住的地方,人类文明迎来全球化的新时代……

19世纪同时也是社会主义诞生的世纪!

面对资本主义给人类带来的灾难与祸患,各种社会主义思潮与流派层出不穷,各种社会主义运动与组织风起云涌;在社会主义或类似社会主义的旗帜下,许许多多的思想家、政治家纷纷开动脑筋,提出替代资本主义的美好方案……大多数如过眼烟云很快散去,甚至消失得一点痕迹都没有留下。只有以马克思和恩格斯为代表的社会主义及其领导的第一国际经久不衰,并很快对19世纪的欧洲思想史、政治史产生重大影响。这种影响延续至20

世纪，不但扩展至世界范围，而且在实践层面不断开花结果；发展到高峰时期，竟然形成了一个足以与资本主义西方相抗衡的"东方阵营"！

然而正如社会主义首先在东方取得成功为马克思和恩格斯始料未及一样，社会主义道路的种种坎坷、曲折，以及在 20 世纪最后十年遭遇的重大挫折，同样使世界惊诧不已：怎么会是这样？

震惊之余，无数善良的人们一次又一次地追问：既然是"科学"理论指导下的实践，为什么会出现这样的失败？究竟是马克思和恩格斯的理论原则错了，还是人们的操作出了问题？

理论产生于 19 世纪的欧洲，作为特定时空条件的产物，本质上究竟是怎么一回事？是否如同一切伟大的思想，同样存在某些不足、缺陷，以及为后来的实践者所忽视的种种局限？或者当实践者接受这个理论时，是否会由于自身条件的局限而导致阅读错误，以致收到南辕北辙之效？

如此等等，都使得人们在重新阅读基础上，仔细琢磨"19 世纪理论"的来龙去脉、精神实质及其思想局限等，成为必要；与此同时，悉心辨析 20 世纪的各种"误读"现象成为一件值得认真完成的工作。幸运的是，在经历了几次思想解放运动后的今天，我们对马克思的"阅读"已经能够摆脱种种框框和教条的束缚，努力从本源意义上探讨马克思社会主义的本质，特别是在改革开放和中国特色社会主义理论与实践深入发展的背景下，这方面的理论研究能够在更大程度上超越以往狭隘的理论视野或政治眼界。

第一章
追踪与辨析

毫无疑问,19 世纪欧洲思想界是与马克思的名字紧密联系一起的。然而自马克思的理论诞生以后,对其思想特别是社会主义内容的理解与接受却始终是一个新鲜话题。

任何伟大的思想一旦被封为某种"主义",就存在被扭曲的危险。或许生前有知,马克思本人当时曾针对欧洲思想界对其理论的错误认识,认为自己就不是一个"马克思主义者"。围绕马克思的社会主义理论,20 世纪主要存在左、中、右三种解释:以苏联模式为代表的社会主义国家,偏重于以生产关系、上层建筑为主要特征的认识和描述;西方马克思主义学派努力挖掘其人本主义或人道主义内涵;而欧美国家的一些思想家、政治家则认为其根本是不可能实现的乌托邦,或者说是一种宗教。① 三种解释各不相让,都曾经在一定范围内产生过比较大的影响。随着苏联与东欧国家改弦易辙,对第一种解释的普遍质疑成为 20 世纪 90 年代以来国际思想界的一个突出现象,同时也形成了新一轮对马克思社会主义理论的反思与探讨。当人类文明跃进 21 世纪的门槛时,伴随全球化的深入发展,"我们处于同一个地球"很快

---

① 最后一种解释的代表人物,是美国政治家兼学者兹·比格涅夫·布热津斯基,其论点主要参见[美]兹·比格涅夫·布热津斯基:《大失败——二十世纪共产主义的兴亡》,军事科学院外国军事研究部译,军事科学出版社,1989 年。

成为各国人民及政要的共同认识。于是对人类未来命运的关注，使 19 世纪的马克思，一个似乎已经离我们远去的马克思，再一次成为阅读和讨论的对象。这一切诚如美国学者雅克·德里达所预言，当原先束缚着人们观念的教条的机器或意识形态对立因素已经处于消失状态后，如果不重新阅读而且反复阅读和讨论马克思，将会成为"一个理论的、哲学的和政治责任方面的错误"①。

在国内理论学术界，尽管二十年前有人提出了"回到马克思"或"走进马克思"的口号，并且理论研究和文本解读都有所突破（主要在哲学领域），然而最近几年，反对"原教旨马克思主义"的提法不绝于耳。既然苏联模式的失败并不等于马克思社会主义的失败，那么难道没有必要追问一下：真正意义上的马克思的社会主义究竟意味着什么？更何况在这一命题下至少包括：①马克思是如何提出社会主义问题的？②社会主义问题在马克思的思想中经历了一个什么样的发展过程？③马克思是怎样从与其他思想流派相区别的角度阐述社会主义的本质要义的？有关社会主义社会主要特征性描述，在马克思的社会主义理论中究竟居于什么样的位置？④"世界历史"与马克思社会主义的关系如何？世界性普遍交往对于马克思设想的社会主义具有什么样的重要意义？

一、"社会主义"：由来、历史起点及马克思的使用

为了更准确地理解马克思的理论，或者说为了避免不必要的误解与分歧，在正面阐述之前，我们有必要首先搞清楚社会主义名词的由来及其内

---

① ［美］雅克·德里达：《马克思的幽灵：债务国家、哀悼活动和新国际》，何一译，中国人民大学出版社，1999 年，第 21 页。

涵、社会主义思想体系的特质、"社会主义"与"共产主义"的区别，以及马克思究竟在何种意义上使用这两个概念等一系列相关问题。

(一) 两百年，还是五百年或两千年？

经常有人将社会主义思想的源头推至两千多年前，因为差不多在同一时间，西方产生了柏拉图的《理想国》，而在中国则有《礼记》对"大同世界"的描述。古今中外这一类对美好社会的幻想固然令人向往，然而与"社会主义"其实并非一回事。人类面对极度的悲苦、贫穷与灾难，很容易产生对理想社会的追求，如果认为这就是社会主义，那么似乎任何一种古代宗教都可以被视为社会主义的思想源头了。这显然并不恰当。当然更为普遍的观点是，将 1516 年英国人托马斯·莫尔发表的《乌托邦》一书作为社会主义思想的起点。① 由此，便产生了"世界社会主义五百年"一说。无论莫尔的《乌托邦》还是后来意大利人康帕内拉的《太阳城》，其共同特点是反对私有制。但问题在于——正如我们将会在后文加以阐述的：反对私有制并不是"社会主义"的核心要素！

严格说来，"社会主义"是一个现代概念，它的产生与两种思潮及其社会表现紧密联系，即资本主义和个人主义。

就其发生而言，古代农业文明时代产生不出"社会主义"。在农业社会，宗法血缘关系主导人们的社会存在，人与人之间在一定程度上"温情脉脉"；剥削压迫不可避免，但在贫富两极之间有无数的中间层次。然而资本的迅速运转一方面将人与人之间的关系变成赤裸裸的金钱关系，整个社会物欲横流、财富成为最伟大的"上帝"；另一方面由于极度推崇个人利益至上原

---

① 此说可能源自恩格斯。恩格斯在《社会主义从空想到科学的发展》中，将莫尔书中"对理想社会制度的描写"当作与 19 世纪初圣西门、傅立叶、欧文的空想社会主义相并列的第一阶段。

则,个人主义成为社会的主流价值,由此导致人与社会的矛盾变得异常尖锐突出。正是在这样的背景下,19 世纪初,当圣西门、傅立叶等人以反现实为前提思考未来理想的社会制度时,着眼点在解决个人与社会的矛盾。例如法国人傅立叶在 1803 年发表《全世界和谐》,将未来理想的社会制度称为"和谐制度";英国人欧文则以"理性社会"名之。在此基础上的进一步发展,便是"社会主义"的面世。虽然从思想史角度考察,对于最先使用"社会主义"概念的是英国人还是法国人或者意大利人等细节存在争议,但有一点是明确的,即"社会主义"是资本主义的对立物,甚至可以说是资本主义的一个对应概念;它是针对资本主义社会资本主导下人性的丧失及个人利益至上的特点提出来的,核心是要通过建立某种新的社会制度来解决个人与社会的矛盾。

由建立什么样的制度,或者说通过怎样的方式和途径来解决这个矛盾,产生了各种各样的社会主义。在此,值得我们注意的是以下两点:

1. 真正能够以"空想社会主义"命名的,只有 19 世纪初以圣西门、傅立叶、欧文为代表的学说及其实践,其余大体只能归类于反现代化思潮

首先如上所述,空想社会主义即使是"空想",也属于整个社会主义思潮和理论范畴,它是资本主义存在和发展的产物。欧洲资本主义正式形成于"双元革命"(即英国工业革命和法国 1789 年政治大革命)之后,如果将在此之前以表达人类公平、正义、平等一类愿望为特征的思想潮流都称作"空想社会主义",未免太泛,并且难以区分空想社会主义与东西方历史上始终存在的这类文化资源的关系。

其次,在 19 世纪初三大空想社会主义学说之前,从托马斯·莫尔、康帕内拉到 18 世纪法国的平等派运动,无不具有否定工业生产、向往古代农业社会的特征。这在本质上非但与社会主义格格不入,而且按照美国学者艾恺(Guy S. Alitto)的观点,恰恰符合"反现代化思潮"的特点——虽然多少有点

令人遗憾的是，艾恺的《世界范围内的反现代化思潮——论文化守成主义》一书却并未将他们列入。①

2. 在世界近现代政治思潮中，"共产主义"与"社会主义"有着极为紧密的关系：两者有时是在同一意义、同一思想倾向下被运用，可以相互替代；有时表现出一定程度的区别，反映出思想倾向的不同着重点

以马克思和恩格斯对这两个词的使用为例：

一般来说，在早年（特别是写作《共产党宣言》前后），就像恩格斯解释的，由于当时所谓的社会主义者一是指各种空想社会主义体系的信徒，如英国的欧文派、法国的傅立叶派，二是指形形色色的"社会庸医"（参见《共产党宣言》1888 年英文版序言），所以偏重于使用"共产主义"一词（偶尔也将"社会主义"当作与"共产主义"具有同等意义的概念来使用）。正如"社会主义"一词并不是马克思的发明一样，共产主义无论是概念还是思想或运动，在西欧历史上都不是马克思的"专利"。从词源上考证，"共产主义"早于"社会主义"，它最初出自古拉丁文"communis"，含有公有、公共一类的意思，与原始社会实行财产公有制相联系。在古希腊、古罗马和中世纪，人们经常使用的共同体（communion/community）一词也由此而出，发展至近代，才衍生出欧洲文字中的"共产主义"（communism）。追求财产公有和社会平等（平均），类似的思想在欧洲长期存在着，而明确将共产主义变成一种社会实践行为，主要出现于 18 世纪末 19 世纪初的英、法等国家。1840 年左右，"共产主义"一词由秘密转向公开，并在工人群众和社会下层广为流行。从对私有财产的否定和能够很好地代表与反映工人群众及广大社会下层利益角度，

---

① 参见［美］艾恺：《世界范围内的反现代化思潮——论文化守成主义》，贵州人民出版社，1991年。另外在这一问题上，埃及学者萨米尔·阿明也曾经有过相类似的观点。他认为，空想社会主义对资本主义的"最初反抗"其实是"表现为对封建时代的怀念"。参见［埃］萨米尔·阿明：《资本主义的危机》，彭姝祎、贾瑞坤译，社会科学文献出版社，2003年，第 48 页。

马克思得出了共产主义的结论。但是在《1844年经济学哲学手稿》中，马克思就已经将作为人类解放"最后形式"的共产主义区别于历史上或当时正在欧洲流行的共产主义。但是到19世纪60年代后期，马克思考虑到当时国际政治背景和无产阶级革命运动的发展状况，就开始更多地使用"社会主义"一词而较少使用"共产主义"。1864年后，马克思和恩格斯更多地用科学社会主义来概括他们的思想。在恩格斯的《社会主义从空想到科学的发展》发表后，用科学社会主义来表明马克思和恩格斯社会主义思想的提法更为广泛，自此以后一直沿用。

为了既有助于我们加深对上述观点的理解，同时也有便于更准确地把握马克思的社会主义理论，我们不能忽视马克思在《1844年经济学哲学手稿》中对于"共产主义"的认识与思考。

（二）《1844年经济学哲学手稿》中的"共产主义"

《1844年经济学哲学手稿》对共产主义的阐述，可以看作马克思社会主义理论的思想源头。正是在这部著作中，马克思表达了一个极为重要的观点：在生产力不发达条件下，如果对人类社会发展规律缺乏科学的认识，共产主义的"共产"特征很容易导致极端平均主义和普遍贫穷。这就是后来恩格斯在《社会主义从空想到科学的发展》中概括的，是一种"苦修苦练的、禁绝一切生活享受的、斯巴达式的共产主义"。如果这样，马克思明确认为即使实现了共产主义也并不意味着历史的进步。

法国大革命影响下产生的巴贝夫的平等派运动，在当时还很有市场，所以《1844年经济学哲学手稿》首先对这种共产主义进行了深刻批判。

第一，这种共产主义虽然也否定私有财产，然而属于消极否定。从历史的观点看，资本主义的私有制比起封建制度是一大进步，它推动了社会生产力的发展，特别是使人获得施展才能的机会。但是这种以巴贝夫平等派为代表的共产主义却是"想把不能被所有人作为私有财产占有的一切都消灭;它想用强制的方法把才能等等舍弃"。这种做法的本质是将对物质的占有当作人生存和生活的唯一目的,其结果非但不能够消灭工人的贫困,反而将工人的生存状态"推广到一切人身上"(普遍贫穷)。

第二,由于这种共产主义实质上对"较富裕的私有财产怀有忌妒",因而在实践中不但将财富的平均化推向极端,而且"到处否定人的个性",主张消灭不能被所有人当作私有财产加以占有的一切东西,特别是人的不同才能和个性等。

马克思的批判表明:这种共产主义根本不理解人类文明发展的规律性,不懂得资本主义条件下劳动异化与私有财产的本质和意义。它对私有财产的否定只不过是私有财产框架里面的一种否定,是出于自己没有也不让别人占有的完全小农式忌妒或贪婪心理。[①] 因此在文中,马克思将这种共产主义称为"完全粗鄙的和无思想的共产主义";强调如果实行这样的共产主义,那么它将以"对整个文化和文明的世界的抽象否定,向贫穷的、没有需要的人——他不仅没有超越私有财产的水平,甚至从来没有达到私有财产的水平——的非自然的简单状态的倒退,恰恰证明私有财产的这种扬弃决不是真正的占有"[②]。这是多么可怕的社会后果!

《1844年经济学哲学手稿》反复提醒人们:不能抽象地谈论共产主义,尤其不能认为只要是共产主义就一定比资本主义更具有历史进步性。

前面论述过,近代以来人们提出社会主义的根本目的是为了解决人与社会的矛盾,而在马克思这里则是为实现人类解放寻找恰当的社会形式。共产主义在否定私有财产、维护社会下层利益这一点上是值得肯定的,但是

---

① 巴贝夫出生于法国毕卡迪省的一个贫苦家庭,在他关于新社会制度的设想中主张消灭大城市,让所有居民都住到农村去,将理想中的共和国称为农业国。
② [德]马克思:《1844年经济学哲学手稿》,人民出版社,1985年,第75页。

从人类解放的角度考察，马克思认为：①并不能简单地否定一切私有财产，而是要站在资本主义的历史高度否定其私有财产导致异化劳动的性质；②人的解放本质上既是主体活动的解放，同时又表现为作为人的需要满足基础上的自由发展，因此它一方面"扬弃"私有财产的消极内容，另外一方面又必须以对人类已有文化与文明的"占有"为条件；③作为资本主义社会以后的共产主义，每个人应该是有文化或文明的而并非野蛮或没有修养的，是富裕的而绝非"贫穷的"，是各方面需要能够获得鼓励和满足的而绝非"禁绝一切生活享受的"。因此，马克思提出：

> 共产主义是私有财产即人的自我异化的积极的扬弃，因而是通过人并且是为了人而对人的本质的真正占有；因此，它是人向自身、向社会的（即人的）人的复归，这种复归是完全的、自觉的而且保存了以往发展的全部财富的。这种共产主义，作为完成了的自然主义，等于人道主义，而作为完成了的人道主义，等于自然主义，它是人和自然界之间、人和人之间的矛盾的真正解决，是存在和本质、对象化和自我确证、自由和必然、个体和类之间的斗争的真正解决。它是历史之谜的解答，而且知道自己就是这种解答。①

值得我们注意的是，马克思是明确将共产主义作为"历史之谜解答"提出的，或者说将之视为人类解放的决定性环节。作为"历史之谜解答"的共产主义，其规定性主要在于：①对私有财产的"扬弃"仅仅是手段，根本目的是人，它是社会主体努力的结果，最终是要以社会的方式、全面的方式实现对人的本质的真正的和全部的占有；②这种占有并不是完全否定过去的一

① ［德］马克思：《1844年经济学哲学手稿》，人民出版社，1985年，第77页。

切,恰恰相反,它要自觉地将历史上形成的一切文明成就作为自己存在和发展的条件;③由于一方面尊重自然、以自然作为唯一真正的本体,另一方面又重视人的价值和以人为本位,实现社会的人与自然的人的高度统一,从而使资本主义时代严峻面临的人与社会、人与自然之间的矛盾得以真正解决。

正是在上述意义上,马克思著作中的"共产主义"其实是和社会主义具有同等意义的概念。

二、马克思的思想逻辑和现实依据

有一个问题经常为国内研究者所忽略,即马克思为什么最终走向社会主义? 提出这个问题,首先是因为长期以来,有一个观点始终占据着人们的认识,就是认为马克思之所以从早年的"青年黑格尔派"很快走向社会主义,主要是出于对"实际的政治斗争和对经济关系的关注"①。其次,还涉及研究方法。任何伟大的思想家的著作,都根植于一定的民族文化背景,因此如果要准确把握其思想或学说的本质内涵和基本特征,就要注意考察思想家成长的文化土壤。一般地说,能够对思想家的世界观、价值观、思维方式等产生重大影响的文化,不仅包括知识和科学的教育,更重要的还在于"从历史上得到并选择"的传统思想及与之相关的价值、心理等。然而长期以来,国内理论界相关研究对此却重视不够,甚至持有不屑一顾的态度。

马克思出生于一个开明的知识分子家庭,生活在当时德国工业较为发达的莱茵地区。父亲深受启蒙精神的影响,钟爱伏尔泰、卢梭和莱辛的著作,具有一种宗教上、政治上的自由主义思想倾向。与此同时,未来岳父对童年马克思的影响也不容忽视。岳父喜爱古希腊悲剧、荷马史诗和莎士比

---

① 参见高放、黄达强主编:《社会主义思想史》(上册),中国人民大学出版社,1987年,第332页。

亚作品，还非常关心社会问题，对圣西门的社会主义思想和人格事业也相当尊重。古希腊悲剧大师和文艺复兴时期巨人们的作品，父亲的启蒙主义思想和宗教上、政治上的自由主义倾向……这些在他年幼的心灵深处播下了自由思想的种子。从人们熟知的《青年在选择职业时的考虑》一文中明显可以看出，法国启蒙学派及其人道主义在青年马克思的头脑中刻下了深刻烙印。马克思认为，作为人的生活应该是能够将人的尊严和人的行为的自主性很好地结合在一起："能够给人以尊严的只有这样的职业，在从事这种职业时我们不是作为奴隶般的工具，而是在自己的领域内独立地进行创造。"①在他写给燕妮的诗集中，有一首诗的标题就叫作"人的自豪"。

简而言之，最初形成于古代希腊、后经文艺复兴发扬光大的人文主义传统，使马克思的思想原点定位于人；而对有关人类的幸福、平等、自由和尊严的思考决定了马克思一生的追求，同时这也是推动他进行社会主义理论创造的原动力。

在此基础上，如果再简要梳理一下他从1837年到1844年期间的学习、研究历程，或许可以更准确地把握马克思提出社会主义问题的出发点及其主要思路脉络。

马克思进入大学原本立志于研究法学，但在1837年11月10日《给父亲的信》中，他第一次表达了其所面对的苦恼：应有和现有的对立。为了寻求对社会历史问题的解答，马克思开始转向哲学，觉得"没有哲学我就不能前进"②。而黑格尔包容宏富的历史哲学及其革命性质，对于青年马克思无疑具有巨大的诱惑力。黑格尔是自康德以来德国古典哲学成就的顶峰，康德已经提出了"人是目的"命题，马克思发现黑格尔哲学是理解自由思想的宝

---

① 《马克思恩格斯全集》（第40卷），人民出版社，1982年，第6页。
② 同上，第13页。

藏。但是抽象思辨色彩浓厚的黑格尔哲学不仅远离现实生活，而且还带有相当的保守性，因此马克思又离开了黑格尔而走向人本主义的费尔巴哈。以1839年的《黑格尔哲学批判》和1841年的《基督教的本质》起步的费尔巴哈新哲学，特点是从感性的人出发，用人的类本质异化来揭露神学和思辨哲学的"颠倒"及其对现实的歪曲。除了唯物主义，费尔巴哈源于西方文化传统的人本主义特征，也对马克思产生了重大影响，尤其是费尔巴哈关于人的实在性的观点、关于人与自然统一的观点、关于人的本质存在于团体之中的观点……这些都为马克思架设起一座从绝对观念通向现实的人与历史的桥梁。在此基础上，为了批判普鲁士的专制制度和宗教、进一步为自我意识和自由作论证，马克思又回到西方文化的源头——古希腊哲学。马克思曾经承认："在古代的哲学家中……伊壁鸠鲁（尤其是他）、斯多葛派和怀疑论者，［我］曾专门研究过，但与其说出于哲学的兴趣，不如说是出于［政治的］兴趣。"①在众多古希腊哲学家中，马克思之所以对伊壁鸠鲁更感兴趣，因为以原子偏斜运动为特点的伊壁鸠鲁哲学反对机械决定论，包含着追求自由的特点，特别是"伊壁鸠鲁以新的哲学形态总结了希腊哲学，坚持了人的自由……是把希腊人及其自由哲学的文化遗产传给西方后世的关键人物。在这个意义上，他的重要性甚至超过了柏拉图和亚里士多德"②。因此可以认为，马克思博士论文选择伊壁鸠鲁哲学作为研究对象，带有明显的思想倾向性。

在其博士论文的序言中，马克思慷慨激昂："哲学，只要它还有一滴血在它那个要征服世界的、绝对自由的心脏里跳动着，它就将永远用伊壁鸠鲁的话向它的反对者宣称：'渎神的并不是那抛弃众人所崇拜的众神的人，而是

---

① 《马克思恩格斯全集》(第29卷)，人民出版社，1972年，第527页。
② 杨适：《人的解放——重读马克思》，四川人民出版社，1996年，第14页。

同意众人的关于众神意见的人'……"①

正是通过研究伊壁鸠鲁哲学，马克思能够从源头上更深刻地领悟和把握西方文化的根本精神，即对人的自由价值的高度肯定和追求。带着追求人类自由、平等的理想主义，大学毕业想做教授未成的马克思踏进了现实社会。

人的本质特点之一在于有思想，出版自由是思想自由的体现，是实现人的自由的基本要求。然而在现实中，作为人的基本权利的出版自由却被普鲁士书报检查制度所剥夺。在这一制度下，只有少数人才能够享有自由，大多数人却无法也不能够享有。如果说对出版自由的辩论还主要局限于精神领域，那么对莱茵省议会林木盗窃法的抨击则进入社会的物质利益领域。马克思认识到剥削者的私人利益是与人道相对立的，具有反人道的性质，例如竟然"为了幼树的权利而牺牲人的权利"。马克思痛感当时的社会在本质上就不是人的社会，而"是**精神的动物世界**，是被分裂的人类世界"，它与真正的"人类世界是相反的"的。②

社会如何才能真正成为人的社会？人类怎样才能达到实现自由、平等和尊严的理想世界的彼岸？

这是青年马克思踏入现实社会后首先面临的"大问题"，也是其思想的聚焦点。以此为起点，从局限于思想范畴探求人类精神的本性，到自觉地为政治上和社会上备受压迫的贫苦群众的物质利益辩护，马克思对自由的理解更加具体，"人类解放"的理念呼之欲出。

在人类思想史上，是资产阶级最先举起人的"解放"大旗。封建等级制度造成人的精神的扭曲，在宗法血缘关系的笼罩下，人只能直接受本身规定

---

① 《马克思恩格斯全集》(第40卷)，人民出版社，1982年，第189页。
② 参见《马克思恩格斯全集》(第1卷)，人民出版社，1956年，第137页、142页。

性的摆布。在封建专制状态中，人们之间的关系在表面的温情脉脉之下，却类似于动物的存在，即依靠"兽性"来维持的政治动物世界，一切都是和人性或人本身的发展不相容的。"专制制度的惟一原则就是轻视人类，使人不成其为人"，"那里君主制的原则是天经地义的，那里就根本就没有人了"。① 马克恩在退出《莱茵报》后写成的《黑格尔法哲学批判》中，首先认为中世纪是"人类史上的动物时期，是人类的动物学"。从与中世纪以上帝为中心、封建专制以扼杀全部的人性来保证君主一个人的独裁统治角度比较，资产阶级革命是一次解放。早年马克思曾经以法国大革命"使人复活"的评语，肯定其历史意义。

特别值得指出的是，即使在社会主义思想确立以后，马克思也仍然肯定资产阶级所创造的社会在实现人的解放过程中的地位。

资产阶级社会在人类历史上第一次展示了人的活动能力如果得到充分发挥，能够取得什么样的伟大成就：机器生产创造出完全不同于古代社会类似埃及金字塔、罗马水道和哥特式教堂的人间奇迹；跨越太平洋、大西洋，在全球范围内建立殖民帝国，实现了历史上各种形式的民族大迁移等望洋兴叹的人类交往；开创出社会化大生产，以致在它诞生不到一百年的时间里所创造的生产力，比过去一切时代所创造的生产力还要大得多……马克思还特别强调，资产阶级社会在历史上的"非常革命的作用"还表现在人的思想与精神解放方面："在它已经取得了统治的地方把一切封建的、宗法的和田园诗般的关系都破坏了。它无情地斩断了把人们束缚于天然尊长的形形色色的封建羁绊……"②

资产阶级、资本主义的历史进步性尤其体现在对人类文明进程的贡献

---

① 《马克思恩格斯全集》（第1卷），人民出版社，1956年，第411页。
② 《马克思恩格斯选集》（第一卷），人民出版社，1995年，第274～275页。

上。马克思评论道："1648年革命和1789年革命，并不是**英国的**革命和**法国的**革命；这是欧洲范围的革命。它们不是社会中**某一阶级**对**旧政治制度**的胜利；它们宣告了**欧洲新社会的政治制度**……这两次革命不仅反映了它们发生的地区即英法两国的要求，而且在更大的程度上反映了当时整个世界的要求。"①世界市场的开辟，全球性联系的巩固，使几千年来一直存在着的民族片面性和地域局限性第一次变得不可能，同时也"把一切民族甚至最野蛮的民族都卷到文明中来了"②。

然而资产阶级登上历史舞台后的社会发展事实，同时也清楚地表明了它在实现人的解放方面存在不可克服的缺陷。

在马克思以前的西欧思想界，无论人道主义的哲学家还是启蒙思想家们，他们著作中的人往往是抽象的人、理念的人。从这样的"人"出发，资产阶级革命很容易被误认为是国家全体公民的胜利。1843年末开始的对经济学的研究，使马克思认识到在考察人的自由和解放问题时，必须从人的实际生活、物质利益出发。简单地说，就是必须从"现实的人"出发。社会、国家都是建立在人的活动基础上的，"但是，这里所说的个人不是他们自己或别人想象中的那种个人，而是**现实中的**个人，也就是说，这些个人是从事活动的，进行物质生产的，因而是在一定的物质的、不受他们任意支配的界限、前提和条件下活动着的"③。

正是立足于对人的现实性或者说物质性的理解，马克思发现了资产阶级"解放"旗帜的历史局限性，即资产阶级私有制统治虽然把人们从君主专制中解放出来，但并没有将社会交到人民手中。

资产阶级革命只是一次资产阶级范围内的"政治解放"，它没有也不可

---

① 《马克思恩格斯选集》（第一卷），人民出版社，1995年，第318页。
② 同上，第276页。
③ 同上，第71~72页。

能实现人由政治动物向成为真正的人的转变。在资产阶级社会，某种程度上仍然"人对人是狼"（霍布斯），只不过它使人对人的战争公开化、合法化了。资本的加速运转，使整个资产阶级日益成为真正获得"解放"的一方，而无产阶级和广大劳动人民依然处于被奴役的境地。刊载于 1844 年 2 月《德法年鉴》的《论犹太人问题》，虽然沿袭许多空想社会主义者的观点，单纯把消灭私有制当作进行彻底社会变革、实现人类解放的客观前提。但在这篇文章中，马克思使用了"人类解放"的概念，以和代表资产阶级革命进步性的"政治解放"相区别。资产阶级在启蒙运动和进行革命时期，把它们所实现的"解放"誉为整个人类社会最高成就，甚至是"终结性"成就。然而社会现实使马克思认识到，要想实现"解放"，仅靠政治斗争是不能够解决问题的，因为政治背后隐藏着不同阶级之间物质利益的对立。马克思于 1843 年已经指出，所谓的"人权"实际是被他们作为阶级的权利加以实现的，并且被用来为加强私有制的统治服务。由此，马克思开始提出超越狭隘政治解放范围的人类解放问题："只有当现实的个人同时也是抽象的公民，并且作为个人，在自己的经验生活、自己的个人劳动、自己的个人关系中间，成为**类存在物**的时候，只有当人认识到自己的'原有力量'并把这种力量组织成为**社会**力量因而不再把社会力量当做**政治**力量跟自己分开的时候，只有到了那个时候，人类解放才能完成。"①在这里，马克思运用过去已经提出的关于国家和市民社会之间关系的认识，对社会改革内容进行初步概括，即人类解放意味着消灭个人与国家的对立。

马克思这时无论在问题的提出方面还是在初步解答方面，都带有抽象的特点，并且可以认定，还没有完全摆脱费尔巴哈人本主义的影响。然而其中却包含着一个极重要的、贯穿后来研究的重要线索：真正人的社会的实

---

① 《马克思恩格斯全集》（第 1 卷），人民出版社，1956 年，第 443 页。

现,仅有资本主义私有制范围内的政治平等是远远不够的,还需要有作为社会存在物的人的完全的社会解放。

进一步深入考察作为社会存在物的人的生存、发展状况,马克思吃惊地发现:高举"自由、平等、博爱"旗帜的资产阶级社会非但没有能够消除异化,反而将异化推向顶端!

"异化"(alienation)概念作为德国古典哲学用语,指社会主体在一定阶段分裂出自己的对立面,并且成为一种外在的异己力量。费尔巴哈运用它解释宗教现象,提出人借助于幻想将其本质异化为上帝。马克思借用此作为对当时工人实际生存状态和地位的哲学表达。马克思在《1844 年经济学哲学手稿》中阐述:资本主义的经济运行一方面日益使社会划分为两大阶级,同时又造成广大工人(劳动者)在其劳动过程中不断被"异化"的处境:

(1)劳动者生产的财富越多,其产品的力量和数量越大,他自己本身就越变成廉价的商品;在资本主义私有制条件下,物的世界的增值总是同劳动者的贬值成正比,"……劳动者**同自己的劳动产品**的关系就是同一个**异己的对象的关系**"。

(2)劳动创造人类,劳动本来是使人从中获得生存和进一步发展自己的手段,但资本主义工业生产却使无数下层劳动者的劳动成为备受肉体折磨和精神遭摧残、压抑的代名词;劳动不再是全面发展自己的需要,而只是维持生命存在的逼迫,因此这种劳动活动本身则是人的本质的"**自我异化**"。

(3)人本身具有与动物相区别的"类本质",由异化劳动的第一、第二两个特征,必然导致这样一种结果:"**人的类本质**——无论是自然界,还是人的精神的类能力——变成对人来说是**异己**的本质,变成维持他**个人生存的手段**"。

(4)人同自己的劳动产品、自己的生命活动,以及自己的类本质相异化,最终全部归结为人与人相异化;而人与人相异化在土地、资本和劳动三分离的背景中，突出表现在工人和广大劳动群众作为社会财富、人类历史的创造者，反而沦为占人口极少数的资产阶级压迫、剥削的对象。①

对资本主义社会异化劳动四种表现的分析，使本来抽象的人类解放具体化、过程化，最后明确提出工人解放的概念："社会从私有财产等等的解放、从奴役制的解放，是通过**工人解放**这种**政治**形式表现出来的，而且这里不仅涉及工人的解放，因为工人的解放包含全人类的解放……"②这同时也就说明了，资产阶级革命所实现的政治解放虽然"在迄今为止的世界制度范围内，它是人类解放的最后形式"，却"不是一般人类解放的最后形式"。③

那么究竟什么是"一般人类解放的最后形式"呢？

三、精神内核："人的解放"与"人类解放"

马克思和恩格斯一生的许多思想和观点前后存在很大变化，但未来社会是"自由人联合体"这个思想始终没有改变。在恩格斯逝世前（1894年1月3日），意大利社会党人朱·卡内帕请他为即将在日内瓦出版的周刊《新纪元》找一段题词，要求是能够用最简短的语言表达未来社会主义的基本精神，以区别于大诗人但丁对旧时代的概括："一些人统治，另一些人受苦难。"恩格斯答复道："我打算从马克思的著作中给您寻找一行您所要求的题词。马克思是当代惟一能够和伟大的佛罗伦萨人相提并论的社会主义者。但是，除了从《共产党宣言》中摘下列一段话外，我再也找不出合适的了：代替那存在着阶级和阶级对立的资产阶级旧社会的，将是这样一个联合体，在那

---

① 以上思想及引文参见马克思：《1844年经济学哲学手稿》中"异化劳动"部分。
② 马克思：《1844年经济学哲学手稿》，人民出版社，1985年，第58页。
③ 有关思想参见《马克思恩格斯全集》（第1卷），人民出版社，1956年，第429页。

里，每个人的自由发展是一切人自由发展的条件。"①恩格斯在这段话中明确使用了马克思是"社会主义者"的提法，这表明在他们看来，"最后形式"是共产主义还是社会主义，这并不重要，关键是能否真正实现"自由人"的联合。

所谓"自由人"的"联合体"，首先基于对个体自由的高度承认与肯定："共产主义所建立的制度，正是这样的一种现实基础，它排除一切不依赖于个人而存在的东西"，它表现为确立"各个个人在自己的联合中并通过这种联合获得自由"状态。② 从将人自身发展当作目的本身的角度审视，自由人联合体下的个体自由着重体现为摆脱千百年来自发分工或资本主义社会强制分工的束缚，达到"任何人都没有特定的活动范围，每个人都可以在任何部门内发展"③的境界。

其次，由于这种个体自由是在生产力高度发达的物质条件下，借助于消灭私有制和对生产与生活进行自觉调控过程中实现的，所以在"自由人联合体"条件下，个体自由的实现同时也就意味着社会自由（或类自由）的确立。社会由个体组成，"要不是每一个人都得到解放，社会本身也不能得到解放"④。社会自由与个体自由是辩证的统一：一方面，社会摆脱剥削和压迫是每个个人获得解放的决定性基础和保证，只有在真正体现平等和公正原则的自由人联合体中，个人才能达到完全按照"人"的生存、生活要求发展自身自由；另一方面，因为个人自由的实现又是一个高度负责地、积极熟练地参与社会和历史的过程，从而是联合起来的个人获得社会自由和成为自己生活的自觉"主人"的必要条件。这就是《共产党宣言》所概括的："在那里，每个人的自由发展是一切人的自由发展的条件。"

---

① 《马克思恩格斯全集》（第 39 卷），人民出版社，1974 年，第 189 页。
② 《马克思恩格斯全集》（第 3 卷），人民出版社，1960 年，第 76 页、515 页。
③ 同上，第 37 页。
④ 《马克思恩格斯选集》（第三卷），人民出版社，1995 年，第 644 页。

人类自古代以来就追求自由，这在西方文化中尤其突出。马克思和恩格斯著作中频繁出现的"自由人"理念在文化源头上，始于古希腊人。然而人类对自由的追求与向往，又无不受到社会和自然的限制。因此，无论是人类自由还是个人自由，实质上都体现为人与社会、人与自然两对矛盾关系的处理和解决程度。自由只是针对强制、束缚和奴役状态而言的。当把自由理解为对必然的认识和改造，已经意味着一切自由都是相对的，绝对自由是根本不可能存在的，因为不管人类发展到什么程度，现实生活中的人们总会受到客观世界的各种制约。或许是为了避免引起后人的误解与想入非非，马克思后来在《资本论》第三卷中解释道：

> 事实上，自由王国只是在由必需和外在目的规定要做的劳动终止的地方才开始；因而按照事物的本性来说，它存在于真正物质生产领域的彼岸。象野蛮人为了满足自己的需要，为了维持和再生产自己的生命，必须与自然进行斗争一样，文明人也必须这样做；而且在一切社会形态中，在一切可能的生产方式中，他都必须这样做。这个自然必然性的王国会随着人的发展而扩大，因为需要会扩大；但是，满足这种需要的生产力同时也会扩大。这个领域内的自由只能是：社会化的人，联合起来的生产者，将合理地调节他们和自然之间的物质变换，把它置于他们的共同控制之下，而不让它作为盲目的力量来统治自己；靠消耗最小的力量，在最无愧于和最适合他们的人类本性的条件下来进行这种物质变换。但是不管怎样，这个领域始终是一个必然王国。在这个必然王国的彼岸，作为目的本身的人类能力的发展，真正的自由王国，就开始了。但是，这个自由王国只有建立在必然王国的基础上，才能繁荣起来。①

---

① 《马克思恩格斯全集》（第25卷），人民出版社，1974年，第926～927页。

社会本质上作为人与人之间彼此发生各种联系和关系的总和而存在，因而是"人们交互作用的产物"①，或者说就是人们交往的产物。人们每天发生着的各种各样的交往活动组成了错综复杂的关系网络，由此产生了人类社会这个有机联系的巨大系统。人类的交往活动不断扩大和加深，随着社会的规模越来越大，社会系统也变得越来越复杂。然而人既是社会的"剧作者"，同时又是"剧中人"，后者不仅表现为当人作为个体置身于纵横交错的社会网络，从中获得特定的社会属性，而且在于人们活动的方式、范围、内容等会受到一定的社会关系的规定与制约。发展到一定程度，便形成人与社会的对立。人与社会的对立在社会发展的不同阶段，其性质和程度有异。资本主义商品生产既以生产者私人利益完全隔离和高度发达的社会分工为前提，又必须以生产者相互间的全面依赖为条件。

在资本主义社会，个人的目的和利益需求主要是自己的事情，只能依靠自己解决，同时机器生产条件又使分工越来越细。私人利益与他人完全隔离状况和高度发达的分工，迫使每个人日益陷于孤立的境地，就像马克思所说："交换本身就是造成这种孤立化的一种主要手段。"但从另外一个角度分析，社会化大生产、商品经济又促成交换与交往的发达，加强了人们之间的联系，使人成为"普遍"的个人与物化社会的存在。② 这既是历史的进步，因为只有这样才能够使人摆脱宗法血缘关系的桎梏，形成物的依赖性基础上的人的独立性；但同时又造成作为个体存在的人与社会之间矛盾的尖锐化。后者具体表现为人的自由与交往、个性与共性、私生活与公共生活的尖锐对立。马克思很早就指出了资本主义阶段的这种个人与社会的分裂性特征。他认为在资本主义社会，人在私生活中是一个现实的人，但是缺乏真实性；

---

① 《马克思恩格斯全集》(第 27 卷)，人民出版社，1972 年，第 477 页。
② 参见《马克思恩格斯全集》(第 46 卷)(上册)，人民出版社，1979 年，第 497 页。

而在公共生活中,人具有普遍性和真实性,却失去了现实性。① 对问题的认识和思考是哲学的,但解决问题的办法却要到政治经济学中去寻找。马克思提出,只有通过建立在社会化大生产和世界交往普遍发达的基础上的"自由人联合体",才能克服人与社会之间的尖锐对抗。

人与自然界的关系,在总体上表现为人通过对自然界不断开发、利用、改造和征服,以满足自身生存和发展需要的过程。自然逐渐被"人化",人类必然依靠自然生存和发展。但是由物欲横流特征所导致,资本主义社会人的发展和解放不但是片面的,而且往往是以对人类赖以生存的载体——自然环境(地球)的过度损害为代价。恩格斯在1845年的《英国工人阶级状况》中,就已对资本主义生产对自然的破坏作出严厉谴责,认为工业区的河流和工场城市的空气日益遭到污染,是现代资本主义大工业的一个严重后果。② 后来,马克思在《资本论》中也对这个问题进行过深入细致的分析,指出资本主义农业生产存在对农业主要生产资料即土地的超负荷掠夺现象。③资本主义生产方式对自然的破坏,其后果随着大工业的发展而逐渐显露。在19世纪中后期,大工业在西欧获得长足的进步,到70年代,英国已经成为世界上第一个工业化国家。恩格斯在《自然辩证法》和《反杜林论》中,认为存在着阶级对抗性的工业化社会由于生产只是着眼于"最近的、最直接的有益效果",必然造成对自然环境的破坏;而人类对自然的无控制、无计划的开发和使用达到一定程度后,又将使人类面临自然的严重报复。由于对物质利益无限制的追逐,以致人与自然的对抗在资本主义社会发展到如此程度:"在今天的生产方式中,面对自然界和社会,人们注意的主要只是最初的最明显的成果,可是后来人们又惊讶的是:人们为了取得上述成果而作出的行

---

① 参见《马克思恩格斯全集》(第1卷),人民出版社,1956年,第428~430页。
② 参见《马克思恩格斯全集》(第2卷),人民出版社,1957年,第303~358页。
③ 参见《马克思恩格斯全集》(第23卷),人民出版社,1972年,第522~523页。

为所产生的较远的影响，竟完全是另外一回事，在大多数情形下甚至是完全相反的。"①

马克思提出未来社会的人是"自由人"，其内涵就在于："人终于成为自己的社会结合的主人，从而也就成为自然界的主人，成为自身的主人。"②相对于自然客体，人始终处于主体的地位。但是在过去的时代，一方面由于生产力发展水平低下，在与自然的关系上作为主体的人往往是处于被动的、被支配地位；另一方面，人类经常又是以一种对抗、对立的姿态出现在自然面前。实现人的真正自由，意味着人不再受自然规律的盲目摆布，能够通过认识自然、改造自然，使自然完全为人的利益服务。但是人实现了对自然的支配和控制，是否就意味着人能够任意主宰自然？恰恰相反，"成为自然界的自觉的和真正的主人"，强调的是人与自然的和谐统一，是指过去小农经济时代自然威胁人的生存和资本主义工业化过程中人对自然随意破坏的对抗关系的消失。恩格斯对此作过解释："我们统治自然界，决不像征服者统治异族人那样，决不是像站在自然界之外的人似的，——相反地，我们连同我们的肉、血和头脑都是属于自然界和存在于自然之中的；我们对自然界的全部统治力量，就在于我们比其他一切生物强，能够认识和正确运用自然规律。"③

要实现人"同已被认识的自然规律相协调"的目标，生产力的发展及在此基础上的制度变革是不可缺少的。马克思指出，对于在资本主义制度内发展起来的生产力，特别是由于日益增长的对自然环境的破坏作用，需要有"联合起来的生产者的控制"④才能够加以克服。有计划地经营土地及其自

①　《马克思恩格斯选集》（第四卷），人民出版社，1995 年，第 386 页。
②　《马克思恩格斯全集》（第 3 卷），人民出版社，1960 年，第 760 页。
③　《马克思恩格斯选集》（第四卷），人民出版社，1995 年，第 383～384 页。
④　《马克思恩格斯全集》（第 25 卷），人民出版社，1974 年，第 139 页。

然财富,如地下资源、水流和森林,并考虑到这样经营的后果,是未来社会的一项重要任务;而"对原料生产进行共同的、果断的和有预见的控制",只有在"联合"的条件下才能做到"社会化的人,联合起来的生产者,将合理地调节他们和自然之间的物质变换,把它置于他们的共同控制之下,而不让它作为盲目的力量来统治自己;靠消耗最小的力量,在最无愧于和最适合于他们的人类本性的条件下来进行这种物质交换"。①

综上所述,马克思社会主义理论的出发点是现实的人,目标是寻求如何实现人类解放。这既是他立足于西方文化传统,批判继承西欧历史上一切有价值思想成果的产物,同时也是基于对当时社会现实的考察。与黑格尔、费尔巴哈,以及欧文、圣西门等人的重要区别在于:一是人类解放的实质是每个人自由个性的实现("人的解放"),即每一社会个体都能够获得自由而全面的发展;二是"解放"在根本上是一种历史性活动,而不是思想活动。

由于"解放"本身所具有的历史性、客观性特点,因此解放的实现离不开一定的物质前提和制度形式。如果说在一定意义上,人们对于理论的出发点和目标实现虽然存在理解上的偏差但还没有太多歧义的话,那么在实现条件的认识方面则存在更大的误区。就后者而言,首当其冲的便是公有制!

四、公有制的是与非及其文化限定

围绕如何理解和接受马克思的社会主义,20 世纪实践中曾经长期将公有制当作天经地义的内容,认为这是衡量社会主义的最根本、最重要的标准。有了公有制就有了社会主义,社会主义水平的高与低就看公有制实现得如何。

---

① 《资本论》(第三卷),人民出版社,1975 年,第 926~927 页。

在这方面，我们首先应注意到：①马克思是在怎样的条件下提出所有制问题的；②社会主义要消灭的"私有制"和必须建立的"公有制"，其实质内涵是什么；③在马克思思想中，公有制对于社会主义究竟意味着什么。

将公有制和自由、平等的实现相联系，或者说与社会主义或共产主义相联系，并不是马克思的发明。在马克思之前的许多思想家，包括从被当作空想社会主义创始人的托马斯·莫尔到 19 世纪的圣西门、傅立叶、欧文等人，无不强调公有制的不可或缺性。然而马克思在《1844 年经济学哲学手稿》中就已经明确提出，如果以为公有制能够解决一切，那是一种"粗鄙的"想法。马克思的贡献表现在不是泛泛谈论公有制，而是将之当作社会化大生产发展的结果与必然要求，并且只有在这样的情况下，实行公有制才意味着历史进步与社会进步，从而才认为真正具有社会主义或共产主义的意义。在1845 年的《德意志意识形态》中的马克思进一步强调指出，并非任何消灭私有制的行动都意味着社会的进步。在当时的工业发展水平下，已经出现了自来水、煤气照明、暖气装置等，马克思（还有恩格斯）在书中意味深长地写道："没有这些条件，共同的经济本身将不会成为新生产力，将没有任何物质基础，将建立在纯粹的理论基础上，就是说，将是一种纯粹的怪想，只能导致寺院经济。——还可能有什么呢？——这就是城市里的集中和为了各个特定目的而进行的公共房舍（监狱、兵营等）的兴建。"①与这个思想相一致，将近三十年后，恩格斯在《社会主义从空想到科学的发展》中，强调"国有化"只有"在经济上已成为不可避免的情况下……才意味着经济上的进步，才意味着达到了一个新的为社会本身占有一切生产力作准备的阶段"。由此，反对"无条件地把任何一种国有化，甚至俾斯麦的国有化，都说成是社会主义的"。恩格斯嘲讽道，如果国有化就是社会主义，那么"皇家海外贸易公司、

---

① 《马克思恩格斯选集》（第一卷），人民出版社，1995 年，第 116~117 页。

皇家陶瓷厂,甚至陆军被服厂,以致在30年代弗里德里希-威廉三世时期由一个聪明人一本正经地建议过的妓院国营,也都是社会主义的设施了"。①

由此涉及另外一个问题:私有制与公有制的含义。

人们经常将《共产党宣言》里的一句话作为重要的理论根据,即"共产党人可以把自己的理论概括为一句话:消灭私有制"。然而没有注意到在这句话前面,还有一句话也很重要:"共产主义的特征并不是要废除一般的私有制,而是要废除资产阶级的所有制。"与以往社会的私有制比较,资产阶级私有制有两个重要特点:一是"建立在阶级对立上面、建立在一些人对另一些人的剥削上面的产品生产和占有的最后而又最完备的表现",二是"以社会生产为基础"。② 而那种在古代农业文明条件下"以自己劳动为基础的分散的个人私有",则属于资本主义要消灭的对象,完全不是社会主义的任务。如果社会主义要在消灭这种私有制的基础上建立公有制,所导致的只能是生产力的不发展或畸形发展,甚至是历史的倒退。

另外,"公有"只是一个简单的抽象规定,在规模、程度与方式上可以各种各样。马克思当时就已经指出:完全以"国有"形式建立起来的公有制,非但达不到解放个体(自由而全面发展)的目的,而且造成个人对国家(或集体)的严重依附。所以马克思提出的作为社会化大生产结果与必然要求的公有制,实质上体现为"社会"占有。我国著名学者于光远曾对马克思和恩格斯著作中的"公有"作过翻译上的详细考证,结果发现当我们将"公共所有"与"社会所有"都译成同一个中文词"公有"时,在原著中却是作严格区分的:对于共产主义社会、社会主义社会的所有制,他们明确地使用"社会所

---

① 参见《马克思恩格斯选集》(第三卷),人民出版社,1995年,第752页脚注。
② 参见《马克思恩格斯选集》(第一卷),人民出版社,1995年,第286页;《马克思恩格斯选集》(第三卷),人民出版社,1995年,第473页。

有"，而不用"公共所有"。① 指出这一点，对于正确认识马克思的社会主义理论非常重要，因为在小生产条件下也可以出现一般意义上的"公有"（如前引恩格斯论述中的例子），但是"社会占有"必须以社会化大生产为前提和基础。"社会占有"是与社会化生产相适应的生产关系形式，至于"社会"如何占有，马克思认为只能由社会发展本身去解决。在这个方面，我们大概只能依稀从《资本论》中的"重建个人所有制"，以及马克思晚年关于在股份公司中"私人生产"没有了的论述中得到一些蛛丝马迹般的回答。

在将本属于手段的内容当作目的本身去维护和追求时，导致的结果必然是事物本质的丧失。马克思将未来社会定义为实现人的自由而全面发展的社会形式，实质上也就说明，社会主义社会区别于以往任何社会的根本之处，在于以每个人的独立自由发展为基础。古代宗法社会的特点是血缘依赖，资本主义商品社会的特点是物的依赖，而此基础上的进一步发展则是"自由个性"阶段。在未来社会"集体"中，"各个人都是作为个人参加的"；在和以往以阶级为号召的集体相对立的"真正的共同体的条件下，各个人在自己的联合中并通过这种联合获得自己的自由"。② 因此，社会主义制度所赖以建立的现实基础，"使一切不依赖于个人而存在的情况不可能发生"③。但是在现实生活中，当"公有"具有至高无上的神圣地位时，"个人"或"个性"便无一例外地成为批判或否定的对象。以社会解放（其实是国家解放）代替个体的解放，使个体解放完全淹没于社会（国家）中，结果社会也难以获得真正的解放；以集体的存在取代或淹没个体的存在，最终集体也得不到巩固和发展；在将自由当作"坏东西"送给资本主义或资产阶级时，却很容易将

---

① 参见于光远：《中国社会主义初级阶段的经济》，中国财政经济出版社，1988 年，第 118～226 页。

② 引文及有关未来社会集体与个人关系的论述，参见《马克思恩格斯选集》（第一卷），人民出版社，1995 年，第 119～121 页。着重号为引者所加，下同。

③ 《马克思恩格斯全集》（第 1 卷），人民出版社，1956 年，第 122 页。

封建主义的人身依附或封建专制主义保留下来……当然,现实社会主义的经济、政治、文化很不发达,还远达不到实现马克思社会理想的程度。然而值得注意的是,如果将原本体现社会本质的内容当作否定的对象,其实践就难免产生南辕北辙之效!

另外,经常有人"推测"或自以为是地认为,马克思提出的公有制也和许多伦理社会主义者一样,是以"道德人"为前提,即要靠"向人们提出道德上的要求"(马克思语)去实现基本制度原则。甚至还有人在著作或论文中提出,主张财产公有及计划经济的马克思是"性善论"者:排斥理性经济人假设,其社会主义的公有主张必须以人们道德上的"大公无私"、尽善尽美为前提。

我们不能想象,一个提出唯物史观、主张从一定的社会存在考察人们思想意识,从人们日常衣食住行状况及其满足程度中认识社会与历史的思想家,怎么能够将自己的主要理论建立在"道德人"的假设之上? 这种认识即使不是"偏见",至少也是对马克思思想的重大"误读"。

马克思有句名言应该是许多人都很熟悉的:"人们奋斗所争取的一切,都同他们的利益有关。"①这句话出自马克思早年的一篇论文,即在莱茵省议会为出版自由所作的辩论。马克思在理论研究的起始点就注意到凡是现实生活中的人,都存在着追求自身利益最大化特性,并认为这是心理学的一种"正确的推测"。通过 1845 年在《德意志意识形态》中对"现实的人"的深入研究,马克思进一步肯定"个人总是并且也不可能不是从自己本身出发"②。当然,指出这一点并不意味着我们可以将马克思的认识与西方经济学中理性经济人假设等量齐观:

---

① 《马克思恩格斯全集》(第 1 卷),人民出版社,1956 年,第 82 页。
② 《马克思恩格斯全集》(第 3 卷),人民出版社,1960 年,第 274 页。

（1）人的利己性观念在根本上是"社会存在决定社会意识"的结果。人的"性善"或"性恶"并不属于"先天"品质，任何人总是一定社会环境、历史条件的产物，因此马克思特别强调物质贫乏及社会制度缺陷对人们"性恶"的推动，认为在资本主义私有制条件下，"把人和社会连接起来的唯一纽带是天然的必然性，是需要和私人利益，是对他们财产和利己主义个人的保护"①。

（2）人们所追求、所为之奋斗的并不仅仅只是为了感官的满足或"不变的利己的利益"。人的利益需求是多方面的，物质利益的满足是最基本的层面，但同时还会存在精神的、政治的或荣誉的要求。另外，任何人都是社会存在物，在一定的历史条件下，民族利益、国家利益、阶级利益或集团利益、群体利益完全有可能压倒单个人的利益而对人们的行为发生作用。在《论犹太人问题》中，马克思就指出当一个民族面临严重危机的时刻，人们必然表现出"伟大的英勇的自我牺牲精神"，在这种情况下，"市民社会的一切利益必然要被牺牲掉，利己主义应当作为一种罪行受到惩罚"。②在《神圣家庭》中，马克思还以1789年法国大革命时的情形为例，认为革命时期的资产阶级表现出了以整体利益"压倒了"私人利益或个体利益倾向，"并取得了'实际成效'"。③

（3）反对抽象地讨论"性善""性恶"问题，强调人们究竟利己还是利他只能具体地提出。在《德意志意识形态》中，马克思分析：一般地说，任何人都存在利己主义和为了别人而牺牲自己利益的两个方面，这两个方面"表面上"似乎是对立的，实际却是"同一种个人发展的表现"，"是一定条件下个人自我实现的一种必要形式"。至于哪一方面表现得更加突出一些，即"是更

---

① ② 《马克思恩格斯全集》（第1卷），人民出版社，1956年，第439页。
③ 《马克思恩格斯全集》（第2卷），人民出版社，1957年，第103页。

像利己主义者还是更像自我牺牲者"，这将取决于特殊的发展条件、分工及个人所处的地位，并且"是完全次要的问题，这个问题也只有在一定的历史时代内对一定的个人提出，才可能具有任何一点意义"，否则"只能导致在道德上虚伪骗人的江湖话"。另外，导致利己主义与自我牺牲之间存在对立的主要"根源"是物质的而非精神的，"随着物质根源的消失，这种对立自然而然也就消灭"。①

　　在存在严重阶级剥削、阶级对立并且物质普遍匮乏的时代，无论国家还是个人，都会将对自身利益的追求放在第一位。在西方政治思想史上，对个人利己特性或"性恶"本质肯定得最为充分的，莫过于《利维坦》之作者、17世纪英国思想家霍布斯。然而正是霍布斯，却被马克思称作"我们共同的先驱"。西欧历史上的伦理社会主义主张将互爱、公平、正义等一类抽象道德作为社会的基础，提倡主要通过道德教化来建立或实现社会主义。在《德意志意识形态》中，马克思明确与这种社会主义划清界限，并强调指出：

　　　　共产主义者根本不进行任何道德说教……共产主义者不向人们提出道德上的要求，例如你们应该彼此互爱呀，不要做利己主义者呀等等。②

　　与伦理社会主义的主张相反，马克思在其理论创造和发展过程中始终认为，资本主义的灭亡主要根源于现代社会化大生产的高度发展，而未来社会只能以物质财富的极大丰富为前提。无论道德还是政治，在一定条件下也能够对历史发展起重大作用甚至决定性作用，但在根本上都不足以长久

---

　　①　《马克思恩格斯全集》（第3卷），人民出版社，1960年，第274～275页。
　　②　同上，第275页。

支持一个新社会的存在并推动其不断发展。1845 年的《德意志意识形态》已经将问题表述得很清楚：如果没有"生产力的巨大增长和高度发展为前提……那就只会有贫穷、极端贫困的普遍化；而在极端贫困的情况下，必须重新开始争取必需品的斗争，全部陈腐污浊的东西又要死灰复燃"①。时隔整整三十年，即在 1875 年的《哥达纲领批判》中，马克思提出将未来社会划分为两个阶段的主要根据，正是基于不同的生产力水平。在第一阶段，社会财富还不足以保证一切社会成员生活需要的充分满足，所以必须按照各个劳动者为社会所提供的劳动数量与质量来进行分配。这样做会导致贫和富的差别，但是如果不这样，人们就不会去努力从事生产。"在随着个人全面发展，（他们的）生产力也增长起来，而集体财富的一切源泉都充分涌流之后，——只有那个时候，才能完全超出资产阶级权利的狭隘眼界，社会才能在自己的旗帜上写上：各尽所能，按需分配！"②在生产力高度发达、社会财富"充分涌流"以致满足一切社会成员需要条件下，一个人是利己主义者还是甘于自我牺牲，自然属于无意义的话题。

五、马克思是如何阐述共产主义前提条件的？

共产主义是共产党人的奋斗目标。这在政治上是正确的，但是实践中却很容易导致一种错误的认识（虽然并非必然产生）：共产主义是共产党人努力奋斗的结果；奋斗得好，共产主义便能够早日到来，否则就会延误甚至永远不可能实现。在 20 世纪世界社会主义运动中，"左"是一个大概率现象，甚至是一个普遍现象。究其原因，与此认识存在非常密切的联系。值得

---

① 《马克思恩格斯选集》（第一卷），人民出版社，1995 年，第 86 页。
② 《马克思恩格斯选集》（第三卷），人民出版社，1995 年，第 305～306 页。

我们注意的是,这个提法本身其实并不符合马克思思想的原意。

在《德意志意识形态》第一章中,马克思明确认为:

> 共产主义只有作为占统治地位的各民族"一下子"同时发生的行动,在经验上才是可能的,而这是以生产力的普遍发展和与此相联系的世界交往为前提的。①

这段话清楚地告诉人们,共产主义必须具备的客观前提有两个:一是生产力的"普遍发展"(请注意,是"普遍发展");二是由生产力普遍发展所导致的"世界交往"。也许有人认为,这只是一次偶然的表达,以此为据难免有"孤证"之嫌,或者这仅属于马克思社会主义理论达到成熟阶段之前的认识,也就是说,是思想还不成熟的反映。然而在 1853 年 7 月的《不列颠在印度统治的未来结果》中,马克思再次出现类似的表述:

> 资产阶级历史时期负有为新世界创造物质基础的使命:一方面要造成以全人类互相依赖为基础的普遍交往,以及进行这种交往的工具,另一方面要发展人的生产力,把物质生产变成对自然力的科学统治。②

在这段论述中,马克思不但继续强调两方面条件发展对于共产主义的不可或缺性,而且对其内在属性分别作出界定。就"普遍交往"而言,其性质表现为以"全人类互相依赖为基础"。同时生产力是指"人的生产力",而非单纯"物的生产力"。另外更加重要的,是将"普遍交往"放在了生产力的

---

① 《马克思恩格斯选集》(第一卷),人民出版社,1995 年,第 86 页。
② 同上,第 773 页。

前面。

　　然而长期以来，我们首先只是记住了共产主义"行动"（通常指暴力革命，或者与暴力革命相联系的一系列政治"行动"），而忘记了在这个"行动"之前所必须具备的历史前提；后来由于实践中不断失败，甚至是非常惨痛的失败，我们也开始逐渐知道了生产力的重要性，明白如果没有生产力的大发展，革命的结果或许只是一座空中楼阁——当然，即使生产力也是相比较而言，因为在许多情况下对于生产力的重要性也并非记得很牢，并且在对生产力的理解方面也存在许多模糊不清的地方。但是对另外一个方面，即世界普遍交往这个前提条件，我们却始终是忽视的，甚至即使认识到了这种交往对于中国现代化的重要，也还是没有将之与共产主义相联系。即使在最近二十年关于共产主义是否必须"同时"发生问题的讨论中，也仅仅是在如何理解"同时"，以及与列宁、斯大林的认识分歧上做文章，而没有能够深究一下：马克思为什么将"世界历史"①条件下形成的"普遍交往"当作共产主义的客观前提？

　　"世界历史"为什么重要？

　　以全人类解放为内涵的共产主义在客观上就是一个世界性或全球性命题，而不是区域或民族国家范围内的任务。另外，从其实质内涵上考察，"只有作为'世界历史性的'存在"，才能够使世界真正摆脱对立、抗争与激烈的利益冲突，获得整个人类的繁荣和进步。很明显，这样的目标非但不能够靠"自我意识""绝对精神"的传播获得实现，不能通过简单的暴力革命手段或

————————

　　① 什么是"世界历史"？马克思在《德意志意识形态》中明确认为："各个相互影响的活动范围在这个发展进程中越是扩大，各民族的原始封闭状态由于日益完善的生产方式、交往以及因交往而自然形成的不同民族之间的分工消灭得越是彻底，历史也就越是成为世界历史。"[《马克思恩格斯选集》（第一卷），人民出版社，1995 年，第 88 页。]这就是说，马克思强调的"世界历史"主要属于非历史学意义的使用，其产生与资本主义的发展有着直接的联系，具有决定意义的内涵主要在于各民族交往、联系所达到的"全球化"程度。

者相关的政治行动取得成功，并且单有现代工业生产局限于少数国家的发展也达不到，只能被当作世界历史发展的"自然历史过程"看待。

　　首先，这是因为，如果在社会发展规律上，人类解放必须以资本主义文明的高度发展为既定历史前提，那么资本主义始终"具有国际的性质"。

　　与以往一切生产方式比较，资本主义的重要特征是必须以广泛的国际分工、国际贸易作为生存基础。在写作《德意志意识形态》时，马克思已经完全意识到了这一点，因此对不同分工形式及其分工在世界历史形成过程中的作用进行了详细的分析。分工与社会分工都是生产与交换方式发展到一定阶段的产物，而国际分工则是社会分工发展到超越国家界限，是一国内部生产社会分工的对外延伸，其结果必然导致生产的全球范围组织。这一点在资本运动的推动下，又总是以一种不可遏制的趋势发展着。

　　以资本为基础的生产最初仅在个别国家出现，资本主义生产及其生产关系只是在较低程度上得到发展。然而资本的本质在于能够生产剩余价值，而且资本永远不会满足于一般剩余价值的获得，不断追求超额剩余价值是其生命所在。随着资本在本国范围获得更高程度的发展和国内市场日趋饱和，按照内在运行逻辑，必然会在越来越大的程度上突破国家界限走向世界。它不顾一切地打破落后国家狭隘闭塞的自然经济基础，将适应自己发展要求的生产方式传播到世界各地，并逐渐成为占统治地位的生产方式。由于资本"具有创造越来越多的剩余劳动的趋势，同样，它也具有创造越来越多的交换地点的补充趋势……从本质上来说，就是推广以资本为基础的生产或与资本相适应的生产方式。创造世界市场的趋势已经直接包含在资本的概念本身中"①。在资本扩张性的推动下，随着"各国人民日益被卷入世

_____

　　① 《马克思恩格斯全集》(第46卷)(上册)，人民出版社，1979年，第391页。

界市场网，从而资本主义制度日益具有国际的性质"①。

既然资本主义本质上具有国际性质，为什么《资本论》对资本主义社会形态的研究主要局限于国家范围？这就是笔者以往曾经指出过的，就像物理学家对事物的考察必须在其状态表现得"最确实、最少受干扰的地方"进行，甚至如有可能，"是在保证过程以其纯粹形态进行的条件下从事实验"；马克思为了确保对资本主义研究的科学性与结论的可靠性，在理论上也必须选择表现得最为充分和典型的"资本主义生产方式以及和它相适应的生产关系和交换关系"作为具体考察对象。而在19世纪中期，"这种生产方式的典型地点是英国"，所以《资本论》"在理论阐述上主要用英国作为例证"。②后来，《资本论》第一卷的一个脚注中又进一步解释道："为了在纯粹形态下对我们的研究对象进行考察，避免次要情况的干扰，我们在这里必须把整个贸易世界看作一个国家，并且假定资本主义生产已经到处确立并占据了一切生产部门。"③这表明在马克思看来，资本主义生产及其经济制度无疑是世界性的（即兼具国际性和全球性特征），而并非只是一国范围内的事物。然而一方面资本主义的世界性在当时还处于生长过程中，还不是表现得非常"确实"和充分；另一方面从研究方法角度看，当"把整个贸易世界看作一个国家"时，通过对资本主义生产及其基本矛盾运动在一个典型国家范围内的考察，也可以反观和透视资本主义的世界性效果。

其次，资本主义开拓世界市场、将竞争推向全球，必然面临内在矛盾的全球范围展开与激化。

当工业国家的资产阶级通过资本扩张将整个世界组织成为以自身发展为"中心"的总体时，资本主义生产的"一切矛盾都展开了"，并且在"普遍的

---

① 《马克思恩格斯全集》（第23卷），人民出版社，1972年，第831页。
② 《资本论》（第一卷），人民出版社，1975年，第8页。
③ 同上，第637页。

世界市场危机中集中地暴露出来"。①　在世界历史条件下,资本主义矛盾的世界性主要体现在三个方面：

第一,工业发达民族与落后民族间的矛盾。出于在世界范围攫取最大利润的需要,资本主义发展过程中往往表现为"以最残酷的暴力为基础"的掠夺制度。西欧、北美国家资产阶级凭借在世界工业化、现代化进程中的"早发优势",一方面通过建立殖民地的方式形成对落后国家资源与市场的直接占有,另一方面还通过经济关系实施对落后国家的剥削。在早期,后者主要借助发达国家商业资本伸向落后国家的国际性垄断公司进行,例如历史上著名的英属、荷属东印度公司。这些国际垄断公司不但在落后国家市场交换中"自定价格,任意勒索",而且还在生产领域起支配作用。机器大工业出现后,情况又有所变化。"机器对分工起着极大的影响,只要一种物品的生产中有可能用机械制造它的某一部分,生产就立即分成两个彼此独立的部门。"②就对世界的影响而言,"机器生产摧毁国外市场的手工业产品,迫使这些市场变成它的原料产地……大工业国工人的不断'过剩',大大促进了国外移民和把外国变成殖民地,变成宗主国的原料产地……一种和机器生产中心相适应的新的国际分工产生了,它使地球的一部分成为主要从事农业的生产地区,以服务于另一部分主要从事工业的生产地区。"③"……在这个场合,富国会剥削穷国"④,由此必然导致双方矛盾的激化。

第二,不同资产阶级国家的矛盾。大工业、世界市场的一定阶段在不断消灭着落后民族特殊性的同时,又使每一民族资产阶级的"特殊的民族利益"得到保持和加强,这种情况自然会加剧不同资产阶级民族国家的矛盾。⑤

———————

①　《马克思恩格斯全集》(第26卷)(第2册),人民出版社,1973年,第610页。

②　《马克思恩格斯全集》(第4卷),人民出版社,1958年,第169页。

③　同年,第494~495页。

④　《剩余价值学说史》(第三卷),人民出版社,1978年,第112页。

⑤　参见《马克思恩格斯选集》(第一卷),人民出版社,1995年,第114~115页。

资本主义在对外扩张的过程中，作为资产阶级利益集中体现的国家往往在其中起着巨大的主导性作用。无论是殖民地贸易体系的建立，还是对落后国家和民族的武力征服，国家是不可或缺的角色。当需要共同对付落后国家的反抗时，工业发达国家能够团结起来，但世界市场的有限性又必然会加强它们之间的矛盾。另外，资本主义经济矛盾的集中表现是危机，危机最初是资本主义在一国范围内运行的结果，但随着世界历史的发展，各工业国家间生产中联系的加强，个别国家的危机必然向世界危机转变。如果说 1825 年的资本主义经济危机还只是表现为英国一个国家的危机，那么在二十二年后，即 1847 的经济危机就开始具有"世界"性质。

第三，落后家的社会矛盾与世界资本主义的矛盾相互纠葛。当资产阶级在西欧、北美少数国家成为统治阶级时，世界上绝大部分国家都还处于前资本主义阶段。然而"那些还在奴隶劳动或徭役劳动等较低级形式上从事生产的民族，一旦卷入资本主义生产方式所统治的世界市场，而这个市场又使它们的产品的外销成为首要利益，那就会在奴隶制、农奴制等等野蛮灾祸之上，再加上一层过度劳动的文明灾祸"①。也就是说，工业发达国家每在一个新开辟的地区或国家进行工业产品的推销、资源的掠夺，或直接建立起初步的资本主义生产方式，就会使落后国家在原有社会矛盾基础上，再加上一层或多或少带有资本主义性质的矛盾。于是造成这些国家的社会发展与世界相联系，或者说，由工业发达国家主导的世界文明进程也会从根本上影响与制约着落后国家的发展。

值得注意的两个问题是：

第一，分析共产主义的前提条件，并不意味着否定"为共产主义而奋斗"口号的正确性。如上文所分析，在现实性上，共产主义只能作为社会发展的

---

① 《马克思恩格斯全集》（第 23 卷），人民出版社，1972 年，第 263～264 页。

客观进程而存在,因而其实现过程本身必然表现出而且也只能表现出"自然历史"的属性。肯定和强调其客观物质性并非不承认人的主观能动作用的重要,尤其是在重要历史转折关头,这种作用的分量会更加突出。然而20世纪世界范围的社会主义实践反复证明:对这种作用的不恰当理解和运用,经常是造成极"左"错误的重要根源。这是值得认真汲取的深刻教训。

第二,围绕"世界历史为什么重要"这个问题,马克思当年无产阶级国际主义的思想已经被当下事实证明难以成立。马克思当时认为:资本主义生产会造成无产阶级的"世界历史性"存在,从而为人类解放在世界范围的实现提供社会力量。因为资本主义在扩张过程中将其基本矛盾推向全球层面,这时无产阶级就不再是存在于少数工业发达国家的一种孤立现象。另外,在世界历史条件下,资本剥削又具有"全球"性质:一是每一民族国家的无产阶级面临多国资本家的压迫,二是资本主义的跨国经营使同一企业不同国家的工人遭受代表不同民族利益的资本家的剥削。于是在世界性普遍交往的过程中,"当每一民族的资产阶级还保持着它的特殊的民族利益的时候,大工业却创造了这样一个阶级,这个阶级在所有的民族中都具有同样的利益,在它那里民族独特性已经消灭,这是一个真正同整个旧世界脱离而同时又与之对立的阶级"①。这个阶级就是无产阶级。特别是在写作《共产党宣言》前后,马克思从"工人没有祖国"结论出发,提出"无产阶级只有在世界历史意义上才能存在"、各国"联合的行动"是"无产阶级获得解放的首要条件之一"等一系列政治结论。马克思同时强调,由于资本主义工业、商业的竞争是普遍性的,"大工业发达的国家也影响着或多或少非工业的国家,因为非工业国家由于世界交往而被卷入普遍竞争的斗争中"②。普遍的竞争形成普遍的交往,而普遍交往"可以产生一切民族中同时都存在着'没有财产

①② 《马克思恩格斯选集》(第一卷),人民出版社,1995年,第114~115页。

的'群众这一现象"①。因此,资本主义推动机器大工业的全球发展和世界统一市场的形成,同时也加强了世界各国的劳动群众及无产阶级之间的紧密联系、"彼此依赖",使各国的危机与革命不可避免地都具有"世界历史意义"。然而事实表明,这种情况在当下及未来全球化过程中都不再有可能成为现实。

这是因为:第一,在全球化对国家利益构成严峻挑战的时候(应该承认,这种情况是经常发生的),每个国家的工人阶级一般都会自觉站在自己国家的立场上维护其利益;第二,在世界经济越来越以第三产业为主的背景下,国家间竞争往往以牺牲体力劳动者或社会底层人口的利益为代价,其结果不是造成世界工人阶级的团结或联合,而是对立或歧视。

---

① 《马克思恩格斯选集》(第一卷),人民出版社,1995年,第86页。

第二章
挑战与犹疑

　　自写作《1844 年经济学哲学手稿》到 19 世纪 50 年代初,马克思大体完成了对未来社会的逻辑推导与基本理论架构。在此后大约三十年的生命历程中,马克思一方面进一步完善与证明前期理论成果的科学性,另一方面通过考察甚至直接参与当时欧洲的国际共产主义运动,探求人类通向未来的具体道路。就实际参与工人运动而言,主要围绕"第一国际"展开。1864 年9 月国际工人协会(也称"第一国际"或简称"国际")的成立是世界近代史上的一个重要事件。马克思曾经对它寄予很高的政治期待,想努力使之"成为追求共同目标即工人阶级的保护、发展和彻底解放的各国工人团体进行联络和合作的中心"①。为保护和促进国际的成长,马克思同内部各种思潮与派别的斗争几乎耗费了他近十年的时间和精力,然而最终却难免解散的命运。

　　马克思的理论研究领域存在两条基本线索:一是对"现代社会"(即资本主义社会,这是马克思的一个含有深意的用法)运动状态、基本规律及其未来趋势的分析;二是对"世界历史"条件下东方落后民族前途与命运的关注。

　　两条线索主次分明、相辅相成,都给后人留下了大量文献及其解释空

---

① 《马克思恩格斯选集》(第二卷),人民出版社,1995 年,第 610 页。

间。研究资本主义社会最具代表性的成果，自然是《资本论》。通过研究现代社会的基本矛盾运动及其经济危机，马克思完成了对人类社会从资本主义向社会主义转变的模式论证。列宁有个评论，认为马克思的科学社会主义只有到了《资本论》，才真正获得科学的证明。这个评论就理论逻辑本身而言，是没有问题的；然而在实践中，情况又怎么样呢？在马克思晚年，即随着资本主义社会在 19 世纪后期的进一步发展，这个模式有没有遭遇新的挑战？这显然是一个既令人感兴趣，同时又很有意义的话题。

由于条件的限制，马克思对东方落后国家或民族前途命运的关注，主要局限于中国、印度和俄国，其中明确与其人类解放主题紧密联系的，则是关于印度和俄国发展道路的分析。通过考察不列颠对印度的殖民侵略，马克思认为后者未来有可能成为一个"西方式社会"，并在此基础上确立通向未来的道路。如果说这方面的观点是较为明确和肯定的，相比之下，对俄国是否能够"跨越"资本主义"卡夫丁峡谷"的回答，则充满犹疑和困惑，因而时至今日，围绕马克思留下的思考仍然是众说纷纭、莫衷一是。然而问题是，

第一，"印度道路"难道真的可行吗？在后来的发展进程中，马克思的"肯定"究竟是被验证了，还是被否定了？

第二，围绕俄国能否"跨越卡夫丁峡谷"问题，马克思的犹豫和困惑主要表现在哪些方面？

过去的已经过去。无论如何，更加有意义的是提出并分析马克思当年面临挑战、困惑及犹豫等对于我们今天的价值。

一、"现代社会"：经济危机运行方式与结果发生改变

从基本矛盾入手分析"现代社会"的经济危机，进而提出资本主义必然灭亡的理论逻辑与事实依据，这是马克思非常重要的理论贡献。由此，借用

恩格斯后来的一个评价:社会主义完成了从空想向科学的转变。应该承认,马克思的相关理论分析即使在今天看来,大体上仍然能够成立,特别是在 1929 年经济大萧条中曾经获得某种程度的验证。然而同时我们也应该看到,在马克思晚年,资本主义经济危机的表现形式、特点等其实已经在发生改变,并且这种改变在一定程度上已经对马克思的原有理论范式构成挑战。

事情的变化,始于 1873 年世界经济危机。

(一)危机运行及其不同特点

自 1825 年以来,资本主义经济每隔一段时间就爆发一次危机。但与以往各次危机比较,1873 年的危机"就其时间之长、规模之大的强烈程度来说",却是资本主义有史以来所经历过的危机中"最大的一次"。①

这次危机源于 5 月 9 日维也纳债券交易,二十四小时内股票贬值了几亿盾,接踵而至的是信用全面瘫痪和有价证券交易中止。维也纳的交易所危机很快蔓延到欧洲的其他交易所。欧洲各国停止对美国资本输出,导致美国纽约银行不再对铁路公司和工业界拨款,于是 9 月 18 日,一场影响深远的世界性经济危机终于全面爆发。受这次危机打击或影响的国家,除了美国、德国、英国、法国和奥匈帝国外,还有俄国、意大利、荷兰、瑞典、比利时,以及日本、阿根廷、印度等非西方国家。

马克思最初对这次危机不但有预感,而且抱着强烈的政治期待。

1873 年 1 月 24 日,在为《资本论》第二版写的跋中,马克思确认资本主义社会矛盾运动的特征,"是现代工业所经历的周期循环的变动,而这种变动的顶点就是普遍危机";现在,"这个危机又要临头了,虽然它还处于预备

---

① 《马克思恩格斯全集》(第 34 卷),人民出版社,1972 年,第 438 页。

阶段"。① 但是马克思没有料到危机会在当年爆发。因为自 1825 年第一次经济危机后，大约每隔十至十二年一次。1873 年危机距前一次危机相隔仅七年时间，这似乎多少印证了马克思提出的关于资本主义经济危机的两个基本判断：周期越来越短，程度越来越猛烈。所以在 1875 年 6 月 18 日的一封信中，马克思指出这一次危机与以往危机比较，"总危机周期的时间在缩短"，这是一个"真正值得注意的现象"；"但特别可喜的是，这种时间的缩短正在露出如此明显的迹象；这是资产阶级世界的寿命的不祥之兆"。② 这说明在危机爆发两年后，马克思依据他原有的理论分析框架，对危机所产生的社会政治后果至少持比较乐观的态度。

然而危机的进一步展开，却逐渐显现出与以往五次危机不同的表现形式与特点。

1. 危机的策源地和"震中"完全从英国移向美国

英国是资本主义经济的发源地，而且在长达一百年的时间里，始终处于世界经济的顶端或中心地位。因此，马克思始终强调《资本论》对资本主义矛盾运动规律的分析，"在理论阐述上主要用英国作为例证"③。但是 1873 年的危机却始自美国，而作为老牌资本主义的英国，迟至五年后才进入危机阶段。在 1879 年 4 月 10 日给尼·弗·丹尼尔逊的信中，马克思指出这次危机"在很多方面都和以往的现象不同"，特别是在英国发生危机之前，美国、南美洲、德国和奥地利等地"就出现这样严重的、几乎持续五年之久的危机，还是从来没有过的事"。④

---

① 《资本论》（第一卷），人民出版社，1975 年，第 24 ~ 25 页。
② 《马克思恩格斯全集》（第 34 卷），人民出版社，1972 年，第 139 页。
③ 《资本论》（第一卷），人民出版社，1975 年，序言。
④ 《马克思恩格斯全集》（第 34 卷），人民出版社，1972 年，第 345 页。

2. 重工业既是危机中遭受打击的主要部门,也是危机过后经济高涨的基础

以往危机过程中,遭受重创的主要是轻工业。例如在英国,棉纺织业曾经是前四次危机的主要发源地和部门。1873年危机虽然最初表现为交易所混乱和信用危机,但具有决定意义的生产过剩却主要发生在重工业领域。无论是最先爆发危机的美国和德国,还是后来的英国,重工业在这一次经济周期的高涨和危机阶段都处于中心地位。危机期间,美国纺织业的生产只缩减了18%～20%;德国1875年的棉花消费量下降了10%,1876年情况又趋于好转,各棉纺织厂消费的棉花甚至高于危机前的繁荣时期;英国的棉纺织业在1873年、1874年仍在继续发展,生产量和出口量都没有下降。

3. 这次危机包括农业部门和部分非西方国家在内,从而真正具有世界性质

如果从普遍性生产过剩角度衡量,1825年、1837年的危机虽然在国际范围产生影响,但还都属于英国性质的危机。随着美国、法国等其他国家资本主义及其工厂制度的发展,1847年的危机开始具有国际根源。而1857年危机在资本主义历史上第一次不仅像1847年那样具有国际性,而且开始表现出世界性特征,这在一定程度上是1847年后西方国家工业化与世界市场迅速发展的一个结果。英、法、美、德四国当时占有世界工厂工业的五分之四左右。然而在"世界性"方面,1873年危机才是真正当之无愧的。一是涉及西方主要工业国家及部分非西方国家的农业危机,成为1873年危机的一个重要组成部分。新的运输工具的出现不但大大降低了长途运输的成本,而且缩短了海上运输时间,这就造成大批廉价的农产品不断从美洲、澳洲、亚洲等地运往欧洲和其他地区,从而导致1873年同时爆发世界性质的农业危机。二是危机不但波及所有资本主义国家,而且对世界的大多数殖民地半殖民地国家产生影响。在19世纪六七十年代,除了非洲内陆和亚洲、拉美的

极少数国家和地区外，大多数国家已纳入世界市场范围。在这一世界经济体系中，各国商品、金融与贸易相互联系，任何一处发生波动，都会迅速地蔓延开来，因而使危机表现出强烈的世界性与同期性特征。

1873 年经济危机的结果，一方面与以往历次危机一样，对资本主义经济和社会发展产生"毁灭性影响"；另外一方面，又并没有如马克思最初所预言的，成为资本主义结束寿命的信号。事实上，这次危机结束的只是自由竞争统治，而正是在这次危机之后，资本主义开始走向垄断阶段。垄断是生产关系形式在资本主义范畴内的一次质变，从而推动生产力的解放和发展。

更加值得我们注意的，是这次危机本身及其后果对马克思原有理论分析的挑战及其晚年研究的影响。

（二）挑战之一：基本矛盾运动

1873 年世界经济危机对马克思的挑战，首先表现在以《资本论》为代表的、资本主义基本矛盾运动分析领域。

经济危机起源于生产与市场需求之间的脱节，因而重要特征同时也是使危机有可能陷于"绝境"的特征表现为，"商品流通暂时停顿下来；流通手段即货币成为流通的障碍；商品生产和商品流通的一切规律都颠倒过来了"[①]。然而 1873 年危机却出现了以往危机中没有发生过的两个重要现象。

一是金融非但没有出现以往危机中崩溃的情况，而且整个运行并没有遭受太大的影响。在 1879 年 4 月 10 日给丹尼尔逊的信中，马克思注意到了这一点，他指出："**金融市场的真正中心**（不仅是联合王国的，而且是世界的）**伦敦**"，"除了少数例外，那些大股份银行，如英格兰银行，至今还只是从普遍停滞中获取利润"。马克思认为，这和英国与法国、美国之间经济联系的增

---

① 《马克思恩格斯选集》（第三卷），人民出版社，1995 年，第 750 页。

强特别是金融资本的互相渗透有关系。法兰西的银行几乎成为英格兰银行的一个分行,在伦敦证券交易所出现混乱迹象时,法国货币会自动涌入。另外,由于在这一次经济危机中美国最先进入也最早结束,所以当后来英国银行储备面临压力时,美国已经静悄悄地恢复了现金支付手段。这是"到目前为止,使伦敦金融市场免于崩溃的主要原因"。①

二是生产虽然有所下降,但商品生产和商品流通还能够继续进行。例如在危机期间,美国的对外出口只下降了10%,而且是在1875年后才开始出现。尤其值得注意的是,钢产量始终没有减少,只是在1873年和1874年稍有减缓,但到1875年又大幅度攀升。英国的生铁生产虽然受到出口下降的影响,但国内市场需求量的增长在一定程度上缓解了生产与市场之间的矛盾,因此从1875年到1878年,国内生铁的销售量均超过1873年的水平。棉纺织业是英国的重要工业部门,但在1873年之后,棉纺织业的生产量和出口量并没有出现下降。这些成为英国迟迟未发生全面生产过剩危机的重要原因。② 因而1873年危机虽然比以往历次危机都经历时间长、波及范围广,但在局部的时间和地点上并不是十分严重,特别是对整体资本主义的生产和社会运行并没有产生过于激烈的冲击,以致西方有历史学家怀疑1873年危机期间是否存在"大萧条"阶段。③

1873年经济危机新变化的形成,与第二次工业革命后西方国家工业化的新发展及由此导致的经济全球化的新阶段密切相关。

19世纪60年代以后,美国、德国和法国随着第二次工业革命的兴起,迅速成长为几乎与英国平起平坐的对手,从而加剧了世界市场的竞争。恩格

---

① 《马克思恩格斯全集》(第34卷),人民出版社,1972年,第345~346页。
② 主要数据参见宋则行、樊亢主编:《世界经济史》(上卷),经济科学出版社,1993年,第459页、461页。
③ 参见[英]艾瑞克·霍布斯鲍姆:《资本的年代:1848—1875年》,张晓华等译,钱进校,江苏人民出版社,1999年,第54页。

斯曾说："自从英国在世界市场上有了厉害的竞争对手,以前意义的危机时期已经结束了。"①世界市场的扩大与竞争级别的提高,一方面使得危机周期拉长,另一方面也改变了危机的运行模式,即从一国为主、别国受其影响,转变为多国次第发生、互相交错进行。借助于新工业革命、新技术革命的推动,各主要工业国家之间及工业发达国家与不发达国家之间经济上的联系与往来也都达到了一个新的高度。英国社会学家戴维·赫尔德认为,世界从 19 世纪 70 年代开始进入"密集全球化"时期。

　　这一时期的经济全球化突出表现在两个大的方面:一是资本势力扩张显著,跨国金融往来范围更加广泛、影响程度更加深刻。50 年代中期,发达国家互相投资或向落后国家投资,总额为 4.2 亿英镑(合 20.5 亿美元),到 1870 年,猛增了三番以上。同时出现对外投资和借贷通过发行政府债券方式进行的现象。欧洲的国际债券市场向全球扩展,从 1870 年起,伦敦和巴黎市场上的外国证券价值甚至超过了国内证券的价值。1860 年,英国银行组建起一百多个海外机构,而 1890 年则达到七百个。② 二是由于远距离交通与通信取得长足的进步的,世界贸易获得重要发展。恩格斯在为马克思整理《资本论》第三卷时,通过"注释"方式说明:"自 1867 年最近一次的普遍危机爆发以来,已经发生了巨大的变化。由于交通工具的惊人发展,——远洋轮船、铁路、电报、苏伊士运河,——第一次真正地形成了世界市场。"③在 1879年 4 月 10 日给丹尼尔逊的信中,马克思认为由于铁路作为"实业之冠","在那些**现代化工业最发达**的国家英国、美国、比利时、法国等地"的大规模出现,它将终于和远洋轮船、电报一起,构成资本主义经济全球运行的"**交通联**

---

① 《马克思恩格斯全集》(第 36 卷),人民出版社,1975 年,第 418 页。
② 参见[澳]A. G. 肯伍德、A. L. 洛赫德:《国际经济的成长:1820—1990 年》,王春法译,经济科学出版社,1997 年,第 20 页。
③ 《资本论》(第三卷),人民出版社,1975 年,第 554 页注 8。

络工具"。它不但为巨大股份公司的出现提供了现实的基础,同时也成为"从股份银行开始的**其他各种**股份公司的一个新的起点",而且归根结底,"也加速了和大大扩大了**借贷资本的世界性活动**,从而使整个世界陷入财政欺骗和相互**借贷**——资本主义形式的'国际'博爱——的罗网之中"。① 交通与通信技术的发展尤其使世界贸易水平获得大幅度提升。1820 至 1850 年,世界贸易额大约年均增长 2.3%,而 1850—1870 年间的增长速度约为 5%。所有西方国家在 19 世纪中期,出口占国内生产总值的比例大约为 5%,到 1880 年则达到 10%左右。② 由此,英国著名的历史学家霍布斯鲍姆有理由认为,19 世纪 70 年代初,西方主要国家的经济"已经牢牢地建立在工业化的基础之上,也建立在大量且名副其实的全球性物资、资本和人员的流动之上"③。从这时开始,工业资本主义演变成名副其实的世界经济,地球从一个地理概念转变成持续运作的动态实体,而历史也已经真正成为世界历史。④

国家间经济联系密度的加强,无疑会使危机的表现形式与结果发生改变。

在生产与市场主要局限于一国内部时,自由竞争背景下的二者之间脱节很容易达到极端化("崩溃")状态。然而当生产与市场(产品销售市场与金融市场)超出国家界限并达到一定的程度时,情况就不同了。国内市场的不足可以借助于国外市场来弥补;而国外市场在 19 世纪后期几乎处于无限大状态,因此只要利用得好,至少可以减轻或减缓危机的激烈程度。恩格斯后来就分析:"要是有三个国家(比方说英国、美国和德国)在大致相同的条

---

① 《马克思恩格斯全集》(第 34 卷),人民出版社,1972 年,第 347 页。

② 参见[英]戴维·赫尔德:《全球大变革——全球化时代的政治、经济和文化》,杨雪冬等译,社会科学文献出版社,2001 年,第 217 页。

③ [英]艾瑞克·霍布斯鲍姆:《资本的年代:1848—1875 年》,张晓华等译,钱进校,江苏人民出版社,1999 年,第 53～55 页。

④ 参见[英]艾瑞克·霍布斯鲍姆:《帝国时代:1875—1914 年》,贾士蘅译,钱进校,江苏人民出版社,1999 年,第 1 页。

件下为了获得世界市场而竞争，那就会出现慢性的生产过剩……"① 而马克思以往对资本主义基本矛盾及其支配下的危机形式与后果的分析，大体是以"国家经济"为基本单位，以经济的自由主义运行为前提。从 1873 年以前的五次危机情况来看，可以设想在一国范围内，无政府状态下的自由竞争的确完全有可能出现危机总爆发的结局。然而大约在 1873 年危机前后，西方主要国家吸取以往的教训，开始实施国家干预经济的各种措施。例如美国自 1870 年起，国会干预托拉斯及各大垄断企业的发展；在危机爆发当年，政府强迫要求民众将纸币兑换成硬通货，以保证国家的财政体系不致崩溃。② 经济全球化与政府加强对经济运行的干预，无疑对马克思以往提出的资本主义基本矛盾及其运行后果的分析构成挑战。

更何况这次危机又进一步加强了生产的集中及资本积聚，极大地刺激了垄断组织的产生。在这一次危机后能够在国内市场和国际市场中生存和发展的，逐渐以实力雄厚的不同股份公司形式为主体。而"由股份公司经营的资本主义生产，已不再是**私人**生产，而是为许多结合在一起的人谋利的生产。如果我们从**股份公司**进而来看那支配和垄断着整个工业部门的托拉斯，那末，那里不仅**私人**生产停止了，而且**无计划性**也没有了"③。资本占有形式从以往的个人或家庭占有发展为以股份公司形式出现的集团占有，虽然本质上仍然属于资本主义性质，但从效果上分析，由于更进一步适应社会化大生产的需要，因而使矛盾的尖锐程度有所缓解。

（三）挑战之二：社会转变模式

在创立社会主义理论之初，马克思就坚信："随着大工业的发展，资产阶

---

① 《马克思恩格斯全集》（第 36 卷），人民出版社，1975 年，第 424 页。

② 有关美国对经济干预的具体情况，可参见丁建弘主编：《发达国家的现代化道路——一种历史社会学的研究》，北京大学出版社，1999 年，第 542～545 页。

③ 《马克思恩格斯全集》（第 22 卷），人民出版社，1965 年，第 270 页。

级赖以生产和占有产品的基础本身也就从它的脚下被挖掉了。它首先生产的是它自身的掘墓人。资产阶级的灭亡和无产阶级的胜利是同样不可避免的。"①作出这一预言后不到一年，欧洲革命爆发。1848 年欧洲革命激烈程度及无产阶级在革命中的表现使马克思更加确信：人类未来社会的实现，就在于无产阶级的暴力革命。革命的必然性又根源于资本主义社会的异化状态和工人生活的极度贫困化。在此基础上，《资本论》第一卷对资本主义周期性经济危机的科学揭示，为无产阶级革命提供了理论上的进一步证明。社会的基本矛盾不断加深，危机一次比一次严重，在总危机爆发时刻，由在危机中生活陷于极度贫困的无产阶级起来进行革命，推翻资产阶级的统治，从而完成对"剥夺者的剥夺"的历史使命。由此，马克思完成了对人类社会从资本主义向社会主义转变模式的论证："矛盾—危机—革命—人类解放"。

然而 19 世纪 70 年代以后，首先是危机的策源地发生转移。马克思按照生产力、生产关系矛盾运动原理分析，英国这个老牌的资本主义工业国是最有可能率先爆发无产阶级革命的国家，但是由于海外市场的开拓及其他原因，却使社会矛盾与阶级矛盾不再像三四十年代那样尖锐。而美国、德国等在一定程度上属于新生工业国，尚具有充足的发展潜力。

其次是工人的生存状态发生较大程度的改变。将广大工人的收入维持在最低限度的劳动力简单再生产水平和严重的异化现象，是 19 世纪上半叶无产阶级不断举行武装起义的重要原因。但随着社会生产力的发展，特别是随着大规模殖民扩张后垄断利润的迅速增长，西欧、北美发达国家的资产阶级在提高工人实际生活水平方面取得比较大的进步。例如英国全日制工人的实际工资指数如果以 1850 年为 100，1873 年则上升为 128，1896 年为

①　《马克思恩格斯选集》（第一卷），人民出版社，1995 年，第 284 页。

176；法国工人的实际工资在 1873—1896 年增长了 25%。① 危机期间自然免不了发生工人失业、工资水平下降情况。但是在六七十年代，随着资产阶级民族国家的相继建立和巩固，各国程度不同地推出了一系列社会改革措施，从而不但使工人在政治生活和社会生活中强烈的异化感得到较大程度的改变，而且增强了包括工人阶级在内的社会民众对资产阶级国家的认同（identity）。对于工人阶级革命性出现衰退的现象，马克思曾经在 1878 年 2 月给威廉·李卜克内西的信中指出："由于 1848 年开始的腐败时期，英国工人阶级渐渐地、愈来愈深地陷入精神堕落，最后，简直成了'伟大的自由党'即他们自己的**奴役者——资本家的政党的尾巴**。"② 不但是英国，这种情况在其他工业发达国家也在渐次发生着。工人阶级与资产阶级之间对立依然存在，但是尖锐程度有所缓和；斗争仍在继续，然而"火药味"在减少。事实证明，从 19 世纪 70 年代开始，资本主义在世界范围发展到一个新的更加成熟的阶段，而马克思原本预想中的无产阶级革命形态由于前提条件的丧失，发生的可能性已经很小。直到马克思去世，欧洲范围内再也没有爆发过他所期待的"新的革命"，而且之后也一直没有发生；相反，一次次危机却不断推动着西方国家生产的无限扩张和资本重组。

每一个伟大的政治家或革命家都希望自己为之奋斗、为之献身的目标能够在有生之年获得实现，马克思也不例外。遗憾的是等了足足二十年，不但期待中"洪水"始终没来，而且会在将来的某个时刻爆发"洪水"的迹象逐渐成为未定数。从全部的理论创造过程分析，我们不能不承认，马克思对历史的发展有一种只有大思想家才具备的敏锐而深刻的洞察力，凭借着异常丰富的知识与科学的研究方法，能够通过捕捉历史和社会发展中十分细小

---

① 参见［法］米歇尔·博德：《资本主义史》，吴艾美等译，东方出版社，1986 年，第 153 页。
② 《马克思恩格斯全集》（第 34 卷），人民出版社，1972 年，第 297 页。

的、往往为同时代人所不注意的事件甚至蛛丝马迹，洞察其未来影响。在1873年世界经济危机还没有结束之时，马克思已经感觉到它将带来资本主义经济的"新的发展阶段"，认为危机过后，"情况会重新沿着**上升路线发展**"。在1878年11月15日给丹尼尔逊的信中，马克思指出："上升路线"在北美，"是变得更坏的情况下在这里出现"，即人民再要想摆脱以垄断形式出现的资本主义组织形态的"毁灭性影响，将是徒然的"。①

由对资本主义新变化的观察，马克思生前实际已经预感到原有理论模式所面临的挑战。1881年2月22日致斐·多·纽文胡斯的信，是马克思生前留下的最后的重要文献。在这封信中，马克思对自己原本的一些思想及其国际共产主义运动的发展提出了许多与过去不同的见解：

第一，明确反对"设计"或预测未来，认为"在将来某个特定的时刻应该做些什么，应该**马上做些什么**，这当然完全取决于人们将不得不在其中活动的那个既定的历史环境。……现在提出这个问题是**不着边际的**，因而实际上是一个幻想的问题，对这个问题的唯一的答复应当是**对问题本身的批判**"。

第二，明确表明对"革命"的态度，首先指出巴黎公社成员中的大多数根本不是也不可能是社会主义者，提出如果当时与凡尔赛政府达成"妥协"，是"对全体人民群众有利"的一种选择；其次是不主张"对未来的革命的行动纲领作纯学理的、必然是幻想的预测"。

第三，确信"建立一个新的国际工人协会的关键性的形势还不具备"；强调任何工人代表大会或社会党人代表大会必须和具体国家"当前的直接的条件联系起来"，否则，"就不仅是无用的，而且是有害的。它们只能在没完没了的翻来覆去的陈词滥调之中化为乌有"。②

---

① 《马克思恩格斯全集》（第34卷），人民出版社，1972年，第333页。
② 《马克思恩格斯全集》（第22卷），人民出版社，1965年，第595页、597页。

总之，经过1873年世界经济危机，马克思觉察到了资本主义新变化对原有理论模式的挑战，认识到了无产阶级暴力革命方式的局限性，出于严谨的科学态度，决定推迟《资本论》其余部分的写作、修订和出版。既然19世纪70年代以后全球化的迅速发展，一方面正在改变着工业发达国家与落后国家的原有关系状态，另一方面将越来越多的落后国家卷入全球化进程，使之在世界发展进程中的地位和作用发生重大改变，那么人类通向未来解放的"时间表"或许不再单纯取决于工业发达国家内部的政治、经济矛盾，而将与面广量大的落后国家的发展更加紧密地联系在一起。由此，马克思将生命的最后十年主要用于研究以俄国为代表的非西方落后国家，并提出了著名的、有关俄国公社能否"不通过"资本主义"卡夫丁峡谷"理论命题。

二、"印度道路"："西方式社会"遥不可及

最近十几年，国内理论界对马克思晚年东方社会思想比较重视，取得了一些有影响的研究成果。然而多数学者却忽略了马克思对"印度道路"的思考。事实上在理论生涯早期阶段，马克思之所以对人类解放前景抱有十分乐观的态度，除了基于资本主义基本矛盾运行及其结果的分析，还和他对印度问题的认识紧密联系。

（一）评价尺度：历史与价值

首先围绕英国对印度的殖民侵略，马克思并非如有人所认为的那样，一味持不加批判的赞赏态度，[①]而是坚持了价值尺度与历史尺度相结合的分析

---

① See Horace B. Davis, Capitalism and Imperialism, in *Monthly Review*, New York, Vol. XIX, No. 4, Sep. 1967, pp. 14 – 21.

方法。

所谓价值尺度，也就是以一定的道德原则和道德理想为标尺，着眼于历史事实及其联系和发展中的伦理评判。价值尺度总是现实而具体的。在写作于 19 世纪 50 年代的一系列论文中，马克思针对英国入侵印度所犯下的罪行，愤慨揭露其非道德性一面。

西方对世界的殖民化过程存在可怕的流血、掠夺和抢劫，武力及其残酷性特点从 16 世纪初西班牙探险家科蒂兹（Hernado Cortez，1485—1547）对墨西哥的征服开始，就始终存在着。与西班牙、葡萄牙、荷兰等国家的殖民侵略比较，英国属于"后起之秀"。然而发达的机器工业和民族在近代的繁荣与进步，极大地助长了英国人的种族优越感，以致一方面是赤裸裸的武力和征服，另一方面还要摆出一副"文明"的面孔来教训别的民族。在将印度殖民化过程及对印度的全部殖民管理中，英国人口口声声标榜自己是"维护'财产、秩序、家庭和宗教'的人"，但"真面目"究竟如何呢？马克思揭露道：作为私有财产的捍卫者，在印度孟加拉、马德拉斯和孟买进行的土地革命中却肆意侵犯别人的财产，当"单靠贪污不能填满他们那无底的欲壑的时候"，就"采取凶恶的勒索手段"；18 世纪后期"以保护'我们的神圣宗教'为口实反对法国革命"，但在印度又禁止传播基督教；为了从络绎不绝的香客身上榨取更多的钱财，就不惜"把札格纳特庙里的杀生害命和卖淫变成一种职业"……①在《不列颠在印度统治的未来结果》一文中，马克思一连使用六个以"难道"开头的反诘句式，表达他对英国人在侵占印度时大量道德犯罪的愤怒谴责：由阶级本性和制度特征所决定，其侵略过程对印度人民来说无疑是一场"灾难"，并且是与历史上以往一切灾难比较起来，"在程度上要深重得多"的大灾难。文章提醒人们："难道它（指资产阶级——引者注）不使个

① 《马克思恩格斯选集》（第一卷），人民出版社，1995 年，第 772～773 页。

人和整个民族遭受流血与污秽、蒙受苦难与屈辱就实现过什么进步吗？"①

马克思反复强调侵略虽然在一定程度上对印度的社会发展具有进步意义，但并不是英国的资产阶级出于对印度人民的友善，产生的积极后果本非出自他们的主观愿望，他们充其量只是"充当了历史的不自觉的工具"罢了，并且英国殖民统治对于印度社会进步的作用最多仅限于引进和开创现代文明，而并不能够真正建立一个"新世界"："英国资产阶级将被迫在印度实行的一切，既不会使人民群众得到解放，也不会根本改善他们的社会状况，因为这两者不仅仅决定于生产力的发展，而且还决定于生产力是否归人民所有。"②这表明马克思关于印度问题论述，实质已经涉及社会主义基本理论的一个关键问题：

在西欧资本主义为主导的全球化时代，落后国家如何才能够在不断保持和扩大与世界先进文明交往、联系基础上，获得自身的社会进步和人的解放？

既然如印度一样的东方古老社会内部缺乏实现文明转变的条件，既然近代以来西方工业发达国家与非西方落后国家之间的"从属"关系已经为世界历史所注定，那么在某种程度上，后者或许只有经过被殖民的"炼狱"，才能够尽快获得解放。于是在进行道德批判的基础上，马克思更加重视从历史发展二律背反的角度，指出西方殖民侵略对落后国家在世界历史条件下实现社会解放和人的解放的进步作用。

1853 年，马克思在文章中如此评述印度社会这种无奈中的进步：

无论一个古老世界崩溃的情景对我们个人的感情来说是怎样难

---

① 《马克思恩格斯选集》（第一卷），人民出版社，1995 年，第 766 页、761 页、771 页。
② 同上，第 771 页。

过，但是从历史的观点来看，我们有权同歌德一起高唱：

> "我们何必因这痛苦而伤心，
>
> 既然它带给我们更多的欢乐？
>
> 难道不是有千千万万生灵
>
> 曾经被帖木儿的统治吞没？"①

这意味着马克思认为在一定的世界历史背景下，非西方落后国家的未来发展将分为两个阶段：首先是在西方工业发达国家的带动下，完成资本主义工业化的建设任务；然后在此基础上，再由这些国家的人民自己通过"伟大的社会革命"，实现建设一个真正的"新世界"的目标。

这个思想明确表现于著名的"双重使命"提法：

> 英国在印度要完成双重的使命：一个是破坏的使命，即消灭旧的亚洲式社会；另一个是重建的使命，即在亚洲为西方式的社会奠定物质基础。②

这段话经常被人们提起，但存在误解。例如对于"破坏的使命"，往往只是从英国殖民侵略对印度社会发展的消极层面认识。其实无论是"破坏"还是"重建"，马克思都是从积极意义上提出的。"旧的亚洲式社会"是一个什么样社会？小农业的、君主专制的、宗法血缘关系占统治地位的、孤立封闭和与世隔绝的、安于现状和愚昧的……总之，不但社会制度是前资本主义的，而且经济结构、社会习俗完全是"中世纪"性质的。所谓"西方式的社

---

① 《马克思恩格斯选集》（第一卷），人民出版社，1995年，第766页。
② 同上，第768页。

会"，并不意味着后来的"全盘西化"概念，而主要指当时只在西方存在的资本主义工业社会。除了制度形态外，更重要的是拥有以机器工业和现代科学技术充分使用为内涵的现代文明。"不破不立"，没有对旧的社会形态的摧毁，就不会有新的工业社会的成长。从现代文明发展角度审视，对"旧的亚洲式社会"的"破坏"和"建设"同样具有推动历史进步的意涵。

那么英国人"重建"印度使命完成得如何呢？

（二）"重建"及其局限

马克思关于"重建"的准确提法，是"在亚洲为西方式的社会奠定物质基础"，而不是说能够由英国人在印度建成一个"西方式社会"。英国对印度进行殖民侵略，作为"副产品"或"不自觉"的结果，必然或多或少会给这个古老的国度带去现代工业文明成果，但若是真的要把印度建成"西方式"的社会，英国人做不到，而必须由印度人来实现。在《不列颠在印度统治的未来结果》中，马克思一方面肯定英国殖民统治在当时虽然已经"摧毁了印度社会的整个结构"，但"至今还没有任何重新改建的迹象"；另一方面也认为"奠定物质基础"工作"还是开始了"。① 虽然这一工作"在这大堆大堆的废墟里使人很难看得出来"，但马克思还是努力搜集了英国人在这方面取得的许多成就：

（1）由不列颠人帮助用刀剑在印度实现了"比从前在大莫卧儿人统治下更加牢固和更加扩大的政治统一"，而这一点"是重建印度的首要条件"；

（2）印度已经实现的政治统一将由于电报的使用而"巩固起来，永存下去"；

（3）英国人帮助训练和组织了印度人自己的军队，这"是印度自己解放

---

① 《马克思恩格斯选集》（第一卷），人民出版社，1995 年，第 762 页、768 页。

自己和不再一遇到外国入侵者就成为战利品的必要条件"；

（4）"主要由印度人和欧洲人的共同子孙所领导的自由报刊"的问世，"是改建这个社会的一个新的和强有力的因素"；

（5）以将印度原有土地公有制变为土地私有制为特征的柴明达尔制度和莱特瓦尔制度虽然"十分可恶"，但却为印度社会进步所"迫切需要"；

（6）在英国人的"监督"下，古老的印度"正在崛起一个具有管理国家的必要知识并且熟悉欧洲科学的新的阶级"；

（7）孤立状态是印度"过去处于停滞状态的主要原因"，蒸汽机的引进和使用能够使印度"同欧洲经常地、迅速地交往"，而"在不远的将来，铁路加上轮船"，就将使之"同西方世界实际地联结在一起"。

以上论述非常全面：从经济基础到上层建筑，从行政管理到对外交往，特别是在文中，马克思认为由于铁路的建设和其他机器的使用，印度将会从一个纯粹的原料和商品市场转变为一个工业"生产国"，因为"你一旦把机器应用于一个有铁有煤的国家的交通运输，你就无法阻止这个国家自己去制造这些机器了"。①

然而即使成为资本主义的工业"生产国"，印度还是不会获得新生。工业文明在资本主义条件下是充满血污、充满罪恶的文明。与《1844年经济学哲学手稿》、1845年的《德意志意识形态》及1848年的《共产党宣言》中的思想相一致，《不列颠在印度统治的未来结果》继续强调："只有在伟大的社会革命支配了资产阶级时代的成果，支配了世界市场和现代生产力，并且使这一切都服从于最先进的民族的共同的监督的时候，人类的进步才会不再像可怕的异教神怪那样，只有用被杀害者的头颅做酒杯才能喝下甜美的酒浆。"②

---

① 《马克思恩格斯选集》（第一卷），人民出版社，1995年，第768~771页。
② 同上，第773页。

马克思认为由于英国的殖民侵略，"伟大的社会革命"在印度还具有推翻外来资产阶级统治，争取民族解放的内涵。资本主义的入侵为古老的印度带来了现代工业文明的种子，但是"在大不列颠本国现在的统治阶级还没有被工业无产阶级取代以前，或者在印度人自己还没有强大到能够完全摆脱英国的枷锁以前，印度人是不会收获到不列颠资产阶级在他们中间播下的新的社会因素所结的果实的"。紧接着这段话，马克思再一次满怀信心地相信并期待，"这个巨大而诱人的国家将得到重建"。① 这里"重建"的内容，显然已不再是上述为一个西方式社会奠定物质基础，而是要借此使印度进入一个"新世界"。在《不列颠在印度的统治》一文中，马克思已经指出：英国人统治印度的结果是使"印度人失掉了他们的旧世界，而没有获得一个新世界"②，这是在世界历史背景下印度作为落后民族所"遭受的灾难具有一种特殊的悲惨色彩"的根本缘由。"旧世界"所指毫无疑问，至于"新世界"的内涵，马克思一个半月后的另一篇文献，即《不列颠在印度统治的未来结果》中的一段论述有助于加深我们的理解。马克思写道：

> 资产阶级历史时期负有为新世界创造物质基础的使命：一方面要造成以全人类互相依赖为基础的普遍交往，以及进行这种交往的工具，另一方面要发展人的生产力，把物质生产变成对自然力的科学统治。资产阶级的工业和商业正为新世界创造这些物质条件，正像地质变革创造了地球表层一样。③

由此可见，所谓"新世界"，显然是指广大人民获得解放的后资本主义未

---

① 《马克思恩格斯选集》（第一卷），人民出版社，1995 年，第 771～772 页。
② 同上，第 762 页。
③ 同上，第 773 页。

来社会。如果说要在印度"重建"这样一个"新世界"，在当时的确还没有任何"迹象"。但是马克思觉得完全有理由相信：第一，在西方工业国入侵的推动下，一个古老的、传统的印度正在向一个现代的、工业化印度走去，亚洲新纪元的曙光已经翘首可待；第二，虽然是在"比较遥远的未来"，但一个由英国人促成的"西方式"印度终将走向后资本主义时代。

马克思作出上述一系统判断的根据，是全球化将促成和加速欧洲工业化成果的扩散。马克思是在用印度依稀可见的发展事实来印证他自己，以及包括恩格斯在内的19世纪40年代关于世界历史将对落后国家产生积极作用的论述。马克思的这一判断大体延续到60年代中期。在写作于1867年的《资本论》第一版序言中，马克思依然认为：由资本主义生产"铁的必然性发生作用并且正在实现的趋势"所决定，工业不发达国家将紧步西方国家后尘实现工业化。然而最后的事实证明，马克思是过于乐观了。

细究起来，马克思之所以对此抱有十足的信心，可能首先与当时美国的工业化成就有非常密切的联系。

（三）美国的例外性与印度的特殊性

美国是一个真正由外来移民组成的"殖民地"。从17世纪初开始，一批又一批以英国清教徒为主的欧洲移民来到美国，先后建立起十三个英属殖民地。就在这块直到1607年前还完全由处于原始部落阶段的印第安人居住的蛮荒之地，一步一步得以发展：1787年通过宪法，确立了以联邦制与三权分立为特征的政治权力结构，使美国具有现代国家面目；18世纪末，汉密尔顿《关于制造业的报告》提出了要像欧洲国家一样实现工业化的宏伟目标，由此在美国引发第一次工业革命；1790年一位名叫斯莱特的年轻人设计出一台二十四锭的棉纺机，1804年杰出的发明家奥利弗·埃文斯发明了高压蒸汽机；1811年，开始修建第一条国家公路；铁路热也从1830年起不断升温，第一条横贯北美大陆的联合太平洋—中央太平洋铁路在内战期间动工……美国工业化从 19 世纪二三十年代开始呈现突飞猛进之势。到 1890 年，重工业在工业总产值中所占比重已达 40%，而整个工业生产占全世界工业生产的 31%（当年英国为 22%），从而成为工业最发达的资本主义国家。

美国发生的一切——过去及最后结果——都符合马克思的判断：资本主义的生产关系被引进美国后很快"充分地和不受阻碍地确立起来"，工业生产力在那里获得"异常迅速"的发展。① 然而问题在于，北美这块土地上发生的"奇迹"是否真的如马克思所言："符合于一切殖民地的情况"？

其实，美国经过殖民地而获得发展并且迅速后来居上，作为个案具有不可比性。借用托克维尔《美国的民主》中的一句断语："美国是惟一这样的国家。"②美国能够成为"唯一"的原因很多，首先是有丰厚的资源和广阔的西部土地可供开拓利用。美国从独立到 19 世纪中叶，领土增长了七倍多。这些大量新扩大的地区被有些经济史家称为美国的"国内殖民地"，因为不仅为工业发展提供廉价的农业原料和食品产地，而且还为进行工业资本的原始积累提供重要支持。至少美国在工业化初期，能够从自身内部解决所需的货币资本、劳动力及市场等问题。其次是大量欧洲移民成为推动美国工业发展的重要生产要素。

更重要的还在于美国殖民地的不同性质。在资本主义扩张史上有两类殖民地：一是基本由西欧移民垦殖所成，北美属于此类，还有比北美大约晚二百年的大洋洲殖民地；二是由西方国家对亚、非、拉异族人实行经济和政治统治而成的殖民地，即奴役土著殖民地。前一类殖民地确实像马克思所说，没有前资本主义各种关系及旧文化传统的制约，因而更加有利于新生产

---

① 参见《马克思恩格斯选集》（第一卷），人民出版社，1995 年，第 124～125 页。
② ［美］托克维尔：《美国的民主：回忆录·旧体制和革命》，转引自陈乐民、周弘《欧洲文明扩张史》，东方出版中心，1999 年，第 275 页。

力的发展。印度这样的奴役土著型殖民地则不然。中国学者、著名世界经济问题研究专家陈其人先生认为，印度前资本主义生产关系，特别是封建土地制度的阻碍，是导致印度没有实现"西方式"工业化的"最重要原因"。①

印度和中国一样，同属于古老的东方大国，拥有非常独特的文化与悠久灿烂的古代文明。然而与中国不同的是，印度直到近代，还完整保留着野蛮的种姓制度。这个制度把人分为四个等级，此外还存在着一个"贱民"阶层（又称作"不可接触者"）。种姓制度在印度涉及面广，具有非常大的影响力。在较高层面，政治制度、经济方式、文学艺术、宗教哲学、伦理道德等无不受其左右；从对人们生活影响看，渗透到衣食住行、婚丧嫁娶的各个方面。印度社会学家 R. 德赛指出："在印度，种姓在很大程度上决定了一个人的职务、地位、上升机会和障碍。在农村，种姓差别甚至还决定了家庭和社会生活的模式、居住和文化的类型。……种姓还决定了人们宗教和世俗文化生活的模式，规定了各个社会集团的心理特征，并发展了社会隔离和高低关系细微的教阶金字塔（hierarchic pyramid）。"②对于这样一种极端落后而又对工业化、现代化文明进程构成严重阻遏的传统制度，马克思持否定态度，认为"是印度进步和强盛的基本障碍"③。

同时在印度，还保存着另"一种特殊的社会制度，即所谓的村社制度"。村社制度在印度几乎和种姓制度一样古老，特征是缺少现代法权意义上的土地私有制，每一个自然村落都成为独立的组织形式。在村社制度下，人们长久处于彼此孤立状态，没有往来也不需要往来，与外部世界隔绝，与现代文明隔绝。世世代代生活在村社制度中的人们不会产生"推动社会进步所

---

① 参见陈其人：《世界经济发展研究》，上海人民出版社，2002年，第221页。
② Desai, A. R. , *Rural Sociology in India* , Popular Prakashan Bombay, 1969, p. 38.
③ 《马克思恩格斯选集》（第一卷），人民出版社，1995年，第771页。以下有关印度问题论述的引文除注明者外，均见于马克思：《不列颠在印度的统治》《不列颠在印度统治的未来结果》[《马克思恩格斯选集》（第一卷），人民出版社，1995年]。

必需的愿望和行动"①。历史上的印度屡遭异族侵犯与征服，马克思认为原因在于印度内部始终存在着穆斯林和印度教徒的对立，存在着部落与部落、种姓与种姓的对立，并且整个社会完全建立在所有成员普遍互相排斥和与生俱来的互相隔离所造成的均势上面。这样的国家和这样的社会，"注定要做侵略者的战利品"。但是侵犯与征服的最后结果，印度依然存在。19 世纪 30 年代，英国驻印度总督梅特加夫在给英国下院的一份报告中，对印度村社制度的特征进行详细描述后得出结论：这种一个个自身都构成一个小国家的农村公社的联合，是印度人民不因外族侵犯而灭绝，能够保存至今的最重要原因。② 这是一方面，另外马克思从人类文明史上异族侵略的规律分析道：过去历史上的那些"野蛮的征服者"由于自身文明程度都低于印度，因而在征服印度后，无论是阿拉伯人、土耳其人、鞑靼人还是莫卧儿人，就都"被**印度化了**"。野蛮的征服者总是要成为那些受他们征服的民族较高文明的被征服者，然而英国人却是"第一批文明程度高于印度"的征服者。梅特加夫向英国政府提出过用法律消灭村社的建议。但马克思认为英国文明高于印度并能够对古老村社制度产生根本性革命的，与其说是英国的税吏和士兵的粗暴干涉，倒不如说是机器工业、现代科技和自由贸易。到处存在的手纺机和手织机构成印度社会的枢纽，是保持村社制度的基础。

自然农业和家庭手工业的结合，产生巨大的劳动力的节约和时间的节约，形成对外来工业品的最顽强抵抗。但由大机器武装的工业生产和流通过程，必定产生更高水平的节约。发达的现代工业先是将古老印度的棉织品排挤出欧洲市场，"最后就使这个棉织品的祖国充满了英国的棉织品"。因此，是"不列颠的蒸汽机和不列颠的科学在印度斯坦全境把农业和手工业

---

① 《马克思恩格斯选集》(第一卷)，人民出版社，1995 年，第 770 页。
② 转引自陈其人：《世界经济发展研究》，上海人民出版社，2002 年，第 128 页。

的结合彻底摧毁了"。然而机器工业和科学所导致的不仅是经济领域的变革,而且会对阻碍现代文明发展的一切陈旧制度和风俗习惯形成最有力的冲击。马克思分析道:"现在,不列颠人把农村的这种自给自足的惰性打破了,铁路将造成互相交往和来往的新的需要";"由铁路系统产生的现代工业,必然会瓦解印度种姓制度所凭借的传统分工",并且最终促使阻碍社会"进步和强盛"的种姓制度趋于灭亡。① 一句话,由于以现代工业文明成就为武装,英国人入侵印度非但不会像过去的侵略者那样被"印度化",而且还能够使印度文明发生根本性改变。于是问题的性质就变为,"不在于英国人是否有权征服印度,而在于我们是否宁愿让印度被土耳其人、波斯人或俄国人征服而不愿让它被不列颠人征服"②。

一定的世界历史条件使古老的印度在得到新文明进步的同时,又遭受不知超过历史上异族侵略多少倍的灾难,而且"所遭受的灾难具有一种特殊的悲惨色彩"③。但是如果蒸汽机和现代科学技术在印度的使用与传播,真正能够使古老的村社制度和种姓制度遭到彻底破坏,使小农业和家庭手工业相结合的经济结构遭受灭顶之灾,使千百年来人们已经习以为常、安于自给自足的惰性及一切旧的传统习俗获得根本性转变,从而最终使古老的印度文明在血与火中获得新生,尤其是如果英国的殖民侵略真的能够使印度社会获得"重建",进而在此基础上得到一个"新世界",那么的确应该承认,英国人"在亚洲造成了一场前所未闻的最大的、老实说也是惟一的一次**社会革命**"④。

然而最后的结果怎么样呢? 经过前后近一百年的殖民化过程,到 19 世

---

① 参见《马克思恩格斯选集》(第一卷),人民出版社,1995 年,第 770~771 页。
② 同上,第 767~768 页。
③ 同上,第 762 页。
④ 同上,第 765 页。

纪90年代，印度主要工业中心仍只有加尔各答和孟买，并且大部分企业属于为英国人所有、没有与本土母公司相脱离的子公司。而"飞地性"工业生产是不可能对整个社会和国民经济的发展起到刺激作用的。① 所以在工业有一定程度发展的同时，农业结构没有发生改变，农业发展严重滞后，工农业二元结构状况长期存在，特别是殖民统治时期，"印度经济的相对发展对占全国领土2/5的500多个封建土邦却不到应有的冲击作用，直到独立时，作为封建制度活化石的土邦制度依然完好无损"②。

三、"跨越卡夫丁"：无法验证的"悬案"

落后的俄国可以"不通过"资本主义制度的"卡夫丁峡谷"而直接进入后资本主义时代，这是马克思晚年产生的一个大胆设想。最近几十年，这个设想被中国学术界概括为"跨越卡夫丁峡谷"命题，炒得很热，认为这是马克思晚年最重要的理论贡献之一，它实际指出了东方民族复兴之路。真的是这样吗？

（一）问题的提出

马克思只是在给查苏利奇信的草稿中提及该主张，而正式复信无此内容。这表明马克思最后并不认可这个思想，或者至少可以说，对此马克思还存在许多犹豫、疑问甚至困惑，因此远不能作为定论提出，而只是一个思想

---

① 经工业发达国家输入资本和技术而产生的"飞地式"工业生产，基本属于依附性、掠夺型的经济方式。其主要功能是按照发达国家产业资本的需要，掠夺当地资源与进行资本积累。它所拥有的先进的生产力一般与当地落后的自然经济没有本质上的关系，因而起不到促进当地经济发展的作用。（参见郭寿玉：《资本主义南北经济关系新论——马克思主义中心外围论》，首都师范大学出版社，1993年，第101页。）

② 林承节：《印度现代化的发展道路》，北京大学出版社，2001年，绪论第7页。

"悬案"。无论作为学术研究还是实践指导,认真探讨马克思的犹豫、疑问或者困惑,可能比简单地接受和肯定这个设想更具有现实意义和理论价值。

"跨越卡夫丁峡谷"观点起源于查苏利奇的来信。1881年2月,俄国女革命维·伊·查苏利奇代表"劳动解放社"给马克思写了一封信,请教他关于俄国历史发展前景的看法,特别是希望他能够切实解答一下俄国公社的前途命运问题。因为当时俄国有一批自称是马克思"真正的学生"和真正的"马克思主义者"们,认为面对资本主义工业化的挑战,古老的公社必然解体,俄国最终也会像西欧各国一样经历资本主义生产发展的各个阶段。毫无疑问,这不但是一个复杂的理论问题,而且事涉"劳动解放社"的任务、目标及行动纲领。完全可以想象,查苏利奇及她的同志们多么期待从革命导师马克思这里获得对问题肯定和可以公开发表的回答。应该说,马克思对给查苏利奇回信是非常认真的:先后四易其稿,总字数达一万五千字左右。但令人遗憾的是,最后的复信却很短,只有寥寥数行,内容则更是令人扫兴。

首先,马克思强调对于查苏利奇提的问题"不能给出一个适合于发表的"答复;其次,说明他在《资本论》中关于资本主义"历史必然性"的论述仅"限于西欧各国",也就是说,与俄国没有什么关系("既不包括赞成俄国农村公社有生命力的论据,也不包括反对农村公社有生命力的论据");最后,至于农村公社是否有生命力,即是否能够成为"俄国社会新生的支点",前提是"必须肃清从各方面向它袭来的破坏性影响",同时"保证它具备自由发展所必需的正常条件"。① 最末一点是关键,然而多少却有点含糊其词。例如:"支点"是什么意思? 谁来作出"保证"? 又如何能够"保证"? 何为"必需的正常条件"? 如此等等。尤其重要的是,为现在的人们津津乐道的"跨越卡夫丁峡谷"构想,在复信中却消失得无影无踪!

---

① 《马克思恩格斯全集》(第19卷),人民出版社,1963年,第268~269页。

从几份草稿的写作过程及内容来看，马克思收到信后，显然非但不愿辜负查苏利奇的殷切期待，而且很想就此做一篇可供发表的大文章，作为晚年理论的"收官"之作。初稿篇幅很大，视野也相当开阔，不但详细论述了俄国公社的来龙去脉、主要特点，而且以非常明确的语言指出，"它目前处在这样的历史环境中：和它同时并存的资本主义生产在给它提供集体劳动的一切条件。它有可能不通过资本主义制度的卡夫丁峡谷，而享用资本主义制度的一切肯定成果"。并且认为"'农村公社'的这种发展是符合我们时代历史发展的方向的"。这样的发展不但能够使农村公社"很快变为俄国社会复兴的因素"，而且还可以"变为使俄国比其他还处在资本主义制度压迫下的国家优越的因素"。① 二稿比较短，并且有些用语也不那么肯定了；三稿的篇幅较二稿又略微长些，特别是更进一步论述了"跨越卡夫丁峡谷"的可能性问题，结论基本是肯定的。但是三稿的写作突然中断了，因此我们现在看到的第三稿实际是一个残篇。

应该承认，马克思与查苏利奇通信并非一时心血来潮。在法兰西内战之前，马克思长期关注的是西欧资本主义及其工人运动的发展，自 20 世纪 70 年代开始重视俄国问题，而且为此下了一番"苦功夫"。如果说下这样的"苦功夫"起初还是为了充实和修订《资本论》第二卷的需要，那么 70 年代中期以后，由于英国迟迟没有爆发危机，期待中的欧洲革命似乎也成泡影，对俄国问题的重视开始具有超出修订《资本论》以外的意义。

在新的世界历史背景下，俄国一类落后国家的前途与命运究竟如何？世界无产阶级革命能否在这些国家中获得激发与突破？

马克思晚年在欧洲以外国家中选择俄国进行深入研究，既有资料因素及与俄国政治活动家的频繁通信为背景，也因俄国本身在非西方国家中具

---

① 《马克思恩格斯全集》（第 19 卷），人民出版社，1963 年，第 438～439 页、441 页。

有一定的特殊性或典型性。恩格斯后来在《〈论俄国的社会问题〉跋》（1894）中就讲过，有关俄国问题的思考，其原则和方法"不仅适用于俄国，而且适用在处于资本主义以前的阶段的一切国家"①。

　　世界历史发展至 19 世纪后期，非西方落后国家大体分化为两种不同类型：一类是已经成为西方资本主义列强殖民地的国家；另一类是虽已被卷进全球化进程或者部分融入世界市场，但国家在总体上还保持着独立自主性质，资本主义工业生产刚刚起步或者还基本没有。落后国家一旦成为西方国家的殖民地，首先意味着无法挽回地走上被动发展资本主义的道路；其次，国家的命运完全被西方国家控制和掌握，既然殖民地国家的命运已经大体如此，那么非殖民地国家的情况怎么样呢？能否有完全不同的命运和前景呢？这是马克思晚年在暂时看不到西欧国家无产阶级革命有成功的可能后，开始关注东方落后国家的重要原因。

　　正如同马克思对资本主义的研究以英、法为典型一样，19 世纪后期的俄国恰好有条件成为东方落后国家的典型：

　　第一，尽管地理位置上属于欧洲，然而其社会在本质上却具有非西方国家的特点。俄国横跨欧亚大陆，由多重历史原因所致，与欧洲文明始终保持着比较大的距离。马克思注意到俄国历史发展及其社会面貌的特殊性，称之为"半亚细亚社会"②。亚细亚社会是马克思对东方社会基本特征的概括。所谓"半亚细亚社会"，即不但具有东方社会色彩，而且又保持着自身文明的特殊性。

　　第二，资本主义工业有一定的发展，但依然是农业国。俄国 1861 年的农

---

　　①　《马克思恩格斯选集》（第四卷），人民出版社，1995 年，第 443 页。

　　②　《马克思恩格斯全集》（第 24 卷），人民出版社，1972 年，第 126 ~ 127 页；《马克思恩格斯全集》（第 9 卷），人民出版社，1961 年，第 25 页；《马克思恩格斯全集》（第 16 卷），人民出版社，1964 年，第 229 页。

奴制改革并未使传统社会的经济结构遭到大的破坏，19 世纪后期的社会、经济面貌仍然非常落后，基本属于靠输出谷物换取外国工业品的国家。在很大程度上，19 世纪后期的俄国与当时拉美一些国家的情形很相似。

第三，作为一个主权国家，与西欧资本主义国家联系紧密同时又受到控制。正如马克思在给查苏利奇信的初稿中所指出：近代以来，俄国一方面没有像东印度一样成为"外国征服者的猎获物"，另一方面又"不是脱离现代世界的孤立生存的"。① 这种情况恰好是 19 世纪末以后大多数非殖民地落后国家的共同特点。

总之，经济上资本主义有所发展，但与西欧、北美国家比较又非常落后；政治上、军事上保守反动，以及对西方国家的依赖，使俄国国内各种矛盾非常的尖锐突出。这一切再加上战争及与西方资本主义国家之间的矛盾，都使马克思有理由在 19 世纪后期不但将革命的希望寄托于俄国，而且努力从对俄国问题的研究中寻求落后国家获得"解放"的出路。

（二）马克思的困惑

既有需要又有条件，同时也已经花费了大量的时间和精力，为什么最后却没有能够完成这一理论抱负呢？具体到"跨越卡夫丁峡谷"设想，究竟是哪些环节阻碍着马克思得出明确而肯定的结论呢？

应该看到，马克思晚年研究的出发点与思维重心的转移，并不意味着他衡量和观察社会形态、社会发展的基本原则发生根本改变，尤其并不意味着"实际上是把人道主义原则提升为历史的尺度"②。在给查苏利奇信中，马克思强调的是"不通过资本主义生产的一切可怕的波折而吸收它的一切肯定

---

① 《马克思恩格斯全集》（第 19 卷），人民出版社，1963 年，第 431 页。
② 张奎良：《马克思的东方社会理论》，《中国社会科学》，1989 年第 2 期。

的成就"。所谓"一切肯定的成就",最重要的无疑是社会化大生产、高度发达的工业生产力等物质性内容。在此之前几年《给〈祖国纪事〉杂志编辑部的信》中他也强调,非西欧国家通向未来新社会的道路可能不同于西欧,但所要达到的目标却是相同的,也就是实现人的自由全面发展和"社会劳动生产力极高度发展"。然而正因为这样,要实现"跨越"势必存在一系列难以克服的障碍

1. 是否能够顺利实现对西方资本主义文明成果的充分"享用"

这是马克思在复信草稿中提出的、落后的俄国能够实现社会"跨越"发展的首要前提,但其中却不可避免地存在着是否可能的难题。许多研究者注意到马克思对"革命"的重视,经常引用《共产党宣言》1882年俄文版序言中的一段话作为根据:"假如俄国革命将成为西方无产阶级革命的信号而双方互相补充的话,那么现今的俄国土地公有制便能成为共产主义发展的起点。"这表明不但需要"革命",而且"革命"不止一个。为国内研究者强调较多的,是西方无产阶级革命,而对落后国家内部的革命则很少论及。然而仔细阅读给查苏利奇的信,马克思明确提出并反复加以阐述的却是俄国国内革命的重要性,对西方无产阶级革命只字未提。"要挽救俄国公社,就必须有俄国革命。"国内革命之所以必须,根本意义在于能够使俄国避免资本主义的"灾祸"。因为在1861年农奴制改革后,"俄国政府和'社会新栋梁'正在尽一切可能"发展资本主义。革命的对象,自然是正在帮助"新资本主义寄生虫去发财致富"的国家,而革命的结果是要建立一个新的国家;新国家与旧国家的不同之处在于,能否集中"自己的一切力量"使俄国公社具备"正常发展"或"自由发展"的条件。马克思甚至还设想过革命后国家如何集中"自己的一切力量"来保证公社"正常发展"的措施,例如国家提供贷款、使公社"获得正常数量的耕地",帮助农民实现"以应用机器的大规模耕作来逐步代替小土地耕作",等等。

然而问题的关键在于：由谁来进行这样的革命？革命成功后，是否就一定能够建成这样的新国家？这些在马克思的信中，无论三个草稿还是最后复信，我们都找不到明确答案。根据马克思的理论逻辑，我们可以大致推断：能够进行这种革命的，自然应该是无产阶级。但是一方面当时的俄国还远没有形成像样的无产阶级；另一方面，成熟的无产阶级又必然是资本主义大发展的结果。也就是说，等到有了强大、成熟到能够进行革命的无产阶级，俄国早就已经是一个完全的资本主义国家了！

前提与后果之间显然是互相矛盾的。马克思没法解决这个矛盾，所以在信中也就避而不提。

2. 即使西方资本主义制度创造的经济、科学技术等文明成就能够被"享用"，但人的问题怎么办

人是历史的创造者，经济发展、社会运行都必须要由人来推动和组织。而作为社会客体的人，又总是一定的经济、社会发展的结果，是历史的产物。在自然经济、古代农业公社和沙皇专制环境背景下成长起来的人，能否很快具备社会化大生产、现代社会，以及未来社会制度建设对人的素质要求？依照马克思早年对人与社会的关系非常全面、精辟的阐述，他不可能在论述俄国公社发展问题时不考虑人的问题。事实上他不仅考虑了，而且在给查苏利奇的信中有所论述：

（1）将当时俄国农业公社与"较古的类型的公社"作出区别，认为至少两方面差别使 19 世纪后期俄国农业公社条件下的人不同于古代类型公社的人：第一，由于活动范围不再局限于原始村落，所以已经"摆脱了牢固然而狭窄的血统亲属关系的束缚"；第二，农业公社大部分耕地归集体所有，同时又存在着私有制因素，"房屋的私有、耕地的小块耕种和产品的私人占有又使

个人获得发展,而这种个人发展和较古的公社的条件是不相容的"。①

（2）反复对俄国农民"习惯于"集体劳动的素质给予高度肯定,认为"习惯于劳动组合关系"的特性,有助于俄国实现从小土地经济向合作经济的过渡。

（3）认为交往的扩大会使公社之间的联系有所增强,从而农民有可能走出"与世隔绝的小天地",并表现出某种历史发展的主动性或创造精神。②

然而仔细分析几个草稿的内容,我们又会发现,马克思在人的问题上存在着诸多犹豫和矛盾的地方。例如:一方面肯定"'农业公社'是最早的没有血缘关系的自由人的社会联合",另一方面又认为存在着"比较集权的专制制度"对公社的统治;在承认俄国公社孤立性、与世隔绝特征同时,又为它辩护,认为在当时已经"割断了"宗法血缘关系。此外,还有在马克思其他著作中难得出现的轻率。比如,他认为矗立于公社之上的"比较集权的专制制度""这一缺点",在现代条件下"是很容易消除的":"也许只要用农民公社选出的代表会议代替乡——政府机关就行了,这种会议将成为维护他们利益的经济机关和行政机关"。③ 俄国沙皇专制制度的社会基础是分散的小农业,同时恰如马克思在复信初稿中所指出,俄国的封建专制政治又由于两方面的原因而带有自己的特点:一是领土辽阔,二是蒙古人入侵。13 世纪蒙古侵占基辅罗斯,金帐汗国以残酷强力、极端专制的方式统治其长达二百余年;蒙古人之后,一直就是沙皇专制主义与在拜占庭帝国皇权下产生的东正教相互紧密结合的政治统治。这种源远流长、根深蒂固的专制集权传统在俄国,难道会"很容易消除"? 另外,即使可以通过暴力革命方式很快将沙皇

---

① 本节引文分别见《马克思恩格斯全集》(第 19 卷),人民出版社,1963 年,第 449 页、450 页、434 页。

② 《马克思恩格斯全集》(第 19 卷),人民出版社,1963 年,第 451 页。

③ 同上,第 436 页。

政权送进历史的博物馆,由此产生的代表会议是否就一定能够真正成为维护广大人民利益的经济机关和行政机关?

3. 倘若能够有成功的国内革命,那么革命后究竟应该和能够建立什么样的社会制度

马克思设想,西方工业发达国家在无产阶级革命胜利后,要先经过一个从资本主义到共产主义的"过渡时期",然后进入共产主义的"第一阶段"。马克思特别强调,由于这一阶段"是刚刚从资本主义社会**中产生出来的**,因此它在各方面,在经济、道德和精神方面都还带着它脱胎出来的那个旧社会的痕迹",特别是"**平等的权利**按照原则仍然是**资产阶级权利**"。① 那么在俄国公社呢? 如果"不通过"是在小农业文明、农奴制和封建专制等历史前提下发生的,则"在经济、道德和精神方面"必然也会"带着它脱胎出来的那个旧社会的痕迹"。那么在这样的背景下,革命成功后又会经历哪些相应的发展阶段? 每一发展阶段在社会制度、运行规则等方面又会具有些什么样的特点?

另外,如果"不通过"确实能够与西方资本主义同时并存,落后的俄国如何既充分享用资本主义创造的一切文明成果,同时又有效地避免受西方发达国家的钳制与摆布? 在给查苏利奇信中,马克思几次提到,世界市场是由工业发达的资本主义国家控制或统治的,但对于极易发生的、这种控制或统治给予落后国家吸收西方经济成就的负面影响却丝毫没有论及。更进一步,发达国家会不会在政治、文化方面控制和支配落后国家的发展?

我们知道,俄国的历史最终并没有按照马克思的设想发展。正是在马克思去世的 20 世纪 80 年代,在经历了俄土战争和对农奴制残余克服后的俄国,大踏步地开始了资本主义工业化的历史进程……

————————

① 《马克思恩格斯选集》(第三卷),人民出版社,1995 年,第 304 ~ 305 页。

值得补充的是，几乎与起草给查苏利奇回信同时，马克思还有过一封著名的致斐·多·纽文胡斯的信。在信中，马克思强调："在将来某个特定的时刻应该做些什么，应该马上做些什么，这当然完全取决于人们将不得不在其中活动的那个既定的历史环境。……如果一个方程式的已知各项中不包含解这个方程式的因素，那我们就无法解这个方程式。"①事实上关于俄国公社前途的"方程式"存在着太多的求知项，马克思曾经试图求解出一个明确的答案，但最后放弃了。他给我们留下的只是没有结果的求解过程，或者说是一个永远无法验证的思想"悬案"！

马克思说过，他不愿意留下任何不明确的东西让后人去揣测。给查苏利奇的信几易其稿，最后虽有复信，但既无"跨越"痕迹又特别声明不作发表之用，这充分显示了马克思严谨的科学态度。

马克思是严谨的，不严谨的却是我们！

---

① 《马克思恩格斯选集》（第四卷），人民出版社，1995年，第643页。马克思起草给查苏利奇复信的时间是1881年2月底到3月初，而致纽文胡斯信写于1881年2月22日。

第三章
误判与误读

　　恩格斯在评论 18 世纪法国启蒙思想家时,认为他们和以往历史上许多伟大的思想家一样,没有能够超越时代给予他们的限制。其实任何思想家都难以完全超出时代条件的限制,不同或许只在于程度如何。就此而言,马克思本人并不否认。例如在《共产党宣言》发表二十年后,马克思坦陈随着时代的发展变化,其中有些内容已经"过时"了。"过时"的当然不仅是《共产党宣言》中的一些具体提法,甚至还包括一些带有根本性质的观点,而这些又是长期被我们奉为"金科玉律"的。正确地指出这一点非但不影响马克思理论的科学性及其现实指导价值,反而可以在廓清迷雾或神圣性光芒的基础上,更显其本真与求实的特点。

　　在这方面,恩格斯是我们学习的榜样。恩格斯晚年所做工作之一,就是在马克思去世后,根据 19 世纪末世界政治经济发展的新特点、新变化,对马克思的思想作出重要补充或纠正。

　　要正确地理解和接受马克思主义,还有一项工作同样不可缺少,即结合 20 世纪社会主义实践,分析各种"误读"现象。19 世纪、老欧洲国家,这是马克思理论形成的特定时空背景,任何成熟的思想体系都会刻有时空烙印,同时在文本形式等方面具有自己的特点。不注意这一点,以为只要是"信徒"就一定能够很好地读懂与领会"圣经",无疑是错误的。何况还要以此指导实践，而实践本身又是如此复杂多变？"误读"难以避免而且多种多样，重要的是我们必须首先承认这一点，然后在此基础上努力做好还原工作。只有这样，才能使我们更加科学地用马克思的理论指导我们今天的实践。

一、马克思的理论误判

恩格斯逝世前给后人留下了一篇《卡·马克思〈1848年至1850年的法兰西阶级斗争〉一书导言》。在这篇文章中，他一再坦承："历史表明我们也曾经错了，暴露出我们当时的看法只是一个幻想。""我们"当然包括马克思在内，而"当时的看法"之所以最后被历史证明"只是一个幻想"，主要因为"当时的"马克思对"当时的"社会现实及历史的进一步发展存在误判。

（一）第一个误判：工人的生活"不是随着工业的进步而上升，而是越来越降到本阶级的生存条件以下"

马克思对"两个必然"的第一次完整表述，是在《共产党宣言》第一章最后："资产阶级的灭亡和无产阶级的胜利是同样不可避免的。"这是结论，在此之前，文章首先详细阐述"资产者和无产者"的产生及其内在对抗性矛盾；紧随其后，为了让上述结论更加坚定有力，马克思使用了一个三段论逻辑推导：

> 大前提：在阶级社会里，"为了有可能压迫一个阶级，就必须保证这个阶级至少有能够勉强维持它的奴隶般的生存的条件"；
> 小前提：在资产阶级统治的国家，工人的生活"不是随着工业的进步而上升而是越来越降到本阶级的生存条件以下"，资产阶级"甚至不能保证自己的奴隶维持奴隶的生活"；

> 结　论：所以"资产阶级再不能做社会的统治阶级了"，"社会再不
> 　　　能在它的统治下生存下去了，就是说，它的生存不再同社
> 　　　会相容了"。①

大前提无疑是正确的，问题出在小前提上。

诚然，19 世纪初期英、法等国工人阶级的生存状况确实非常糟糕。恩格斯的《英国工人阶级状况》对此作了深刻的揭露和批判，另外我们从英国作家狄更斯和法国作家巴尔扎克的小说中，也能够获得更为形象生动的认识。这既是当时爆发工人运动甚至武装起义的条件，也是马克思分析工人异化劳动的可靠依据。然而马克思的失误在两个方面：一是他没有看到当时正处于工业化早期阶段，所谓的工人阶级，其中大部分是刚从农村转移到城市的第一代或第二代移民。他们进入城市和工厂之后，尽管从城市"文明人"的眼光来看处境非常悲惨，几乎过着不是"人"的生活，然而和他们原来在乡村的状况比较，或许还有较明显的改善。② 其情形可能恰如英国社会史家阿萨·布里格斯所分析的："工人们通常是在较高的工资和更大的社会机遇的吸引之下，而不是在强迫之下进入工厂的。"③当然，马克思更重要的失误表现在他没有充分意识到在资产阶级确立了统治地位之后，特别是在大工业生产逐步走向成熟之后，就总体趋势而言，工人阶级的生活"随着工业的进步"，非但不是"越来越降到本阶级的生存条件以下"，而是不断获得改善。

---

① 《马克思恩格斯选集》（第一卷），人民出版社，1995 年，第 284 页。
② 参见［美］查尔斯·布鲁尼格、马修·莱温格：《现代欧洲史：革命的年代（1789—1850）》（第四卷），王皓、冯勇译，中信出版社，2016 年，第三章。
③ ［英］阿萨·布里格斯：《英国社会史》，陈叔平等译，商务印书馆，2015 年，第 245 页。另外，他在这本书中认为，恩格斯的《英国工人阶级状况》对工人贫困的分析"没有掌握全部事实"，同时他不赞成马克思《共产党宣言》中关于社会日益分裂为两大阵营的观点（参见该书第 244～245 页）。值得一提的是，这位作者并不反对马克思主义，在马克思逝世一百周年时，他还写作出版了《马克思在伦敦》一书。

历史学家研究认为:"19世纪20年代之前英国工人的平均收入是呈递增趋势的",而到19世纪中叶,开始真正"享受到工业革命带来的大量物质利益"。① 英国的埃里克·霍布斯鲍姆是享誉世界的马克思主义史学家,其认为,工人的平均工资1875年较1862年提高了40%,而1900年则比1875年高出1/3,比1850年提高84%。同时在1870—1900年,英国工人阶级的生活不但总体上"变得大为便利也更加丰富",而且第一次"在工业社会获得了坚实的归宿和依托"。② 资本对工人的剥削和压迫仍然存在,特别是在19世纪末,首都伦敦也仍然有30%的人口生活在贫困中。然而与此同时,大约70%的工人阶级却生活得比较舒适,他们"也开始享受工业文明的物质成果",以前拼命工作都"无法赚取每日面包"的工人阶级,现在"却丰衣足食,吃穿不愁"。③ 这在客观上,无疑大大缓解了工人阶级对于国家乃至整个社会的"异化感"(借用马克思《1844年经济学哲学手稿》中的提法)。当工人改善生活的愿望获得表达并能够得到一定程度的实现的情况下,尤其是工人的物质生活在维持基本需求的基础上还不断有所提高的情况下,以暴力为内涵的革命是很难发生的。

那么马克思和恩格斯知道这些情况吗?或者他们又是如何认识的呢?

或许与恩格斯的工厂主身份有关,应该说是恩格斯最早指出这一事实。例如在1858年10月给马克思的信中,恩格斯就认为英国无产阶级实际上已经"日益资产阶级化了"④。后来,马克思在1878年2月给威廉·李卜克内西的信中也坦率地承认:"由于1848年开始的腐败时期,英国工人阶级渐渐

---

① 〔英〕阿萨·布里格斯:《英国社会史》,陈叔平等译,商务印书馆,2015年,第195页。

② 〔英〕埃里克·霍布斯鲍姆:《工业与帝国:英国的现代化历程》,梅俊杰译,中央编译出版社,2016年,第156~157页、160页。

③ 有关19世纪中后期英国工人阶级生活变化情况详细数据以及贫富差别问题,还可进一步参阅钱乘旦主编的《英国通史》第五卷第三章"财富与贫困",江苏人民出版社,2016年。

④ 《马克思恩格斯全集》(第29卷),人民出版社,1972年,第344页。

地、愈来愈深地陷入精神堕落，最后，简直成了'伟大的自由党'即他们自己的奴役者——资本家的政党的尾巴。"①值得注意的是，恩格斯后来多次提出这一观点，例如1882年9月12日给考茨基的信和1892年的《英国工人阶级状况》第二版序言。相反，马克思却较少这方面的论述。

其实不但是英国，其他工业发达国家的情况大体也差不多。由此到了19世纪后期，伴随资本主义在世界范围发展到一个新的更加成熟的阶段，马克思原本预想中的无产阶级革命由于前提条件的丧失，发生的可能性已经很小。工人阶级与资产阶级之间对立依然存在，但尖锐程度有所缓和；斗争仍在继续，然而"火药味"在减少。客观地想一下：当工人的收入能够填饱肚皮，特别是一家老小的生活大体还算过得去的情况下，有多少人愿意走上街头、流血牺牲？1871年巴黎公社是欧洲发达国家工人阶级通过暴力革命的方式建立自己政权的第一次尝试，同时也是唯一取得过短暂成功的最后一次尝试。此后欧洲范围再也没有爆发过马克思期待的"新的革命"；相反，一次次危机却不断推动着西方国家生产的无限扩张和资本重组。

（二）第二个误判："工人没有祖国"

这也是马克思在《共产党宣言》中提出的一个极其重要的判断，理由是当时的国家是资产阶级的国家，完全体现资产阶级的利益和为资产阶级服务，因而它不属于工人；另外还因为工人所受到的剥削、压迫是国际性的，而工人阶级的解放是一项"世界性的事业"。这个判断是"全世界无产者"能够"联合起来"，推翻资产阶级统治、实现共产主义的前提条件。然而实际情况究竟如何呢？特别是在马克思提出这个判断之后，事情发生了怎样的变化呢？

---

① 《马克思恩格斯全集》（第34卷），人民出版社，1972年，第297页。

1. 世界现代化的前提是民族国家普遍建立，在现代国家与国家的纷争中，民族情感、民族大义通常超越于阶级情感、阶级矛盾之上

为了更清楚地认识这个问题，有必要对欧洲历史上的民族及其国家问题稍作分析与回顾。

现代民族学研究认为，"民族"不同于"族群"，前者是与国家相联系的。在欧洲古代，"民族"的观念是非常模糊的，因为人们认同和效忠的对象主要是领地及其领主，"国家"在一定意义上是虚无缥缈的东西，所谓"英格兰人""法兰西人"等也主要是一些地理概念，而不具有政治实体性质。到了中世纪后期，情况开始发生变化。欧洲一系列的战争不但造就出第一批现代意义的民族，而且促成了民族与国家的结合。到 17 世纪末，欧洲逐渐进化为一个"国家社会"，主权原则和领土原则在国家间不断获得认可。新兴的欧洲国家社会在国际法层面被概括为"威斯特伐利亚模式"。该模式产生自 1648 年的威斯特伐利亚和平协议，但真正得到普遍遵守和成为国际交往的基础是在 18 世纪末 19 世纪初，即在资产阶级登上历史舞台后，阻碍现代国家发展的最后障碍被消除了。促使民族国家迅速成长的动力一方面来自工业化、现代化的需要，因为工业化、现代化必须在一定的政治实体下进行，而民族国家是最有效的单位形式；同时工业化、现代化的不均衡发展必然造成不同"民族"间差距日益明显，竞争与冲突更加激烈，因而"民族"愈加需要"国家"提供保护和支持。

民族国家全面成长的推动力量还来自外部：资本的全球扩张无不在国家支持下进行，扩张本身成为国家活动和权力增长的主要理由与源泉，成为民族优越感膨胀的基础；同时对于落后国家，反抗外来入侵和被殖民化必然促成民族意识、"祖国"意识的全面形成和空前高涨。于是 19 世纪中后期，势必成为民族国家广泛建立并得到巩固的时期。

——法国到路易·波拿巴第二帝国后期，政治上的长期动荡和反复终

于相对稳定下来，同时国家也真正成长为一个现代民族国家。

——随着 19 世纪五六十年代工业化进程的加快及世界市场竞争的发展，1871 年，长期分裂的德意志终于成为拥有共同语言、共同社会心理和共同经济利益的统一的民族国家。

——19 世纪初，意大利人民就开始了以争取民族独立和国家统一为目标的"民族复兴运动"，到 1871 年首都由都灵迁往罗马，终于实现了统一，意大利第一次开始以民族国家的形象出现在欧洲的政治舞台上。

——美国虽然在独立战争结束后就获得了民族独立，但经过南北战争，才真正成为一个强大的、具有同质性的民族国家。

在将民族与国家相等同，民族国家的建立成为越来越普遍现象背景下，原本主要作为地理概念或种族概念的"英国人""法国人""德国人"等，也就具有了特定的政治内涵。与此同时，国家也不再单纯是资产阶级的国家，而是整个民族的制度载体；"祖国"的民族性质远胜于阶级性质，由此例如在普法战争期间，"法兰西万岁"成为整个国家或全民族的价值追求与奋斗目标。

2. 随着选举权的扩大和民主选举逐渐成为欧美国家建立政权的主要方式，工人阶级也开始参与国家政治和成为国家的"主人"

现代国家之所以"现代"，重要特点之一在于政权的构成及其建立方式。在近代自由主义政治思潮兴盛之后，"神圣权利"受到挑战和侵蚀，在固定领土和民族范围内的国民认同与忠诚，成为任何一个现代国家都不得不努力争取的内容。国民认同与忠诚主要通过三种途径获得：政治领域——普选权的扩大与兵役制，思想文化领域——义务教育和民族主义思想情感的培育，经济领域——税制与社会福利政策。[1] 在第二次工业革命和实现民族统

---

① See Immanuel Wallerstein, *Social Science and the Communist Interlude, or Interpretation of Contemporary History*, ISA Regional Colloquium, *Bulding Open Society and Perspectives of Sociology in East - Central Europe*, Krakow, Poland, Sep. 15 - 17, 1996.

一、国家统一后,西欧各主要国家的资产阶级都需要通过这些方面的成就来巩固自己的统治,尤其是民主选举权的扩大。以英、法、德为例:

——英国虽然由 1688 年的"光荣革命"创立起具有民主内涵的政治结构,但因缺乏有效的形式,"国家"实质上堕落为寡头政治的工具。1831 年,英国 1300 万人口中只有选民 35 万,但经过 1867 年的改革,基本废除了对选民的财产要求,大部分城市工人阶级开始拥有选举权;经 1886 年的再次改革,全国 60% 的男性公民获得选举权。

——法国从 1789 年起,公民的选举权几经反复。1793 年宪法承认男子普选,而且规定议员直接选举产生;1848 年革命后工人不但获得了选举权,而且有代表进入政府;第二帝国时期一度自由倒退、普选成为帝国的摆设,然而 1860 年开始了"自由主义帝国"时期,1864 年 5 月工人获得罢工的权利;1870 年 5 月,通过公民投票方式,拿破仑三世顺利赢得"帝国的第二次重建"。

——与英法比较,德国人的自由民主无疑要缺少许多,但统一后的 1871 年"帝国宪法"同样规定了选举原则,只强调 25 岁以下男子、25 岁以上领取贫民救济金的男子和妇女、军人无选举权。

将选举权扩大到工人阶级及社会的大多数人,不但使资产阶级的国家政权具有现代合法性内涵,而且使包括工人阶级在内的普通民众的政治诉求获得了某种程度的表达。我们可以指责它的虚伪性和维护阶级统治的性质,但是当一个国家的政权主要是由民主选举产生时,这个政权背后的"祖国"无疑也就获得了更广泛的认可与忠诚。

3. 社会保障制度的推行与实施,使社会下层尤其是处于贫困状况的工人阶级能够从国家层面体会到"祖国"的温暖

资本主义国家的社会福利制度最早可追溯到英国的《济贫法》。此法最初建立于 1601 年,后经过多次修订,而 1834 年的新版本明确规定国家必须

以税收转移支付的方式进行社会救助，目的是解决贫困人口的基本生存问题。作为世界上第一个资本主义国家和首先实现工业化的国家，英国在通过社会立法和福利政策来保证工人最基本生存条件与生活水平方面是走在前面的。1842年和1844年，议会先后颁布《矿井法》和《工厂法》，使工人恶劣的工作条件获得一定程度改善；1847年实行《十小时工作法》，1848年颁布《公共卫生法》……英国的社会改革在19世纪六七十年代先后成为各主要工业发达国家的榜样，尽管程度或方式有所不同。不过德国却"后来居上"：在1883—1889年，俾斯麦为了将工人的多数争取到"国家"方面来，在他的统治下，德国竟然成为世界上第一个向工人提供病、老、伤、残全面社会保险的国家。① 特别是俾斯麦政府以国家立法形式先后通过的三部法律，即《疾病保险法》（1883年）、《工人赔偿法》（1884年）和《伤残、死亡和养老保险法》（1889年），成为西方国家建立社会保障体系的标志。

　　总之，到19世纪末，越来越多的西方国家通过社会保险立法的方式建立起养老保险、健康保险、失业保险、工伤事故保险等制度。这样做的政治效果，就是促成了社会下层对于国家的认同，当国家通过制度建设使广大工人阶级能够获得各种各样的"好处"，或者说获得某种程度的"温暖"时，"祖国"一词对于他们就不仅是文化的、政治的，而且也是经济的。

（三）第三个误判：在工业发达国家带动下，广大落后国家都将很快进入资本主义工业化行列

　　这个判断最初形成于《共产党宣言》时期。在《共产党宣言》第一章，马克思激情洋溢地宣布："资产阶级，由于开拓了世界市场，把一切国家的生产和消费都成为世界性的了"，它"把一切民族甚至最野蛮的民族都卷到文明

---

　　① 参见钱乘旦、陈意新：《走向现代国家之路》，四川人民出版社，1987年，第215页。

中来了……它迫使一切民族——如果它们不想灭亡的话——采用资产阶级的生产方式"。到了 19 世纪 50 年代,马克思明确以印度为例,认为英国的殖民侵略最终能够使之成为一个"西方式社会"。然而马克思没有预料到在 19 世纪后期,工业发达国家殖民政策会发生重大改变。

19 世纪 50 年代后期,马克思对殖民统治下印度资本主义工业化前景满怀信心的重要根据之一,是西欧国家奉行自由主义经济政策。然而一旦落后国家或殖民地国家的工业产品有可能对发达国家利益构成危害时,自由贸易信条就被后者轻易地抛诸脑后。例如在 19 世纪中叶以后,英国对从印度进口的原棉征税轻微,而对棉织品的征税则高达 70% 至 80%,而印度对从英国进口的毛织品只能征 2% 的关税,进口棉织品、纺织品只能征 3.5% 的关税。1882 年印度的殖民政权甚至取消纺织品的进口税。马克思对于印度能够在英国殖民统治下实现资本主义工业化的另一条理由是,英国工业巨头们发现"使印度变成一个生产国对他们大有好处"①。但事实上,"只要印度仍然是英国制成品的重要市场,它就不可能执行一种真正的工业政策"②。随着殖民地的增多、世界市场的丰富和本国工业生产率的进一步提高,英国开始以本国经济利益最大化为轴心,进行新的国际分工。1862 年,曼彻斯特商会会长托马斯·贝兹利宣称:"印度的巨大利益将来自农业,而不在制造业和机械方面。"例如,对于印度本土消费和建设需要的物资如果能够由印度生产,无疑将对印度工业发展产生极大的推动作用。然而殖民当局确定的方针是,即使印度能够生产,也必须到英国购买。在发展铁路建设期间,每年要从英国进口大量钢铁。当印度民族力量或地方官员出于印度利益的考虑,提出在本土建立钢铁厂时,一位总督参事会成员明确指出:"在这个工

　　①　《马克思恩格斯选集》(第一卷),人民出版社,1995 年,第 769 页。

　　②　[澳] A. G. 肯伍德、A. L. 洛赫德:《国际经济的成长:1820—1990 年》,王春法译,经济科学出版社,1997 年,第 140 页。

业部门(指钢铁业),以印度资源与英国竞争是一种错误的政策。……由政府建立冶铁厂就是用政府的资源与英人竞争,打击英国钢铁贸易和英国制造业。"由此导致印度工业发展中长期存在的突出问题是,"缺乏一个建立在大规模生产钢铁基础上的完整的机械制造业体系"①。马克思还认为,英国向印度输出机器会产生超出资产阶级预想的发展效果,例如曾经对印度铁路建设成就大加赞赏,认为"铁路系统在印度将真正成为现代工业的先驱"②。在大部分西方国家,铁路建设的重要副产品是刺激资本货物工业、机械工业的发展和工程技术进步。但是在印度却没有起到这样的作用,直到20世纪初,与铁路相关联的其他方面建设,如电力能源、钢铁、机械制造等在印度几乎是空白。

不但是印度,"那些继19世纪末期帝国主义扩张之后被殖民化的领地里,经济发展同样也受到阻碍";"不管宗主国从拥有殖民地中所获利益的性质和范围如何,殖民制度都对被兼并地区的经济发展设置了严重障碍,这是毫无疑问的"。③

当然,上述分析并不意味着主要由欧洲列强和北美国家构成的殖民扩张完全有害于世界文明进程。正如马克思在论述不列颠对印度侵略时指出的,机器工业的引进、现代科学技术和教育的推广、加入世界市场等,这一切都是具有现代意义的内容或标志,其中必然包含推动历史进步的一面。所以毫不奇怪,渴望人类能够在普遍交往、高度发达生产力的基础上获得解放的马克思,当然会"从历史的观点"出发给予充分的肯定。但是少数"工业发达国家"的"进步"是从内部成长起来的,而对于占世界人口大多数的落后国

---

① 本节部分数据及引文,参见林承节:《印度现代化的发展道路》,北京大学出版社,2001年,第61页。

② 《马克思恩格斯选集》(第一卷),人民出版社,1995年,第771页。

③ [澳]A. G. 肯伍德、A. L. 洛赫德著:《国际经济的成长:1820—1990年》,王春法译,经济科学出版社,1997年,第137页、139页。

家而言，"进步"却是伴随外国征服进入。被征服中获得的进步不但会带来过多的血污和伤痛，而且进步的结果往往还内含另外一层苦涩，这就是在整个经济和社会发展方面不得不成为西方发达国家的"依附物"。殖民地性质再加上种种前资本主义关系的混杂，所产生的只能是一个适应西方国家"中心"需要和为之服务的资本主义，一个遭到严重扭曲的、不伦不类的资本主义。

殖民地国家如此，那些没有成为西方国家殖民地的国家情况又将如何？

在工业化、现代化过程中，"起飞"时间通常有着非常丰富的内容。阿瑟·刘易斯认为，目前世界上工业国与非工业国、现代化国家与非现代化国家的基本格局，大体是在 19 世纪末的最后一个二十五年里确立的。① 英、法、德再加上美国，经过 19 世纪中期的快速"冲刺"，大体都在 19 世纪 70 年代前后基本成为工业化国家。由此在 19 世纪后期，形成世界范围的大分化：一端是少量新兴工业国，另一端是传统农业国或以古典农业文明为主要状况。在世界工业化、现代化进程中存在着一条"丛林法则"，即由于世界的资源、市场空间是有限的，一旦有一批国家率先实现了工业化、现代化，而且这些国家又以无限对外扩张为前提和特征，那么势必对其他国家的工业化、现代化产生遏制与压迫，使其外部空间变得异常严峻。受"丛林法则"的支配，大量工业化"后来者"的经济社会发展往往只能维持原有状况下的低效率缓慢发展，或者由外来经济、政治钳制而造成扭曲状态下的"低度发展"（underdevelopment）与"边缘性发展"（periphery development），从而几乎无可挽回地长期陷于"边缘化"或"半边缘化"悲惨境地。因此到了 19 世纪后期，"我们所面对的不完全是一个单一的世界，而是一个由两部分所合成的全球体系：一

---

① 转引自许纪霖、陈达凯主编：《中国现代化史》（第一卷），上海三联书店，1995 年，第 242 页。

部分是已开发的、具有主宰性的、富有的；另一部分是落后的、依赖的、贫穷的"①。

马克思在 19 世纪 50 年代末，即日本遭遇美国炮舰轰击打开封闭的国门后不久，曾经写道："资产阶级社会的真实任务是建立世界市场（至少是一个轮廓）和以这种市场为基础的生产。因为地球是圆的，所以随着加利福尼亚和澳大利亚的殖民化，随着中国和日本的门户开放，这个过程看来已完成了。"②"这个过程"在 19 世纪后期很快是"超额"完成了，然而几乎完全以"殖民化"为特征的世界市场不但没有带来资本主义工业化在全球的普遍发展，而且使西方工业发达国家能够借助这个市场使自身矛盾得到缓解、危机获得释放。

在某种程度上，正是世界工业化、现代化新的发展特点及其政治经济后果，使马克思对世界社会主义前景的思考在晚年重新陷于困惑与徘徊。

二、恩格斯晚年的补充与修正

马克思逝世前遭遇的理论困境，恩格斯同样不可避免。然而幸运的是，由于比马克思迟逝世十余年，恩格斯关于历史的发展脉络或趋势的分析更加清晰，因而能够对一些问题产生新的认识或解答。

（一）革命，还是改良？

恩格斯在 1895 年 3 月 6 日，为马克思《1848 年至 1850 年的法兰西阶级斗争》一书撰写了导言。这是恩格斯生前留下的最后一篇重要文献，文章

---

① ［英］艾瑞克·霍布斯鲍姆：《帝国的年代：1875—1914》，贾士蘅译，钱进校，江苏人民出版社，1999 年，第 5 页。
② 《马克思恩格斯全集》（第 29 卷），人民出版社，1972 年，第 348 页。

坦言：

> 历史表明我们也曾经错了，我们当时所持的观点只是一个幻想。历史做的还要更多：它不仅消除了我们当时的迷误，并且还完全改变了无产阶级进行斗争的条件……历史表明，我们以及所有和我们有同样想法的人，都是不对的。历史清楚地表明，当时欧洲大陆经济发展的状况还远没有成熟到可以铲除资本主义生产方式的程度。①

主要是什么方面错了呢？简而言之，是有关无产阶级革命的问题。

19世纪六七十年代，现代民族国家的普遍建立与巩固，表明欧洲大陆各主要国家终于结束了长达三百年的资产阶级革命时期，牢固确立起新的阶级统治，同时也意味着历史进入了真正的资本主义时代。由此追溯，马克思在19世纪40年代后期显然过高估计了资本主义当时所面临的危机，以及无产阶级起义的性质与可能性结果。基于对以往社会形态更替一般规律的分析（包括对资产阶级革命经验的总结），同时也基于对19世纪初欧洲三大工人起义的考察，马克思认为："社会主义不通过革命是不可能实现的。"②革命的目的是夺取国家政权，《共产党宣言》将这个思想表达得非常清楚："工人革命的第一步就是使无产阶级上升为统治阶级。"③此时革命的内涵意味着暴力：无产阶级只有"用暴力推翻资产阶级"，才能够建立自己的统治；共产党人建立社会主义（共产主义）的目标"只有用暴力推翻全部现存的社会制度才能达到"。④ 有关无产阶级暴力革命的思想，后来在总结1848年欧洲革

---

① 《马克思恩格斯全集》（第22卷），人民出版社，1965年，第595页、597页。
② 《马克思恩格斯全集》（第1卷），人民出版社，1956年，第488页。
③ 《马克思恩格斯选集》（第一卷），人民出版社1995年，第291页、293页。
④ 同上，第284页、307页。

命的几篇文献中形成更加系统和完备的表述。

然而资产阶级在以整个社会的名义从代表"一小撮"的封建专制王朝手中夺得国家政权后，又通过普选的方式改善了国家与社会的关系，并给自己的统治罩上了一层"合法"的外衣。在这种情况下，工人阶级再要通过暴力革命方式夺取国家政权，势必陷于"师出无名"的困境。此其一。其二，现代国家的重要因素是由国家政权掌握着一支数量庞大的常备军，而随着第二次工业革命后现代武器装备的发展，原本几乎赤手空拳且毫无经验的下层群众已经很难在与装备精良、训练有素的国家军队战斗中取胜（特殊情况及落后国家当然除外）。巴黎公社的失败已经清楚地证明了这一点。巴黎工人起义还有普法战争的背景，起义最初只是反对政府的叛卖，后来才转向建立"公社"的道路。但是工人起义很快被凡尔赛政府宣布为"叛乱"，外省全部团结在凡尔赛政府周围，向巴黎发起进攻。于是公社很快遭到彻底失败，不但有"流血周"牺牲，而且之后还有两万多人未经审判就被枪杀，一万三千多人遭流放，更多的人流浪外省或流亡国外。

回顾历史，我们不得不承认：类似 1871 年巴黎工人阶级通过暴力革命方式建立自己政权的尝试，在发达国家历史上再也难以发生。①

――――――――――

① 在一个世纪后的法国，巴黎又曾经爆发过一场革命，即震动东西方的 1968 年 5 月革命。当时，一位英国《时报》的社评家忧心忡忡地提出："1968 在法国历史中的地位是否将和 1789、1848、1871 并列？"但是正如人们后来所看到的，1968 年的五月革命虽然表现出对现代资本主义社会的怀疑和对工业社会的怀疑，但是并没有产生任何革命性权力结构的变动。另一方面，因革命主要局限于青年学生，充其量只是一场"风暴"。"风暴"来得突然，在许多人看来有点莫名其妙（甚至连法国共产党都没有能够很快把握它的历史意义，并且感到惶恐不安）。英国历史学家霍布斯鲍姆当时评论道：在几乎所有严肃的政治观察家都无疑义地认为西方国家不再可能发生"古典意义下的革命"，在当代资本主义条件下不再可能爆发革命时，"这样的事却已经在巴黎发生了"。霍布斯鲍姆显然也没有能够完全掌握 1968 年革命的性质及其历史地位。在革命之后不久，一位才华出众的意大利无政府主义者安琪楼·夸特罗其（Angelo Quattrocchi）和英国的一位社会主义者汤姆·奈仁（Tom Nairn）合作写出了他们更具历史感的评论：1871 年巴黎公社是"旧的"法国革命系列中的最后一个；最后的雅各宾革命，最后的来自平民大众的要求自由的反叛。从此以后，便是资本主义对法国以及整个世界的统治。（参见［意］安琪楼·夸特罗其、［英］汤姆·奈仁：《法国 1968：终结的开端》，赵刚译，生活·读书·新知三联书店，2001 年，第 207 页。）

然而上述仅是问题的一个方面。

根据唯物史观，暴力革命能否发生，在很大程度上取决于工人阶级的生存状态。《共产党宣言》提出无产阶级将用暴力推翻资产阶级统治的基本前提，就是资产阶级已经"不能保证自己的奴隶维持奴隶的生活"①。但是在资产阶级坐稳江山后，各工业发达国家都开始注意在现代民族国家制度下推行各种社会改革措施以缓和阶级矛盾和社会矛盾。于是在19世纪后期的欧洲社会主义运动中，英国工联主义、德国的先蒲鲁东主义后拉萨尔主义的出现，都不是偶然的。

面对这两方面情况，马克思有没有提到过工人阶级夺取政权的非暴力途径呢？有过，但比较含糊。例如在1875年的《哥达纲领批判》中他提道：民主共和国已经成为资产阶级社会建立国家的普遍形式，而就是在"这个最后的国家形式里阶级斗争要进行最后的决战"②。在"民主共和国"范围内进行阶级斗争的决战，也就不排除无产阶级通过和平的方式夺取政权的可能。马克思去世后，恩格斯对这个问题有过肯定的回答，前提也在于是否存在民主共和国的国家形式。1891年，德国社会民主党在一份纲领草案中明确提出了通过和平的方式实现党的一切要求的主张，并认为"现代社会正在长入社会主义"。恩格斯在对纲领草案的批判中指出，不能无条件地否定或确认和平方式，"可以设想，在人民代议机关把一切权力集中在自己手里、只要取得大多数人民的支持就能够按照宪法随意办事的国家里，旧社会可能和平地长入新社会，比如在法国和美国那样的民主共和国，在英国那样的君主国……但是在德国，政府几乎有无上的权力，帝国国会及其他一切代议机关毫无实权……"因此，恩格斯认为"在德国的现行法律秩序下"，提出"和平方

---

① 《马克思恩格斯选集》(第一卷)，人民出版社，1995年，第284页。
② 《马克思恩格斯选集》(第三卷)，人民出版社，1995年，第315页。

式"夺取政权是不现实的。① 后来在 1895 年给马克思的《1848 年至 1850 年的法兰西阶级斗争》一书所写导言中，恩格斯的思想又有进一步的发展：从军事技术条件的变化来看，已经不能对旧式工人起义即"在 1848 年以前到处都起过决定作用的筑垒的巷战"抱有"幻想"，因为国家军队具有"武装和训练较好、指挥统一、战斗力量有计划运用和遵守纪律等优点"，而要使工人阶级在巷战取得对他们的胜利，"是极其罕见的"；既然"实行突然袭击的时代，由自觉的少数人带领着不自觉的群众实现革命的时代，已经过去了"，那么工人的目标只有通过合法手段去争取，事实已经证明，"我们采用合法手段却比采用不合法手段或采用变革办法要获得多得多的成就"。②

现代民族国家的建立和巩固，一方面导致对无产阶级暴力革命的可能性产生疑问，另一方面还引起对国家形式、国家机器态度的转变。

我们知道，在总结 1848 年欧洲革命的文献中，马克思明确提出了"摧毁"和"打碎"资产阶级国家机器的理论主张。不但是因为奴役工人的工具不能成为解放他们的工具来使用，而且还由于随着资产阶级议会权力、行政权力"臻于完备"，造成与社会的极端对立，从而使得工人阶级摧毁旧的、资产阶级的国家机器既有必要，也存在可能。马克思当时提出的口号是："推翻资产阶级！工人阶级专政！"然而在 19 世纪六七十年代，资产阶级的国家组织成为民族国家，进而纷纷采用了"民主共和国"这一现代形式后（虽然一定程度上是工人阶级斗争和奋力争取的结果），"摧毁"和"打碎"的可能性变得渺茫，而且其必要性也值得重新考虑。民主共和国的内容存在阶级性，但是这种"以普选权为基础"的国家形式既然是"国家的最高形式"，也就能

---

① 参见《马克思恩格斯全集》（第 22 卷），人民出版社，1965 年，第 273 页。
② 《马克思恩格斯全集》（第 22 卷），人民出版社，1965 年。

够为无产阶级所利用。① 所以到了1894年,恩格斯在给保·拉法格的信中认为,民主共和国可以成为"无产阶级将来进行统治的现成的政治形式"②。

简而言之,19世纪后期工业化的新发展导致资本主义社会及资产阶级统治的形式和内容在许多方面都发生根本性变化。有些马克思当时就意识到了,并作出理论上的反映(例如上述革命与国家问题),还有一些借用恩格斯后来的一个提法,仍处于"迷误"之中,有待通过历史更进一步的发展获得澄清与验证。③

(二)"跨越"是否可能?

我们知道,围绕落后的俄国能够跨越资本主义的"卡夫丁峡谷",马克思晚年花费了很多时间和精力,但最终他留给后人的只是一个思想"悬案",而远非对问题的明确回答。所以如此,因为如本书第二章相关部分的分析,其中许多关键环节他没法搞清楚。

事实上在马克思去世后,俄国大踏步地开始了资本主义工业化的进程。从19世纪80年代后期到90年代,俄国基本完成工业革命,资本主义的机器工业取得了长足的进步。"历史从哪里开始,思想进程也应当从哪里开始,而思想进程的进一步发展不过是历史过程在抽象的、理论上前后一贯的形式上的反映……"④作为对马克思思想的补充,1894年恩格斯发表了《〈论俄国的社会问题〉跋》一文。由于有了新的、已经比较清楚的历史事实,恩格斯对问题的分析不但用语明确,理论逻辑周密,而且在许多方面比马克思更为深入和明晰。

---

① 参见《马克思恩格斯选集》(第一卷),人民出版社,1995年,第383页;《马克思恩格斯选集》(第四卷),人民出版社,1995年,第173页。
② 《马克思恩格斯选集》(第四卷),人民出版社,1995年,第734页。
③ 参见《马克思恩格斯全集》(第22卷),人民出版社,1965年,第595页。
④ 《马克思恩格斯选集》(第二卷),人民出版社,1995年,第43页。

首先，恩格斯整个论述以俄国资本主义发展事实为前提，认为在马克思《给〈祖国纪事〉编辑部的信》"以后的 17 年间，在俄国，无论是资本主义的发展还是农民公社的解体都大有进展。目前，在 1894 年，情况怎样呢？……俄国在短短的时间里就奠定资本主义生产方式的全部基础。……与此同时也就举起了砍断俄国农民公社的斧头"；"马克思在他的信里劝告俄国人不必急急忙忙地跳进资本主义"。然而在克里木战争失败和尼古拉一世自杀后的"历史环境"中，俄国"就只有一条出路：尽快地过渡到资本主义工业"。①

其次，恩格斯不认为俄国公社本身能够直接成为社会主义性质的经济形式。"俄国公社存在了几百年，在它内部从来没有出现过要把它自己发展成高级的公有制形式的促进因素。"在与德意志人的马尔克制、克尔特人的克兰，以及印度等其他民族实行原始共产主义制的公社进行比较后，恩格斯得出结论："事实上，从氏族社会遗留下来的农业共产主义在任何地方和任何时候除了本身的解体以外，都没有从自己身上生长出任何别的东西"。因此，"对俄国的公社的这样一种可能的改造的首创因素只能来自西方的工业无产阶级，而不是来自公社本身"。②

在此基础上，恩格斯明确否认俄国公社存在着"一下子越过整个资本主义时期进入一切生产资料的现代社会主义公有制"的可能。当时，俄国的赫尔岑、彼·特卡乔夫，以及德的哈克斯特豪森等人提出"俄国公社 = 社会主义"的理论。他们主张"保存公社"，因为"俄国农民作为天生的共产主义者，同贫困的、被上帝遗忘的西欧无产者比起来，要无可比拟地更接近社会主义，并且他们的生活也要无可比拟地更好"。恩格斯在文中明确反对这种观点，强调"西欧无产阶级对资产阶级的胜利以及与之俱来的以社会管理的生

---

① 《马克思恩格斯选集》（第四卷），人民出版社，1995 年，第 447 页。
② 同上，第 440 ~ 441 页。

产代替资本主义生产，这就是俄国公社上升到同样阶段必需的先决条件"。

从理论上说，恩格斯的观点无疑是正确的。农村公社与未来的社会主义社会只有一个共同点，就是生产资料的集团所有与共同使用。"但是单单这一个共同特性并不会使较低的社会形态能够从自己本身产生出未来的社会主义社会，后者是资本主义社会的最独特的最后的产物。"现代社会主义只能建立在资本主义所创造的一切文明成就的基础上，马克思从来都没有否认过这一点。因此，如果问题这样提出：落后国家在什么样的条件下，才能够在公社制的基础建立"现代社会主义"？恩格斯认为：

> 不仅可能而且无庸置疑的是，当西欧各国人民的无产阶级取得胜利和生产资料转归公有之后，那些刚刚进入资本主义生产而仍然保全了氏族制度或氏族制度残余的国家，可以利用公有制的残余和与之相适应的人民风尚作为强大的手段，来大大缩短自己向社会主义社会发展的过程，并避免我们在西欧开辟道路时所不得不经历的大部分苦难和斗争。但这方面的必不可少的条件是：目前还是资本主义的西方作出榜样和积极支持。只有当资本主义经济在自己的故乡和在它兴盛的国家里被克服的时候，只有当落后国家从这个榜样上看到'这是怎么回事'，看到怎样把现代工业的生产力作为社会财产来为整个社会服务的时候——只有到那个时候，这些落后的国家才能开始这种缩短的发展过程。然而那时它们的成功也是有保证的。①

由此可见，恩格斯不但论述的问题本身与马克思存在差异，而且强调的许多观点也正是马克思比较模糊或把握不定的。例如：

---

① 《马克思恩格斯选集》(第四卷)，人民出版社，1995 年，第 443 页。

关于人的建设和发展问题。假设俄国能够获得资本主义创造的一切肯定成就，那么在由原本为资本主义的西方革命后作出榜样和积极支持之前，"俄国公社如何能够把资本主义社会的巨大生产力作为社会财产和社会工具而掌握起来呢？在俄国公社已经不再按照公有原则耕种自己的土地之后，它又怎么能够向世界指明如何按照公有原则管理大工业呢？"①在当时俄国，虽然有不少人知道工业化西方所发生的一切，但生活于农村公社条件下的五千万人"却对这一切一无所知"，并且对一些人所谈论的资本主义与社会主义问题"感到陌生和不可理解"，怎么能够让社会大众很快具有社会主义的觉悟、管理和建设社会主义新社会的本领？

关于"不通过"期间的制度形式问题。这一点恩格斯没有明确论述，但是有个提法是很值得注意的。他认为在当时，俄国除了资本主义已经"没有别的选择可言"；如果在法国建立起第二帝国的时候，特别是英国的资本主义工业繁荣昌盛的时候，俄国一定要走一条别的道路，就很可能是"在农民公社基础上投身于自上而下的国家社会主义的试验"。"国家社会主义"显然不同于马克思和恩格斯设想的以资本主义文明成就为前提的社会主义。

那么这样的可能会成为现实吗？这种"试验"在实践中又会产生什么样的后果呢？

借用恩格斯的说法："可能发生的事情已经发生了，正如在商品生产的国家里任何地方任何时候发生的事情一样，人们多半只是半自觉地或者完全机械地行动，而不知道他们做的是什么。"②无论马克思的思想"悬案"还是恩格斯晚年思考中所遗留的问题，只能等待20世纪落后国家社会发展的实践去解答了。他们共同的功绩都只在于提出了一个方法：根据不同的"历史

---

① 《马克思恩格斯选集》（第四卷），人民出版社，1995年，第442页。
② 同上，第448页。

环境"确定不同的"路径"。

(三)文化的作用

"死人抓住活人",这是马克思在《资本论》第一版序言中提出的一个重要论断,它形象而生动地概括出一个民族的传统或传统文化对"现实的人"及其活动的制约。

马克思唯物史观阐述中没有明确提到文化观念的作用,这是曾经遭到许多人指责的重要缺陷之一,特别是在同为德国社会学家的马克斯·韦伯的观点被人们熟知后。其实马克思并不完全否认文化的作用,只不过与经济比较,他认为后者对历史发展的影响是根本性的。这一点包括韦伯在内,恐怕任何人也否认不了。韦伯的《新教伦理与资本主义精神》一书,着重阐述新教伦理对于资本主义的意义。然而他在"导论"部分提醒人们:"在试图做出这种说明时必须首先考虑经济状况,因为我们承认经济因素具有根本的重要性。"①国内外学术界都曾经出现过马克思与韦伯相互对立的提法。其实正如韦伯在强调文化对于资本主义形成过程重大作用的同时并不否认经济因素的根本重要性,马克思也很重视文化对于历史发展或社会建构的影响。

例如19世纪50年代在对中国落后原因的分析中,包含着对东方古代文化的批评甚至否定。受自然经济条件和古代文化束缚,以"没有需要"为特征的社会结构与生活方式严重阻碍着中国自觉进入世界市场;对于传统的过分"偏爱",使古老的民族难以主动接受工业化和以先进科学技术广泛使用为特征的现代文明。特别是当大机器的轰鸣已经在为西欧小国创造出巨

---

① [德]马克斯·韦伯:《新教伦理与资本主义精神》,于晓、陈维纲译,生活·读书·新知三联书店,1987年,第15页。

大生产力的时候，统治者还沉醉于天朝帝国"尽善尽美""万世长存"的迷信中。如果没有英国资本主义的入侵，如果亚洲社会始终隔绝于 16 世纪以来，特别是西欧双元革命以后的世界历史进程之外，中国近代历史将如何写就？马克思于 1858 年对中国的评论可谓入木三分："一个人口几乎占人类三分之一的大帝国，不顾时势，安于现状，人为地隔绝于世并因此竭力以天朝尽善尽美的幻想自欺。"①

在 1875 年的《哥达纲领批判》中，马克思更加重视文化的地位和作用，不但强调旧社会的"道德和精神"与落后的经济一样会成为阻碍历史进程的基本因素，而且提出了一个著名论断："权利决不能超出社会的经济结构以及由经济结构制约的社会的文化发展。"

资料表明，晚年马克思显然也已经注意到了落后国家不同的历史文化及民族传统与现代社会发展之间的联系。这在某种程度上，有赖于当时文化人类学研究的新进展。

文化人类学属于人类学中的一个分支，它以古代社会风俗习惯、宗教传统、社会组织等为主要研究对象。文化人类学在 19 世纪 50 年代还处于发轫阶段，70 年代后期，以美国民族学家摩尔根的《古代社会》为代表，其研究成果成倍增长。文化人类学家的研究对象往往大多是亚洲、非洲国家，因而其研究成果能够为马克思彼时理论兴趣向落后国家转移提供帮助。由于长期的跟踪研究与资料搜集等方面的原因，马克思关注最多的当然还是以印度、俄国和中国为主的东方社会。根据史料，马克思这时不但搜集和认真阅读了大量文化人类学著作，而且扩大范围，凡是有助于加深对非西方落后国家认识的书籍几乎都在他视野之内。很显然，马克思是想借助对东方社会性质、特征的探索，研究影响和决定其发展的因素，进而为解决这类国家及整

---

① 《马克思恩格斯选集》（第一卷），人民出版社，1995 年，第 716 页。

个人类通向未来进步的道路寻求各种可能。然而或许是由于去世过早，马克思的研究没有能够取得更大进展。

在马克思逝世后，恩格斯晚年有关唯物史观的几封通信对于文化在社会发展中的地位和作用有所阐述。例如：

1890年9月，在《致约·布洛赫》中指出人们在开创新的历史时，总会受到各种既定的历史前提和条件的制约，虽然经济是"决定性的"因素，"但是政治等等的前提和条件，甚至那些萦回于人们头脑中的传统，也起着一定的作用"。

1894年1月，《致瓦·博尔吉乌斯》明确反对那种认为对于社会发展而言，"只有经济状况才是原因，才是积极的，其余一切都不过是消极的结果"的错误观点，提醒人们，德国人在近两百年经济落后的"可怜状况"中形成的"致命的疲惫和软弱（最初表现于虔诚主义，尔后表现于多愁善感和对诸侯贵族的奴颜婢膝）"，曾经是德国"重新振兴的最大障碍之一"。恩格斯这里所列举德国人的"毛病"，正是源于德国历史的一种文化传统的东西。

1893年2月，恩格斯在《致尼·弗·丹尼尔逊》中，特别分析了俄国社会的"跨越"式发展对文化的要求。他认为，要"把大工业嫁接在农民的公有制上面"以便取得既使大工业获得发展，同时又"把这种原始的公有制提高到世界上空前优越的一种社会制度的水平"，这是"一种超过历史上一切先列的发展"，这种发展要能够实现，不但取决于适合的经济和政治条件，而且一定的"精神条件"同样必不可少。

恩格斯的这些补充思考不但完善了马克思的相关思想，而且对于思考和研究20世纪社会主义的得失成败极有启示价值。

三、20 世纪的四重误读

马克思和恩格斯生前曾经有过"龙种"变"跳蚤"之忧，①事实上无论在当时还是以后，这种情况经常发生。有意为之或无意得之：有意为之总是出于一定的目的与企图，而无意得之却是因为不正确的认识与理解，即由于误读而产生。学者的误读或许无关宏旨，但如果作为指导思想性质的误读，则会导致严重的不良后果。就 20 世纪东方落后国家的社会主义实践而言，至少存在四种不同类型的误读。

（一）文明误读

有一点毫无疑问，马克思是站在工业文明的高度，从现代社会进步与发展的角度批判和否定资本主义，进而提出人类未来社会主义趋势的。马克思曾经反复强调，他对资本主义的分析和批判，在经济上是以英国为典型、政治上是以法国为典型。这是因为在当时，英国资本主义工业化、现代化的水平最高，但在政治上却以和封建王朝妥协为特征；而法国在政治变革上有启蒙运动作为背景，从而建立起具有现代典范意义的资本主义三权分立政治模式。在此基础上，马克思无论提出人类走向社会主义的必然趋势或基本规律，还是关于未来社会基本特征的分析，都是以现代资本主义经济、政治和文化的充分发展为前提。如果离开了这个背景，或者说对这些作为理论前提存在的内容没有很好的认识与接受，也就不能够准确把握马克思社会主义的内在逻辑及其方方面面。

然而多少有点不幸的是，20 世纪社会主义实践的文明背景都属于东方

---

① 参见《马克思恩格斯选集》（第四卷），人民出版社，1995 年，第 695 页。

落后国家。不但中国、朝鲜、越南等国是这样，而且苏联及东欧各国大体也差不多。所谓"落后国家"，20世纪的特定内涵就是在进入社会主义时期之前，经济形态、政治特征等基本停留于农业文明阶段。与此相适应，20世纪社会主义国家的第一代领袖们除了列宁，也很少有在发达资本主义国家生活与工作的经历。就好比人在儿童时期理解不了成年人的思维与生活一样，始终生存、生活在农业文明时代的人们，对于工业文明条件下的价值追求、生活方式及整个社会面貌等，是很难正确认识和接受的。由此便会影响对马克思社会主义理论的正确阅读和理解。举个例子，马克思和恩格斯在《共产党宣言》中如此分析资产阶级时代的精神面貌、人与人之间关系，以及整个社会的价值取向：

> 它（指资产阶级——引者注）无情地斩断了把人们束缚于天然尊长的形形色色的封建羁绊，它使人和人之间除了赤裸裸的利害关系，除了冷酷无情的"现金交易"，就再也没有任何别的联系了。它把宗教虔诚、骑士热忱、小市民伤感这些情感的神圣发作，淹没在利己主义打算的冰水之中……资产阶级抹去了一切向来受人尊崇和令人敬畏的职业的神圣光环。它把医生、律师、教士、诗人和学者变成了它出钱招雇的雇佣劳动者。资产阶级撕下了罩在家庭关系上的温情脉脉的面纱，把这种关系变成了纯粹的金钱关系。①

这段话非常著名，因为我们经常引用它来说明马克思主义是如何揭露资本主义的罪恶与批判资产阶级对人类进步的反动作用。然而我们在引用时却有意无意地忽视了一点：这一大段内容紧随同样著名的"资产阶级在历

---

① 《马克思恩格斯选集》（第一卷），人民出版社，1995年，第274~275页。

史上曾经起过非常革命的作用"这句话。在文法上后者承上启下，这就是说，马克思和恩格斯是将上述内容当作资产阶级在历史上的第一大"革命"功绩提出来的。

是肯定而非否定，是革命而非反动。

对此，如果联系马克思在《1857—1858 年经济学手稿》中关于人的发展三个阶段的理论，应该不难理解。然而问题是在 20 世纪社会主义实践中为什么却一直被当作"反面教材"呢？除了出于各种各样的实际需要（例如要大力宣传资本主义的腐朽性和资产阶级的反动性），更重要原因是，我们根本就没有读懂。相对于农业文明时代的知足常乐、封建特权背景下的等级观念，以及宗法血缘关系主导下的"温情脉脉"，资本主义人权文化和商品经济导致每个人对自身利益的维护与追求、金钱关系下的人人平等及"一切向钱看"等，具有巨大的历史进步性。没有这些，就没有工业文明时代的到来，就没有世界市场的开辟和发展，同样也就没有人类在物质财富"充分涌流"基础上走向社会主义的未来。

对此，我们或许可以参考列宁在《论粮食税》中的一个思想："同社会主义比较，资本主义是祸害。但同中世纪制度、同小生产、同小生产者涣散性引起的官僚主义比较，资本主义则是幸福。"[1]列宁曾经在西欧主要文明国家生活过十四年，他是了解资本主义的，所以在新经济政策时期才能够提出这样的观点。同理，邓小平由于年轻时在法国工作和生活过，他也明白这个道理，所以在晚年才能够提出改革开放的大战略，提出"小范围的资本主义有利于发展社会主义"论断。

因"文明落差"造成对马克思社会主义误读的情况还有许多。例如，商品及其交换对于文明进步究竟有着怎样的意义？马克思批判资本主义商品

---

① 《列宁选集》（第四卷），人民出版社，1995 年，第 510 页。

经济,但同时又高度肯定它对于推动历史前进的积极作用,并且认为这种作用不但体现于经济发展,而且更加体现于社会进步。在《1857—1858 年经济学手稿》中,马克思明确指出:"家长制的,古代的(以及封建的)状态随着商业、奢侈、货币、交换价值的发展而没落下去,现代社会则随着这些东西一道发展起来。"①然而由于东方落后国家普遍没有经历过社会化大生产及其基础上的商品经济发展,所以也就难以理解马克思对"商业、奢侈、货币、交换价值"的肯定,同时也更加不理解"现代社会"究竟意味着什么,所以也就片面地接受了马克思关于商品经济危害性的理论,并在实践中将之一古脑地与资本主义当作同等的东西加以排斥、鞭挞甚至否定。结果导致在 20 世纪社会主义建设历程中,家长制和封建主义长期阴魂不散。

(二)文化误读

马克思的社会主义不但以西方文明的现代发展为制高点,而且在基本精神上原本属于西方文化,即从概念到基本原理都带有深刻的西方文化烙印。当它从西方传到东方,必然存在着一个民族化的过程。这个过程既是必要的同时也应该是积极的。所谓"民族化",一方面指与民族的革命与建设实践、共产党的执政需要相结合,另一方面也意味着从语言形式到思想内容的全方位"改造"。于是"民族化"历程同时也面临着马克思社会主义的本质精神、基本范畴被不同民族文化篡改的可能与危险。

每个民族,尤其是那些历史悠久、积淀深厚的民族,其文化在纷繁复杂、五颜六色的表象下总是存在主导性线索。这个主导性线索如同普照之光,决定着民族文化总的明暗与色彩;而马克思主义民族化后的结果如何,也往往受其影响与决定。例如在俄国,东正教确实可以说是其文化的"普照之

---

① 《马克思恩格斯全集》(第 46 卷)(上册),人民出版社,1979 年,第 104 页。

光"，是其基调与主线；其他文化一方面无法与之比肩，同时也受其支配与主导。东正教强烈的"弥赛亚意识""正教"标榜思维，以及浓厚的僵化、教条与保守特征，必然会对整个民族的思维方式、思想方法和观念体系等发生深刻影响。因此，在马克思社会主义"俄国化"过程中明显存在东正教的消极作用与影响。这方面最典型的体现，就是《联共（布）党史简明教程》中对社会主义的认识与解读。与俄国比较，中国缺少纯粹意义上的宗教文化，但并不缺少文化上的"普照之光"，这就是儒家文化。在中国，儒家学说虽然不是宗教，却在实际生活中具有类似于宗教的性质与功能。在漫长的历史演化过程中，中国逐渐建立起"以儒家思想为核心的中国式世俗化宗教信仰"。[①] 以儒家学说为代表的中国式世俗化宗教具有两个重要特点：一是将世人原本寄托于神灵或者类似于西方上帝的宗教情感转移至最高统治者，二是奉行泛道德主义。因此，当我们以儒家文化背景去读马克思时，就造成了对领袖、权威及国家等内容的不正确认识，同时忽视马克思的社会主义或共产主义对生产力发展或物质财富拥有状况的特定要求，而将之在更大程度上当作全社会道德净化与完善的结果。

中国古代对理想社会的追求有与俄国村社主义相通的地方，如都反映出集体主义的文化心态；但除此之外，又还有本民族的文化特色，例如浓厚的平均主义意识。历朝历代农民起义无不以"等贵贱、均贫富"作为战斗号召与理想追求，太平天国《天朝田亩制度》的"无处不均匀，无人不饱暖"设想，目的就是要实现"天下一家，共享太平"的大同社会。平均主义在本质上不是社会主义，尤其与马克思的社会主义毫无联系。在18世纪后期，西欧历史上出现过以主张绝对平均主义为特征的巴贝夫平等派运动，并且这种运

---

① 参见金太军、王庆五：《中国传统政治文化新论》，社会科学文献出版社，2006年，第66～68页。

动及其主张也曾经被一些人封为"共产主义"。对此,马克思在《1844 年经济学哲学手稿》中严厉批判道:这是一种"完全粗鄙的和无思想的共产主义",他们之所以进行斗争或革命,只是因为"对较富裕的私有财产怀有忌妒和平均化的欲望",最终结果非但不会推动社会的进步与发展,相反,将会导致"对整个文化和文明的世界的抽象否定,向贫穷的、没有需要的人——他不仅没有超越私有财产的水平,甚至从来没有达到私有财产的水平——的非自然的简单状态的倒退"。①

这说明,马克思的社会主义作为现代资本主义发展的文化成果,在本质精神方面原本和中国古代儒家学说很少共同之处。但是在中国化的过程中,由于文化传统的巨大惯性作用,特别是由于宗教化了的儒家学说所具有的那种无比强大的文化磁场特性,很容易使其结果带有中国旧文化的各种烙印,甚至产生与传统同构效应。也就是说,原本作为对立面出现的东西、作为对中国旧的文化传统构成否定的东西,最终却成为相类似甚至是共通的东西。这多少有点令人啼笑皆非、惊诧莫名,然而却是事实。

(三)文本误读

马克思关于社会主义的论述既不是教科书式的,也不像我们现代人写作大部头理论著作那样从概念界定到逻辑分析、系统而全面,其内容不但散见于浩瀚如烟海的文献中,而且还存在各种不同的文本形式。例如在其生前已正式出版的著作、论文与仅作为手稿形式存在的内容,阐述详尽、论证周密的理论研究成果与提纲或书信类文献,等等。这些,其实都需要我们在阅读和理解时进行仔细甄别,而不能不加区别地同等对待。如前文所述,"跨越卡夫丁"的观点仅出现于给查苏利奇信的草稿部分,而在正式复信中

---

① 马克思:《1844 年经济学哲学手稿》,人民出版社,1985 年,第 75 页。

并不存在，那么我们也就不能简单地将之当作马克思结论性的成果予以肯定和接受。否则，就容易产生误读后果。

因忽视文本形式而产生误读现象，在20世纪最为突出的，可能是《共产党宣言》。在20世纪社会主义实践中，许许多多的共产党人主要就是通过它来了解和接受马克思主义，并以之指导实践。然而我们知道，《共产党宣言》不是一部严格意义上的理论著作，而是受共产主义者同盟委托，代为起草的一部"纲领性文献"，因此又被称之为国际共运史上的第一部"党纲"。作为"党纲"，在文本上必须做到两点：第一，要而不繁、简明有力，即避免系统的阐述与论证，尽量以判断句形式提出主要结论与观点；第二，语言必须具有鼓动性，甚至是以口号性语言表达党的基本主张与立场。作为"党纲"的《共产党宣言》，在写作上是极为成功的，而且它也确实将马克思和恩格斯当时关于资产阶级社会的形成及其历史暂时性、无产阶级的革命性与共产党人的基本立场、主张等表达得酣畅淋漓，至今读来仍令人不免热血沸腾。但正因为这样，人们在阅读与接受时很容易忽视其文本在表达方面的局限性。

例如，《共产党宣言》中有一个很著名的论断，即"共产党人可以把自己的理论概括为一句话：消灭私有制"①。与私有制相对立的，是公有制。于是在20世纪社会主义实践中，曾经普遍将消灭私有制、实现生产资料公有，当作共产党人必须首先解决、尽快解决的根本任务。在中国，共产党获得执政地位后很快就开始了对城市工商业生产资料所有制的改造；在短短几年内将城市工商业领域私有制"消灭"殆尽基础上，又迅速将这一运动推向广大农村。当然，最大的问题还在于将公有制直接等同于社会主义，因而在城市和农村都相继"消灭"私有实现公有后，便豪迈地宣称共产主义在中国大地

---

① 《马克思恩格斯选集》（第一卷），人民出版社，1995年，第286页。

上已经成为现实。苏联也不例外，在20世纪30年代中期通过"全盘集体化"方式实现对农村的所有制变革之后，宣布在苏联已经建成社会主义。当"一大二公"所有制模式在实践中遭遇挫折后，许多人将其错误归咎于马克思和恩格斯，认为都是《共产党宣言》中"消灭私有制"惹的祸。

其实这里面存在着一个极大的文本性质的误读：消灭私有制、建立公有制，不但在马克思和恩格斯的思想体系中是一个很大的理论范畴，而且作为社会主义的核心问题，必然涉及方方面面的内容。例如什么是私有制？共产党要"消灭"并且能够"消灭"的又只能是什么样的私有制？马克思和恩格斯究竟是如何提出所有制问题的？关于社会主义或共产主义性质的"公有制"，其实质性内涵是什么？公有制对于社会主义或共产主义究竟意味着什么？"消灭"了私有制之后就能够很快建立起完全意义上的公有制吗？如此等等。应该说，有关这些问题，在马克思和恩格斯的其他文献中或多或少都有所阐述，甚至包括明确的答案与结论。然而这些在《共产党宣言》中却并不存在。在20世纪社会主义实践中，大量政治家、革命家或建设者们没有也不可能去系统地阅读和研究其他文献，只能根据《共产党宣言》中的这句话来接受马克思主义、认识社会主义。结果在实践中，就产生了严重后果：

第一，将"消灭私有制"的意义绝对化。实际在马克思的思想中，公有制并不具有绝对进步意义，或者说私有制就一定罪恶滔天。马克思一方面认为资本主义由于将生产资料私有制发展到最为完备的程度，从而产生了异化劳动并且使工人阶级陷于绝对贫困境地；但同时又肯定资产阶级私有制"非常革命"的作用，即使社会生产力获得极迅速的发展。这里面存在着一种如何评判的问题。私有制相比较真正意义上的社会主义所有制（请注意，是指"真正意义上"的，而并非各种冒牌的"社会主义"及其"公有制"）确实具有"祸害"的一面；然而"真正意义上"的社会主义所有制一般是与社会化大生产相联系的，至少是与现代工业生产相联系的。如果不是生产力成长到"不得不"（恩格斯语）用公有制取代私有制否则生产就不能够获得进一步发展的程度，那么无论什么形式的公有制非但并不意味着经济上的进步，而且更与社会主义没有太多联系。但是仅根据《共产党宣言》中的这句断语来认识问题，在实践中就很容易滋生"公有崇拜"观念，即认为公有就一定比私有（或个人所有）要好、要进步，公有化的程度越高意味着社会主义的水平也就更高。

第二，广泛采用行政命令或政治恐吓方式实现公有制。其实根据唯物史观，任何一种私有制并不是人们想要"消灭"就能够消灭的。在《共产党宣言》之前的《德意志意识形态》中，马克思和恩格斯就已经认识到：如果没有"生产力的巨大增长和高度发展"，强行"消灭"由资本主义私有制所带来的劳动异化只能导致"贫穷、极贫困的普遍化"；"而在极端贫困的情况下"，人们势必"重新开始争取必需品的斗争，全部陈腐的东西又要死灰复燃"。① "全部陈腐的东西"，当然也包括私有制，以及在资本主义条件下由此导致的异化劳动。作为生产关系基础的生产资料所有制，其变革必须以生产力的发展为前提，主要是由生产力推动的。正是在此意义上，马克思到了1867 年写作《资本论》第一版序言时申明："我的观点是把经济的社会形态的发展理解为一种自然史的过程。"②所谓"自然史"，即主要是一个客观性的物质进程，而不是仅凭人们的主观努力或除生产力之外的任何非物质因素所能够决定的。因此，"一个社会即使探索到了本身运动的自然规律，它还是既不能跳过也不能用法令取消自然的发展阶段"③。然而在20 世纪的实践中，无论苏联、中国还是其他社会主义国家，无不以"消灭"作为私有制（其实是小生产私有）灭亡的主要手段，并且广泛采取行政命令加政治恐吓的方式迅速

---

① 《马克思恩格斯选集》（第一卷），人民出版社，1995 年，第 86 页。
② 同上，第 101 ~ 102 页。
③ 同上，第 101 页。

实现生产资料所有制的变革。

第三,将国家所有当作公有制的最高实现形式。和"私有"一样,"公有"只是一个抽象规定,在实践中存在各种不同的实现形式。简单意义上的公有制在任何社会形态都会存在,并且空想社会主义一般也都提出公有制问题。与之相区别,马克思和恩格斯反复强调社会主义或共产主义的所有制形式是社会占有。什么是社会占有?"设想有一个自由人联合体,他们用公共的生产资料进行劳动,并且自觉地把他们许多个人劳动力当作一个社会劳动力来使用"。这种社会占有建立"在资本主义时代的成就的基础上,也就是说,在协作和对土地及靠劳动本身生产的生产资料的共同占有的基础上,重新建立个人所有制"。① 另外,在马克思和恩格斯的思想中,有一点又是十分肯定的,即不能够不问青红皂白,将任何形式的国家所有都当作社会主义,国家所有(或国营)并不天然等同于社会主义。但是在实践中,我们曾经一度不但将国家所有或国营当作公有制的最高形式,而且直接与社会主义画等号,认为国有或国营的比重越高,就是社会主义的水平越高。于是小集体的奋斗目标是转为大集体,大集体的努力方向就是变成国有,而国有企业的规模则是要不断扩大、扩大再扩大,以为这样就是在建设社会主义。

(四)需要误读

所谓"需要误读",即因为长期的斗争实践需要而偏重于阅读"老祖宗"关于革命、阶级斗争一类文献,久而久之,便形成习惯性的认识思维与偏好,以为马克思的社会主义主要就是讲革命和斗争。

在 20 世纪东方落后国家,共产党大都是经过残酷的长期革命斗争才获得执政地位的。因为斗争实践的需要,共产党人往往抱着"急用先学"的态

---

① 《马克思恩格斯全集》(第 23 卷),人民出版社,1972 年,第 95 页、832 页。

度，主要阅读"老祖宗"关于无产阶级革命和阶级斗争、无产阶级专政，以及政党建设等方面的文献。例如在"文革"期间，毛泽东为了"反修防修"与防止党内"假马克思主义政治骗子"歪曲和篡改马克思主义，号召全党干部从上到下都要阅读"马克思主义经典作家"原著。当时开列的书单，包括《共产党宣言》《德国的革命和反革命》《路易·波拿巴雾月十八日》《法兰西内战》《哥达纲领批判》，以及列宁的《国家与革命》等，几乎将马克思、恩格斯、列宁关于革命、斗争和专政重要文献全部包括在内。这就给人们造成一种错觉：马克思主义就是革命、斗争与专政。但事实上，首先，马克思并不一味地鼓吹"造反"与"斗争"，作为一种社会发展理论，马克思的社会主义只是在指出人类自从有文字记载以来的历史始终存在阶级斗争事实基础上，认为在历史条件成熟以后，无产阶级也必须通过斗争或革命的方式摆脱自己受压迫、被奴役的地位，从而获得解放。其次，更加重要的是，社会主义作为资本主义文明进程的必然结果，也不是任何性质的"造反"行动都能够达到的。

然而由于习惯性的认识思维已经形成，到了 20 世纪 50 年代，毛泽东又进一步强调："马克思的社会主义"就是"阶级斗争学说"。① 由需要误读造成的结果，最后是将不可调和的冲突与斗争当作实现社会主义的主要途径及社会发展的根本特征。

与此相联系，是对马克思社会主义语汇中自由和个性的否定。革命斗争需要突出强调高度的统一和集中、强调领袖权威与组织纪律，由此便忽视了马克思社会主义的自由本义及其对人个性的肯定。

应该承认，自由是马克思社会主义的一个核心词汇。从《共产党宣言》到《资本论》，直至晚年论述，马克思始终强调未来理想社会应该是"自由人联合体"。自由在马克思的社会主义理论中既具有终极目标性质，同时又是

---

① 《毛泽东选集》（第五卷），人民出版社，1977 年，第 145 页。

贯穿始终的基本价值追求。马克思的社会主义理论明确反对资产阶级那些"对于中世纪被奴役的市民来说才是有意义的""一切关于自由的大话"；而社会理想目标是要在资产阶级所取得的自由成就基础上，建立"个人的独创的和自由的发展不再是一句空话的惟一的社会"。①

可能与很多人的认识相反，在马克思的社会主义理论中，个人有着崇高的地位。早期的《德意志意识形态》认为："个人的全面发展……正是共产主义者所向往的"；"不可避免的共产主义革命……本身就是个人自由发展的共同条件"。②《共产党宣言》如此界定作为未来社会形态的"自由人的联合体"："在那里，每个人的自由发展是一切人的自由发展的条件。"《资本论》强调未来社会是"以每个人的全面而自由的发展为基本原则的社会形式"。③这些材料说明，"个人"在马克思的社会主义理论中并不是一个随意使用的概念。强调"个人"在未来社会中的地位，一方面清楚地显示出马克思对共产主义质的规定性的认识，表明只有在共产主义社会，个人才能作为真正的个人而存在；同时还在于他对自由的理解，以自主性为特征的自由是与个人的独特性、创造性与自我实现等内容紧密联系在一起的。由于马克思特别强调个人全面发展的价值，因此在《1857—1858 年经济学手稿》中，马克思进一步将自由与个性相联系，提出"建立在个人全面发展和他们共同的社会生产能力成为他们的社会财富这一基础上的自由个性"④观点。所谓个性，主要表现为强调和突出个人的独立意志、主体意识等内容。在马克思看来，真正的自由体现为每个作为社会的人的个性的充分张扬；每个人都可以"自由"地拥有自己的爱好、追求和生活方式等。社会是由人的活动组成的，"人

---

　　① 参见《马克思恩格斯选集》(第一卷)，人民出版社，1995 年，第 288 页；《马克思恩格斯全集》(第 3 卷)，人民出版社，1960 年，第 516 页。

　　② 《马克思恩格斯全集》(第 3 卷)，人民出版社，1960 年，第 516 页、330 页。

　　③ 《马克思恩格斯全集》(第 23 卷)，人民出版社，1972 年，第 649 页。

　　④ 《马克思恩格斯全集》(第 46 卷)(上册)，人民出版社，1979 年，第 104 页。

们的社会历史始终只是他们的个体发展的历史"①。因而个性的充分张扬既使每个人由自身所有潜能得到发挥和利用而获得全面发展的可能,社会、群体也从中受益。人的个性的多样化发展既是社会发展的前提条件,同时也是人的自由的真正实现。

以上论述表明,自由与个性确实是马克思社会主义的核心价值。然而对马克思社会主义理论的当代最重大"误读"恰恰表现在社会主义与自由的关系方面,即在很大程度上将"自由"作为一个资产阶级或资本主义的"坏东西"剔除出社会主义根本原则。以致在 20 世纪社会主义实践过程中阅读和理解马克思时,一些人往往更看重革命所达到的政治解放价值,而不太注意对于实现个人自由的意义。所谓"解放",也就简单地表现为使人们能够摆脱旧的阶级统治和经济压迫,而忽视作为与自由等值的解放,其实现是一个极其漫长的历史过程。结果造成社会主义在 20 世纪的实践中普遍缺少自由或陷于自由困境,甚至连自由词汇也遭到贬斥。

---

① 《马克思恩格斯选集》(第四卷),人民出版社,1995 年,第 532 页。

中篇

20世纪实践：

建设主题及其文化制约

如果说 19 世纪是资本主义的世纪，那么 20 世纪无疑属于社会主义。

马克思的社会主义理论代表了 19 世纪对人类社会，特别是资本主义阶段及其未来发展的最高认识成就。马克思的生命结束于 19 世纪，而其思想真正对世界产生实质性重大影响，却是在 20 世纪。

回顾 20 世纪的历史，一方面似乎仍然有如英国作家狄更斯在《双城记》中对 18 世纪欧洲大陆情形的描述，呈现出信仰与怀疑、光明与黑暗、希望与失望、丰富多彩与一无所有、天堂与地狱等两极并存的特征；同时与以往任何一个世纪比较，无论从哪个角度分析，它在人类历史长河中又毕竟有其独特的位置。独特性的最重要表现，就是社会主义的世界性存在和发展。

俄国十月革命是推开人类 20 世纪大门的重大事件。

英国著名历史学家霍布斯鲍姆认为，十月革命对于 20 世纪的中心意义，不但可与 1789 年法国大革命之于 19 世纪相媲美，而且在全世界所造成的反响及形成的实际后果，远较后者更为普遍和深远，因为在一定程度上，正是

20 世纪初的"这第一次革命，主导了日后所有继起革命的模式"①。岂止是革命的模式？透过一个又一个惊天动地、可歌可泣的伟大事件，恐怕无论如何都不能忽视由十月革命而起的社会主义运动及其实践的存在和发展，对于 20 世纪世界历史的重要性。俄国十月革命爆发之时，就被西方称为"震撼世界的十日"（Ten Days That Shock the World）；20 世纪五六十年代，社会主义的现实存在及其影响几乎覆盖整个世界，东西方对峙成为近半个世纪世界格局的基本特征……

然而正如同 20 世纪由十月革命开启一样，在某种意义上，20 世纪又是由苏联解体、东欧剧变降下帷幕。由此，这个世纪在霍布斯鲍姆笔下，被形容为"短促的 20 世纪"。

从十月革命开始，因苏联解体、东欧剧变而终结：是历史的宿命，还是某种规律的展现？如果是后者，那么又该如何解释得令人信服，同时这种解释又如何能够为后人接受或借鉴？

二十多年前，国际学术界曾经在德国召开过一次关于"1917 年俄国革命"的学术讨论会。会议主席、德国著名历史学家罗易·梅德维杰夫在开幕式致辞中指出，所有历史学家都认为十月革命是 20 世纪的大事，然而没有一个问题像对十月革命的认识这样存在巨大分歧。② 其实不但是十月革命，也不但是庞大的苏联为什么会突然解体，实际上人们对整个 20 世纪社会主义的来龙去脉以及为何大起大落的认识，始终存在巨大分歧。

看问题的角度不同、解释所采用的方法不同，得出的结论自然不会一致。不一致在所难免，或许问题的关键在于，角度能否成立，方法是否科学。

---

① ［英］艾瑞克·霍布斯鲍姆：《极端的年代：1914—1991 年》（上册），郑明萱译，江苏人民出版社，1998 年，第 78 页。

② 参见郑异凡：《十月革命的几个问题——在德国召开的 1917 年俄国革命国际学术讨论会纪要》，《当代世界与社会主义问题》，1997 年第 4 期。

　　无论如何,要重新了解人类的 20 世纪,就不能忽视对俄国十月革命后社会主义运动及其实践的认识;而重新认识 20 世纪社会主义,又需要解释角度的变化与研究方法的创新。

第四章
20世纪东方的两个革命

与马克思当年设想的不同,社会主义"种子"首先在落后的东方国家破土而出。"十月革命一声炮响",向世界宣告20世纪社会主义的诞生;中国共产党领导的革命紧随其后,以社会主义为方向和结果,很快和苏联并驾齐驱,共同拥有20世纪世界社会主义的主角地位。在某种程度上,主要是这两个革命推动"20世纪社会主义实践"成为历史事实,进而对人类文明进程产生深刻影响。然而另一方面,对这两个革命又始终存在不同的认识与评价,尤其围绕十月革命的争论,自革命爆发后几乎一直没有停止过。

争论首先表现在对革命爆发的原因及其历史必然性的认识方面:是必然还是偶然,是人民推动下的革命还是出于少数人的政变阴谋,革命的结果是否存在另外的可能,以及如何认识和界定其"历史必然性",如此等等。

近年来,国内外流行的观点是从东方落后国家现代化角度分析革命的条件,即将这两个革命当作世界现代化进程内在矛盾的必然反映。这与以往各种解释比较,无疑体现出认识视野与方法的进步。但时至今日,仍然有许多问题值得进一步思考和探讨。例如:东方落后国家的现代化究竟是如何发生的? 作为两个特殊的非西方国家,其现代化的内在矛盾与外部环境存在什么关系? 特别重要的是,如果说现代化视角是正确的,那么又该如何认识革命的实质及其意义?

或许再一次转换认识视角，也就是将东方落后国家的现代化及其革命同时置于全球化背景下进行分析和研究，面对上述问题我们或许能够获得某些新的解答。

一、现代化的不同类型与俄、中现代化

世界范围的现代化实际存在着不同类型、方式或道路。究其原因，首先在于推动现代化发展的动力有所不同。

从现代化动力源角度区分，有内源与外源之别。所谓内源型现代化（modernization from within），是指推动社会从古代向现代转变的力量主要产生自内部。虽然对于原动力的形成有着不同的解释，但在动力主要来自社会机体内部的变革与创新这一点上却是共同的。与此相对应，外源型现代化（modernization from without）动力则主要因外部冲击而生，也就是在受西方工业化强国冲击或一定的国际环境影响下，有觉悟者开始有目标地进行内部思想和政治变革，进而推动这些国家走上工业化道路。对于这种类型的现代化，英国历史学家汤因比将其概括为"挑战－应战"模式。

尽管对于19世纪后期进入工业化、现代化历程的国家，究竟哪些属于或不属于内源型存在争论，然而俄国和中国都属于外源型则肯定无疑。俄国由于地理上最接近西方，因而在非西方国家中最先感受到来自西方的压力与挑战。在18世纪就有过彼得一世改革，但俄国真正意义上的现代化始于19世纪60年代，是克里米亚战争（1853—1856年）的失败使保守的俄国深刻感受到落后之苦，明白自己"在技术比较先进的西方国家面前处于屈辱地

位"，于是下决心"按照欧洲的榜样重新建立价值标准和制度"。① 同样的情况发生于中国，连续两次鸦片战争的失败，顽固保守的统治者也终于认识到西方"坚船利炮"的厉害，于是开始实行"师夷长技以制夷"的发展战略，即洋务运动。

西方资本主义强国主导的殖民扩张对于落后国家的现代化，一方面起着因挑战而生的激发、推动意义，另一方面又会导致在具体发展模式方面出现与内源型现代化许多不同的特点。这在俄国和中国，既具有某种一致性，但因国情差别又同中有异。

外源型现代化的首要特征就是，推动力量主要源于上层领导集团，即少数精英（统治者或知识分子）率先认识到本民族的落后，继而奋起发展近代工业或进行社会制度变革。在俄国历史上，沙皇政府始终是俄国社会改革方针的制定者和现代化的主要领导力量，特别是谢尔盖·尤利耶维茨·维特（1849—1915）和彼特尔·阿尔卡捷耶维奇·斯托雷平（1862—1911），当时都是作为体制内的领导者和组织者面目出现的，对俄国的现代化进程产生过决定性影响。此其一。其二，现代化的基础和核心是工业化，而任何国家的工业化在启动阶段都面临一个资本积累及其来源问题。在历史上，西方国家的工业化投资主要来自国内积累或海外殖民掠夺，而在外源型现代化国家，工业化投资则很大程度上要靠外国资本。俄国在这方面尤其典型：工业化起步阶段外国资本就已进入俄国，到 19 世纪末外国资本几乎占俄国

---

① 参见［美］西里尔·E. 布莱克等：《日本和俄国的现代化——一份进行比较的研究报告》，周师铭等译，商务印书馆，1984 年，第 170～171 页。对于俄国现代化起步，学术界存在不同看法。布莱克明确将 1861 年农奴制改革当作俄国社会开始发生"革命性变革"和"迅速实现现代化"的标志，也有人将这一历史进程的时间起点定为 19 世纪三四十年代或 50 年代。但如果考虑到工业化与现代化的区别，两种提法各有其存在的价值与理由。（参见［美］西里尔·E. 布莱克：《日本和俄国的现代化——一份进行比较的研究报告》，周师铭等译，商务印书馆，1984 年，第 170 页；刘祖熙：《改革和革命——现代化研究》，北京大学出版社，2001 年，第 95 页；丁建弘主编：《发达国家的现代化道路——一种历史社会学研究》，北京大学出版社，1999 年，第 618 页。）

工业全部新投资的一半,甚至在新兴电力工业部门,外资比例高达75%。①
1913年,工业企业中的外国资本高达总金额的34%。②

上述两大特征也可以归结为,在特定历史背景下,西方国家主导的全球化对落后国家具有强大支配性与主宰性的一种反映。问题在于,自上而下的中央政治权力推动与现代生产力的要素主要从外部移植或引进,极易造成落后国家现代化的扭曲与畸形发展。这是我们在探讨十月革命起因或历史必然性时有必要认真加以考虑的。

1. 工业化严重依附于封建主义

由于俄国工业化及其资本主义是在沙皇政府主导下生存和发展的,长达半个多世纪,非但没有旧政权、旧制度的消退,而且伴随着封建秩序的延续甚至强化。具体表现为:一是资本主义工业化"是在农奴制普遍统治的范围内得到发展,而且很大程度上直接在农奴制度的基础上发展起来"③;二是以封建集权制为特征的沙皇专制统治长期存在,资本主义发展受制于封建帝国制度。这些当然并不完全由国内因素使然。在全球化背景下,一方面西方资本主义列强的经济、政治和军事的挑战必然导致封建集权制度的强固;另一方面,西方也并不希望在竞争已经很激烈的世界市场上再出现一个庞大的、来自"东方"的资本主义工业化强国。

2. 在很大程度上,工业化服从军事扩张的需要

西方国家的工业化主要出于经济目的,战争服务于经济;而沙俄的扩张本性造成战争和军事战略需要,始终成为工业化的重要动力。维特曾经公开宣称:"在建设铁路时,战略性的社会政治考虑,较之财贸和经济的考虑,

① 参见丁建弘主编:《发达国家的现代化道路——一种历史社会学研究》,北京大学出版社,1999年,第642页。

② 参见宋则行、樊亢主编:《世界经济史》(上卷),经济科学出版社,1993年,第500页。

③ 〔苏联〕尼·阿·察哥洛夫:《俄国农奴制解体时期经济思想概论》,厉以宁、赵辉杰译,北京大学出版社,1987年,第59页。

占有绝对优势。"①以军事目的为主的铁路建设，不但严重削弱了发展铁路的经济价值，而且由于建设费用以外资为主要来源，必然造成负债累累。

3.少数工业化城市与异常落后、原始的广大农村相并存

十月革命前，俄国工业化的集中程度非常高。经过几十年的努力，1913年，俄国的工业总体水平已经稳居世界第四位。然而正如列宁在1908年的《政治短评》一文中所指出的，一方面是最先进的工业资本主义和金融资本主义，另一方面又是最落后的土地占有制和最野蛮的乡村。② 直到1917年革命前，80%的人口仍然以农业为生，而且是广大农民仍然生活在"处于艰难境地的中世纪农奴制的压迫"③之中。

4.受外国资本及其政治力量控制严重

20世纪初，俄国已经成为世界上最大的债务国。过分依赖外国资本必然造成对工业所有权的丧失。1914年，90%的采矿业、近100%的炼油业、40%的冶金业、50%的化学工业和达到28%的纺织业都由外国资本所控制。④ 大量工业部门为外国资本控制的结果，既导致工业的畸形发展，而且在英国、法国、德国、美国四强愈演愈烈的全球竞争背景下，还很容易造成政治独立受到严重损害。例如英国、法国、德国等无不将同意资本输出当作政治筹码，迫使俄国在外交政策上服从自己利益的需要。

对于中国的工业化、现代化，俄国上述不利因素也都不同程度地存在；除此之外，还有许多独特的内容。概言之：

第一，中国是一个历史悠久、古文明更加发达的东方国家，这意味着其

---

① ［苏联］Л. Е. 舍配列夫：《1904—1914年的沙皇制度和资产阶级》，转引自丁建弘主编：《发达国家的现代化道路——一种历史社会学研究》，北京大学出版社，1999年，第641页。

② 参见《列宁全集》（第16卷），人民出版社，1988年，第400页。

③ 《列宁全集》（第23卷），人民出版社，1990年，第21页。

④ 参见［美］保罗·肯尼迪：《大国的兴衰——1500—2000年的变迁与军事冲突》，王保存等译，求实出版社，1988年，第284页。

不但在文化上与西欧工业化现代化所赖以成长的环境有更多本质性不同，而且传统会更加顽固，适应"挑战"所必需的制度性变革也更加困难。

综观近百年现代化进程，文化争论贯穿始终：从封建保守派的"华夏中心"到洋务派的"中体西用"，从西化派的"全盘西化"再到折中主义者的"中西互补"等，"文化是制度之母"，各种争论层出不穷，必然导致制度变革莫衷一是结果。当然，这方面对于工业化、现代化更加严重的制约与影响，还是延续几千年的东方式封建专制主义。现代化在政治上意味着民主化，但是在中国，不但封建专制主义在国家制度形态层面迟迟不愿离去，而且更重要的是，作为传统观念顽固存在于人们精神领域深处。

第二，中国作为资源丰富、人口众多的超大型国家，在西方国际资本势力已经形成、世界经济越来越市场化的背景下，更容易成为国际资本任意宰割瓜分的对象，要想维护独立与统一更加困难。

在落后国家的工业化、现代化进程中，大国和小国存在很大区别：一般来说，小国更容易抓住有利的国际机遇获得成功，而大国却因幅员辽阔、地区差别太大而难以全面推动、迅速发展。同时在欧美一些国家在率先完成初步工业化基础上形成对全球的殖民剥削体系后，以中国之大，更容易成为这些国家进行资源掠夺和推行其工业产品的广阔市场，若一国无法鲸吞，便采取合伙瓜分的方式。于是自1840年以后，世界上几乎所有帝国主义国家都曾经踏上过中国这块土地。接二连三的战争不但使中华民族一次又一次遭受巨大破坏与毁灭性打击，而且使中国的独立和统一很难实现。世界的经验证明，民族的独立和统一，是任何国家工业化现代化顺利推进的先决条件。

第三，中国工业化、现代化初始阶段，内外环境错综复杂、各种矛盾异常尖锐，更加难以形成一个政治上坚强有力，并始终以维护全民族利益为目标追求的中央政府及其各级政权架构。

美国学者布莱克在比较研究世界工业化现代化经验后指出："在迅速实

现现代化建设的种种必要条件中，一个重要条件就是在中央、中层和地方各级要有强有力的政府。"①这个"重要条件"之所以重要，既为现代化一般规律所决定，同时也因为落后国家的工业化、现代化一般都具有政府主导性质。在中国，由于内外环境复杂、各种矛盾异常尖锐，这一条件就显得更加突出与重要。然而事实上，近代以来的中国恰恰在这方面非常薄弱。中国自晚清时期开始工业化、现代化，但对于统治集团而言却是不得已而为之，并且其根本目的是为了维护晚清政府的统治；袁世凯倒台后，各路军阀忙于争权夺利，导致中国四分五裂；在蒋介石建立南京国民政府到新中国成立的二十二年中，中央政府和地方势力之间的争斗从未停止过，更兼之形成了一个以独揽财政经济大权为目的的官僚垄断集团，从上到下的贪污腐败成为其倒台的重要原因……

现代化的特殊性决定了道路选择的复杂性。

在俄国，全球化压迫下工业化、现代化扭曲发展的结果，是在欧亚大陆腹地形成了"封建军事帝国主义"这么一个"东方"资本主义的怪胎。发展到 20 世纪初，要使畸形化获得矫正，使"怪胎"变得正常，由 1905 年革命和斯托雷平改革证明，小打小闹已经无济于事，而必须对俄国社会进行伤筋动骨的改造——一场真正意义上的革命。

中国自鸦片战争到 1949 年，"几乎对西方出现过的各种现代化模式都进行过快速的试选择，这是各国现代化进程中罕见的记录"②。择其要者：洋务派试图在传统制度和权力结构范围内实现工业化。然而在高度集中的"巨型帝国"式金字塔权力结构的制约下，新生的经济力量与社会力量很难有充分的发展空间；往往是刚刚诞生还没有形成一定的影响，便遭到封建保

---

① ［美］西里尔·E. 布莱克：《日本和俄国的现代化——一份进行比较的研究报告》，周师铭等译，商务印书馆，1984 年第 304 页。

② 罗荣渠：《现代化新论——世界与中国的现代化进程》，北京大学出版社，1993 年，第 339 页。

守势力的疯狂摧残与扼杀。吸取洋务派的教训，康有为、梁启超主张走英国、日本的君主立宪道路。康有为很自信地认为：只要依此实行变法，"三年可以自立""二十年而为政于地球"。然而事实上，"维新"只存百日，主导者最终无不落得被晚清统治者赶尽杀绝的下场。"百日维新"的失败充分证明：中国要实行政治变革、社会变革，走不通改良主义道路。在此背景下，于是有了孙中山的资产阶级革命道路……

二、革命意味着什么？

人们对发生于 20 世纪东方国家革命的批评或否定，主要表现在两个方面：其一，20 世纪的灾难很大程度上源自对"乌托邦"整体社会工程的崇拜，而这正是"革命"惹的祸，因为"革命常常就是凭一种观念、一个理想，为达到一个目的而去作的整体社会工程设计"①。其二，一些主要通过改良方式实现社会变迁的国家，如英国、德国、日本，在现代化过程中则能保持一种稳定的发展态势，效果更为理想。

暂且不论革命与改良的根本区别是否真的表现为，有还是没有一个"整体社会工程设计"（在这方面，我们不妨将法国大革命与日本的明治维新进行对比），一个更值得我们思索的问题，是落后国家的革命究竟意味着什么？

所谓"革命"，按照塞缪尔·亨廷顿的观点，是使传统社会现代化的一种方式，在本质上，不是某种能够发生在任何类型社会、任何历史时期的现象；也就是说，它不是一个带有普遍性的范畴，而是一种受到历史局限的现象。因此，革命作为特定历史条件下实现巨型社会变迁的途径，在根本上不同于任何国家历史上经常发生的起义、叛乱、暴动、政变、战争等。"革命是在一

---

① 李泽厚、王德胜：《关于文化现状、道德重建的对话》，《东方》，1994 年第 5、6 期。

个社会占统治地位的价值准则和假托，及其政治体制、社会结构、领导权，以及政府活动与政策等方面发生的一场迅猛的、根本性的、暴力的内部变化。"①进行这样的革命，自然需要社会付出一定的代价，然而从长远的实际效果衡量，改良的代价未必逊于革命。在历史上，德国和日本在社会转型过程中由于缺乏革命冲击波强有力的震撼，19 世纪后期存留下来的反动政治形式却成为 20 世纪法西斯主义的基础；印度避免了革命，却没有能够免除民族分裂和长期的民族冲突、政变与动乱之苦，在独立后的半个世纪里，现代化始终"受制于一条代价同样惊人的停滞路线"②。另外，西方资产阶级为现代化所进行的革命或许不存在"乌托邦"的一面，然而其暴力程度及其社会代价难道就很低吗？法国大革命所经历的恐怖时代，我们都很熟悉了（或许在一些人看来，也应该"另当别论"）；而美国的南北战争如何？即使英国在实现和平改革之前，首先经历了 17、18 两个世纪的暴力革命形式（著名的"圈地运动"，实则为和平统治秩序下的合法暴力行为），巴林顿·摩尔认为，"这种革命暴力实际上是一种和平转变的序幕"，而"割断两者之间的联系就是歪曲历史"。③ 另外，正由于现代化革命具有历史上前所未有的社会大革命性质，所以往往不可能一蹴而就。西方有学者分析，在大多情况下尤其是在东方国家，需要经过从温和派（如孙中山）掌权，到新旧政权对峙、较量（在西方，斗争相持通常是在不同革命集团之间进行），最后由更加坚定的革命派取得彻底胜利几个阶段。按著名现代化问题专家、美国学者西里尔·布莱克的阐述，从发动革命到国家巩固现代化的领导权，一般都需要经历一个"不断革命"的过程。例如世界上第一个进行现代化革命的国家——英国，

---

① ［美］塞缪尔·亨廷顿：《变动社会的政治秩序》，张岱云等译，上海译文出版社，1989 年，第 286～288 页。

② ［美］巴林顿·摩尔：《民主和专制的社会起源》，拓夫、张东东等译，华夏出版社，1987 年，第 344 页。

③ 同上，第 14 页、21 页。

这一阶段从1649年至1832年，前后长达183年；第二个国家是美国，这一阶段从1776年到1865年，共延续89年；18世纪末到19世纪初，有13个国家进入现代化行列，平均时期为73年；在20世纪第一个1/4的时间里，有26个国家开始进入现代化，到60年代，其中的21个逐步表现出现代化国家的姿态，平均时间为29年。①

至于革命的不断激化，说明白一点，也就是为什么俄国和中国的革命最终走向社会主义的问题。

借用恩格斯的一个术语，这完全是"多少个平行四边形的力的合力"所致。在俄国，如大量历史事实所证实的，"2月到10月，俄国社会几乎是处在一个急剧'激进化'的连续过程中，不想被大潮所淘汰的各种政治力量不管原来信奉什么'主义'，此时都卷入了一场'激进比赛'之中"。甚至连原本属于沙皇时期"最反动的"第四届国家杜马，也一夜之间"突然变成了一个革命机关"；从2月的国家杜马临时执行委员会到后来的四届临时政府，俄国政坛8个月内五易其主，政治上一届比一届激进，其主导力量从温和自由派、自由民主派再到社会民主派和革命民粹派；在后两届政府中，"社会主义"的孟什维克与社会革命党已经成为主要角色。② 而与政府并列的另一"政权"——苏维埃，也是在不停地改造，多数席位由孟什维克、社会革命党，逐渐转移到布尔什维克与左派社会革命党手中。因此，所谓"激进"，完全不是少数职业革命家所能够主宰，更不可能是个别人的"阴谋"使然。

类似情形在20世纪上半叶的中国也大体如此，不同之处在于，中国经历时间更长、情况更复杂，但最后结果也更加直截了当。例如：

（1）1923年、1924年，北京曾有人利用校庆纪念日社会各界人士聚集的

---

① 参见［美］西里尔·E.布莱克：《现代化的动力》，转引自［美］塞缪尔·亨廷顿：《变动社会的政治秩序》，张岱云等译，上海译文出版社，1989年，第51页。

② 参见金雁、卞悟：《农村公社、改革与革命》，中央编译出版社，1996年，第301～302页。

机会进行民意测验,结果在涉及"社会主义"的两次测验中,赞成或相信"社会主义"的人明显占优势,赞成"以俄为友"者是赞成以美国为友的四至五倍。人们对"社会主义"感兴趣的重要原因之一,是俄国经过革命,建立起一个人人平等、劳动人民当家做主的社会。①

(2)1933 年 7 月,上海《申报月刊》举行"中国现代化问题"专题讨论。在三十余篇征文中,完全赞成中国的现代化应走西方或私人资本主义道路的只有一篇,而明确倾向于采取社会主义方式的却有五篇。②

(3)20 世纪 40 年代由活跃于当时中国政坛、主要以民族资产阶级和知识分子组成的"第三种力量",起初奉行自由主义路线,主张在中国建立一个以欧美资本主义为榜样的社会。然而随着对社会认识的加强,这些深受中国传统文化浸润的党派或人士除极少数与国民党关系密切者外,大多数转向了社会主义。例如在民盟 1945 年的经济纲领中,以苏联为榜样的"平均财富"、主张由国家制定统一的经济计划、消费品分配以国营和合作社为主、节制私人商业等经济政策占有很突出的地位。③

之所以呈现出这种状态,首先与世界现代化发展的特点相联系。全球性现代化进程气象万千、扑朔迷离。巴林顿·摩尔的《民主和专制的社会起源》一书追源溯流,从中梳理出三条主要的政治发展脉络:以英国、美国、法国为代表的西方民主道路,以德国、日本、意大利为代表的法西斯主义道路和俄国、中国为代表的社会主义道路。他认为这三条道路不但在时间序列上大致是相互衔接的,而且存在因果链条上的辗转递进关系。或许摩尔的观点在论证上还欠严密,但对西方资本主义现代化的批判成为俄国、中国走

---

① 参见许纪霖、陈达凯主编:《中国现代化史》(第一卷),上海三联书店,1995 年,第 398 页。
② 参见罗荣渠主编:《从"西化"到现代化》,北京大学出版社,1990 年,第 14 页。
③ 参见许纪霖、陈达凯主编:《中国现代化史》(第一卷),上海三联书店,1995 年,第 565～570页、589 页。

向社会主义的背景,却是无可否认的事实。

其次即如巴林顿·摩尔和塞缪尔·亨廷顿所努力论证的,为现代化革命在东方国家的特殊性所决定。与许多研究者的思路不同,摩尔在分析现代化政治革命不同道路及结果时,不是从资产阶级入手,而是看重"土地贵族和农民在其中所扮演的角色",认为他们才是"左右政局的决定性因素"。①亨廷顿也认为,现代化革命虽然名为资产阶级革命,然而无论西方社会还是非西方社会,"在很大程度上都是农民的革命"。中国和俄国由于历史基础关系,农民"左右政局"的作用更加突出。俄国二月革命后的临时政府由于没有取得来自农村的支持,注定了垮台的命运。"列宁及时看清了这一事实",所以取得了成功。亨廷顿引用别人的观点评论道:如果没有农民,十月革命"这一效法1871年巴黎公社的努力肯定会遭到蒙马特尔社会主义者同样的命运,并作为类似事件留存史册"②。

中国的情况就更加如此。但问题在于,既然农民必须在俄国革命和中国革命中起决定性作用,革命必然要以农民满意作为结果;东方农民深厚的文化心理特征(俄国的村社主义,中国农民根深蒂固的、以太平天国军事共产主义为代表的"大同"愿望)也必然会影响甚至决定着革命的方向,并在革命后的社会制度选择及其建设中留下深刻烙印。更重要原因还在于,20世纪落后国家的现代化革命大多兼具社会革命和民族革命双重目标与内涵。

如前文所述,俄国和中国的现代化都具有"外源型"特征。综观世界,"外源型"现代化或者伴随西方资本主义国家军事、经济、政治等多方面的入侵而产生(如鸦片战争后的中国),或者在现代化起步阶段经济上就被外国

---

① 参见[美]巴林顿·摩尔:《民主和专制的社会起源》,拓夫、张东东等译,华夏出版社,1987年,前言部分,第5~6页,有关这方面的具体论证,可见该书"农民与革命"一章。

② 引文及主要观点参见[美]塞缪尔·亨廷顿:《变动社会的政治秩序》,张岱云等译,上海译文出版社,1989年,第五章中"农民与革命"一节。

资本势力控制（例如 19 世纪末 20 世纪初的俄国）；在 20 世纪上半叶，前一种情况迟早会落入依附于工业列强的境地，甚至成为西方国家的殖民地或半殖民地。所以落后国家的现代化革命，一方面极易有外国干涉卷入；另外从主观上说，争取民族独立、自主和尊严也经常成为基本内容。外国干涉的刺激又很容易成为革命不断激化最终完成其全过程的重要因素。例如关于法国大革命，R. R. 帕尔默认为，普鲁士于 1792 年夏入侵法国，在很大程度上造成了革命激进化进程：巴黎的"无套裤汉"和流亡知识分子彻底摧毁了封建制，宣告法兰西共和国成立。因此，"战争使革命革命化……使革命在国内变得更加激进，使它在国外的影响变得更加巨大"①。

如果没有第一次世界大战，很可能就没有十月革命。相比之下，外国干涉对于中国革命的激化意义更加显著。在辛亥革命时期，国外政治势力的支持是袁世凯能够获得统治地位的重要筹码，而稍后几年，日本人的"二十一条"又成为其政府倒台的推动力量；五四运动的直接背景是巴黎和会而非"启蒙"；20 世纪 30 年代，日本侵略中国构成推动农民全面参加"革命"的重要因素；最后，美国 40 年代后期在中国的存在及国民党对美国的依附及在华利益的维护，无疑从另外一个方面增强了共产党在革命中的合法地位与号召力。

换个角度看，落后国家的现代化革命兼具反对国内旧的统治阶级和国外干涉或统治体系的双重任务，这也是能够获得成功的重要条件。

西方发达国家历史上现代化革命的成功，主要取决于有一个从"底层"崛起，首先在经济上较旧政权更具有优势的资产阶级（例如在法国革命中，作为第三等级代表出现的"市民阶级"）及其知识分子。在落后国家尤其是20 世纪上半叶的东方国家，民族资产阶级由于既和旧的统治势力也与外国

---

① ［美］R. R. 帕尔默：《民主革命时代》，转引自［美］塞缪尔·亨廷顿：《变动社会的政治秩序》，张岱云等译，上海译文出版社，1989 年，第 331 页。

资本或政治集团保持着密切的联系,注定在兼具双重任务的革命中终将"大权旁落",最后主要由接受过现代思想启蒙的知识分子担当起发动和推动革命的重要角色。革命的主力自然是农民。在思想观念与行动目标上,知识分子和农民阶级可能存在差异,然而在革命的民族主义层面,二者的利益和追求却是一致的(暂且不考虑共产党代表最广大人民利益这一点)。然而以积极的民族主义为号召,随之而来的,是革命后的社会制度性质及政权建设问题。不可想象,一场以反对国外统治或资本势力侵略的革命,最后的结果会是建设一个与之相似的社会制度或模式。如果说这种情况在19世纪后期的拉美国家出现,还有些无可奈何,那么在20世纪上半叶,马克思的以挑战西方资本主义为核心的社会主义理论便使之获得了彻底的改变。

有人认为,"十月革命的世界意义在于,它提供了解决帝国主义时代民族国家问题的可能的历史途径"。因为在20世纪,对于亚洲、非洲的前现代化国家而言,国际资本垄断、帝国主义列强的军事侵略和政治统治,已经"彻底切断了民族国家从工业化过程和市民社会生成的可能性,民族国家不能朝着最发达的欧洲和北美这个惟一的方向前进"。① 这实际上也就确定了革命最终将朝着与世界资本主义不同的方向"激进":社会主义! 事实上,不但中国等东方国家,二战后许多发展中国家在民族革命成功后也都纷纷选择"非资本主义"道路。

基于上述分析,不但20世纪上半叶中国等东方国家现代化过程中发生革命是必然的,而且革命不断"激进"至社会主义也是必然的。革命不是因为某些人或党派有意"制造",革命的起因也并非完全出于对"乌托邦"社会工程的癖好。

然而革命成功后的喜悦却使胜利者逐渐产生了对革命的错觉:将其历

---

① 徐迅:《民族主义》,中国社会科学出版社,1998年,第84页。

史必然性简单混同于马克思所论证的无产阶级革命。

或许，这才是问题的关键所在！

三、十月革命的实质及其意义：列宁的认识

围绕十月革命性质的争论，在国外学者中间历来存在三种不同的观点：一是指出十月革命属于资产阶级民主革命，二是强调其属于亚洲型社会革命，三是仍然认为这是一场社会主义革命。[①]

提出十月革命是资产阶级民主革命，主要是从社会文明实际发展进程出发，强调当时的俄国还没有完成工业化、现代化任务。然而难道能够存在不是资产阶级领导并成为社会统治阶级的、完整意义上的资产阶级革命？所谓亚洲型社会革命，主要由 E. 博罗金提出，认为历史上的俄国是以亚细亚生产方式为特征的东方国家，它的资本主义是在国家的保护下发展起来的，而十月革命的目标就是反对衰落的亚洲封建主义和正在崛起的私有制资本主义。因此，"俄国革命不管以什么形式结束，其最后结果也只能走向国家资本主义"。博罗金还以列宁晚年提出发展国家资本主义的主张为根据，认为"斯大林现象就是独特的国家垄断资本主义，是一定发展阶段的亚洲型资本主义"。[②]指出俄国社会变迁存在着非西方特性，这是有一定道理的，但说到底，这种观点还是在肯定十月革命的资产阶级民主革命性质，至多属于"变种"而已。仔细想想，完全坚持革命的社会主义性质一说也并非一点问题没有。例如，社会主义革命的社会结果当然是建立社会主义，但是 20 世纪 20 年代的俄国还是一个"农民国家"（列宁语），难道能够在一个农民国家里按照马克思社会主义的原则与目标来发展生产、发展社会？

---

①② 参见刘淑春：《国外学者关于十月革命的争论》，《马克思主义研究》，1998 年第 2 期。

其实在关于十月革命性质问题上，列宁逝世前留下的《论我国革命》一文，无论是具体理论观点还是分析视角与方法，都具有很高的价值。

（一）在革命后社会发展历史前提的问题上，列宁完全肯定俄国还不具备"建立社会主义"的"文化水平"

根据文中使用情况判断，为建立社会主义所需要的"文化水平"既非狭义的精神文化，也不是单指经济方面，在内涵与外延上大体与"文明"概念相当，意味着由工业化、现代化发展所实现的、社会的各方面都具备现代文明特征与要求。俄国虽然从彼得大帝就开始了向西方学习的进程，从 1861 年农奴制改革到 20 世纪 20 年代，工业化大致也有了半个多世纪的历史，然而由上述外源现代化特殊性及俄国特定国情所决定（例如顽固的村社传统、幅员过于辽阔），到十月革命前夕，俄国仍然属于典型的"古代国家"。不但是因为沙皇专制统治、农奴制残余普遍存在、封建自然经济占主导及农业仍为国民收入的主要来源等因素，而且也表现在狭义文化方面。列宁在逝世前的《日记摘录》中沉重地感叹道："当我们高谈无产阶级文化及其与资产阶级文化的关系时，事实提供的数据向我们表明，在我国就是资产阶级文化的状况也是很差的。"①俄国不但在总体上"依然是一个难以置信的空前落后的国家，是一个贫穷的和半开化的国家"②，而且是一个发展极不平衡的国家。实施新经济政策初期，列宁再一次形象而深刻地揭示俄国"文化水平"的落后性："看一下俄罗斯联邦的地图吧。在沃洛格达以北、顿河畔罗斯托夫及萨拉托夫东南、奥伦堡和鄂本斯克以南、托木斯克以北有一片片空旷地带的却是宗法制度、半野蛮状态和十足的野蛮状态。那么在俄国所有其余的穷乡

---

① 《列宁选集》（第四卷），人民出版社，1995 年，第 762 页。
② 《列宁全集》（第 23 卷），人民出版社，1990 年，第 379 页。

僻壤又是怎样的呢？乡村同铁路，即同那连结文明、连结资本主义、连结大工业、连结大城市的物质脉络往往相隔几十俄里，而只有羊肠小道可通，确切些说，是无路可通。到处都是这样。这些地方不也是到处都是宗法制度、奥勃洛摩夫精神和半野蛮占优势吗？"①很显然，如果按照正常的历史发展"顺序"，20 世纪初俄国需要大力建设和发展的只能是资本主义。19 世纪 60 年代，马克思在《资本论》第一版序言中认为，当时的德国"不仅苦于资本主义生产的发展，而且也苦于资本主义生产的不发展"。1899 年，列宁在《俄国资本主义的发展》一书中曾经引用马克思的这段话，后来在 1907 年该书第二版序言中仍然强调，在 20 世纪初俄国的经济基础上进行革命，"不言而喻……必然是资产阶级革命。马克思主义的这一原理是颠扑不破的。无论什么时候都不能忘记这一原理"②。即使到 1917 年初，列宁的这一思想也没有发生实质性的改变。由此在《论我国革命》中，列宁完全同意第二国际及苏汉诺夫的看法，认为俄国"还没有发展到可以实行社会主义的高度"，并强调这是一个"无可争辩的论点"。③

（二）认为由第一次世界大战及具体国情所决定，俄国革命势必不同于西欧历史上的革命

值得注意的是，列宁在讨论革命的特殊性时，明确将"我国革命"与"以前西欧各国的革命"，即欧洲历史上的资产阶级革命相比较。这进一步表明列宁最后关于革命性质的认识：在一定程度上要承担起资产阶级革命的任务。然而列宁又并没有将十月革命简单等同于一场资产阶级革命。两方面

---

① 《列宁全集》（第 41 卷），人民出版社，1986 年，第 216 页。"奥勃洛摩夫"是俄国著名作家冈察洛夫同名小说中的主人公，后来成为具有消极无为、庸碌懒惰特征的旧俄罗斯文化的人物典型。
② 《列宁选集》（第一卷），人民出版社，1995 年，第 161 页。
③ 《列宁选集》（第四卷），人民出版社，1995 年，第 777 页。

情况使俄国革命具有不同于西欧资产阶级革命的特殊性：一是世界大战背景，二是俄国社会的"半文明"特征。针对第二国际和苏汉诺夫们认为俄国不应该进行十月革命的观点，列宁反驳道：他们的错误之一，就是"没有想到"20年代的俄国并不完全等同于资产阶级革命前的英国、法国等西欧国家，"俄国是个介于文明国家和初次被这场战争最终卷入文明之列的整个东方各国即欧洲以外各国之间的国家"。这不仅是从全球化视角强调俄国在地缘政治上的特殊性，而且也是从世界近现代文明转换层面肯定资本主义工业化在俄国已经获得一定程度的发展，以此为前提，"俄国（革命）能够表现出而且势必表现出某些特殊性"。革命的空间条件如此，而在时间上恰好又与"第一次帝国主义世界大战相联系"。

自从有了人类，就从来没断过战争，然而在20世纪以前却根本没有发生过"世界级"的大战；双边的或多边的，即使从工业革命到1914年，大国之间的战争一般不超出区域范围。第一次世界大战则"席卷了每一个强国，事实上除了西班牙、荷兰和北欧三国以及瑞士之外，全欧洲都加入了这场战争"[①]。大战是在19世纪末20世纪初的全球化背景下发生的，是世界资本主义经济、政治扩张达到一定极限的结果与表现。列宁在战争爆发之初就指出战争的实质及其特点："所有欧洲国家都已经达到同等的资本主义发展阶段，它们都已经提供了资本主义所能提供的一切。资本主义已经达到自己的最高形式，输出的已经不是商品，而是资本了。资本主义在本国范围内已经容纳不下，所以现在便来争夺地球上剩下的最后一些未被占据的地盘。"列宁还指出这场战争与历史上以往战争的不同："如果说18世纪和19世纪的民族战争曾标志着资本主义的开始，那么帝国主义战争则表明资本

---

① ［英］艾瑞克·霍布斯鲍姆：《极端的年代：1914—1991年》（上册），郑明萱译，江苏人民出版社，1998年，第32页。

主义的终结。"①现在看来，列宁当时对战争前景的预测犯了过于乐观的错误。事实上，第一次世界大战真正"终结"的只是各自为政的、旧的资本主义，同时又宣告了一个以国家垄断和开始走向世界联盟为特征的、新的资本主义时期。然而列宁以全球化的观点来分析大战爆发的原因及其性质，这是完全正确的。后来在《论我国革命》中，列宁进一步强调："世界上还从来没有过在这种情况下发生的战争。"俄国作为一次大战的主要参战国，一方面必须承担远超出本国经济能力的战争负担；同时作为战场上的失利者，又面临着政治上的严重危机。在 20 世纪以西方国家为主导的全球化背景下，落后国家的民族资产阶级由于与国际资本、世界市场相联系，一般都犯有"软骨症"。例如俄国 1917 年二月革命后的临时政府，明知战争无论结局如何，都会给国家和民族带来深重灾难，但还是一再向英、法表明奉陪到底的立场。列宁承认，正是由于大战使国家、民族和人民普遍陷于"毫无出路的处境"，使得工农大众成为革命的主要力量，苏维埃这一代表工兵农利益的政权形式才能够成为革命的领导机构。由此，俄国革命自然不会像西欧历史上的各国革命，结果表现为资产阶级的胜利。

（三）十月革命的根本价值表现在，能够为俄国的工业化、现代化开辟一条不同于西欧国家的发展道路

如果将十月革命的性质简单指认为社会主义的，必然要求很快在俄国"实行社会主义"或"建立社会主义"。这在革命之初不只是第二国际"英雄们"和苏汉诺夫等人指责的最主要理由，而且也确实曾经是包括列宁在内的布尔什维克领导集团试图努力争取实现的目标。"战时共产主义"起初并非完全源自战争。十月革命前夕完成的《国家与革命》（准确的写作时间为

---

① 《列宁全集》（第 26 卷），人民出版社，1988 年，第 35 页。

1917年8月至9月）既是列宁为进行革命所作的理论准备,同时也可以当作革命成功后的建设蓝图来阅读。其中"国家消亡的经济基础"一章,根据马克思和恩格斯对未来社会的设想,阐述了进行社会主义建设的原则与具体措施,特别是明确指出俄国社会"目前政治上的迫切问题",是"剥夺资本家,把全体公民变为一个大'辛迪加'即整个国家的工作者和职员,并使这整个辛迪加的全部工作完全服从真正民主的国家,即工兵代表苏维埃国家";在使"全体公民都成了一个全民的、国家的'辛迪加'的职员和工人"前提下,"全部问题在于要他们在正确遵守劳动标准的条件下同等地劳动,同等地领取报酬。……整个社会将成为一个管理处,成为一个劳动平等和报酬平等的工厂"。列宁特别强调,这是共产主义社会第一阶段即社会主义时期的任务。① 后来的"战时共产主义"应该看作这一思想"合乎逻辑发展的结果"②。正如列宁后来所承认的,新经济政策前错误的实质在于,想在"一个小农的国家里",通过"无产阶级国家直接下命令的办法","按共产主义原则来调整国家的产品生产和分配"。③ 在新经济政策最初阶段,列宁及其布尔什维克领导集团还只是将它当作不得已而行之的"退却"性方针,并强调这一政策与1918年春"战时共产主义"之间的联系。直到1923年初的《论我国革命》,列宁的认识才真正产生了"根本改变"。

认识发生根本性转变的基本前提,是对俄国落后国情的进一步肯定。在《论我国革命》前半个月完成的《日记摘录》中,列宁认为:"问题就在于我们直到今天还没有摆脱半亚洲式的不文明状态。"在此基础上,列宁强调布

---

① 参见《列宁选集》（第三卷）,人民出版社,1995年,第199页、202页。

② 陆南泉等主编:《苏兴亡史论》,人民出版社,2002年,第221页。该书作者认为,"战时共产主义"应译为"军事共产主义",因为虽然战争是促使这一政策迅速完善并走向极端化的因素,但在国内战争开始前,政策的基本方针已经确定,另外在国内战争已经基本结束的1920年,布尔什维克也还没有打算放弃这一政策。只是到了1921年,在实际由国内政治、经济危机宣告破产后,才被迫放弃了这一政策。

③ 《列宁全集》（第42卷）,人民出版社,1987年,第176页。

尔什维克"决不给自己提出向农村推行共产主义这种事先定下的目标。这种目标现在是达不到的。这种目标是不合时宜的。提出这种目标不但无益，反而有害"①。那么对于俄国社会发展而言，十月革命的价值究竟何在呢？针对党内外、国内外从未间断过的争论，《论我国革命》明确地回答道：为俄国"争得进一步发展文明并不十分寻常的条件"。

"文明"是列宁在晚年文稿中出现频率很高的一个词语，而且经常以对比方式使用"文明的西欧"与"野蛮的"或"落后的"亚洲提法，因而其内涵无疑是工业化、现代化。"发展文明"所需"条件"，主要是指通过革命所要达到的纯政治目标，即社会制度变革。为了说明问题，我们不妨再引用《论我国革命》中的几段话：

既然毫无出路的处境十倍地增强了工农的力量，使我们能够用与西欧其他一切国家不同的方法来创造发展文明的根本前提，那又该怎么办呢？

既然建立社会主义需要有一定的文化水平（虽然谁也说不出这个一定的文化水平究竟是什么样的，因为在各个西欧国家都是不同的），我们为什么不能首先用革命手段取得达到这个一定水平的前提，然后在工农政权和苏维埃制度的基础上赶上别国人民呢？

……为了建立社会主义就需要文明。……那么，我们为什么不能首先在我国为这种文明创造前提，如驱逐地主，驱逐俄国资本家，然后开始走向社会主义呢？

列宁的上述思想清楚地表明了十月革命的意义：并不意味着在俄国立

---

① 《列宁选集》（第四卷），人民出版社，1995 年，第 763 页、765 页。

即建立社会主义，而只是在特定的历史背景下，开辟一条不同于西方的工业化、现代化道路，即以非资本主义的制度条件与方式创造为社会主义所需要的现代化"文明"。由于首先确立了革命的第一价值在于为俄国的工业化、现代化提供不同于西欧的制度条件，因此蕴涵着俄国历史发展在"顺序"上的某种特殊性。如果严格地遵循唯物史观，也就像马克思和恩格斯早年所阐述的，第一步是先有工业化、现代化文明在资本主义制度条件下的高度发展（达到资本主义关系所能够容纳的"顶点"）；然后由无产阶级起来革命，进行根本制度的变革，建立无产阶级专政；紧接着经过短暂的过渡时期后，社会进入共产主义的第一阶段（即社会主义社会）。然而俄国呢？首先是通过革命组织工农政权，然后搞工业化、现代化，最后在此基础上建立社会主义。这在一定意义上，也就是历史发展顺序的"颠倒"，或者用列宁的提法，是对西欧发展道路的"某些修正"。如同在长距离条件下，细微的曲线构不成对直线的否定，列宁强调从世界历史的总进程来看，"这种修正是微不足道的"。另外，由于列宁重新肯定了实行社会主义必须要有一定的"文化水平"，工业化、现代化是俄国走向社会主义的必要前提，因此这种"修正"又并未造成对世界历史发展总的路线和规律的根本改变；同时我们也能够看出，这在一定程度上又不违背或者说重新恢复了马克思关于人类走向社会主义的基本原则。

四、不同的革命，不同的历史必然性

其实围绕20世纪东方国家的革命，或许最重要的问题在于我们必须记住：虽然同样是革命，但此革命完全不同于马克思理论中的无产阶级革命；由不同的革命所导致的社会主义结果，就其历史必然性而言，也和马克思所论证的并非一回事。

斯塔夫里阿诺斯在《全球分裂》中论述第一次世界大战后发生于第三世界的革命时，用了一个标题："马克思被颠倒过来"。因为按照马克思的设想，反抗资本主义的革命理应首先在工业化的西方爆发，而社会主义的欧洲却存在着被仍旧是资本主义的外部世界包围和威胁的可能。斯塔夫里阿诺斯的根据，是马克思1858年10月8日给恩格斯的信。马克思在信中写道："对我们来说，困难的是：大陆上的革命迫在眉睫，并将立即具有社会主义的性质。但是，由于在极为广阔的领域内资产阶级社会还在走上坡路，革命在这个小小角落里不会必然被镇压吗？"[①]但是在20世纪，共产党领导下的革命却主要在东方落后国家取得胜利。具有特定内涵的革命从资本主义世界体系的中心转向了边缘，在这一层面上，马克思确实被"颠倒"了。对于"颠倒"的实质及其丰富意义，列宁在逝世前清楚地认识到了。简单回顾一下，列宁的认识着重体现在两个方面：革命在本质上是共产党领导下的现代化革命；革命虽然具有内部动因，但促使革命的领导权及其胜利最终是属于共产党的，主要是特定历史条件下的外部压迫。[②]

20世纪全球化背景下的外部压迫，使俄国、中国的现代化革命最终具有一定程度的社会主义性质，这也是历史必然性的结果和反映。不过这是不同于马克思所论证社会主义历史必然性的另一类历史必然。如果前一种历史必然在实现上呈现出"水到渠成""瓜熟蒂落"特征，那么后一种历史必然的实践形态在更大程度上，表现为由外部压力所产生的"不得已而为之"状态。从社会发展道路的多样性及外源型现代化建设需要而论，也是完全能够成立的。斯塔夫里阿诺斯在《全球分裂》中对于20世纪社会主义首先产生于落后国家，曾经从世界文明发展规律角度提出他的解释：人类的古典文

---

① 《马克思恩格斯全集》（第29卷），人民出版社，1972年，第348页。
② 参见《列宁选集》（第四卷），人民出版社，1995年。

明、中世纪文明和资本主义文明都诞生于前一文明的边缘地区，由此得出结论："每一种社会制度趋于腐朽且将被新的社会制度所淘汰的时候，率先发生转变过程多半不在中心地区的富裕的、传统的和板结的社会里，而是发生在外缘地区的原始的、贫困的、适应性强的社会里"①。

这一新论点的启发性在于，由落后而产生社会变异(social mutation)是世界历史上重复出现的规律性现象。世界文明发展规律同样表明，边缘地区新文明的成长必须建立在充分吸收前一文明先进成果的基础上。然而长期以来，在为社会制度选择辩护或意识形态的斗争与宣传中，我们总是力图从马克思有关社会主义历史必然性的论证中寻找能够自圆其说的"武器"，结果都陷于捉襟见肘的困境。在实践中，为了弥补客观历史前提的不足，最终走向公有制崇拜，即社会主义"美好"原则的实现主要不是通过经济和社会发展来达到，而是依靠以建立公有制为核心的制度变革层面。就像列宁在总结"军事共产主义"时所说："我们为热情的浪潮所激励，我们首先激发了人民的一般政治热情，然后又激发了他们的军事热情，我们曾计划依靠这种热情直接实现与一般政治任务和军事任务同样伟大的经济任务。我们计划(说我们计划欠周地设想也许较确切)用无产阶级国家直接下命令的办法在一个小农国家里按共产主义的原则来调整国家的产品生产和分配。现实生活说明我们错了。"②然而问题在于一错再错。在苏联，先有"军事共产主义"，后又有1929年的全盘集体化运动；中国在时间短促及实现公有化的行政命令方式上，则较苏联更上一层楼，于是产生了革命后的"革命"问题。

应该承认，这才是导致出现"乌托邦"社会工程设计的根本缘由(假设可以这么提出)。

---

① ［美］斯塔夫里阿诺斯：《全球分裂》(上册)，迟越、王红生等译，黄席群、罗荣渠校，商务印书馆，1993年，第22页。

② 《列宁全集》(第42卷)，人民出版社，1987年，第176页。

第五章
"列宁思路"与斯大林模式

　　回顾20世纪社会主义实践,毫无疑问,首先和列宁的名字紧密联系在一起。毫不夸张地说:如果没有列宁,20世纪社会主义可能会是另外一种情形与样式。列宁是社会主义实践的开创者,同时他的理论尤其是思想行程最后阶段的一些认识,又始终影响着20世纪的社会主义;甚至邓小平晚年在思考落后国家如何建设社会主义这个大课题时,对比世界范围正反两方面的经验教训,仍然觉得"列宁的思路比较好"①。然而列宁又是一个极有争议的人物;对他截然不同的认识与评价,在他生前已经存在,而在苏共垮台后,各种有根据或没根据的负面评价更是接连不断。那么列宁究竟是一个怎样的人? 如何评价其"政治遗产"? 特别是为邓小平所称道的"列宁思路",究竟是怎么一回事?

　　无论从理论或学术研究出发,还是基于实践经验教训的总结,围绕"20世纪社会主义",斯大林模式都是一个绕不开的话题。虽然有关这个模式的各种研究成果早已汗牛充栋、俯拾即是,但仍然存在着一个如何"再认识"的问题。前文已经分析:马克思提出人类共产主义未来的重要前提条件,是"世界历史"的形成。没有世界历史就没有真正意义上的共产主义。然而在

------

　　① 《邓小平文选》(第三卷),人民出版社,1993年,第139页。

笔者看来,广泛的非世界历史性恰恰是斯大林模式的致命伤。为什么这么认为? 根据何在?

一、列宁及其"政治遗产"

随着苏共垮台、苏联解体,原来一直被尊称为"革命导师"的列宁与其"政治遗产"一样,开始跌落神坛,并不断被"妖魔化"。针对此现象,有人提出:列宁"既不是'神',更不是'鬼',而是一个'人'",同时对列宁"政治遗产"的评价也应持历史和理性态度。①

(一)文化性格与政治价值取向

美国学者悉尼·胡克在《历史中的英雄》一书中,曾如此评价列宁:

> 在历史上起了事变创造性作用的列宁,究竟是个怎样的人呢? 在这种情形之下,我们的好奇心是完全合理的,因为使得事变性人物和事变创造性人物截然不同的,毕竟是个人的性格。我们特别感兴趣的就是要发现那一系列的特点,正是由于这些特点,才使得列宁在政治上特别突出,压倒了一大群人,尽管他们作为思想家、作家、演说家,表现出了比列宁更为伟大的才能。②

这是一个很有意思的评论。

胡克将列宁"政治上特别突出"的原因归结为"个人的性格"。但对胡克

---

① 参见周尚文:《列宁政治遗产十论》,上海人民出版社,2018年,第24页。
② [美]悉尼·胡克:《历史上中的英雄》,王清彬等译,上海人民出版社,1984年,第153页。

使用的"性格"概念，似乎不能仅作生理性理解。任何人都是社会的人，作为社会的人，在根本上又都是一个文化性质的存在。所谓"性格"，不但是先天生理性的，而且在更大程度上，更具有特定的文化性质或文化内涵。因而关于列宁的性格，可能更加重要和更应该引起"我们特别感兴趣的"，是其"性格"中的文化因素及其"一系列特点"。例如，这"一系列特点"是怎么形成的？另外，为什么在"真正俄罗斯人"①范围，几乎只有列宁能够形成与众不同并独具风范的文化性格？

文化性格的形成需要一定的条件。成长环境、所受教育和社会实践等，都是促使文化性格生成的重要因素。

列宁出生于伏尔加河沿岸的辛比尔斯克，在这里度过了他的童年和少年时代。辛比尔斯克本是一个多少有点死气沉沉的小城市，列宁认为："那里既没有书，又没有人，完全可以使你变得愚昧无知。"②著名长篇小说《奥勃洛摩夫》的作者冈察洛夫，就是辛比尔斯克人，或许今天的人们可以从小说对"奥勃洛摩夫卡"③的生动描写中，体会到辛比尔斯克的无聊、落后与萎靡不振。幸运的是，他成长于一个有文化的家庭。

这是一个自由、平等、快乐和温馨的家庭，父母亲都属于自由主义保守派，因而在文化上又较多存在现代或西方的色彩。列宁的父亲接受过系统的中学教育和高等教育，虽然担任省国民教育总监并享有世袭贵族称号，但

---

① "真正俄罗斯人"原本是列宁在《关于民族或"自治化"问题》一文中，批评俄罗斯官僚主义者或大俄罗斯沙文主义者的用语，指出党内以斯大林、捷尔任斯基等人在成立苏联问题时"突出表现"出了"真正俄罗斯人的情绪"。但是在俄共（布）及后来的苏联共产党内部，又是以某人是"真正俄罗斯人"为荣耀与自豪的。例如对于列宁的族系，就曾经用很大篇幅的文字来证明列宁是一个百分之百的、有着纯正血统的俄罗斯人。

② ［美］路易斯·费希尔：《列宁的一生》，彭卓吾译，北京图书馆出版社，2002 年，第 25 页。

③ "奥勃洛摩夫卡"是《奥勃洛摩夫》小说中虚构的一个地名。列宁读过这本书，并且经常在演说和文章中引用这部书中的内容，尤其是概括出"奥勃洛摩夫习气"，甚至将当时的俄国称为"奥勃洛摩夫共和国"。

在思想上倾向于 19 世纪六七十年代的俄国启蒙学派，厌恶官场的各种恶习，特别是对沙皇专制政权有所不满。列宁的母亲出身于一个很有教养的市民家庭，从小自学了英语、法语和德语，读过许多书，据说在她的桌上经常放着原版的《莎士比亚全集》和法国历史学家兼政治家梯也尔编的法文版多卷本《法国革命史》。在这样的家庭环境和"老师"的精心培育下，列宁 5 岁就学会了读书，并且各方面获得全面发展……

一个人在文化上的成长可分为不自觉与自觉（或无意识与有意识）两种方式。每个人从小都生活于特定的环境中，借用列宁自己的说法（体会）：一个人在他吃母亲奶的时候，就开始接受这个社会的规范、习俗、传统等。在与周边环境接触的过程中，耳濡目染、潜移默化，因而是文化接受的不自觉阶段。辛比尔斯克社会环境是比较愚昧落后的，甚至有如一潭死水；但列宁的家庭环境却是轻松活泼、健康向上、民主自由的。生活优裕、文化氛围浓郁的家庭环境有效抵消了社会环境的不足，另外列宁接受的小学、中学教育也是很正规的，因而使之从小就形成了几乎与当时俄国的腐朽、黑暗、专制、落后等完全相反的文化态度、文化性格。

然而要能够在文化上从不自觉到自觉，从无意识到有意识，并且最终形成比较明确的文化思想，一般还需要经过系统的学习过程。

在中学时期，列宁的课外阅读范围相当广泛，古典文学、政论作品、诗歌、人物传记等。这时引起列宁浓厚兴趣的作家主要有普希金、莱蒙托夫、果戈里、屠格涅夫、托尔斯泰、赫尔岑等；另外还有一些思想家，如别林斯基、车尔尼雪夫斯基、皮萨列夫、杜勃罗留波夫等。这些都是俄国文学史、思想史上的代表人物，其作品的主要思想政治倾向是指向并奋力抨击俄国当时腐朽的农奴制、残酷的沙皇专制统治，以及弥漫于全社会的荒淫无度、空虚无聊。虽然有些人是民粹主义者、空想社会主义者或斯拉夫派，但他们在文化上都包含着积极的、同情人民遭遇和面向未来的成分。这些都在列宁的思想深处引起强烈共鸣。其中对列宁在文化思想形成上产生较大影响的，可能是车尔尼雪夫斯基。列宁自己曾经说过："在阅读马克思、恩格斯和普列汉诺夫的著作之前，只有车尔尼雪夫斯基给了我以主要的、决定性的影响，这种影响正是从《怎么办？》开始的。……他使我的思想发生了最深刻的变化。"①确实，列宁几乎完全具备车尔尼雪夫斯基《怎么办？》中所赋予主人公的优秀文化品质：正直、高尚、意志坚定、为人坦诚；深信自己事业的正义性，努力成为对社会有益的人；同时热爱艺术、珍视爱情，对自己的工作和未来充满信心……

中学毕业后列宁进入喀山大学，同时全家从此也离开了辛比尔斯克，迁居至喀山。喀山是一个相当大的、比较有文化的城市。列宁正式接触马克思的著作，是到了喀山以后。对于列宁而言，阅读和接受马克思和恩格斯著作，同样具有更加直接的文化继承意义。

在喀山的日子里，列宁将《资本论》的每一页都要反复读上几遍，另外在此期间，他还组织过一个马克思主义小组，阅读了当时所能够找到的马克思和恩格斯的全部著作。从他后来写过《弗里德里希·恩格斯》《马克思主义和修正主义》《马克思主义的三个来源和三个组成部分》等文献的情况判断，他的阅读面是非常广泛的。懂得多门外语，可以从德语、英语直接阅读，也是列宁的一个有利条件。可以说在列宁之后，没有哪一位无产阶级革命领袖或共产党的领导人在这方面能够超过列宁。马克思和恩格斯的思想体系以整个西方思想史、文化史为背景，基本理论观点、思想主张等其实是对西方从古希腊特别是文艺复兴以后优秀思想文化成果的全面继承和发展。因此，深入阅读他们的著作，对于非西方的列宁而言，其实也是一次文化洗礼过程。

---

① 转引自张翼星等：《读懂列宁》，四川人民出版社，2001年，第163页。

对于黑格尔的著作他是下过功夫的。他读黑格尔一方面是为了提高自己的哲学修养，另一方面是为了能够更深刻理解马克思的思想。他有一个发人深省的重要观点："不钻研和不理解黑格尔的全部逻辑学，就不能完全理解马克思的《资本论》，特别是它的第 1 章。因此，半个世纪以来，没有一个马克思主义者是理解马克思的！！"①黑格尔不仅以逻辑学著称，为人熟知的还有他的历史哲学。很显然，在有关人类文明历史进程及其规律认识方面，列宁受到过黑格尔历史哲学的重要影响。在哲学方面，还包括康德、狄慈根及法国唯物主义的代表性作品。另外，英国著名生物学家查·罗·达尔文、著名历史学家亨·托·布尔克及经济学家大卫·李嘉图等思想家的著作，也经常列入他的床头必读书目。如果放在革命活动家、政治实践家范围，在古今中外历史上，恐怕很难有人在阅读本国以外哲学社会科学著作的数量方面能够超过列宁！有人曾经对其《唯物主义和经验批判主义》一书作过统计，发现仅在这部作品中，就涉及一百多位西方自然科学家、哲学社会科学家及文化学者的著作，特别是大量引用了法国启蒙思想家狄德罗的语录，认为"狄德罗非常接近现代唯物主义"②。

一个人文化性格的形成，既要以多方面不同形式的阅读或接受教育为基础，同时也离不开一定的社会阅历。在这方面，列宁两次流亡国外，特别是在欧洲国家前后生活十四年的经历也很重要。伦敦、巴黎、柏林，以及日内瓦、斯德哥尔摩、哥本哈根、布鲁塞尔、苏黎世……他在国外期间还经常到歌剧院去听歌剧，观看古希腊悲剧作家索福克勒斯作品的演出，到大学听有关莎士比亚的讲演……通晓多种欧洲语言、杰出的交际能力、深厚的艺术鉴赏水平，再加上丰厚的感性经历，这些使列宁不但能够深入体会西方现代社

---

① 列宁：《哲学笔记》，人民出版社，1974 年，第 191 页。
② 《列宁选集》（第二卷），人民出版社，1995 年，第 30 页。

会、现代文明的优越与成功，同时也足以使之对西方优秀文化的精髓有比较透彻的认识和体验。

稍微了解列宁生平的读者都知道，他"性格"中有些方面是相当杰出的。例如，平等待人、真诚地尊重并关心任何人（除了明显的敌人），具有很浓厚的民主意识、民主作风，勇于承认错误，并能够公开作检讨……这些特点不但铸就了列宁在党内拥有很高的政治威望，而且独具人格魅力。在当时政治力量对比悬殊、国内外情况错综复杂，以及俄共党内派别林立、斗争极其险恶的背景下，列宁作为党的领袖，如果没有超强的个人魅力与人格感召力量，很可能就不会有革命的成功，或者革命的胜利果实很快就会得而复失。

特定的文化养成、文化性格，使列宁在政治好恶和政治价值取向等方面，与许多同为 20 世纪社会主义执政党的领袖人物相比较，存在明显差异。

针对"如今有人一味地批判列宁的暴力、专政思想"现象，国内有评论认为：其实在列宁的著作中存在大量"讲平等自由、'人权立法'、'权利准则'、'政治上的完全自由'、'实行没有任何限制的普选权'①等方面内容。

确实是这样！

例如在著作中，列宁曾多次以赞赏的口吻肯定欧美国家的政治自由状况："在英国有充分的政治自由，社会主义政党是完全公开存在的"，根据宪法，人民有结社、集会的自由。"比利时早就确立了巩固的立宪制度，政治自由早就成了人民的财富。工人有了政治自由，就有了宽广的道路"。"先进的国家如瑞士、比利时、挪威……树立了一个在真正的民主制度下几个自由民族怎样和睦相处或者和平分离的榜样"。"在美利坚合众国这个最先进的国家里……拥有几乎是充分的政治自由和最发达的民主机构"。即使"挪威或者瑞典，都属于比俄国文明得多的国家……它们能够民主地运用民族'政

---

① 周尚文：《列宁政治遗产十论》，上海人民出版社，2018 年，第 4 页。

治自决'的原则"。① 列宁甚至提出过"社会主义的灵魂 = 自由"②这样的公式！

于是我们也就不再奇怪：为什么在新经济政策时期，列宁会承认"资本主义是幸福"，并认为十月革命后的俄国需要的是"真正的资产阶级文化"；会形成"文明的西欧"与"野蛮的东方"的对比关系，称赞英国和美国是世界上"最自由的国家"……

于是我们也就不再奇怪，为什么他对苏共党内严重的官僚主义、不讲法制和民主、大国沙文主义、"中非居民心理""感情社会主义"等一切与现代政治相去甚远的现象深恶痛绝，决心拼死一搏！

于是我们也就不再奇怪，为什么在经历"战时共产主义"的失败后，晚年他能够很快提出至今令人赞叹不已、拍案叫绝的"列宁思路"！

（二）关于"最重要的政治遗产"

有学者认为：列宁"留给世界最重要的政治遗产，莫过于他缔造了一个政党"③，这就是苏共。

是的，如果没有苏共［早期为"俄共（布）"］，就不会有后来的十月革命和苏联。这个党的建立，充分体现了列宁早年的一个政治预期："给我们一个革命家组织，我们就能把俄国翻转过来。"实际上，列宁就是按照"革命家组织"这个目标来建党的，按照列宁的设想及其建党实践，这个党主要由一批信仰坚定、行动果敢的革命知识分子组成，它既具有马克思和恩格斯主张的无产阶级政党的性质，同时又从俄国革命实际需要出发，实行严格的集中

---

① 以上根据引用顺序，分别参见《列宁全集》（第 23 卷），人民出版社，1990 年，第 63 页、441 页、138 页、139 页；《列宁全集》（第 24 卷），人民出版社，1990 年，第 284 页；《列宁选集》（第 25 卷），人民出版社，1988 年，第 71 页。

② 《列宁全集》（第 37 卷），人民出版社，1986 年，第 419 页。

③ 周尚文：《列宁政治遗产十论》，上海人民出版社，2018 年，第 27 页。

制和严明的纪律。从十月革命的结果来看，列宁的设想无疑是正确的。革命成功了，俄国也确实被这个组织翻了个底朝天。然而麻烦也开始产生了：一个使革命获得成功的党，未必能够顺利领导人民建设社会主义！

革命的成功，缘于有这样一个党的领导；反过来，后来建设社会主义的挫折和失败，在很大程度上也因为这个党的错误所致。正所谓"成也萧何，败也萧何"。有人将问题主要归咎于列宁在世时，"未能对执政时期党的任务和党的建设有比较系统的论述和实践，未能完成从革命党向执政党的转型"①。这也许是对的。然而如果我们紧接着再追问一句：假设形成了系统的理论和实践，并且在制度层面也很快完成了转型，后来的一系列错误和问题就可以避免吗？或者说，就能够确保苏联的社会主义建设从胜利走向胜利，直至最后成功吗？

人们在讨论问题时，有一点经常被有意或无意地忽略了，即共产党的先进性从何而来？

20 世纪 80 年代，邓小平在思考"什么是社会主义"问题时曾经告诉人们：社会主义好不好要看实现得如何，"不能认为有社会主义的名字就光荣"。共产党作为政党组织也是一样，不能以为只要是共产党就一定先进。马克思当时是从大工业无产阶级的生存条件来论述共产党组织的先进性的：组织性、纪律性来源于社会化大生产、严格的工厂制度，而革命性、斗争性和对社会主义的追求，则是由自身受压迫、受剥削的状况决定的。列宁组建共产党时，少数革命知识分子坚定的理想信念是保持其先进性的主要条件，而组织性和纪律性则由革命时期严酷的政治环境所导致。那么在和平年代、建设时期如何保持共产党的先进性？20 世纪落后国家的社会主义实践一再证明：共产党的先进性绝非与生俱来、天然具有；党的先进性来源于

---

① 周尚文：《列宁政治遗产十论》，上海人民出版社，2018 年，第 43 页。

共产党员,而包括领袖人物或领导集团在内的共产党员们,又都是肉身凡胎,他们成长于一定的民族文化背景与特定的社会环境,他们的思想、激情、情操及其行动等无不受其影响甚至支配。套用一句话来形容:这是不以人的意志为转移的! 当然,特定的民族文化背景与社会环境对于共产党员先进性的影响未必都是负面作用。然而这在 20 世纪初的俄国、在东方落后国家,元疑难以避免其负面影响。

列宁晚年清楚地认识到了这一点,并且这种认识不是来自书本、来自别人提供的材料,而是来自十月革命后的实践,来自他自己对党的存在状况的悉心观察和体验。俄共(布)作为军事上、政治上“征服者”,在执政过程中是否会演变为俄国旧文化的“被征服者”? 究竟有哪些旧文化在侵蚀共产党的先进性? 共产党是否会因自身文化上的落后而导致执政走向失败? 这几个密切相关的问题始终困扰着列宁。

在俄共(布)第十一次代表大会的政治报告中,列宁对共产党员的文化素质及其执政制约作出了更严峻的分析和警示:“这里必须明确提出一个问题:我们的力量是什么,我们缺少的是什么? ……究竟缺少什么呢? 缺什么是很清楚的:做管理工作的那些共产党员缺少文化。”列宁在报告中明确提出:莫斯科的“4700 名共产党员(差不多整整一师人,而且全是最优秀分子)是否受别人的文化支配呢?”所谓“别人的文化”,主要指封建的、官僚的或农奴制的各种旧的文化传统。这些文化是在革命前的社会条件下形成的,社会垮台了、制度被扫除了,但由此所产生的文化却仍然严重侵蚀、毒害着共产党们的“优秀”头脑和身体。由此,列宁警示全党:究竟“谁领导谁”?①

问题自然是警示性的,然而却格外地发人深省与振聋发聩……

在论述到苏共垮台的原因时,有人经常强调制度建设的重要。

---

① 以上引文及基本思想,均参见《列宁全集》(第 43 卷),人民出版社,1987 年,第 82~95 页。

制度当然很重要,列宁晚年也并不否认制度建设的重要性:《给代表大会的信》就建议党的第十二次代表大会"对我们的政治制度作一系列的变动"。然而一个浅显的道理在于,任何制度都要靠人来运作或执行,脱离了人的活动,所谓制度不过是废纸一张;而任何人又都是受一定文化支配的,文化是使制度产生作用、发挥威力之血液、之灵魂! 当时及后来的无数事实一再证明,阿芙乐尔舰"一声炮响",就可以宣告旧制度的垮台。但是要消灭或铲除旧制度背后的文化,却远非易事。

或许正因为意识到了这些,列宁"政治遗嘱"最后一篇文献,即《宁肯少些,但要好些》,针对如何才能使"我们国家机关的情况"不那么"令人厌恶"、不那么"可悲"难题,给我们留下了一个至今令人回味无穷的思想:

> 我在这里提出的正是文化问题,因为在这种事情上(指国家机关改革、制度建设——引者注),只有那些已经深入文化、深入日常生活和成为习惯的东西,才能算作已达到的成就。①

回顾苏联社会主义覆灭的全过程,戈尔巴乔夫作为当时在任的苏联总统及苏联共产党总书记,无疑应负有一定的责任;再往深处探究,自然还因为革命后苏联共产党执政或社会主义建设存在各种各样的缺陷。但是问题在根本上可能并不仅限于这些;或者换个角度,其中有许多可能不仅属于"马后炮"性质,甚至当时历史条件下的实际情形未必如今天的人们所想所愿。在垮台与解体事件发生三年之后,曾任苏联共产党中央宣传部部长、政治局委员和总统顾问的亚·尼·雅科夫列夫在一本书中认为:"为什么会如此? 看来,答案不仅应该在马克思主义中寻找,在其诱人的乌托邦观点中寻

---

① 《列宁选集》(第四卷),人民出版社,1995 年,第 784~785 页。

找,也还要从俄罗斯现实的特点中去寻找。譬如说,从未有过法治、从未有过土地私有制的国家能够知道什么? 在这个国家里,从未有过个性的自由。……许多人现在奋起'斗争'的只是针对最近的70年,好像此前未曾有过另外的数千年……直到今日,人们还未尝试把历史作为不间断的统一的进程来加以认真的研究,还未把历史放在20世纪以及更早时期的世界的(不仅是欧洲的)发展的总体背景中加以仔细观察。"①另外,由中国社会科学院专家组织撰写的《苏联兴亡史论》一书也曾经指出:"斯大林—苏联模式的雏形,形成斯大林—苏联模式的政治手法、经济途径、所追求的战略目标,我们在伊凡雷帝(16世纪)、彼得大帝和叶卡捷琳娜二世(17世纪末—18世纪)、亚历山大一世等俄国君主所进行的'改革'那里,都能找到相似的思路和相似的做法——除了社会主义这一旗号之外。"②

这样,对问题的讨论就不只是就事论事,或仅仅停留于指出具体人的责任或制度建设各种缺陷层面,而是深入探究事件的历史成因及其背后的内在逻辑,努力找出问题的本质或事件的根源所在。这就像恩格斯在谈到如何分析1848年欧洲革命失败时指出的那样:"当你问到反革命成功的原因时,你却到处听到一种现成的回答:因为这个先生或那个公民'出卖了'人民。从具体情况来看,这种回答也许正确,也许错误,但在任何情况下,它都不能说明任何东西,甚至不能说明,'人民'怎么会让别人出卖自己。而且,如果一个政党的全部本钱只是知道某某公民不可靠这一件事,那么它的前途就太可悲了。"那么该怎么办呢? 恩格斯认为:"这些原因不应该从一些领袖的偶然的动机、优点、缺点、错误或变节中寻找,而应该从每个经历了动荡

---

① [俄]亚·尼·雅科夫列夫:《一杯苦酒——俄罗斯的布尔什维主义和改革运动》,徐葵等译,新华出版社,1999年,第106~107页。

② 陆南泉等主编:《苏联兴亡史论》,人民出版社,2002年,第16~17页。

的国家的总的社会状况和生活条件中寻找。"①

所谓"国家的总的社会状况和生活条件"，简单地说，就是最基本国情。

十月革命前，列宁认为只要由革命家组织领导一场革命推翻旧的反动统治，就可以在俄国很快建立起理想中的社会主义社会。后来的情况是，革命家组织有了，由革命家组织领导的十月革命也成功了，然而理想中的社会主义却总是陷于困境。这说明列宁在十月革命前，对于俄国古代文明的基本内容及其给革命后历史进程的深刻制约和影响，至少并不十分清楚。经历了战时共产主义的失败，又在尝试新经济政策的过程中饱经酸甜苦辣，列宁最后才终于明白，革命的最大收获只是成功夺得了政权，而要在这个政权的领导下把俄国"翻转过来"却远非易事！为什么？一言以蔽之：缺少现代文明！由于缺少现代文明作为根基与土壤，革命成功后的社会搞不好就只能在原有文明框架内左右为难、反复折腾。由此涉及的问题绝不是修修补补能够解决的。

有一点也很值得我们在研究列宁及其政治遗产，甚至包括研究20世纪社会主义问题时加以注意，即和其他共产党领袖比较，列宁可能不仅最"清楚"马克思的社会主义究竟意味着什么，同时又最明白包括俄国在内的东方国家和当时以西欧为代表的现代文明、现代社会之间的差别主要表现在哪些方面。正因为这样，才有了最后在"政治遗嘱"中对十月革命几乎全新的认识。②

二、"主义"与"问题"视域中的"列宁思路"

相比较"列宁其人"，列宁的思想更加复杂；相比较已成为明日黄花的苏

---

① 《马克思恩格斯选集》（第一卷），人民出版社，1995年，第483页。
② 参见本书第四章有关论述。

联共产党，列宁留给后人更重要的"政治遗产"，是其如何解决"主义"与"问题"矛盾的建设"思路"。

共产党的本意是要建设社会主义，但20世纪的麻烦却在于，共产党领导的革命主要在东方落后国家取得成功，而这些国家面临的首要难题却是早已由19世纪世界历史发展所注定的现代化"问题"。"主义"与"问题"，二者既相矛盾又紧密联系。或许，我们只有从二者互相交织的结合点出发，才能够对"列宁思路"有更深刻与全面的认识和把握。

（一）"主义"与"问题"的最初提出

回顾历史，包括俄国、中国在内的一些东方落后国家都曾经"天真"地认为，只要通过一场革命（通常是暴力性质的）推翻旧的反动统治，然后再以政治的或行政的方式迅速实现生产资料公有制度，就可以建立起马克思所设想的社会主义社会。实践中的失败最后告诉人们：这是纯粹的空想，社会主义绝对不可能在落后国家轻易建成。那么东方落后国家之"落后"究竟表现在哪些方面？人们首先认识到并达成共识的，主要在经济方面。于是要以经济建设为中心，要大力发展生产力，要迅速增强国家财富积累和实现人民生活富裕。然而这就是"问题"的全部吗？更深层次的思考：是否经济发展了、生产力发达了，在这些国家就一定能够建成社会主义？其实，这些国家在20世纪中后期才逐渐凸显并被广泛认知的"主义"与"问题"，在世纪之初的俄国就已经露出端倪；生性敏锐并具有很高理论修养的列宁在当时，就已经初步触及问题的本质。

《论我国革命》写于1923年初，动因是反击苏汉诺夫和"第二国际全体英雄们"对十月革命的诋毁，但文章没有就革命论革命，而是将革命置于俄国整个社会历史进程分析其意义，同时又注意将俄国社会发展与世界历史发展总进程相联系。其中最重要但恰恰长期为人们在努力"读懂"时所忽略的，是这样两个概念："文明"和"文化水平"。

在文中，列宁首先承认并完全肯定"建立社会主义就需要文明"（请注意：这正是马克思的基本立场与基本观点）；同时指出当时的西欧已经是"文明国家"，而俄国介于文明西欧与"最终卷入文明之列的整个东方各国即欧洲以外各国之间的国家"。那么十月革命的意义是什么呢？列宁明确指出，是为落后的俄国在文明方面"赶上别国人民"创造"并不十分寻常的条件"，即"建立工农政权和苏维埃制度"，从而"使我们能够用与西欧其他一切国家不同的方法来创造发展文明"，"然后开始走向社会主义"。[①] 从文中论述可以判断，为列宁所强调的"文明"，实际就是近代以来西欧社会的全部发展成果，即当下所说的"现代化"。如果这一点大体能够成立，则可以将列宁的上述思想整理归纳为以下逻辑关系：

大前提：建立社会主义需要现代化；

小前提：当时的俄国还没有现代化；

结　论：十月革命的意义不在于使俄国立即建立社会主义，而是实现现代化以便最终能够在俄国建成社会主义。

在此基础上更进一步，势必凸显如下疑问：

在"工农政权和苏维埃制度"条件下实现现代化，最主要的困难是什么？

执政党又如何能够保证现代化的最终结果是使俄国不断"走向社会主义"？

（二）出路何在？

在20世纪发展进程中，俄国及步俄国革命后尘的一些东方其他国家在

---

① 　全部引文参见《列宁选集》（第四卷），人民出版社，1995年，第775～778页。

这两方面都出现过比较大的波折：或者现代化速度缓慢甚至经历"流产"与"难产"，或者在追求现代化的过程中又彻底葬送了社会主义。这些波折的产生在很大程度上并不是当政者主观愿望如此（虽然不能完全排除，确实有可能存在这样的情况），而在根本上，是由"问题"与"主义"之间的复杂性决定的。尽管马克思的社会主义需要现代化，而现代化的充分发展也有可能"自然"导致社会主义后果，然而处于过程中的现代化所带来的各种"问题"与社会主义的基本原则、基本价值等确实又存在矛盾，有些甚至是非常尖锐的矛盾。如何处理这些矛盾？或者说如何尽可能地化解这些矛盾并使经济与社会发展付出较小的代价？尤其是执政党如何既能够始终成为国家现代化的有效、有力领导者，同时又保持自身的先进性，以便牢牢掌握历史进程的社会主义方向？

世界近现代历史表明，任何国家或民族在实现现代化的过程中，都会伴随文化转型任务。一方面，因为现代化具有以工具理性为主导，强调对自然的征服与运用及物质财富创造与享受的最大化作为整个社会价值取向等特点，因而必然引申出与农业文明完全不同的文化要求；另一方面，还由于现代化本身意味着人们心理、道德、价值等文化因素的根本转变。翻开西方国家的现代化史，首先是有文化的世俗化运动（文艺复兴和宗教革命），激发起人们创造财富、享受财富的欲望，同时整个社会越来越将个人追求自身利益的充分满足视为理所当然；继之是商业资本主义时期，接着再爆发资产阶级革命；最终在资产阶级政治统治、资本主义财产制度的保护下，国家的现代化历史进程一日千里、波澜壮阔。然而当时的俄国既缺乏历史上形成的、自下而上的文化启蒙、文化转型，同时由革命动力及执政党执政宗旨所决定，又不能不使革命后的社会具有或多或少的社会主义性质及其特征。和现代化的文化要求比较，社会主义的文化要求与文化定位显然有所不同，甚至存在质的差别，例如前者偏重于功利主义，社会主义的文化则更提倡以关怀他人与社会为价值取向。因而在客观上，从解决"主义"和"问题"之间的矛盾出发，东方落后国家在革命取得成功后，文化转型或文化建设必然存在双重指向：一是适应社会迅速推进现代化进程的需要，二是有助于巩固和发展新生的社会主义（暂时还主要表现而且也只能表现在基本制度方面）。但是从可行性角度考察，在社会发展的一定阶段又只能以其中某一指向为侧重点，兼顾其余，并且在同一时段，理应对不同群体或阶层提出不同的文化建设目标与具体要求。

"列宁思路"在这方面，经历了一个曲折发展的过程：革命胜利后的最初阶段，号召对资本主义思想文化进行全面否定和将"学习共产主义"作为文化建设的内容与目标；①但从 1921 年下半年开始，尤其到"政治遗嘱"时期，列宁逐渐倾向于认为文化建设首先应服从和服务于"维护和创立"现代化"文明"。这是因为在革命成功后，俄国虽然有了先进的社会制度（"工农政权和苏维埃制度"），但社会发展在总体上"还没有摆脱半亚洲式的不文明状态"②。因而文化建设只能根据现代化发展的规律与要求，率先做好"启蒙"这一"繁重的工作"，然后才能够逐步"在我国无产阶级所取得的成就的基础上真正达到稍高的文化水平"，即建设完全符合社会主义要求与价值取向的思想文化。即使在考虑如何提高国家机关的文化质量时，列宁认为重要的是，政府部门是否能够吸引和接纳"具有真正现代素质的人才，即同西欧优秀人才相比并不逊色的人才"。列宁坦承：或许"对社会主义共和国说来，这个要求是太低了"，然而"在开始的时候，我们能够有真正的资产阶级文化也就够了……"③列宁特别反对"马上把纯粹的和狭义的共产主义思想带到农

---

① 参见列宁写于 1920 年的《从破坏历来的旧制度到创造新制度》《青年团的任务》等文献。
② 《列宁选集》（第四卷），人民出版社，1995 年，第 763 页。
③ 同上，第 784 页。其中"真正的资产阶级文化"其实也就是指符合现代化要求和指向的文化成果。

村去"，认为"这样做对于共产主义可以说是有害的，可以说是致命的"。①

实现文化"启蒙"，正是现代化的必然文化要求。文化建设以"启蒙"为重点，目的是为了使整个社会尽快摆脱"愚昧无知和囿于偏见这种境地"②。为此，应重视知识与科学技术的"学习"。列宁有区别地对各类不同人员提出不同的学习要求：广大工人、农民做到"人人识字"，有"足够的见识"和能够"读书看报"③；国家机关工作人员则要进行现代行政管理方面的教育，使之"通过关于我们国家机关问题的基本理论、管理科学、办文制度等等基础知识的考试"④；甚至中央高级干部也必须"年复一年地学习国家管理的课程"，提高科学修养，从而具备"相当丰富的科学技术知识"。⑤ 知识与科学的教育固然是文化启蒙的基础，但除此之外，列宁认为"启蒙"还应包括对旧传统、旧习惯的改造。在俄国根深蒂固的奥勃洛摩夫习气、缺乏法治传统和科学精神，以及国家工作人员对行政权力的过度崇拜等，都与分散落后的小农业经济、自然经济紧密联系在一起，因而经济形态的改变是实现文化启蒙的根本保证。列宁晚年提出在俄国发展商品经济，其目的不仅在于经济，同时也还着眼于巨大的文化意义。例如在谈到如何实现使"全体人民群众在文化上提高的一整个阶段"时，要求之一，是号召人们学做"文明商人"。所谓"文明商人"，即不是"按亚洲方式"而是"按欧洲方式做买卖"。⑥这实际上是提出了要通过建立现代市场经济来实现对旧文化根本改造的主张。

从特定历史条件下的现代社会变迁要求出发，对前资本主义的文化心理、传统习惯实行根本改造，这在东方之俄国，不能不是一场深刻的"文化革命"。因此，列宁"文化革命"提法的最重要意义，其实是指出了在现代社会

---

① 《列宁选集》（第四卷），人民出版社，1995年，第765页。
② 《列宁全集》（第43卷），人民出版社，1987年，第26页。
③⑥ 《列宁选集》（第四卷），人民出版社，1995年，第770页。
④ 同上，第788页。
⑤ 参见"遗嘱"中的《给代表大会的信》《关于民族或"自治化"问题》等文献。

变迁过程中，东方国家文化转型、文化建设与西方国家的不同特点：后者是在原有文化背景下展开，是自下而上、渐进和缓慢进行的（大约有几百年的历史过程）；而在东方国家，所要达到的文化目标由于和民族原有文化之间存在巨大的时间与空间上的差异，因而更具有突变性，并且在过程上又是自上而下进行的。具有突变性并不意味着以急风暴雨般群众运动的方式进行，同时也并不意味着能够在短时间内完成任务。

列宁的下述思想对于东方国家走上社会主义道路后至今面临的文化建设重任，或许仍具有重要的认识价值：

"改造小农，改造他们的整个心理和习惯，是需要经过几代人的事情"①；而要改造大大小小的"奥勃洛摩夫"们，也"必须长时间搓洗敲打，才会产生一些效果"②；总之，"在文化问题上，急躁冒进是最有害的"③。

文化启蒙（文化转型、文化建设）→现代化（"文明"）→社会主义。

正是基于俄国革命后社会变迁的如此逻辑，列宁强调如果撇开国际斗争不论，"只就国内经济关系来说，那么我们现在的工作重心的确在于文化主义"；摆在苏维埃政权面前"划时代的主要任务"，"就是在农民中进行文化工作"。由此也才能够理解列宁晚年为什么强调只要以"和平的'文化'组织工作"为"重心"，就标志着"我们""对社会主义的整个看法根本改变了"。④

---

① 《列宁全集》（第 32 卷），人民出版社，1985 年，第 205 页。
② 《列宁全集》（第 43 卷），人民出版社，1987 年，第 12 ~13 页。
③ 《列宁选集》（第四卷），人民出版社，1995 年，第 784 页。
④ 同上，第 773 页。

（三）关键在于执政党的文化水平

解决"问题"离不开执政党的领导，实现"主义"又必须取决于执政党的坚持；而执政党自身文化水平如何，自然成为解决东方落后国家革命后必然面临的"主义"与"问题"困惑的关键所在——这是列宁留给我们的重要思想遗产之一，也是"读懂列宁"的一把钥匙。

社会主义在马克思那里，不但意味着比资本主义更为先进与发达的经济形态和生产力水平，而且也是一种以实现人的全面自由发展为价值目标的文化。① 同时，社会主义生产力的发展和经济制度、政治制度建设也都需要一定的文化作为根基、导向与支撑。对于后者，如果说列宁在十月革命后的最初时期认识还不是很深刻的话，那么"战时共产主义"的失败是一个沉痛的教训。② 而在以市场、国家资本主义为内容的新经济政策实行以后，党和国家领导机关的官僚主义与逐渐暴露的种种旧政治陋习，则使列宁在逝世前进一步清楚地意识到文化问题绝不像党内一些人所认为的那样无足轻重。人是创造历史的主体，同时又是历史文化的产物。固然不能把现实一切复杂的社会问题都推向文化"决定"，但也应该承认：人们在进行新制度条件下的生活创造、生产发展时，文化传统作为"遗传密码"总是有意无意地对社会主体创造历史的方式与限度形成各种制约。再好的制度也要靠受一定文化支配的人来建立与执行。肯定在东方落后国家可以进行十月革命，并且也可以最终"走向社会主义"，但革命后的发展未必就一定顺利，尤其未必

---

① 参见马克思《1844年经济学哲学手稿》关于共产主义问题的论述、《德意志意识形态》有关未来社会实现与人的自由之间关系论述、《1857—1858年经济学手稿》中关于社会发展与人的发展三个阶段内容。

② 列宁曾经说过，共产党"起初试图为农民组织大规模的生产和分配，后来由于文化条件所限无力完成这个任务，不得不采用资本主义"。参见《列宁全集》（第43卷），人民出版社，1987年，第114~115页。

就能够始终保证其社会主义目标与方向。革命后的发展必然存在多重阻碍与制约，缺少现代大工业和生产力不发达当然是非常重要的方面，但社会变迁的特殊性使文化落后更加成为不容丝毫忽略与轻视的因素。诚如列宁所感慨的："千百万人的习惯势力是最可怕的势力。"①

在理论上，共产党的队伍由社会最先进分子组成，有马克思主义作为思想武装，是无产阶级的先锋队，但在实际上又难免不受旧文化的影响与制约。列宁晚年特别指出：巨大的文化惯性会使共产党人成为官僚主义者。在俄共（布）十一大政治报告中，列宁以相当多篇幅和异常认真的态度阐述文化落后可能产生的严重后果：处于执政地位的共产党有可能像历史上许多民族一样，从军事上的"征服者"变为旧文化的"被征服者"。② 仔细回想一下导致苏联解体和苏共垮台的种种原因，我们会觉得列宁的担心和忧虑是有道理的。20世纪30年代"肃反"和日益滋长的特权待遇，40年代开始泛滥的个人崇拜，五六十年代逐渐严重的个人高度集权制、职务终身制、指定接班人制度和干部等级授职制，再加上始终存在的大国民族沙文主义、经济领域的极度计划化，以及整个社会生活缺乏民主和法制——这些现象的发生和蔓延表面上与某个人或一定的国际、国内政治背景有关，实际根源却多少通向俄国特有的文化传统、民族心理的消极方面。制度、体制方面的僵化、保守和70年代以后的经济停滞、80年代人民生活水平趋于下降等，这些构成最后结局总爆发的导火线或直接原因。和经济、政治方面比较，隐形文化的作用在党内会较为间接并且不易被人们所觉察或重视，但不能因此说文化因素不重要或不是原因；甚至在某种意义上，文化甚至是执政党能否保持党的社会主义性质，能否保证国家最终"走向社会主义"的更为深刻的

---

① 《列宁选集》（第四卷），人民出版社，1995年，第154页。
② 同上，第680页。

原因。

更何况如列宁指出,20世纪东方落后国家在革命之后,政治上的一大特点是"通过无产阶级先进阶层来为**劳动群众**实行管理而不是通过劳动群众来实行管理"①。这就要求执政的共产党人尤其是高层领导在文化上必须更具有先进性。从事关执政地位巩固和社会主义事业生死存亡的战略高度提出共产党自身的文化建设命题,正是列宁晚年"思路"的重心所在。1921年10月在全俄政治教育委员会第二次代表大会上的报告和1922年3月俄共(布)十一大的政治报告,是列宁这一思想的集中体现。如果说这两份文献是面向全党的,那么最后的"政治遗嘱"则主要针对以斯大林为代表的中央高级领导人及党和国家机关工作人员,透现出列宁在执政党建设问题上的一种更深刻的文化批判态度及其发展期望。

历史证明:"列宁思路"中的上述分析和对未来共产党执政中文化制约的警惕是有根据的,特别是他当时有可能成为"被征服者"的预言实际上已经获得某种应验。如果说有所不足,那就是"列宁思路"虽然将问题提出来了,却没有完全找到有效地解决问题的办法。然而仅此而言,就已经足以奠定其在马克思主义发展史和共产党在东方落后国家执政史上的地位。

三、非世界历史性:斯大林模式的重大弊端

列宁去世后,苏俄很快进入斯大林执政时期,并一直延续至50年代初,由此产生了20世纪社会主义实践史上的斯大林模式。在斯大林之后,虽然苏联历任领导人都对这一模式有所变动甚至批判,但直到苏联解体,斯大林模式始终成为苏联模式的核心或基础部分。另外,这一模式如同"强磁场",

---

① 《列宁全集》(第33卷),人民出版社,1985年,第3~4页。

对其他绝大多数社会主义国家构成长时间深刻影响。所以讨论"20 世纪社会主义"，斯大林模式占有非常重要的地位。①

经过长期的讨论，国内外对斯大林模式在社会体制和运行机制方面的表现已不存在太多的、带有根本性质的异议。② 然而从全球化视角分析斯大林模式的成因、本质特性等，这方面有影响的研究成果还比较缺乏。斯大林模式的形成不是简单的孤立现象，既具有深刻的国内背景，又是第二次世界大战前后几十年国际经济、政治的重要反映。不但打上了斯大林个人思想文化、性格特征的烙印，而且也代表着某种特定历史时期的社会主义思想体系及其实践结果。笔者曾经提出，我们可以从多方面揭示和概括斯大林模式的本质，而非世界历史性是其不容忽视的重要内容。③

所谓非世界历史性，首先表现为强烈的封闭性特征。封闭是相对于开放而言的。马克思的社会主义必须建立在世界性普遍交往和联系的基础上，因此本质上是开放的；开放不但基于经济发展的内在必然，而且是整个社会进步的根本要求。然而斯大林模式的基本特征之一，却是封闭。

一是内部性封闭，即在高度集中的经济框架下，各部门、各地区、各民族之间缺少交往、沟通与流转。商品经济发展构成人类现代交往的前提和基础。俄国历史上没有形成过现代意义上的商品经济，按照列宁的说法，具有

---

① 我国理论界在对"斯大林模式"概念的使用上存在着一些分歧。"模式"（Mode）的本意是指"事物的标准样式"，在用于对社会发展道路的概括时，主要是指"一定的政府代表统治阶级组织社会的经济、政治、文化生活时所提倡的理念、所组建的体制和所采取的政策、方针等"。参见沈宗武：《斯大林模式重评——必要性、方法及其他》，《马克思主义研究》，2003 年第 1 期。

② 目前国内外对斯大林模式在体制方面主要特征的概括，主要有下述九种：超级集中或超级集权体制、行政命令体制、兵营式保守主义、国家社会主义、早期社会主义、专横官僚体制、战时体制、极权主义体制和共产主义极权体制。陆南泉等人主编的《苏联兴亡史论》从三个方面概括斯大林模式的基本特征：高度集中、军事性和封闭性。参见陆南泉等主编：《苏联兴亡史论》，人民出版社，2002 年，第 465～466 页。

③ 参见韦定广：《历史正在走向未来——21 世纪初重读〈共产党宣言〉》，《社会科学研究》，2001 年第 1 期。

的只是"亚洲式"经商而非"欧洲式"经商。列宁推行新经济政策，不排除在俄国发展现代商品经济的目的，但在列宁去世后，斯大林很快中断执行新经济政策，建立起所谓的社会主义产品经济模式。这种经济模式的体制特征是高度的中央集权，在运行方式上是"命令式"计划而非市场运作。在高度集中的计划经济体制中，一切都是由"上面"说了算，"长官"决定着经济和社会发展的全部。古比雪夫曾经如此评价斯大林时期计划所达到的包容程度："在我们的计划制度中，我们已经走得这样远，这样深，以致我们没有任何经济、文化或科学研究部门还在计划之外和在计划工作范围之外。"①在这种模式下，如果要说有交往和联系，也只能发生在上与下之间，而横向性的，即在个人、企业、部门、地区之间则是不存在的；与高度集中的计划并存的，只能是内部的高度分割与孤立。

二是外部性封闭，其最主要的内涵就是斯大林提出的"两个平行的世界市场"理论及其实践。1952 年 9 月，斯大林在《苏联社会主义经济问题》一文中提出，第二次世界大战及其影响"在经济方面的最重要的结果，应当认为是统一的无所不包的世界市场的瓦解。……因而现在就有了两个平行的也是互相对立的世界市场"②。由于将社会制度、意识形态对立当作水火不相容的，因此以苏联为首的社会主义世界市场与外部世界经济在很大程度上处于隔绝状态。一方面是苏联自己坚决拒绝与西方国家建立深层次经济联系与合作关系；另一方面是不顾其他社会主义国家的实际要求，竭力将"社会主义世界市场"建成一个自我孤立、自我循环的封闭体系。③

---

① 《古比雪夫言论选集》，苏联国家政治书籍出版社，1953 年，第 226 页，转引自陆南泉等主编：《苏联兴亡史论》，人民出版社，2002 年，第 469 页。

② 《斯大林选集》(下卷)，人民出版社，1979 年，第 561 页。

③ 例如捷克共产党领导人曾经想参加"马歇尔计划"，斯大林威胁说："如果你们参加会议(指西方国家研究实施马歇尔计划的会议)，你们就会用行动来证明你们甘愿充当反苏的工具。"《战后世界历史长编》编委会：《战后世界历史长编》(第四分册)，上海人民出版社，1978 年，第 33 页。

其次，是片面强调东西对立和社会主义的先进性，拒绝吸收世界优秀文明成果。

社会主义必须以人类一切文明成就，特别是资本主义创造的最先进文明成就为出发点，这本是马克思社会主义理论的基本点之一。苏联的社会主义建设在文明方面"先天不足"，后来列宁曾经想通过搞国家资本主义和引进西方资本主义文明成就的途径来弥补这一缺憾。为此，他将那种认为不向资本主义学习也能够建成社会主义的主张，称为"中非居民心理"。后来斯大林改变了这一切。工业化建设的巨大成就、参加第二次世界大战的辉煌胜利和战后社会主义阵营的出现等一系列因素，极大地影响了斯大林对社会主义和资本主义的认识：一方面盲目自大，觉得苏联的社会主义已经在文明方面完全超过了资本主义；另一方面认为资本主义的全面危机日渐加深、崩溃在即。① 斯大林明确宣布两大阵营对立，由此产生的对抗不但体现在军事方面，而且在政治、思想文化方面全盘否定资本主义（腐朽的、没落的、反动的……），提出了打垮和消灭资本主义的政治口号。结果导致对西方优秀文明，对资本主义几百年工业化、现代化成就的排斥和毁弃。

斯大林模式的非世界历史性既不符合马克思社会主义的基本精神，也是对列宁晚年有关苏维埃俄国社会发展和社会主义建设思想的背离。其成因较为复杂，大体包括主客两个方面。

从客观上分析，与特定历史条件下国际环境"压迫"相联系。十月革命后，苏俄的建设和发展始终面临着险恶国际环境的影响。20 世纪 20 年代初，经过列宁的努力，一度出现过改善的迹象。但在 1927 年 5 月，英国再一次宣布断绝英苏关系，同时中止 1921 年签订的英苏贸易协定，以图进一步从政治上、经济上孤立苏联。同年 6 月，英国又发起美、法、德、意、日六国外长

---

① 参见《斯大林选集》（下卷），人民出版社，1979 年。

会议,提出"和共产国际作斗争"的口号。于是在 1927 年 12 月联共(布)第十五次代表大会政治报告中,斯大林指出,资本主义国家孤立苏联、包围苏联,并且准备条件来进行一场对付苏联的战争,"是目前形势的基本因素之一"。① 30 年代国际形势变化,给苏联提供了进入国际社会的机遇。1933 年底与美国建立外交关系,紧随其后,又和西班牙、比利时等一系列国家建交;1934 年 9 月正式加入国际联盟;二战期间,为了共同抗击法西斯,美、英主动与苏联结成联盟,并且在战后初期,双方能够就世界政治、经济中的一些重大问题达成妥协或一致。然而面对苏联崛起和战后发达国家、发展中国家社会主义运动的兴起,起初是美、英出于自身国际战略利益考虑和社会制度、意识形态之争,觉察到有必要重新遏制和封锁苏联。1946 年 3 月 5 日,已经离任下野的英国前首相丘吉尔在美国总统杜鲁门的陪同下,发表名为"和平砥柱"的演说,强调"从波罗的海的什切青到亚得里亚海的里雅斯特,一幅横贯欧洲大陆的铁幕已经降落下来"。他呼吁英美两国结成同盟,运用各种力量和手段,对付以苏联为代表的共产主义"对基督教文明的日益严重的挑衅和危险"②。由此发出对苏联展开冷战的信号,接着就有以称霸全球为目标的杜鲁门主义出台,美苏正式进入冷战状态。1947 年 6 月,美国国务卿马歇尔正式抛出"马歇尔计划"。马歇尔明确宣布:美国给欧洲国家提供援助的目的,是为了"恢复世界上行之有效的经济制度,从而使自由制度赖以生存的政治和社会条件能够出现"。这实际上是一个试图通过经济手段达到控制欧洲和遏制社会主义扩散双重政治目标的计划。美国在加强经济渗透的同时,还积极谋求政治和军事上的干预。1949 年 4 月,美、加、英、法、

---

① 《斯大林全集》(第 10 卷),人民出版社,1954 年,第 245 页。
② 埃及的萨米尔·阿明认为,丘吉尔酝酿挑起美国与苏联之间的对抗,不但是出于对共产主义的敌视;原因之一,还在于"他一直为一战前对俄国革命进行军事干预时的失利而耿耿于怀"。参见[埃及]萨米尔·阿明:《资本主义的危机》,彭姝祎、贾瑞坤译,社会科学文献出版社,2003 年,第 130 页。

意等十二国外长在华盛顿签署《北大西洋公约》。针对以美国为首的西方国家推行的一系列冷战攻势，苏联理所当然地要采取相应措施："马歇尔计划"之后，产生了以在经济上笼络东欧国家为目的"莫洛托夫计划"，以此为基础，1949 年 1 月组建"经济互助委员会"，从而宣告一个与西方资本主义世界市场"平行的"、社会主义世界市场的诞生；1955 年 5 月，苏联与东欧七国缔结《华沙条约》，成立具有军事、政治同盟性质的华约组织，使东西方两大阵营的对峙具有了明显的军事对抗色彩。

由此可见，遏制性外部环境无疑是导致斯大林模式形成较强的封闭性和自我孤立于世界的重要条件。然而从另一方面看，当时的这种外部环境也并非绝对不可打破。例如，西方曾经接纳苏联参加布雷顿森林会议和国际货币基金组织、国际复兴开发银行，而苏联实际上也派代表团出席了会议，并在基金组织和世界银行中认缴了相应的资本份额，但最后协定没被批准，两个机构也都没有参加。另外，"马歇尔计划"最初并没有将苏联排斥在外，事实上苏联还曾派出一个八十九人的庞大代表团到巴黎，准备同英、法代表一起协商响应，但后来又因双方分歧太大而退出。① 这就不能不牵涉斯大林模式非世界历史性形成的一些主观因素。

首先与斯大林的"社会主义一国胜利论"存在密切联系。列宁始终是将社会主义的最终胜利与世界革命相联系的，新经济政策时期的对外关系调整，目的只是为了确保苏维埃俄国能够在西方包围和封锁下获得"生存"和巩固。在列宁逝世前，虽然西方国家无产阶级革命取得胜利的可能性在降低，但东方民族解放运动高涨，因此他又从东方被压迫民族解放运动能够取得成功中展望世界革命的前景。② 在国际共产主义运动史上，明确提出社会

---

① 参见王斯德：《世界通史》（第三编），华东师范大学出版社，2001 年，第 148 页、153 页。
② 参见《列宁选集》（第四卷），人民出版社，1995 年。

主义能够在一国范围内取得最终胜利的第一人,应该是斯大林。在理论上论证社会主义能够在一国取得胜利基础上,1936年,斯大林在《关于苏联宪法草案》的演说中宣布:"我国已经基本实现了共产主义第一阶段,即社会主义。"1938年,斯大林在联共(布)十八大上进一步提出,苏联已经是"按其形式和职能来说是和第一阶段的社会主义国家大不相同的"社会了,苏联的任务是"向共产主义前进"。1946年,即在刚刚结束第二次世界大战后不久,斯大林明确告诉人们:"'一个国家内的共产主义',特别是在苏联这样的国家内,是完全可能的。"①在这一思想的指导下,1952年苏共十九大提出苏联的发展方向,是"通过从社会主义逐步过渡到共产主义的途径建设共产主义社会"②。且不说"一个国家内的共产主义"在理论和事实上是否能够成立,这种过于强烈的社会制度、意识形态优越感,不但引起以丘吉尔、杜鲁门为代表的西方反共势力的警惕,而且培养起包括斯大林在内的苏共高层领导人的骄傲自满情绪。按照当时的意识形态宣传,社会主义代表着人类社会的前进方向、世界文明的最高成就,其制度攻无不克、战无不胜,其力量摧枯拉朽、排山倒海。受这种认识支配,必然产生如此思维定式:与西方资本主义壁垒分明、"划江而治"的长期结果,是社会主义(甚至共产主义)在苏联和东欧国家因免受资本主义的侵害,而最终获得全面胜利。

其次,在于斯大林对全球化条件下工业化、现代化建设规律缺乏科学认识。工业化、现代化不同于农业社会发展的最基本特点之一,就是必须在一个充分开放的环境中建设。资源和技术应该是开放的,因为哪怕最发达的国家,也不可能提供现代工业生产和社会发展所需的全部资源和技术;同样道理,市场也应该是开放,只有充分利用好国内和国际两个市场,才能够最

---

① 《斯大林文集》(1934—1952),人民出版社,1985年,第282页、510页。
② 《苏联共产党代表大会、代表会议和中央全会决议汇编》(第五分册),人民出版社,1958年,第298页。

大限度地挖掘社会生产潜力，从而推动生产发展和社会的全面进步。这一世界工业化、现代化建设的共同规律，在第二次世界大战后的全球化背景下，表现得尤为突出。1944 年的布雷顿森林协议的成果不但是确立了一个固定的汇率体系，而且是建立起一个多边贸易秩序的基础，从而使 20 世纪 30 年代的贸易保护主义得到有效克服，世界很快进入国际贸易的所谓"黄金时代"（1950—1973 年）。1950 年，世界出口占世界产出的 7%，按不变价格计算，发达国家的进出口依存度就已经分别达到 10.1% 和 8.3%。① 然而斯大林的"两个平行的世界市场"理论不但过分强调两个市场之间的矛盾与对立，从而将社会主义的经济与资本主义世界市场完全割裂开来，而且认为社会主义国家的工业化、现代化在"经互会"范围内"能够找到足够的一切"。这充分暴露了斯大林在对工业化、现代化建设内在规律认识上的严重不足。

由于斯大林模式既涉及经济和社会发展的各个领域，同时在实践中的主导作用几乎长达半个世纪，因而其非世界历史性本质对苏联社会主义建设产生了巨大的负面影响。这种影响不但表现为对国民经济的发展速度和发展质量构成严重制约，而且还体现在社会文明的进步和发展领域。对于后者，当然难以像对经济那样进行具体化甚至数量化的阐述，但事实上是明显存在的。封闭和孤立，不但造成苏联的社会主义建设不能够像马克思、列宁要求的，充分吸收和借鉴发达资本主义国家所创造的文明成果，而且为封建主义的政治、文化残余提供了得以继续生存的土壤。政治上的大党主义和体制的僵化、老化，思想文化领域的个人崇拜、高度的思想垄断等，实际上都与因长期封闭而缺少与世界先进文明的交往存在紧密联系。

长期的封闭和与世界相隔绝，在一定程度上也形成了 20 世纪社会主义

---

① 参见［英］戴维·赫尔德等：《全球大变革——全球化时代的政治、经济与文化》，杨雪冬等译，社会科学文献出版社，2001 年，第 238 页。

的"温室效应"。第二次世界大战后期，一大批苏联红军随着战争进程走出国门，在接触了欧洲先进国家的文明、科技和生活方式后，立即就产生了对国内状况的不满情绪。他们普遍感到"再也不能这样生活下去"，并形成改革体制、革除社会生活中各种不合理状况和弊病的冲动。这股改革愿望最后当然没有变成具体的行动，但由此显示出封闭、孤立条件下"社会主义"的极端脆弱性特点。80 年代中后期，由于信息技术的发展，微波和卫星系统取代电缆，通信及大众传媒业极度发达，文化全球化无论在量上还是质上都产生了根本性的变化。就像赫尔德等人在《全球大变革》一书中所陈述的：正如大量证据所表明的，"我们应该记住，20 世纪晚期文化互动和文化交流在地理规模、直接性和速度等方面已经经历了一系列决定性的转变——不仅出现了具有历史独特性的技术，而且形成了不同形式的文化生产和互动的制度化（其中的许多技术形式逐渐跨越了民族文化和民族国家的界限和社会空间）"①。一百七十多年前，马克思在谈到鸦片战争对古代中国所产生的文明冲击时，形象地告诉人们：野蛮的、闭关自守的、与文明世界隔绝的方式，曾经是保存旧中国的"首要条件"，一旦这种条件不复存在，接踵而来的必然是社会解体过程，其情形正如一直小心保存在密闭棺材里的木乃伊一接触新鲜空气就必然要解体一样。苏联的情况自然并不完全等同于一百七十多年前的旧中国，然而无可否认的是，在戈尔巴乔夫搞"公开性""自由化"之后，随着"西风美雨"纷至沓来，其过程性质就像马克思形容的，长期处于封闭、隔绝状态中的"温室社会主义"立即开始风化瓦解……

------

① ［英］戴维·赫尔德等：《全球大变革——全球化时代的政治、经济与文化》，杨雪冬等译，社会科学文献出版社，2001 年，第 507 页。

第六章
文化及文化制约：认识 20 世纪社会主义的重要视角

社会主义建设涉及方方面面，认识"20 世纪社会主义"自然也可以有多重视角。视角不同，观察到的"风景"必然有异。考虑到在社会发展中的特有功能与作用，文化视角对于我们全面认识问题尤其重要。

然而什么是文化？其功能与作用究竟如何？这本身又一个令人长期困惑不已或争论不休的现代"斯芬克思之谜"。重视者，认为文化是一个民族的灵魂、根本精神甚至安身立命之所在；轻视者，文化虚无缥缈、无足轻重，尤其对于经济、政治、社会发展而言作用并不突出，进行文化批判则如同在民族的"脂肪"上"搔痒"……确实，文化难以捉摸，古今中外关于"文化"的定义就有上百种。然而定义之多说明存在广泛；人们对其功能、作用等议论纷纷、莫衷一是，恰恰表明它不容忽视。文化既随历史发展而变化，同时由于总是以"人"的生存、发展为前提，因此作为总体的人类文化存在共同的性质与特征；同时，一个民族又必定有一个民族的文化，而在不同的文明圈或文明条件下，文化的样式、状况等或许是天壤之别。

更进一步，从与政治相关性角度分析，在内容宏富、包罗万象的文化中，值得我们重视或关注的主要是哪些方面呢？20 世纪，共产党主要在东方落后国家成为执政党、社会主义实践也主要存在于这些国家，那么该如何认识这类国家文化的总体状况与性质？特别是文化对于执政党及其社会主义事业的发展有着怎样的作用与影响？

值得庆幸的是：对于上述问题，列宁——作为20世纪社会主义实践的开创者——留下了大量论述。回首往事、痛定思痛，不能不承认，列宁的这些论述对于我们今天的认识和研究具有极为丰富的启迪价值。

一、文化、政治文化及其在东方落后国家

"东方落后国家"，这是20世纪社会主义实践的主要存在空间，或者说生存环境。"东方"和"落后"，并不仅仅意味着与"西方发达国家"不同的地理特征和生产力水平，而且还代表不同的文化。甚至在一定意义上，后者的差异更为重要。这是我们在分析问题时必须要引起注意和重视的。

（一）文化：概念及其特性

19世纪后期，伴随现代科学的发展，尤其是学者或科学家们对人自身及其社会兴趣的增长，"文化"越来越成为人类学家、社会学家、考古学家们关注与重视的对象，由此也就有了越来越多的认识。1952年，美国人类学家阿尔弗雷德·克鲁伯和克赖德·克拉克洪在《文化：关于概念和定义的探讨》一书中，认为世界上关于文化的定义竟达一百六十一种。[①] 在林林总总的定义中，至今仍经常被人们引用的，是英国人类学家爱德华·泰勒的观点：

> 文化或者文明，从某种广泛的民族志意义上言，它是一个错综复杂的总体，包括知识、信仰、艺术、道德、法律、习俗和人作为社会成员所获

---

① 参见张广智、张广勇：《史学，文化中的文化——文化视野中的西方史学》，浙江人民出版社，1990年，第1页。

得的任何其他能力和习惯。①

　　泰勒的定义有两点值得注意：第一，文化等同于文明；第二，强调文化是一个错综复杂的总体。

　　将文化与文明相混同，这在欧美国家既有历史渊源，又有词语使用方面的原因。例如查英文词典，"culture"和"civilization"两个词都具有文化与文明的含义。所以时至今日，无论英国历史学家阿诺德·汤因比，还是美国政治学家塞缪尔·亨廷顿，在他们的著作中也是将文明与文化混用的；尤其是亨廷顿，他分析人类 21 世纪面临的主要危险是儒教、伊斯兰教和基督教之间的"文明冲突"，其实指的是文化冲突。② 从文化与文明在欧洲国家的历史来看，在不加区别使用的同时，早已有人注意到二者之间的差异。18 世纪末，语言学家、历史学家赫尔德（Johann Gottfried Herder）作为德国思想界领军人物，率先提出了与文明相区别的文化观念。然而有趣的是，随着德国的现代化在 19 世纪后期取得成功并且达到与英、法并驾齐驱的水平，欧洲思想界关于两个概念对立的争论也逐渐趋于平静或淡化。

　　可能和实际使用中与文明相混淆现象有关，人们关于文化的广义理解，仍然包括物质创造层面。列宁当年在解释"文化革命"时，也认为其包括两

---

　　① Edward Tylor, *The Origins of Culture*, New York：Harp and Row,1958,p.1.
　　② 亨廷顿在书中认为："文明和文化都涉及一个民族全面的生活方式，文明是放大了的文化。它们都包括'价值、规则、体制和在一个既定社会中历代人赋予了头等重要性的思维模式'。"但值得注意的是，同时他又引用斯宾格勒的观点：文明是"文化不可避免的命运……是一种发达的人类能够达到的一些最外部的和人为的状态……是一个从形成到成熟的结局"。亨廷顿在引用斯宾格勒的这段话后，同时承认"文化实际上是所有文明定义的共同主题"。这在某种程度上其实也就是既表明了文化与文明的区别，同时又提醒人们，文化是重要的，没有文化的发展也就无所谓任何形式的人类文明。参见［美］塞缪尔·亨廷顿：《文明的冲突与世界秩序的重建》，新华出版社,1998 年，第 24～25 页。

个方面：一是"纯粹文化"方面，二是物质方面。① 1982年，联合国教科文组织在墨西哥城举行第二届世界文化政策大会，会议如此定义"文化"：

> 文化在今天应被视为一个社会和社会集团的精神和物质、知识和情感的所有与众不同、具有显著特色的集合总体，除了艺术和文学，它还包括生活方式、人权、价值体系、传统以及信仰。②

作为一个概念，文化中包括物质方面也是完全可以理解和接受的。然而语言学的一条重要原则，是从实际使用中考察词语或概念的具体含义。因此在另外一方面，又有两点值得注意：首先，人们在日常使用中，文化与文明还是有所区别的。例如文化的对立面是愚昧，而文明的对立面则是野蛮；"文化人"意味着有知识或受过很好的教育，而"文明人"却主要指举止得体、仪态大方。其次从词源上分析，由"civil"发展而来的文明与城市相联系，意味着人类物质生产、精神生产发展到一定阶段后的结果。在一定意义上，文化与"人"相伴随，有"人"即有文化，但文明则未必然。所以在国内外学术界，更加主流的观点是将文化与文明看作一对既有联系又有所区别的概念：首先，文明中包含文化（即如亨廷顿所说的"文明是放大了的文化"，其实也具有这一含义），是人类改造自然和社会所创造的全部成果之总和；③其次，

---

①　列宁是在晚年的《论合作社》一文中提出"文化革命"主张的："现在，只要实现了这个文化革命，我们的国家就能成为完全社会主义的国家了。但是这个文化革命，无论在纯粹文化方面（因为我们是文盲）或物质方面（因为要成为有文化的人，就要有相当发达的物质生产资料的生产，要有相当的物质基础），对于我们说来，都是异常困难的。"《列宁选集》（第四卷），人民出版社，1995年，第774页。

②　转引自陆扬等：《文化研究导论》，复旦大学出版社，2006年，第12页。

③　如日本学者福泽谕吉在其《文明论概略》一书中，将文明含义作狭义和广义两种解释，前者单纯指物质的生产与创造，而后者则在此之外还包括"励志修德"以便能够"把人类提高到高尚的境界"。美国社会学家伊曼努尔·华勒斯坦将文明定义为"世界观、习俗、结构和文化（物质文化和高层文化）的特殊连结"。

文化主要指精神性内容，同时文化又是任何文明形态的核心要素。

不过值得注意的是，即使将物质的方面排除在外，也仍然存在着一个对文化如何进一步深入理解的问题。

20 世纪后期以来，随着文化越来越受到国际学术界不同学科的关注和重视，人们对"文化"的认识也越来越仔细、越来越准确。例如，除了提出了广义文化与狭义文化的区分，又进一步将狭义文化或者说精神文化划分为"显型"与"隐型"两种类型。所谓文化的显型样式，主要指"寓于文字和事实所构成的规律之中，它可以经过耳濡目染的证实直接总结出来"；通俗地说，也就是那些可以通过直接教育或间接教育方式获得的部分，例如语言文字、知识体系、科学技术、思想道德、意识形态等。隐型文化则不然。美国学者克鲁柯亨认为它主要由"从历史上得到并选择"的有关价值组成，是文化的"基本核心"，属于文化中"最为精深微妙"的部分。①

将精神文化分为显型和隐型两种样式，不但增进了对文化概念的理解，而且也有助于进一步认识文化的特性。例如每个民族都有每个民族的文化，但不同民族文化最根本的差别在哪里？尽管在语言文字方面有所不同，然而就科学技术、文学艺术甚至意识形态等，都是能够相通相共的。真正的区别表现于隐型层面，即习俗、传统、思维方式、心理心态等。

与上述观点相接近（或许也是受其影响），最近二十余年，国内有关文化问题的讨论和研究取得的重要成果之一，是提出了传统文化与文化传统之间的联系与区别。简而言之，传统文化主要指一个民族历史上留存下来的，尤其是以典籍形式或其他各种有形方式存在的文化成果，如诸子百家学说、二十四史、唐诗、宋词、元曲、明清小说及各种戏曲样式、绘画书法等；而文化传统则指"受特定文化类型的价值系统的制约，经过长期历史积淀而形成

---

① 转自庄锡昌等编：《多维视野中的文化理论》，浙江人民出版社，1987 年，第 121 页。

的，为全民族大多数人所认同的思想和行为方式上的习惯"①。由此可见，如果说传统文化大体是显型的、可感可知的，那么文化传统基本就属于克鲁柯亨提出的隐型文化范畴。"传统"本属于文化，之所以在前面再修饰以"文化"，意在强调这类传统与以往精神产品之间的联系，即历史上的各种文化现象、文化成果都会对传统的形成具有或大或小、或多或少的影响。

无论显型文化、隐型文化划分，还是指出传统文化与文化传统的区别，对我们分析和认识文化与政治的关系都具有很重要的意义。因为不同层面的文化对于政治的影响及其作用，在方式方法和效果等方面会存在很大差别。

同时值得在此提出的是，列宁晚年分析俄共（布）执政面临文化制约难题时，尽管没有使用这样一些概念，但实际已经注意到文化的不同内涵及其影响中的差异。例如他在《日记摘录》中在列举当时俄国居民的识字后指出："当我们高谈无产阶级文化及其与资产阶级文化的关系时，事实提供的数据向我们表明，在我国就是资产阶级文化的状况也是很差的。"从文章内容与论述逻辑分析，其中所谓的"资产阶级文化"首先指本应在资本主义时期就能够获得很好解决的居民普遍识字问题。在同一篇文章中，列宁还有个提法："大多数工人深知自己——且不说在文化方面，而是在识字方面——不足。"另外，《宁肯少些，但要好些》等文献谈到如何提高党和国家工作人员业务水平时，也经常从"受过教育和训练"等方面使用文化概念。例如，由于"这些人受的教育是不够的。……他们直到现在还没有具备建立这种机关所必需的文化修养。而做这件事所必需的正是文化"。这时的"文化"，大体相当于受教育程度、识字水平、工作技能和科学技术水平等方面内容。如果说这类文化对于执政的影响还是比较浅层的，那么作为传统、习俗

①　李宗桂：《思想家与文化传统》，《哲学研究》，1993年第8期。

等存在的文化所产生影响则更加深刻。例如《宁肯少些，但要好些》第一段提到过"资产阶级制度以前的糟糕之极的文化""官僚或农奴制等等的文化"。这篇文章在分析了当时苏维埃国家机关存在的各种缺点后，明确指出："这些缺点根源于过去，过去的东西虽已被打翻，但还没有被消灭，没有退到早已成为陈迹的旧文化阶段去。我在这里提出的正是文化问题，因为在这种事情上，只有那些已经深入文化、深入日常生活和成为习惯的东西，才能算作已达到的成就。"毫无疑问，这里所讲的"文化"应该属于显型文化范畴。

（二）文化的历史性与社会性

任何民族的文化都是历史地形成的，是在多重因素的作用下不断生长、发展和变化的。

文化具有"人为"特性，总是受制于一定的外在环境。环境具有多种多样，首当其冲的自然是经济环境。众所周知，偏重于强调物质生产对于历史发展的根本作用，这是马克思主义的重要基本原理。就文化而言，1875 年马克思在《哥达纲领批判》中就强调过"为经济结构"所"制约"的观点。古代社会的农业经济严重依赖于自然条件，基本是"靠天吃饭"，产出除自己消费外一般不会有很多剩余。因此，容易形成安于现状、得过且过、与世无争、习惯服从的文化心态。工业经济凭借机器生产，不但能够极大地克服自然条件的各种限制，使物质财富源源不断地涌流，而且到处充满了挑战与竞争、机会或诱惑。在这样的经济环境下，冒险意识、竞争观念，以及拜金主义、物质主义等思潮必然会肆意滋生与蔓延。但是物质生产并不是导致不同民族存在不同文化的唯一原因，更不是唯一决定性因素。1912 年底至 1913 年初，列宁曾经认真阅读过安·潘涅库克的《阶级斗争和民族》一书，并留下大量批注。安·潘涅库克在书中写道，人的精神世界的东西不仅"是实在的现实的产物"，而且也是历史的产物，"一切过去的东西都比较持久地生活在这个精神世界中"。列宁赞成作者的观点，不但反复以下划线、旁侧线以示重视，而且作批注道："确实，是的，是的……"但在精神文化生成主要由哪些因素所决定的问题上，列宁的认识稍有所不同。安·潘涅库克认为："民族的生动的精神世界，民族的文化是民族的共同的生活经验、它作为经济统一体的物质存在的抽象概括。"列宁批注道："生活和经济，而政治到哪里去了？"① 与安·潘涅库克比较，列宁更主张通过对一个民族历史上的整个生活状态的综合考察，经济尤其是政治制度形态的深入考察，确定其文化的性质与特点。

纵观历史，任何民族源流演变都与其政治制度形态存在着非常密切的联系。在古代希腊，雅典城邦实行民主政治（约公元前 5 世纪至公元前 4 世纪），并且将公民权扩展至最贫穷的平民；全体公民都有参加议事和审判的平等权利，有担任公职的平等机会。正是在此基础上，公元前 5 世纪后期就产生了含义为"人民的统治"的民主（Demokratia）概念，形成了影响极其深远的包括民主精神、自由精神和公民文化在内的十分丰厚的政治文化遗产，形成了西方国家历史悠久的政治文化传统。在古老的中华帝国，作为国家制度的民主几乎是空白。对于皇帝或统治集团而言，始终不知民主为何物：长达三千余年的历朝历代无不实行专制统治，并且国家的权力高度集中于君主个人，"君叫臣死臣不得不死"，君主拥有无限的权力；同时在统治集团内部，执行终身制、世袭制、任命制等制度，确保皇权的行使与"皇恩浩荡"。在社会层面，又始终是宗法血缘关系占主导，在国家政权的保护下，以族长、祠堂、宗谱、族规、族法和族田等为内容的宗族组织体系，严密地控制着每个人的生存与发展。"父叫子亡子不得不亡"，作为古代中国的国民不仅是皇帝

---

① 以上引文及阐述，参见《列宁全集》（第 59 卷），人民出版社，1990 年，第 362～364 页。

的臣民,而且还是众多大小家长们的子民。在中央集权制与宗法制互为耦合、共同构成的政治环境下,不可能产生具有现代意义的民主、自由、人权、法制等文化气息;能够形成并源远流长、根深蒂固的,大体只能是专制主义、皇权崇拜、臣民或子民意识等文化观念及其政治传统。

如果是外来的政治制度或社会制度,统治时间达到一定的长度,也会对民族文化的形态及其发展产生重大作用。例如古代俄国在文化上原本受到希腊的影响,在基辅罗斯时期形成的政治架构还具有一定的民主成分,《罗斯法典》还以"刑罚的不寻常的温和性而引人注目"①。然而这一切至少在很大程度上,由于蒙古人的入侵而被改变了。在蒙古人成为基辅的统治者后,他们很快按照自己的统治方式建立起金帐汗国制度。由金帐汗在罗斯重新册封罗斯各王公,并册封弗拉基米尔及全罗斯的大公们,作为自己进行有效统治的工具。由此,罗斯人经常将金帐汗称作"沙皇"(凯撒之意)。罗斯的王公们出于维护自己利益的需要,经常借助于金帐汗的权威对付内部的竞争对手;而金帐汗也通过干预罗斯内部的政治纷争而产生更高的政治威望与愈加独断专行的统治手段。另外,蒙古人还给罗斯带来了东方的驿站制度、户口制度、赋税制度、军事制度和行政组织。罗斯原有的附庸亲兵关系也被蒙古社会的臣民关系所代替,然后再由罗斯王公们将这种关系推行至公国的地方显贵和服役贵族。虽然自 14 世纪中后期,金帐汗国对罗斯的政治统治能力逐步开始走下坡路,但由此对俄国政治文化所造成的影响却不可低估。甚至完全可以说,正是"蒙古人的统治在政治上哺育和教诲了罗斯的王公们,使罗斯国家从此走上了沙皇专制制度的道路"②;在同样意义上大

---

① [美]尼古拉·梁赞诺夫斯基、马克·斯坦伯格:《俄罗斯史》,杨烨、卿文辉主译,上海人民出版社,2007 年,第 44 页。
② 本节部分内容及引文,参见曹维安:《俄罗斯史新论——影响俄国历史发展的基本问题》,中国社会科学出版社,2002 年,第 55～58 页。

致也可以肯定的是,正是金帐汗国制度的建立及其统治模式,为俄国奠定了东方专制主义的政治文化传统。

能够对一个民族的文化发生影响的环境包括多个方面,除了人文社会环境,自然环境或地理环境也会产生或多或少的作用。

俗话说:"一方水土养一方人。"西方政治思想史上的地理学派特别强调地理环境对文化形成、发展的决定性作用。法国18世纪的启蒙思想家孟德斯鸠、19世纪英国历史学家布克尔等,都是其中的代表人物。地理环境对于文化的作用,实际表现在两个不同层面:一是不同的气候、地形地貌等直接作用于民族的文化。在《论法的精神》一书中,孟德斯鸠总结道:"炎热国家的人民,就像老头子一样怯懦;寒冷国家的人民,则像青年一样勇敢。"①二是通过经济生产间接作用于文化。例如中国西北黄土高坡的人一般比较懒惰,究其形成原因,实在是因为水土环境、气候环境恶劣,基本属于靠天吃饭。久而久之,便形成了安于现状、听天由命的文化心态。

但是地理学派的缺陷是在不同的气候、地理环境与一个民族的政治取向甚至制度选择之间画等号,即认为前者对于后者具有直接决定作用。例如孟德斯鸠认为:"气候炎热的地方,通常为专制主义所笼罩",因此,"印度人天生就没有勇气,甚至出生在印度的欧洲人的儿童也丧失了欧洲气候下所有的勇敢"。② 如果是这样,那么古代中国和俄国历史上长期的专制主义又该如何解释呢? 甚至就是法国,在地理上大体属于温带,然而在历史上却经历了最为残酷的封建专制主义。所以在肯定民族所处地理环境对于文化的形成和发展具有一定作用时,不宜过于夸大特别是强调到"决定"程度。

一个民族的文化犹如奔腾不息的河流,初始之际或许也就是涓涓细水,

---

① [法]孟德斯鸠:《论法的精神》(上册),张雁深译,商务印书馆,1959年,第271页。
② 同上,第76页、274页。

但在千百年流淌的历史进程中会因不断有其他文化融入而逐渐蔚然壮观。当然，外来文化如果过于强盛，也会发生使原有文化彻底或部分"改道"现象。特别是随着社会的发展，各民族之间因各种原因产生的交往越来越多，不同文化的交流既不可避免同时还会越来越普遍。中国台湾学者殷海光认为："任何两个具有不同文化的群体甲和乙发生接触时，甲可能从乙那里撷取文化要件，乙也可能从甲那里撷取文化要件。当着这两个文化不断发生接触而扩散时，便是文化交流。文化交流的过程便是濡化（acculturation）。在濡化过程中，主体文化所衍生的种种变迁，就是文化的变迁。"①文化的濡化存在许多不同情况，从而导致文化变迁过程色彩纷呈。例如当主体文化较强且先进而发达时，外来文化便有可能被同化。中国历史上曾经有过北方匈奴文化甚至欧洲犹太文化进入黄河一带的情况，但后来都被同化了。马克思论述过印度历史上的一个重要文化现象：在古代不同时期，曾经先后有阿拉伯人、土耳其人、鞑靼人和莫卧儿人侵入印度，但"不久就被印度化了"，由此马克思总结出世界历史范围不同民族之间文化交流的特点："野蛮的征服者，按照一条永恒的历史规律，本身被他们所征服的臣民的较高文明所征服。"②当然，也会存在相反的情况，即外来文化侵入后或者以强势方式逐渐成为该民族的主导性文化，或者以不同的方式对于该民族文化的发展与变迁产生重大影响。仍然是印度，当18世纪以后英国人入侵后，非但没有被"印度化"，反而给印度注入大量英国文化的因素，并且这些因素始终保持着原有特色甚至在部分领域产生主导性影响（例如语言与政治）。究其原因，主要在于"不列颠人是第一批文明程度高于印度因而不受印度文明影响的征服者"③。同样的情况在中国与周边国家之间也发生过，特别是中国古

---

① 殷海光：《中国文化的展望》，上海三联书店，2002年，第43页。
②③ 《马克思恩格斯选集》（第一卷），人民出版社，1995年，第768页。

代文化曾经对紧密相邻的日本、朝鲜半岛和越南等地区形成过很深刻的影响，甚至这种影响至今仍非常显著。①

宗教是一种独特的文化样式，因其严格的教规教义、信仰体系和严密的组织形式等，在传入后非但不易被同化或改造，而且会对原有文化系统在内容与结构等方面造成强烈改变或产生重大影响。例如中国文化原本以儒学学说为主线，本土的道教也很不发达，佛教大约在魏晋南北朝时期自印度传入；佛教传入后发展迅速，很快与儒家学说和道教成三足鼎立之势，从而成为中国文化的重要组成部分。

但是俄国东正教的情况则又有所不同。

古代俄国人奉行多神教，如自然崇拜、祖先崇拜以及泛神论。然而在988年，当时的基辅罗斯公国大公弗拉基米尔出于巩固政治统治目的，接受希腊基督教神父为自己举行洗礼，同时公开宣布基督教为基辅罗斯之国教。起初基督教仅限于少数读书人和文化人，没有立刻成为"全民"的信仰；但在统治者的支持与强力推行下，到11世纪末已传播到全境并逐渐为广大居民所皈依，从此对全民族的精神产生支配性影响，甚至对俄国的整个哲学、文学、艺术等文化类型都发生重要作用。更加值得注意的是，构成俄国人精神主宰的又是基督教三大派系之一的东正教。东正教产生于拜占庭帝国（或者东罗马帝国），帝国的首都是君士坦丁堡。虽然东正教和基督教的其他两派一样，在基本教义方面并无太大差别，但由于主要是在东罗马帝国特殊的历史环境中发展起来的，因而就逐渐形成了一些不同的内容与风格，并且从以下方面给俄国文化打上了独特而深刻的烙印：一是因过于强调其"正统"地位而更多保守性，二是因推崇神秘主义而具有异常的苦修苦练精神，三是

---

①　有关中国文化对这三个地区发生影响的详细记载，可参见朱云影的《中国文化对日韩越的影响》一书。该书资料翔实、考证有力，并且分别从文化的不同方面具体阐述了中国文化对于周边国家和地区的影响情况。参见朱云影：《中国文化对日韩越的影响》，广西师范大学出版社，2007年。

由长期服从王权支配所形成的依附性。

东正教的传入不但使俄国文化的历史长河更加波澜壮阔、汪洋恣肆，而且显示出更加独特的风格与色彩。

与文化历史性相伴随的，是社会性。所谓"社会性"，运用于文化大体和普遍性、民族性相近似，意指一种文化历史地形成并不断发展的过程中，其影响所及一般不会仅限于某个阶级、阶层或地区，而是整个民族的所有成员都会浸润其中，并对其行动发生或大或小、或重或轻的作用。

文化具有阶级性，尤其是政治文化更具有阶级的属性与特点。从总体上讲，任何社会的政治文化都是这个社会阶级关系的反映，而每一个阶级在生产关系体系中所进行的活动的性质和内容，构成这个阶级政治文化的基础。由特定阶级利益、不同社会地位决定，甚至同一民族的人在文化上也会表现出巨大的差异。但是文化在具有阶级性的同时，还具有社会性或民族性特点，即任何文化中总有一部分内容超越阶级局限而为全民族所"共享"，或者说只要是这个民族的成员，都会不同程度地拥有该民族文化所赋予的独特个性或面貌。例如人们通常所说英国人的理性、法国人的浪漫、德国人的严谨、美国人的实际……正因为如此，不同民族的人在面对同一个问题尤其是突发性事件时，或许会有截然不同的表现。这种反应或表现几乎是不自觉的、无意识的，①因而更具有民族性内涵。

文化的民族性特征更多地体现于隐型文化层面，但是隐性层面的东西也可能折射于显型层面，从而使其他层面的文化也具有不同程度的民族性特点。马克思和恩格斯在分析欧洲社会思想发展时，就意识到了这一点：

---

① 这种不自觉与无意识不是生理性的，即由人身体之本能所决定；而是文化性的，即主要由一个民族的存在（物质的、精神的）所产生。对此，著名的美国人类学家本尼迪克特称之为"文化上的条件反射"参见［美］露丝·本尼迪克特：《文化模式》，王炜等译，生活·读书·新知三联书店，1988 年，第 19 页。

"法国唯物主义和英国唯物主义的区别是与这两个民族的区别相适应的。法国人赋予英国唯物主义以机智,使它有血有肉,能言善辩。他们给它以它过去所没有的气概和优雅风度。他们使它文明化了。"①这样的情况也会存在于一个社会或民族对于外来文化的选择与接受方面。在人类进入相互交往日益频繁的时代,任何社会、任何民族都会面临如何对外来文化进行接受和改造的问题。这种接受和改造可能是以自觉方式进行,例如由某个群体、阶级或政党倡导;但也可能是以不自觉的方式展开,即受到该社会或该民族所具有的民族精神、民族心理和风俗习惯的制约与影响。越是历史悠久、文化古老的民族,这种制约和影响的力量越是明显。

"传统"本属于"代代相传的事物"②,因此文化的社会性或民族性与文化继承中一个重要特点有着非常的密切联系。1920 年 5 月,列宁在一篇讲话中指出,俄罗斯民族的"那种勾心斗角、互不信任、互相敌视、各行其是、尔虞我诈等恶劣风气","那些最根深蒂固的偏见,那种一成不变、世代相传的落后习惯",不但如同"一座其重无比的大山"成为民族进步的重负;③而且这些在一定历史条件下形成的"原则、习惯、传统和信仰"等,对后代人的影响具有潜移默化性质,甚至这种影响从"他们在吃母亲的奶的时候"就已开始了。④ 后来在《青年团的任务》一文中,列宁又以大致相同的语言,肯定俄罗斯民族历史上旧的文化传统、价值取向等必然会对革命胜利后的人们在"心理和情绪"上产生重要影响。⑤ 值得注意的是,列宁的这个思想与 20 世纪美国著名的女人类学家露丝·本尼迪克特的一个观点十分相似。本尼迪克特

---

① 《马克思恩格斯全集》(第 2 卷),人民出版社,1957 年,第 165 页。

② [美]E. 希尔斯:《论传统》,傅铿、吕乐译,上海人民出版社,1991 年,第 15 页。

③ 参见《列宁全集》(第 39 卷),人民出版社,1986 年,第 100～101 页。

④ 参见《列宁选集》(第四卷),人民出版社,1995 年,第 291 页。

⑤ 参见《列宁全集》(第 17 卷),人民出版社,1988 年,第 34 页;《列宁选集》(第四卷),人民出版社,1995 年,第 291 页。

毕生致力于人及其文化的研究，1935 年出版了影响至今不减的《文化模式》一书。在书中作者认为："个体生活历史首要的就是对他所属的那个社群传统上手把手传下来的那些模式和准则的适应。落地伊始，社群的习俗便开始塑造他的经验和行为。到牙牙学语时，他已是所属文化的造物，而到他长大成人并能参加该文化的活动时，社群的习惯便已是他的习惯，社群的信仰便已是他的信仰，社群的戒律亦已是他的戒律。"①这说明主要以习惯、习俗等形式存在的文化传统，作为民族悠久历史的精神积淀，一旦形成会构成为一种超个性的全民族或心理基础，成为同一民族哪怕不同阶级、阶层或集团成员的共同的文化存在方式。

无论文化的社会性或民族性还是上述继承特点，国际学术界流行一个重要术语都更具有解释力：文化模式。所谓"文化模式"，是指"特定民族或特定时代人们普通认同的，由内在的民族精神或时代精神、价值取向、习俗、伦理规范等构成的相对稳定的行为方式……"②文化模式的内容是传统、是习俗、是社会心理，但相比较文化传统概念，以"模式"作为概括更加突出这些内容的可复制性、可传承性以及在一定范围内普遍具有特征。最初，美国人类学家克鲁伯将文化中的那些稳定的关系和结构理解为一种模式；后来到了本尼迪克特，更加强调文化模式主要相对于个体行为而言，用于表征部落或种族之间的文化区别。本尼迪克特的文化模式研究有两个特点：一是比较注重探讨特殊的、具体的文化模式对于个体行为的制约作用（所以被称为文化学研究的人格学派），二是在文化模式分析方面，更重视对一个民族心理层面的高度抽象概括。例如在基本的民族心理或文化模式上，提出了"酒神型人"和"日神型人"的区别；在分析日本人的文化模式时，得出了"耻

---

① ［美］露丝·本尼迪克特：《文化模式》，王炜等译，生活·读书·新知三联书店，1988 年，第5 页。

② 衣俊卿：《文化哲学十五讲》，北京大学出版社，2004 年，第65 页。

感文化"的结论,如此等等。实际上,本尼迪克特的文化模式研究比较偏重于强调文化传统的共时性特征,即民族在以往漫长历史进程中逐渐形成的传统、习俗、习惯等作为一种超个性的心理基础,作为民族的"遗传基因",会对绝大多数个体甚至任何群体的行为产生深刻而持久的制约性影响。其情形正像马克思所形容的:

> 人们自己创造自己的历史,但是他们并不是随心所欲地创造,并不是在他们自己选定的条件下创造,而是在直接碰到的、既定的、从过去承继下来的条件下创造。一切已死的先辈们的传统,象梦魇一样纠缠着活人头脑。①

(三)政治文化:分歧及列宁的认识

文化渗透于人们生产、生活的方方面面,文化与不同方面结合又具有各不相同的内涵与特点,于是也就有了关于文化的各种不同提法,如商业文化、军事文化、建筑文化、园林文化……在各种不同的联系中,文化与政治、经济的关系尤其紧密,因为"文化的基本原则之一,就是为政治活动和经济活动提供一个相互影响的场所,谈论文化就是以某种方式谈论政治和经济"②。与本书主题密切相关的,自然是政治文化。

和文化概念一样,国内外学术界对政治文化同样存在理解或认识中的差别。通常认为,是美国学者加布里埃尔·阿尔蒙德在20世纪50年代首先提出"政治文化"概念,并将之定义为"一个民族在特定时期流行的一套政治

---

① 《马克思恩格斯选集》(第一卷),人民出版社,1995年,第585页。
② [美]维克多·埃尔:《文化概念》,康新文、晓文译,上海人民出版社,1988年,第12页。

态度、信仰和感情"①。阿尔蒙德的定义比较偏重于主观方面或内在心理层面，诚如和阿尔蒙德共同撰写《公民文化——五个国家的政治态度和民主制》一书的西德尼·维巴所进一步解释的那样："政治文化是包括经验性的信仰，表达符号，以及价值三者所交织而成的一个体系，这一切定义了政治行为赖以发生的情景。它所指的是一种政治制度中的所有成员的主观取向，是关联于政治生活一切方面的主观取向。"②这种分析与解释主要局限于隐型文化范畴。国内大多数学者赞成这一观点，但也有人认为应该将政治思想包括在内，即"政治文化是一定民族和地区的人们在长期社会生活中积淀而成的，持久影响人们政治行为的政治心理、政治价值观和政治思想的总和"③。政治价值观和政治思想都是成体系性的内容，特别是其中还应该包括政治观念、政治知识等，而这些则基本属于显型的样式。有关政治文化的更加宽泛的认识，是将政治制度甚至政治行为包括在内。如国内学者朱日曜主张："政治文化应该包含有与政治相关的各个层次的文化"，其中有三个相互联系的层次，即"政治思想、政治制度与社会政治心理"。④ 政治文化从属于文化，套用前文与文明有所区别的关于文化的定义，当然可以将系统化了的政治思想、政治知识甚至政治制度等都囊括其中。但如此定义的结果，一方面削弱了政治文化作为分析工具、分析方法的意义，另一方面也会使政治文化成为一个泛而无边、大而无当的概念，尤其是导致人们在认识与研究中忽视如阿尔蒙德所提出的、那些主观层面的因素。

在思想史上，是列宁首先使用"政治文化"概念。1920 年 11 月 3 日，列

---

① ［美］加布里埃尔·A.阿尔蒙德等：《比较政治学：体系、过程和政策》，曹沛霖等译，上海译文出版社，1987 年，第 29 页。

② S. Verba, Comparative Political Culture，转引自李艳丽：《政治亚文化：影响当代中国政治发展的特殊因素分析》，武汉大学出版社，2008 年，第 34 页。

③ 徐大同、高建：《论中国传统政治文化的基础和特征》，《天津社会科学》，1986 年第 5 期。

④ 朱日曜：《论中国传统政治文化》，吉林大学出版社，1987 年，第 3 页、4 页。

宁在一次有关国民教育的讲话中提出:"政治文化、政治教育的目的是培养真正的共产主义者,使他们有本领战胜诺言和偏见,能够帮助劳动群众战胜旧秩序,建立一个没有资本家、没有剥削者、没有地主的国家。"①由于文稿并没有具体阐述"政治文化"的含义,并且很可能这是仅有的一次使用,因此国内外研究者始终没有从学术层面或学科意义上重视列宁的"政治文化"提法,甚至有人认为"其含义相似于'政治教育'"。② 然而第一,列宁明确将"政治文化"与"政治教育"并列;第二,文章中对当时社会风尚及旧的习惯、习俗等所造成政治危害的阐述,也远非"政治教育"范畴所能容纳。如果联系形成这一提法的背景及其晚年有关文化问题的大量论述,特别是偏重于从隐型层面分析并强调俄国文化的落后性,以及对于十月革命后的建设与共产党执政的负面制约作用,可以认为在列宁思想中,实际已经存在着明确且颇具现代学科蕴含的"政治文化"学说。然而长期以来,国内外对此却缺乏深入研究。列宁领导俄国共产党在世界范围率先取得无产阶级革命的胜利,开创了社会主义政党在落后国家执政的范例。敏锐的政治眼光、宽广的文明视野,再加上领导执政的地位及其实践经验,使列宁的政治文化思想具有非常独特的理论价值与现实指导意义。

(四)"东方落后国家"文化蕴含③

"东方落后国家"是一个比较模糊的概念,围绕本书主题,有一个问题却需要首先在此交代清楚,即俄国在历史上是东方国家还是属于西方?

在国内外不同学者的著述中,之所以会存在很不一致的东方,除了历史

---

① 《列宁全集》(第39卷),人民出版社,1986年,第404页。
② 参见王沪宁主编:《政治的逻辑——马克思主义政治学原理》,上海人民出版社,2004年,第342页注①。
③ 根据本书主题阐述及研究的需要,这里的"东方落后国家"主要以中国、俄国(苏联)为代表,适当兼及别的国家。

与现实差异、论述问题的不同角度与距离外，还在于"东方"可以赋予完全不同的含义。例如即使以人们的总体认识为据，至少有三种完全不同性质的"东方"：地理的、政治的和文化的。

作为地理概念，没有太多的歧义。作为政治概念，随着苏联、东欧的改旗易帜，作为一个"阵营"的东方也已经成为历史；而缺少了以对抗方式存在的"东方阵营"，"西方"大体只具有象征意味。在文化层面，"东方"和"西方"至少在历史研究或相关问题的讨论中，仍然具有重要认识价值。①

在古代，东方国家的社会历史条件和欧洲许多国家（那时还没有美国）进行比较，一方面总体上大同小异，例如都处于农业文明阶段，小生产者为主体的自然经济是基本生产方式；政治上实行君主专制统治，无论帝国还是非帝国形式，都是有国家而无社会——所不同者在欧洲的一些国家，宗教的权威凌驾于世俗权威之上；人的发展如马克思所概括，宗法血缘关系浓厚，人的依赖性成为主要生存方式。当然，进一步仔细比较，我们会发觉东方国家即使在古代也仍然具有一些独特的内容。马克思当时以"亚细亚生产方式"定义东方国家的经济形态，②也是强调与欧洲国家不同的特点：民族历史悠久，尤其是古代农业文明异常发达与成熟；政治上始终是专制主义统治，

---

① 当然，就如同许多问题都会存在不同观点一样，从文化层面认识"东西方"的区别也会有不同意见。例如美国政治学家塞缪尔·亨廷顿就认为，在文化上将世界划分为东方和西方两个部分是没有意义的。因为西方在某种层面上是一个"实体"，而非西方国家除了它们是"非西方"之外并不存在什么"共同性"，例如，"日本、中国、印度和非洲文明在宗教、社会结构、体制和普遍价值观方面几乎没有共同之处"。他甚至认为："非西方的统一和东西方的两分法是西方制造出来的神话。这些神话带有东方主义的缺陷……'东方'和'西方'文化上的两极化，部分是由于把欧洲文明称作西方文明的普遍的但却是不幸的做法所致。"因此他得出结论："代替'东方和西方'的，是'西方和非西方'这一较为恰当的提法，它至少暗示存在着许多非西方。"［美］塞缪尔·亨廷顿：《文明的冲突与世界秩序的重建》，侯井天译，新华出版社，1998年，第13~14页。其实就具体所指，"东方"和"非西方"本来就不是一回事；而在近代欧洲学者和人们通常的理解中，东方主要指"亚细亚"特别是从19世纪中后期开始逐渐在国际政治、经济舞台上彰显其存在的东亚。所以当美国学者亨廷顿在《文明的冲突与世界秩序的重建》一书中否认"东方文化"与"西方文化"的对立关系及其认识价值时，缺陷之一是犯了将"东方"简单等同于"非西方"的错误。

② 参见《马克思恩格斯全集》（第13卷），人民出版社，1962年，第9页。

而且东方式的专制主义统治不但侵入到社会或人们生活的方方面面,而且更加残酷与暴虐。在文化方面,欧洲国家基本都属于基督教文化圈;而东方国家除了俄国之外,则或者有完全属于自己民族的宗教(如印度之印度教),或者根本就没有纯粹的、具有全民族意义的宗教信仰(如中国)。

应该承认,如果简单以上述东方国家与西方国家的不同来衡量,俄国究竟属于东方还是西方,还是有些麻烦的。

有人认为,世界上有两个国家的东西方属性是模糊的:一个是土耳其,另一个就是俄国。俄国在洲际划分上明确属于欧洲,因为尽管大部分国土在亚洲,但大部分人口却在欧洲,另外从民族起源、种族特征、宗教类别等方面衡量,似乎也应该是一个很地道的欧洲国家;然而在政治尤其是文化上,却始终存在许多麻烦。诚如美国学者塞缪尔·亨廷顿所评论的:相比较墨西哥几年来的无所适从、土耳其几十年的无所适从,"俄国几个世纪以来就是一个无所适从的国家"[①]。所谓"无所适从",主要指俄国在政治与文化方面始终徘徊于东西方之间。基辅罗斯时期(862—1240年),俄国以接受欧洲的政治、文化影响为主;但自13世纪初开始,随着被蒙古人征服直到1480年,又是俄国急剧向亚洲靠拢的发展阶段。虽然最终俄国推翻了蒙古人的统治,但恰如普列汉诺夫指出的:"定居的俄罗斯欧洲在有可能战胜游牧的亚洲时,它本身的社会政治关系,酷似在亚洲专制国家居统治地位的社会政治关系。因此,欧洲人所以战胜了'亚洲人',只因为它本身变成了亚洲。"[②]从15世纪末开始,俄国又再一次开始了西方化的历程,并且由于彼得大帝、叶卡捷琳娜二世的着力推动,进一步增强了俄国东西方天平中的欧洲砝码。但是十月革命胜利后,随着苏联的建立特别是二战后"华约"的形成,尤其是

---

① [美]塞缪尔·亨廷顿:《文明的冲突与世界秩序的重建》,侯井天译,新华出版社,1998年,第147页。

② [俄]普列汉诺夫:《俄国社会思想史》(第一卷),孙静工译,商务印书馆,1988年,第101页。

苏联和东欧国家构成为一个"阵营"，俄国不但在政治、文化等方面进一步转向东方，而且自认为是与西方相对抗的东方阵营的领袖。

总之，一方面"俄国不仅在地理上而且在社会和历史上都介于欧洲和亚洲之间。它既同欧罗巴西方有区别，也同亚细亚东方有区别，在不同时期，在不同的方面，有时接近这一边，有时接近另一边"①；另一方面，"在俄国历史过程中，有些特点使它显然有别于西欧各国的历史过程，而与东方伟大专制国家发展过程相类似"②。

其实要判别俄国在文化上属于东方还是西方，还有一个方法，就是结合世界近现代文明进程。在这方面，列宁的认识或许也能够给我们某种启示，例如他在指出俄国是一个"半亚洲式国家"时，并不简单从地理或历史角度出发，而是立足全球自近代以来文明与野蛮的分野，认为 19 世纪末 20 世纪初的俄国就其经济社会发展程度而言，既高于亚洲的同时又远远落后于"西欧一个普通文明国家的水平"③。列宁的这个认识告诉我们：所谓"东方落后国家"，并非意味着始终落后或古代落后，而是指在近代以来的世界现代化进程，不同程度地落后于西欧、北美国家。更明确一点，如果以第二次世界大战为时间节点，几乎所有的西方国家已经实现了工业化、现代化，而东方国家除日本之外，却仍然主要停留于农业文明阶段。

另外有一点也很值得注意，即东方国家一方面在西方主要国家基本完成初步现代化任务后，它们基本还都没有实现这一重大社会变迁，还都处于前现代历史阶段；另一方面，这些国家现代化方式与西方国家又存在很大的不同。西方国家的现代化是先有以文艺复兴、宗教革命、科学革命及启蒙运

---

① ［意］翁贝托·梅洛蒂：《马克思与第三世界》，高铦等译，商务印书馆，1981 年，第 105 页。
② ［俄］普列汉诺夫：《俄国社会思想史》（第一卷），孙静工译，商务印书馆，1988 年，第 14 页。
③ 有关论述参见《列宁选集》（第四卷），人民出版社，1995 年，第 762 ~ 763 页；《列宁全集》（第 43 卷），人民出版社，1987 年，第 151 页。

动等为代表的一系列文化转型、文化变革，在此基础上，进行政治革命并逐渐实现经济变迁与社会变迁。包括东方国家在内的所有非西方国家，在进行政治革命或开始工业化进程前，却往往缺少文化变迁。由此造成一个重要现象：一个国家可能工业化的程度已经相当高的，但在文化领域可能连"启蒙"这一最为基本的任务还没有完成，甚至还没有真正展开。也就是说，在"东方落后国家"范围，一定的历史背景下既可以通过彻底革命的途径建立起更加先进的政治制度，通过由上而下大力推进的方式发展现代工业，但人们的思想观念、科学技术水平、受教育程度等或许仍然是很落后的，特别是旧的观念、旧的习俗、旧的民族文化心理仍然在支配着人们的行为与日常生活。这种现象既由文化的独立性产生，也与社会经济整体性的落后，或者近代以来某种畸形化的发展密切相关。

以俄国为例。虽然近代以来先后有彼得大帝、叶卡捷琳娜二世等统治者推动的以实现工业化、现代化为目标的改革，也不断有以恰达耶夫为代表的西化论者总是"渴望与西方的欧洲交往"，竭力鼓吹"太阳是西方的太阳"，号召俄国人要用它来照亮民族未来之行程……但是雄心勃勃的彼得大帝以钢铁般的意志和极其巨大的努力，迅速改革了他的行政机关和军队，但是对法国文化和英国议会制度却没有丝毫兴趣。叶卡捷琳娜倒是对法国文化很欣赏，并经常将启蒙思想家们那些充满智慧的语录挂在嘴边，由此也使俄国的欧化不再如彼得那样仅限于技术领域。但是她非但没有能够妥善解决"欧化的上层阶级与作为农奴被束缚在庄园里的农民群众之间的鸿沟"，并且在她统治期间及以后直至 19 世纪末，这种鸿沟不但"愈来愈宽"，而且"愈来愈富有刺激性"。① 特别是到了 19 世纪后期，与崇拜西欧、主张进一步融

---

① ［美］斯塔夫里阿诺斯：《全球通史：1500 年以后的世界》，吴象婴译，上海社会科学出版社，1999 年，第 378 页。

入欧洲或彻底成为西方国家的"大西洋主义"（亨廷顿）相对立的，斯拉夫派更加强调民族的特殊性，在工业化的背景下却将未来希望的目光完全转向俄国农民及其农村生活。所以塞缪尔·亨廷顿认为：

> 俄罗斯没有或很少经历过那些界定西方文明的历史现象：罗马天主教、封建主义、文艺复兴、宗教改革、海外扩张和殖民化、启蒙运动以及民族国家的出现。以前被认为是西方文明八个特征之中的七个——宗教、语言、政教分离、法治、社会多元化、代议制机构、个人主义——几乎完全与俄罗斯的经历无缘。[①]

我们自然不能将为亨廷顿所肯定的那些特征当作文化现代化的标志，然而大致可以肯定的是：进入 20 世纪，"东方落后国家"在文化方面依然是古代的内容、古代的色彩、古代的东西占据主导地位！

二、社会与社会变迁

社会主义，简单说来就是以"社会"为本位的社会形态。这在马克思的思想中，应该是明确的。例如他认为在人类的社会主义阶段，国家是要消亡的、将实现对生产资料的"社会占有"，人们共同生活于"自由人联合体"中……那么这个未来的"社会"究竟是或有可能是一个怎样的社会？它是如何转变而来的？这种转变在东方与西方、在发达国家和不发达国家，以及在不同的历史时代，会有哪些不同？转变过程中不同要素的地位与功能各是

---

① ［美］斯塔夫里阿诺斯：《全球通史：1500 年以后的世界》，吴象婴译，上海社会科学出版社，1999 年，第 378 页。

什么？特别是经济与文化之间究竟存在着一种什么样的关系？如何认识作为社会灵魂与血液的文化,在社会转变过程中尤其是转变的关键阶段,究竟怎样发生作用？如此等等。

将"社会"作为社会主义实践研究重点考察的对象或切入点,首先值得我们重视的自然是社会构成和社会结构,在这方面,马克思给我们留下了丰富的理论遗产。其次,就是社会变迁问题。经济与社会每时每刻都在发生变化,着眼于宏观层面,革命也只是社会变化的方式之一,而不是全部。社会的发展会导致社会结构(即社会行动和互动的模式)发生重大改变,其中"包括那些体现于规范(行为规则)、价值、文化产物和象征之中的这些结构的后果和表现"①。也就是说,社会变迁既不等同于人们常说的革命,也和一般意义上的社会变化有所区别。从学术层面上引进社会与社会变迁概念及其学理性分析,或许不但有助于提升社会主义研究的学科性质,而且可以使我们对 20 世纪初以来东方落后国家社会主义的兴衰成败有更加清醒的认识。

(一)社会:传统与现代

什么是"社会"？马克思有一个经典性的表述:社会是人们活动的产物,因而"人们的社会历史始终只是他们的个体发展的历史"②。在此意义上可以说,有什么样的人就有什么样的社会,由人们不同的活动方式与生存或生活状态构成不同的社会。在古代,世界不同地区的人们尽管具体的生产及生存方式丰富多彩、千差万别,但基本都是宗法血缘关系占主导地位。马克思将之概括为"人的依赖关系"阶段:认为这是"最初的社会形态,在这种形

---

① [美]史蒂文·瓦戈:《社会变迁》,王晓黎等译,北京大学出版社,2007 年,第 6 页。另外,也有人认为社会变迁着重指"一个社会的社会关系的结构和功能运动中的变迁"。
② 《马克思恩格斯选集》(第四卷),人民出版社,1995 年,第 532 页。

态下,人的生产能力只是在狭窄的范围内和孤立的地点上发展着"①。对于这样的社会,20世纪国际社会科学界最多的用语则是传统社会,至于如何界定,则是众说纷纭、莫衷一是。美国经济学家罗斯托(W. W. Rostow)对于传统社会有过一个简单的定义:"所谓传统性社会,是一个生产能力发展有限,基于前牛顿期的科学与技术与前牛顿期的宇宙观的社会。"②大科学家牛顿创立其学说大致是在17世纪末18世纪初,罗斯托将之作为传统社会与非传统社会的分水岭,着眼点在于人类是否能够掌握并利用现代科学知识从而使外部环境更系统地为自己服务。以此为标准,罗斯托进一步解释:"从历史观点而言,'传统性社会'这个名词包括了全部前牛顿期的世界;君主时代的中国、中东与地中海的文化,以及中世纪的欧洲等。此外,我们还可以加上后牛顿期的某些社会(如今日非洲的部落社会),它们未受人类运用外在环境改善其经济地位的新能力所影响。"③

牛顿的研究及其发现意味着现代科学的诞生,标志着人类在征服自然、改造自然、利用自然方面进入了"史无前例"的时期;同时由生产力、生产方式的改变,人类社会整个面貌都相继发生了天翻地覆的大变革。然而在实际运用中,这个观点却可能会面临一些麻烦。例如一个民族对现代科学技术的开发和利用能够达到相当高的程度,但由于社会制度或意识形态等方面的原因,在人与人关系方面却仍没有走出相互"依赖"阶段,或者借用马克思的说法,还缺乏个人的独立性以及自由个性。另外,相反的情况也可能发生。因此,也有学者努力对这个社会的特征作出更加全面的说明:"假如一个社会的行为方式代代相因,很少改变,那么这就是一个传统性的社会。在

---

① 《马克思恩格斯全集》(第46卷)(上册),人民出版社,1979年,第104页。
② W. W. Rostow, *The Stage of Economic Growth*, Cambrigde, Mass.:MIT Press,1960. p. 20. 转引自金耀基:《从传统到现代》,中国人民大学出版社,1999年,第6页。
③ 同上,第7页。

这个社会里，传统主义色彩很明显，其他的特征也可发现。行为受习俗而非法律所支配，社会结构是有层阶性的，个人在社会中的地位通常是传袭的，而非获得的。并且，就世界史言，在这传统状态下，经济的生产力是很低的。故简言之，一个传统性的社会是：'习俗支配'，层阶性，身份取向性及非生产性的。"①

这个解释显然比罗斯托的观点更有说服力，特别是立足人的行为模式，认为只要人的行为模式仍然是层阶性的、身份取向性的，以及主要由习俗支配的，那么不管其他方面如何，这个社会就依然是传统型的。前引马克思所言，社会是人们活动的产物，一个社会是怎么样的，自然主要由人的活动方式、行为方式所决定。应该承认，这个认识也并不构成对罗斯托观点的排斥或抵消，二者的区别或许主要只是观察的角度与层次有所差异。例如在前工业社会（包括渔猎型、游牧型和农耕型）即在缺乏现代科学技术利用的社会条件下，人们的行为总是难以摆脱习俗力量的支配与左右。

与传统型社会或古代社会相对应的，被称之现代社会。虽然没有充足的考据材料作为证明，但有一点大体可以肯定，即马克思是较早使用"现代社会"概念并且作出深入研究的思想家。例如他指出："家长制的，古代的（以及封建的）状态随着商业、奢侈、货币、交换价值的发展而没落下去，现代社会则随着这些东西一道发展起来。"②

从人类文明史角度考察，现代社会起源与资产阶级的诞生大体是同一历史进程，因此在马克思的视野中，现代社会几乎是资产阶级社会的同义语。例如他在《共产党宣言》中强调："我们的时代，资产阶级时代"，另外还有"现代资产阶级社会"等提法。有一点很值得注意，就是马克思认为即使

---

① Eerett E. Hagen, *On the Theory of Social Change*, *Illinois*, The Dorsey Press, 1962, p. 5. 转引自金耀基：《从传统到现代》，中国人民大学出版社，1999 年，第 7 页。

② 《马克思恩格斯全集》（第 46 卷）（上册），人民出版社，1979 年，第 104 页。

在资产阶级条件下，"现代国家"会"随国境而异"各不相同，例如"它在普鲁士德意志帝国同在瑞士不一样，在英国同在美国不一样"；而"现代社会"呢？"'现代社会'就是存在于一切文明国度中的资本主义社会，它或多或少地摆脱了中世纪的杂质，或多或少地由于每个国家的特殊的历史发展而改变了形态，或多或少地有了发展。"①

这意味着统一的"现代国家"是不存在的，甚至"是一种虚构"，而不同资产阶级国家赖以建立其上的"现代社会"却有着共同性质与特点。

那么该如何认识现代社会的共同性质与特点？这对于深入认识和研究 20 世纪的社会主义问题极为重要。

在西方，被马克思认可的现代社会总体上与中世纪既衔接又对立，进一步分析，属于"最初的社会形态"之后的"第二大形态"。此社会形态总的特点是人与人之间从宗法血缘关系、身份等级关系进入以"物的依赖性"为主。资本主义商品经济是"现代社会"的首要前提，因此马克思认为现代社会具有这样一些性质与特点：物质交换成为社会的普遍规则；由于劳动力可以自由流动与出卖，因而极大地刺激了人出于自身存在和发展需要的欲望及在此基础上形成全面的关系与全面的能力。由此，"人的独立性"成为这个社会与前一社会相区别的本质特征。②

当然还会有许多不同的表述。例如马克思在《共产党宣言》中的一段话同样也可以当作是对现代社会的概括：

> 生产的不断变革，一切社会状况不停的动荡，永远的不安定和变动，这就是资产阶级时代不同于过去一切时代的地方。一切固定的僵

---

① 《马克思恩格斯选集》（第三卷），人民出版社，1995 年，第 313 页。
② 参见《马克思恩格斯全集》（第 46 卷）（上册），人民出版社，1979 年，第 104 页。

化的关系以及与之相适应的素被尊崇的观念和见解都被消除了，一切新形成的关系等不到固定下来就陈旧了。一切等级的和固定的东西都烟消云散了，一切神圣的东西都被亵渎了。人们终于不得不用冷静的眼光来看他们的生活地位、他们的相互关系。①

上述内容在当代社会学家、哲学家那里，则属于现代化理论的重要组成部分，并且一般会从经济、政治、文化、社会结构，以及个人人格与行为特征等方面进行分析与研究。② 例如中国香港学者金耀基先生认为，现代社会的共同特征主要表现为，工业化、都市化、普遍参与、世俗化、高度的结构分殊性，以及普遍的成就取向……③

由此产生的问题在于，社会主义与现代社会的关系如何？这在马克思思想中应该是毫无疑义的，即现代社会未必属于社会主义，但社会主义必然是在现代社会基础上发育、成长起来；也就是说，真正的社会主义社会必然是完全意义上的现代社会。

然而这在20世纪社会主义实践却有些麻烦。这方面可以引出的话题很多，目前至少有两点可以肯定：第一，几乎所有的社会主义国家，在宣布进入社会主义社会之前，都仍然停留在古代社会或传统社会阶段；第二，在宣布建设和发展社会主义时，相当长时间内缺乏对"现代社会"的认识理性与实践自觉。

我们不能将苏联社会主义的失败完全归咎于此，但始终没有重视对"社会"的建设，没有重视推动社会实现从传统或古代向现代的转型，既是不争

---

① 《马克思恩格斯选集》（第一卷），人民出版社，1995年，第275页。
② 参见谢立中、孙立平主编：《二十世纪西方现代化理论文选》，上海三联书店，2002年，前言第2页。
③ 参见金耀基：《从传统到现代》，中国人民大学出版社，1999年，第98~104页。

的事实，同时也是苏联最后只能以"剧变"方式实现社会变革的重要原因。同样情况在中国，则成为"文化大革命"的主要背景。

（二）社会变迁不同类型

或许对于现实社会主义来说，重要的还不是现代社会究竟如何定义，而是怎样推动社会实现从传统向现代的变迁，尤其这一过程中文化具怎样的地位并如何发生作用。

"社会变迁"作为一个现代概念，在实际研究中更多地被现代化问题研究者或社会学家使用。在他们看来，人类的社会变迁存在不同类型。著名的以色列学者 S. N. 艾森斯塔特将社会变迁分为三种类型：一是适应性变迁（accommodable change）。这种变迁会产生一系列具体的变化，甚至会使原有社会的规范与安排有所改变，但既不改变社会的基本性质，同时也不改变原有社会的基本规范和基本象征。这种类型的变迁在总体上是能够为既有社会所接受与适应的，它不可能从根本上突破既有社会的基本制度与逻辑前提。二是总体性变迁（total change）。与适应性变迁相反，总体性变迁是原有社会的基本制度框架、基本象征和合法性基础等全面发生调整或改变，由此整个社会关系及不同阶级、群体的关系也面临重大突破性变化。三是边际性变迁（marginal change）。边际性变迁介于上述二者之间，因而兼有这两种变迁的特点。一方面，变迁会产生新的价值取向或社会象征，这些会对原有社会的秩序及其逻辑前提等构成严峻挑战；另一方面，社会仍维持既定的结构模式与运行规则，社会状态不会发生整体性的改变。①

与此相关的，是美国政治学家罗伯特·达尔（Robert Dahl）的观点。他

---

① 参见［以］S. N. 艾森斯塔特：《帝国政治体系》，转引自孙立平：《传统与变迁——国外现代化及中国现代化问题研究》，黑龙江人民出版社，1992 年，第 157～158 页。

根据测定政治变迁程度而提出经典的三分法：首先，渐进的或外围的变迁，主要指变化中较轻微的扩张、缩减或对一个特定规范或行为轮廓的改变，这种改变一般不会对原有社会的实质或结构形成否定；其次，全面变迁则代表着对既往规范或行为模式"彻底的革新或决定性的颠覆"；最后是革命性变迁，意味着一种规范或行为类型对另一种规范或行为类型的迅速而彻底的替换，以及对原有行为模式确定无疑的抛弃。①

罗荣渠先生对社会变迁类型也作过很好的分析、研究。他认为从历史学角度，社会变迁大致可分为两大类：一是微型的社会变迁，即指在同一社会经济形态或同一生产方式之内的社会、经济、政治和文化的积累性渐变和突变（例如中国历史上的改朝换代）。二是巨型社会变迁，也就是那种突破原有社会经济形态和生产方式而产生的社会、经济、政治和文化的大变化；这些变化一般都具有革命性、突破性，借用哲学语言来概括，就是这些变化会导致整个社会发生质的改变。在此基础上，罗荣渠先生又将微变分为渐进性和突发性两种形式，巨型变迁则又包括创新性和传导性两种不同类型。②

与艾森斯塔特、达尔的观点比较，巨型变迁实际大体相当于总体性变迁或全面变迁，而微型变迁中则包括适应性和边际性变迁，以及达尔所说渐进的或外围的变迁。至于达尔的全面性变迁与革命性变迁之间的差别，大约指变迁过程中方式或模式的不同。以实现社会从传统向现代转变为例，英国以渐变为主，在其达到顶点后，整个社会脱胎换骨而成长为典型的现代社会。相比之下，法国则以激烈革命的方式使社会巨型变迁获得成功。罗荣渠先生的观点明显受到马克思唯物史观的影响，即先从量变、质变关系提出

---

①　转引自［美］史蒂文·瓦戈：《社会变迁》，王晓黎等译，北京大学出版社，2007 年，第 7 页。
②　参见罗荣渠：《现代化新论——世界与中国的现代化进程》，北京大学出版社，1993 年，第 116～117 页。

两个大类，然后再分别就每一范畴的不同情况作出分类和概括，特别是他明确使用"社会革命"概念来形容巨型变迁。其中最值得注意的，是对巨型社会变迁的划分：创新型巨变主要源于社会内部，是在诸多历史条件聚合下产生的生产方式和社会形态的根本性改变，而传导型巨变则主要源于外部影响。

上述分析与概括，显然有助于我们进一步深入思考东方国家社会主义历史进程中的社会变化问题。例如这些国家的社会变迁究竟存在哪些不同类型，或者在同一个国家又会分别经历或需要经历哪些不同的发展阶段？如果将现实社会主义国家通过革命方式获得社会跳跃巨变，那么这种巨变是属于创新型还是传导型？在实现巨型变迁后，又如何通过适应性变迁或边际型变迁持续推动社会从传统向现代的转变？其中有些什么样的规律与特点？

三、社会变迁中的文化制约问题：不同观点的分析比较

在某种意义上，一部世界近代史就是人类社会从传统向现代变迁的历史。这种变迁率先发生于西欧尤其是被称为"老欧洲"的国家。按照罗荣渠先生的观点，这些国家发生创新型变迁的动力主要源自社会内部。然而在为什么是这些国家而不是别的国家（例如古代文明更加发达的中国）率先发生变迁问题上，却存在多种不同的解释。许多不同的解释往往又都涉及同一个问题，即在社会变迁中，文化的地位和影响究竟如何？

（一）马克思与韦伯

在各种不同解释中，影响最大且似乎尖锐对立的，是两位同为德国人的大思想家：卡尔·马克思和马克斯·韦伯。众所周知，马克思比较强调生产

方式的决定作用,而在马克思去世时还是个大学生的韦伯,则将文化特别是社会心理的变化置于更加重要位置。其著作清晰地勾勒出现代社会成长的如此内在逻辑:宗教革命→新教伦理→资本主义精神→资产阶级社会(现代社会)。①

然而在讨论马克思与韦伯的思想分歧时,不应该忽视的问题可能是下述两点:

首先,韦伯并不否认经济因素在现代社会起源过程中具有"根本的重要性"。韦伯一生致力于从比较的角度,探讨世界主要民族的精神文化气质(Ethos)与该民族社会经济发展的内在联系。《新教伦理与资本主义精神》是他最重要著作之一。在书中,韦伯努力论证西欧宗教革命后形成的新教对于近代资本主义发展的作用。后来,这本书作为他的文化比较系列专著《宗教社会学论集》的第一部,于1920年(即他去世当年)正式出版。或许为了防止后人对他的观点产生"误读",他为《宗教社会学论集》写了一篇"导论"。在"导论"中,他反复提醒读者不要过分夸大其比较研究的价值,因为他的这些研究都只是从一个特定的角度去观察问题的结果,只是为了"从发生学上说明西方理性主义的独特性,并在这个基础上找寻并说明近代西方形态的独特性",或者说,只是从对于近代社会变迁的"合成作用"意义上,分析"在西方文明中而且仅仅在西方文明中才显现出来的那些文化现象"。因此,这样做非但不意味是对西方现代社会起源,以及成长过程中经济因素的否定,恰恰相反,"在试图作出这种说明时必须首先考虑经济状况,因为我们承认经济因素具有根本的重要性"。②

---

① 参见[德]马克斯·韦伯:《新教伦理与资本主义精神》,于晓、陈维纲等译,生活·读书·新知三联书店,1987年。

② [德]马克斯·韦伯:《新教伦理与资本主义精神》,于晓、陈维纲等译,生活·读书·新知三联书店,1987年,导论第4页、15页。

　　其次，马克思并不完全否认文化因素对现代经济与社会发生、发展的重要作用。马克思晚年澄清过，他早年创建唯物史观时，过于强调经济因素的目的是为了和唯心主义划清界限。既然马克思整个理论的出发点是人，而人又是文化的载体或民族文化的综合反映，因此理论分析本身就难以将文化排除在外。事实上，马克思一方面肯定以道德、意识、观念等形式出现的文化必然受制于社会存在或生产方式，另一方面他也明确指出前者对后者具有不同的"反作用"。例如他在《法兰西内战》一文中谈到未来社会实现或"达到现代社会由于本身经济发展而不可遏制地趋向着的更高形式"时，认为这根本不是什么可以"凭一纸人民法令"就可实现的乌托邦，而在客观上"必须经过一系列将把环境和人都加以改造的历史过程"。[1] 对环境和人的改造，实际就是因社会变迁所导致并需要的文化的改造。几年后他在《哥达纲领批判》中，则将文化与社会变迁的关系表述得更加清楚："权利决不能超出社会的经济结构以及由经济结构制约的社会的文化发展。"他认为，一个新的社会即使是完全符合社会自身发展规律的（马克思的准确用语是"从资本主义社会中产生出来"，即由社会内部成长起来；借用罗荣渠先生的分析，就是通过创新型巨变走向后资本主义时代），但"它在各方面，在经济、道德和精神方面都还带着它脱胎出来的那个旧社会的痕迹"。这些旧社会的"痕迹"，无论经济的还是道德的和精神的（文化），都会对新社会的成长（或者说适应型社会变迁）形成某种制约作用，特别是限制着各种美好原则的实现。[2]

　　马克思的以上论述明显是针对西欧社会而提出的，是在肯定文化在内源式社会巨型变迁中的作用。马克思与韦伯之间的差别在于，韦伯侧重关注一定的文化如何在西欧率先实现从古代社会向现代社会变迁过程中产生

---

　　①　《马克思恩格斯选集》（第三卷），人民出版社，1995 年，第 60 页。
　　②　以上引文及基本思想，参见《马克思恩格斯选集》（第三卷），人民出版社，1995 年，第 304 ~ 305 页。

巨大推动作用；而马克思思考的重心则是现代资产阶级社会向后资产阶级时代转变时，现代资产阶级的文化甚至前资产阶级时代的旧文化，怎样对新社会的成长及其价值追求的实现形成严重制约。如果说"韦伯命题"基本属于对已发生历史的研究与证明，马克思的观点则主要属于逻辑性的推导。逻辑推导者总试图使自己的思想在实践中获得验证。因此，马克思在文化与社会变迁关系问题上的进一步思考，充分体现于晚年有关俄国公社能否跨越资本主义"卡夫丁峡谷"的著名论述。从深入研究社会主义发生、发展规律角度，无论马克思的观点还是韦伯的相关论述，不但同样具有思想启迪意义，而且提供了新的认识视角和分析方法。至少可以引导我们在思考与研究社会主义问题时，不再仅局限于从显型层面理解和接受文化概念，不再将文化仅视为经济与政治的附属品或只是随之变化而变化的内容。

（二）奥格本和列宁

将文化制约问题阐述得最为学理性的，首推美国早期最具影响力的社会学家威廉·奥格本。奥格本在总体上将社会当作一个均衡系统，正常情况下作为一个稳定机制在运行；然而社会变迁过程中，均衡性有可能被破坏，于是社会系统中的某个部分会出现"时滞"现象。这种情况比较多地存在于物质文明与非物质文明两大领域，因为这两部分的变迁是按不同方式进行的；比较而言，物质文明的变迁更加明显、定向、快速甚至具有突发性或跳跃性，而在非物质文明（知识和信仰、规范及价值观等）范围却往往缺少能够被普遍接受的衡量标准。于是奥格本总结出："当与变迁相关的两部分中的一部分，比其他部分更早接触变迁或接触变迁范围更甚，文化滞后就会发生，就会导致这两部分比其先前存在时更不容易调适。"[1]

奥格本关于文化滞后的理论在总体上是正确的，尤其对于我们分析文化与经济、政治变迁的关系提供了方法论的启示——尽管实际情况可能比奥格本的理论还要更加复杂。

首先在概念使用中，奥格本明确注意辨别"文化"的具体内涵及其实际构成。其次在奥格本看来，文化（作为非物质文明）之所以容易"滞后"，本质上因为物质文明与非物质文明的变迁是按两种不同方式进行的。这个观点是对的，但是这在某种程度上仅是问题的一个方面，更加重要的还在于：

（1）文化的某些方面在特定历史条件下，也有可能出现超前发展的情况。其中存在两种不同情况：一是在历史的某个阶段，有些民族在物质方面可能远落后于世界平均水平，但文化却非常繁荣，甚至文化的一些领域取得使整个人类震惊甚至到今天仍然令世人叹为观止的伟大成就。例如古代希腊在雕塑艺术、史诗性文学作品及政治文化方面的杰出贡献。又如拉美远古时代的玛雅文化。中国唐、宋、明时期的物质文明远不及清代"康乾盛世"，但无论诗词歌赋、绘画书法，还是一些思想家的精神状态和精神产品，不仅在中国一定历史阶段后无来者，而且足可以傲视世界。二是在社会变革或变迁的特定时期，思想文化的转变也经常会走在时代的前面。在法国近代史上，先有思想启蒙运动然后是大革命及其导致的社会制度彻底变革，以及随之而来的工业化进程。在 20 世纪东方落后国家，由西方现代思想文化及马克思主义的传入，不但导致生产方式转变和社会制度变迁，而且推动人们的生活方式、思想观念等发生不同程度的改变。

（2）除非社会处于超长期稳定状态，否则精神文化中的隐型部分一般总

---

[1]　William F. Ogburn, *On Culture and Social Change*, Chicago：University of Chicago Press,1964, p.86.

是落后于物质进步甚至落后于社会制度变革。一个社会的习俗、传统和民族心理、价值观念等，这些不同于显型文化；后者如科学技术、知识教育、文学艺术等，很容易通过"拿来"的方式为落后民族所拥有，也很容易通过精英阶层或统治集团大力扶持、倡导等途径，迅速普及至全社会。甚至和思想道德、意识形态也不一样，这些内容可以通过系统化的教育或直接"灌输"，至少在一定时间内会达到深入人心的程度。例如苏联时期以及新中国成立后的共产主义理想教育。然而主要以文化传统为内容的隐型文化部分通常是在民族长时期的历史演进中积淀而成。所谓"积淀"，既是积累又是沉淀。作为积累，传统的价值观念、生活习俗、心理状态、价值取向等通过日常的耳濡目染、耳闻目睹，以一种潜移默化的方式代代相承、世世相继；积累的过程也是沉淀的过程，即这些内容在相承相继中如同池塘里的淤泥一样不断累次沉淀，最终成为一个民族的灵魂，成为一个民族繁衍生息的遗传"基因"。民族之演进、发展恰如同一条奔腾不息的河流，人们物质生活的变动或社会表层的变迁总是在发生着，时而快速时而缓慢，时而金戈铁马时而不着痕迹。但是无论这些如何变化，最底层的或者说"骨子里"的东西是很难迅速发生改变的。因此，如果讲"文化滞后"，这才是真正的、实质性的滞后。

文化滞后实际是文化独立性的重要表现形态。相对于物质存在、社会发展，文化具有一定的独立性，即并不总是保持同步关系。如果以前者作为衡量尺度，文化的独立性往往表现为在总体上的超前或滞后两种状态，但由于文化本身组成的复杂性及任何社会的文化或多或少都存在多元组合特点，所以即使在一个民族发展的同一时间段，也经常会出现滞后或超前等不同现象并存情况。

既然"文化滞后"现象在任何时代任何民族的历史进程中都有可能出现，那么在社会从资本主义向社会主义转变过程中能否避免呢？或者说，能否凭借共产党人的先锋队性质和坚定的革命立场，加以有效克服与消除呢？

马克思和恩格斯曾经在《共产党宣言》中以豪迈的语言宣布：共产主义革命不但要同传统的所有制关系实行最彻底的决裂，而且"毫不奇怪，它在自己的发展进程中要同传统的观念实行最彻底的决裂"。然而这只能说明他们当时对于文化的内涵及特性（"传统的观念"）的认识还很模糊，或者说，是将社会存在对于社会意识的"决定"关系理解得过于直接、简单和狭隘了。事实上，旧的思想观念等不但不会随着社会存在、物质生产的改变而迅速获得改变，而且在一个新的社会建立后，这些东西还会长期影响着人们思维，或者制约着人们的生活和各种行为。任何社会的文化都是在一定的历史轨迹中，以选择并不断继承或积淀的方式向前发展的，而在发展进程中传统更是一种挥之不去的基本要素。恩格斯在晚年，进一步认识到传统的滞后性："在一切意识形态领域传统都是一种巨大的保守力量。"[①]的确，尽管并不是所有被概括为"传统"的内容都会对社会的变革与发展构成负面制约，但只要有传统存在，并且民族的历史愈悠久、文化的积淀愈深厚，传统中的消极内容就愈有可能对社会进步与发展构成负面影响，并且这种影响也愈加深刻而广泛。

后来，列宁也表述过与恩格斯大致相同的思想，并且是从十月革命后俄共（布）社会主义事业面临的实际情况出发：

> 在工人阶级和资产阶级旧社会之间并没有一道万里长城。革命大爆发的时候，情形并不像一个人死的时候那样，只要把死尸抬出去就完事了。旧社会灭亡的时候，它的死尸是不能装进棺材，埋入坟墓的。它在我们中间腐烂发臭并且遗害我们。[②]

---

① 《马克思恩格斯选集》（第四卷），人民出版社，1972年，第253页。
② 《列宁全集》（第27卷），人民出版社，1958年，第407页。

有一点很值得指出，即由文化发展内在规律所决定，能够使思想观念超前或与社会发展要求同步的，往往仅局限于社会的"精英"群体，例如革命家、政治家、思想家和公共知识分子等，这些人通常只占社会的少数。与此同时，社会大众的总体文化面貌更多的则是落后于社会变革进程。从经济基础决定上层建筑、社会存在决定社会意识角度分析，"人的思想跟不上事变的进程"[①]。生活于一定社会的大众在长期的社会化过程中，会不同程度地以不同方式产生对社会的认同，并逐渐形成与该社会发展要求相适应的生活态度、生活习惯、思维方式、价值观念、人格心理等，但这在"自然历史"中必定是一个长期的过程。在他们还没有形成与变化后社会要求相适应的人生原则、生活方式时，旧的东西作为一种文化，很容易成为社会发展的滞后力量。更何况当社会进步或社会变革以突变的方式爆发时，大众的思想观念、价值取向、生活态度与方式等落后于社会历史进程是更为常见而绝非或然性现象。另外即使在先进群体中，文化超前或许主要限于系统化了的意识形态、思想道德等，文化的隐型方面可能仍然落后于社会进步。其中原因除了文化的相对独立性和文化进步的一般过程特征外，还与文化发展具有历史继承性紧密联系。

那么该如何分析社会主义条件下社会变迁中的文化制约现象呢？首先值得我们重视的仍然是列宁的观点。1922年3月召开的俄共（布）十一大，是列宁生前参加的最后一次党代表大会。在为大会准备政治报告的论文提纲中，列宁以简洁明了的方式揭示出俄国文化落后及其与革命胜利后社会变迁的关系：

"当前的关键"（链条的环节）＝提出的任务之大不仅与物质贫困，

---

① 《马克思恩格斯全集》（第12卷），人民出版社，1962年，第31页。

而且与文化贫困之间脱节。①

所谓"任务之大"，应该是指十月革命后俄共（布）所提出的社会发展目标：使落后的俄国迅速"变成社会主义的俄国"②。"任务"宏伟、史无前例，面临困难之大同样显而易见：由"农民国家"这一基本国情所决定，革命后的俄国不仅经济异常匮乏，而且文化同样处于"贫困"境地！对于物质贫困或生产力的落后及其所形成的对于建设社会主义的任务和实现有效执政的制约，一般不存在太多理解或认识上的分歧。关键是如何认识"文化贫困"，尤其是"脱节"问题。

就其一般意义而言，"贫困"是指生存与发展缺乏最起码保障或最基本的条件。例如人人识字应该是必不可少的。但是在十月革命后，俄国的平均识字率只在80%左右。列宁的《日记摘录》在列举了1920年全俄各地区的识字情况后，痛心疾首地告诫全党："果然不出所料，我们距离普遍识字还远得很，甚至和沙皇时代（1897年）比，我们的进步也太慢。这是对那些一直沉湎于'无产阶级文化'的幻想之中的人的一个严厉的警告和责难。这说明我们还要做多少非做不可的粗活，才能达到西欧一个普通文明国家的水平。"③1920年12月，列宁在俄共（布）第八次代表大会上进一步坦承，由文盲人口众多所造成的"文化不发达"，对于苏维埃政权建设的重大负面影响："苏维埃政权在原则上实行了高得无比的无产阶级民主，对全世界作出实行这种民主的榜样，可是这种文化上的落后却限制了苏维埃政权的作用并使官僚制度复活。"

在某种意义上，"落后"是相对的，"贫困"则具有绝对意味，即完全不适

---

① 《列宁全集》（第43卷），人民出版社，1987年，第404页。
② 同上，第302页。
③ 《列宁选集》（第四卷），人民出版社，1995年，第762～763页。

应发展的需要。进一步的问题在于,主要是什么原因导致文化"脱节"后果?"提出的任务之大"是一个方面,但更为重要的原因在于,十月革命前后的俄国还是"一个农民国家"。这既是列宁反复强调的基本国情之一,也是问题的关键所在。

"农民国家"所导致的"文化贫困"不仅表现为文盲人口众多,而且还反映三人们在精神上还完全没有超越古代各种思想传统的束缚(其实也不可能)。同时作为一个"农民国家",其文化特征一般也并不仅仅局限于农民或乡村,在城市人口中也会获得体现,尤其是在俄国这样的"东方落后国家"。

俄国和中国等其他东方国家一样,历史上没有形成过欧洲式的以商业、手二业为中心的自治城市,同时也基本不存在一个有影响的市民社会,因而城市人口在文化构成上与西欧国家有很大不同。根据 1899 年的统计,当时俄国约有 60% 的工厂设在农村,全部工人中有 94% 直接出身农民,同时在欧俄 31 个省中又有 31.3% 的工人在农村还保留有份地。到 1914 年,俄国各类二人为 1780 万,占总人口的 11% 左右;其中同土地完全脱离关系的只占一兰多。① 即使莫斯科这样的"大城市",1902 年有近 80 万人是在农村出生的移民,在比例上占总人口的 72.45%;而城市出生者不足 30 万人,即只占 27.55% 。由于沙皇统治时期身份制的限制,农民进城后真正扎下根来的并不多。也就是说,他们中的大部分人到莫斯科只是临时"打工"的性质,即使人在城市并且或许身为"无产阶级",但并没有割断与农村的联系,特别是在村社中仍有一份属于他们自己的土地!② 在整个俄国,十月革命前城市化味

---

① 参见[苏联]费尔索夫主编:《19 世纪—20 世纪初俄国史》,转引自陆南泉等主编:《苏联兴亡史》,人民出版社,2002 年,第 112 页。
② [美]R. E. 约翰逊:《农民和无产者:19 世纪后期莫斯科和劳动阶级》,转引自金雁等:《农村公社、改革与革命》,中央编译出版社,1996 年,第 293 ~ 294 页。

道比较足的大概是彼得堡，莫斯科"则不过是一个过分迅速发展起来的乡村"①。由于绝大部分城市人口出身农村，他们中的许多人进城后与乡村仍然保持着密切的联系，或者保持城乡两栖身份与城乡之间的流动性，并且可能在"人到中年"后还要重返乡村。正是这些特点，使十月革命前后的"俄国城市具有浓厚的乡村气息"。换个说法，即如许多研究者指出的："都市中的农民文化"氛围十分浓厚。② "都市中的农民文化"表现于社会生活的各个方面，而在工人阶级中自然也会获得体现。我国学者金雁曾经指出，俄国无产阶级与西欧无产阶级相比，优点是较少受社会民主主义思想的浸染，缺点却是"行会习气"较重，表现为将乡村公社中的劳动组合传统大量移植于城市工业生产领域。由此在文化上，俄国城市工人中盛行所谓"地方性忠诚"、同乡意识与同乡的社会行为。甚至，"'都市中的农民文化'还可能由于都市的文化传播与整合中心地位而更多地采取精英形态，从而使都市在许多情况下显得比农村还'农村'"。西欧资本主义在自由竞争状态下获得较高程度的发展后，也会形成经济上的垄断与政治文化上的共同体特征。但是在俄国，这种垄断性与共同体人格却更多地源自传统的习俗或"前市场经济"的影响。③

对于上述俄国工人阶级的文化特性，列宁在十月革命后很快有所认识。在俄共(布)第十一次代表大会政治报告中，列宁正式告诫全党不要对工人群体在政治与文化上抱有不切实际的幻想。他指出："谈到'工人'，常常以为指的就是工厂无产阶级。根本不是那么一回事。……难道在我国目前的社会经济条件下，能说进工厂的是真正的无产者吗？这样说是不对的。这

---

① ［美］路易斯·费希尔：《神奇的伟人列宁》（上册），彭卓吾译，中国社会科学出版社，1989年，第 508 页。

② 参见金雁等：《农村公社、改革与革命》，中央编译出版社，1996 年，第 295 页、293 页。

③ 同上，第 298 页。

符合马克思的说法，但是马克思说的不是俄国，而是 15 世纪以来的整个资本主义。对过去的 600 年，这是正确的，而对现在的俄国不适用。进工厂的常常不是无产者，而是各式各样的偶然碰上机会的人。"①西欧国家的工人阶级，一是由于完全失去土地而成为真正意义上的"无产者"并获得身份自由，二是经过现代工厂制度的严格训练，三是拥有长期的甚至经历几代人的城市生活。这些是西欧国家工人阶级在政治文化上能够成为"无产阶级"的重要社会历史条件。相比之下，俄国的工人明显缺乏这样的"物质生活条件"。这就大体决定了十月革命后的"工人阶级"虽然"在建设新社会，但他还没有变成新人，没有清除掉旧世界的污泥，他还站在这种没膝的污泥里面"②。

既然是"贫困"而不是一般意义上的文化落后，既然是"脱节"也就并不是威廉·奥格本的"滞后"概念所能够包括。《宁肯少些，但要好些》作为"政治遗嘱"最后一篇文献，列宁明确反对以波格丹洛夫为代表的"无产阶级文化派"们"过多地、过于轻率地侈谈什么'无产阶级'文化"。列宁极为沉痛地留下他最后的"遗言"：

> ……在开始的时候，我们能够有真正的资产阶级文化也就够了，在开始的时候，我们能够抛掉资产阶级制度以前的糟糕之极的文化，即官僚或农奴制等等的文化也就不错了。③

由此可见，"脱节"的实质意味在社会主义建设所要求实现的社会变迁与民族文化实际状况之间，缺少了一个完整的环节，而这个环节是一整个文化时代！

---

① 《列宁选集》（第四卷），人民出版社，1995 年，第 690 页。
② 《列宁全集》（第 35 卷），人民出版社，1985 年，第 438 页。
③ 《列宁选集》（第四卷），人民出版社，1995 年，第 784 页。

第七章
文化制约的精神维度:"龙种"与"跳蚤"之间

1890 年 8 月,恩格斯给法国的保·拉法格写过一封信。这封信针对当时德国社会民主党内许多大学生、著作家等不顾政治形势变化,仍一味鼓吹以号召工人进行总罢工方式和资产阶级作斗争情况,幽默地提醒人们:

> 所有这些先生们都在搞马克思主义,然而他们属于 10 年前你在法国就很熟悉的那一种马克思主义者,关于这种马克思主义者,马克思曾经说过:"我只知道我自己不是马克思主义者。"马克思大概会把海涅对自己的模仿者说的话转送给这些先生们:"我播下的是龙种,而收获的却是跳蚤。"①

"龙种"变"跳蚤",或者有意或者无意。有意为之者,存在目的企图;无意得之者,大体因"文化误读"缘故。民族文化背景不同,对马克思主义的阅读和接受会存在差异,由此就有可能产生类似于"龙种"变为"跳蚤"现象。

---

① 《马克思恩格斯选集》(第四卷),人民出版社,1995 年,第695 页。

一、主义之旅的文化沼泽：宗教或类宗教现象

马克思主义东方之旅的"第一站"是俄国。

俄罗斯民族大概在 9—10 世纪才形成为国家，如果从 862 年即留里克王朝于始算起，由"古"至今大约一千余年。虽然历史不如中国悠久，但并不意味着俄罗斯民族文化不够灿烂，或者说没有属于自己的独特文化。俄国大思想家别尔嘉耶夫认为：从文化角度分析，"俄罗斯主要是一个具有宗教渴望、精神渴求、先知预感和期待的国家"①。国内也有学者认为："俄罗斯文化是在东正教的哺育下成长起来的"，在本质上它是一种"宗教文化"。② 这些评价可能有点过，但东正教确实是俄国文化的"普照之光"，是其基调与主线；其他文化一方面无法与之比肩，同时也受它支配与主导。

所谓"东正教"，除了显示其地理位置，更重要的是标榜自己是唯一的"正教"，即只有东正教保存了基督教的纯真教义和上帝的权威。宗教的文化特性总是根植于一定的社会经济土壤。东罗马帝国是一个封建主义时期很长的国家，整个社会在中世纪死气沉沉、缺乏生机与活力，保守、落后、停滞是其主要面貌。反映于教会，始终拘泥于古代基督教的教义和礼仪，固守老一套的传统与内容，不愿意作任何修改、补充和革新。③ 与东罗马帝国比较，俄国的社会经济无疑更加落后。因此，"东正教徒中更为保守的要算俄罗斯东正教徒，他们依据自己熟悉的俄罗斯历史和习俗来判断什么是真正的东正教，他们认为对东正教的任何改变或任何背离的企图，都要被视为是

---

① ［俄］别尔嘉耶夫：《俄罗斯的命运》，王剑钊译，云南人民出版社，1999 年，第 22 页。
② 安启念：《俄罗斯向何处去——苏联解体后的俄罗斯哲学》，中国人民大学出版社，2003 年，第 9 页。
③ 有关具体内容，参见乐峰：《东正教史》，中国社会科学出版社，1999 年，第 40～41 页。

对东正教的背叛"①。

东正教文化具有强烈的"弥赛亚意识"②。在俄国，不仅完全承袭了这一基督教意识，而且东正教的历史变迁又使之对于俄罗斯民族更丰富的内涵与意义。在君士坦丁堡沦陷、拜占庭帝国灭亡以后，出现了"莫斯科是第三罗马"的论调。后来又出现了"神圣罗斯"的称呼，意指俄国是世界上真正东正教信仰的惟一捍卫者，并且因其虔诚、坚定而被上帝赋予拯救人类的使命与力量，当人类出现危机时俄国就是各民族的"弥赛亚"。这种观念的发育与坚定，一方面反映了俄罗斯民族自我意识的觉醒，另外也为俄国中央集权国家形成时期的"救世"思想体系及其行为奠定了基础。

作为一种主导型文化，东正教必然会对民族的思维方式、思想方法和观念体系等发生深刻影响。虽然不能视苏联的马克思主义为东正教文化翻版；或者说，苏联的马克思主义完全为东正教文化所支配，马克思主义俄国化也就是东正教化。但同样不容忽视的，是东正教在马克思主义俄国化过程中的作用与影响。

相比较其他共产党执政国家，俄国人知道并熟悉和接受马克思主义是比较早的。最初在 19 世纪 40 年代，俄国一些知识分子就已经接触马克思和恩格斯发表在《德法年鉴》上的著作；后来到 70 年代，不仅诸如《资本论》等一大批马克思和恩格斯的著作被翻译成俄文，而且还有许多俄国的思想家、革命家与马克思和恩格斯保持通信联系，甚至成为很要好的朋友。例如《资本论》第一卷的翻译者洛帕廷和丹尼尔逊。马克思和恩格斯晚年许多重要文献的写作与发表，也都与俄国有或多或少的联系，例如《给〈祖国纪事〉编辑部的信》《给查苏利奇的信》，就是应俄国知识分子所邀对俄国社会前途所

① 乐峰：《东正教史》，中国社会科学出版社，1999 年，第 41 页。
② "弥赛亚"（Messiah）源于古希伯来语，在《旧约》中指那些被涂抹油膏即被上帝所选中、负有特殊使命的人，由此引申为具有"拯救""救世""普济天下"等含义。

作的思考。普列汉诺夫及其"劳动解放社"既是这一阶段代表性人物与事件,同时也是其高潮时期。这一阶段主要是翻译与介绍,争论也只是围绕马克思主义是否适合俄国国情及其革命需要展开,总体上还没有进入到俄国化时期。推动马克思主义俄国化进入实际进程的,首先是列宁。从19世纪80年代到其逝世,在四十年时间里,列宁不但对马克思主义的"三个组成部分"都作出了系统的分析与研究,而且结合俄国国情开拓与发展马克思主义。由于列宁本人具有很好的文化修养和理论水平,特别是由于家庭教育和长期在西欧国家生活过的经历,在将马克思主义俄国化过程中明显较少受到俄国旧文化传统的影响。受旧文化影响尤其打上深厚东正教文化烙印的,主要是斯大林时期。

在斯大林时代,《联共(布)党史简明教程》堪称马克思主义俄国化的最重要成就。《简明教程》绝非一本简单的教科书,在其第一版封面上印有"斯大林同志编写并经中央委员会认可"字样。确实,斯大林不但通过给编者写信明确交代写作意图、遵守原则和注意事项,而且拟定了全书的纲目;不但反复阅读全部书稿并作多处改动与修正甚至全部改写,而且最后由他本人逐句逐字定稿。之所以如此用心,一方面是为了给全党统一关于党史上各种事件、人物的认识提供一部"钦定"的版本,另外更加重要的,也是为了根据俄共(布)执政实际需要,以及苏联社会主义建设的实际需要,重新阐述马克思主义。因此,在苏联共产党执政史上,《简明教程》不仅被宣布为"唯一的党史教科书",而且号称是"马克思主义基础理论的百科全书""共产主义的圣经"。然而恰恰就是通过这本斯大林自以为得意并非常满意的《简明教程》,可以看到在马克思主义俄国化进程背后隐藏着的东正教文化痕迹。

1. 以唯一"正经"自居

东正教宣布自己为"唯一正教",因为只有它才将基督教的神圣教义和上帝的权威正确保留下来了;其他任何与东正教不同的教义解释,都是对上帝精神的背叛。虽然对象性质有所不同，但斯大林及其领导下的苏共中央宣传机构同样赋予《简明教程》如此地位及权威性。1938 年 11 月 14 日，联共（布）中央在关于《简明教程》的宣传鼓动决议中明确申明：这"是对联共（布）党史的主要问题和马克思列宁主义的官方的、可信的说法，不允许有任何其他的、任意的解释"①。将《简明教程》奉为对马克思列宁主义的"官方的、可信的"阐释，其实也就是将斯大林主义当作马克思主义俄国化的唯一正确途径与版本。1939 年 10 月，即在《简明教程》出版一周年时，《真理报》发表题为"为创造性地研究马克思列宁主义而斗争"的社论。社论虽名为"创造性地研究"，但只是强调斯大林个人"研究"的正统性，认为《简明教程》"不是在简单地叙述早已逝去的岁月，而是充满斯大林智慧地、鲜明地对马克思列宁主义最伟大任务的科学阐述，对它们从上个世纪 80 年代到建成社会主义的斯大林宪法的贯彻与发展的科学阐述"②。

不仅在苏联国内如此宣传，而且还借助于共产国际向各国共产党"证明苏联的社会主义道路是唯一的社会主义道路；在共产国际和各国共产党中间确立斯大林的至高无上的权威；确认列宁-斯大林的路线是唯一继承了列宁路线的正确路线"。为此，《简明教程》出版后仅仅一年的时间内，苏联用十五种语言（不包括国内各少数民族的语言）出版了一千五百万册，以致苏联共产党负责掌管意识形态的日丹诺夫在联共（布）十八大的讲话中骄傲地声称："应该坦率地说，自从有了马克思主义以来，这是获得如此广泛传播的第一本马克思主义书籍。"同时共产国际又以"组织"的名义强化《简明教程》作为"共产主义的圣经"，以及唯一"正经"的地位。1941 年 2 月 10 日，共产国际作出决定要求编写学习《简明教程》、斯大林的《论列宁主义的几个

---

① 转引自闻一：《苏维埃文化现象随笔》，江西人民出版社，2006 年，第 164 页。
② 同上，第 168 页。

问题》和《斯大林同志传略》的方法的材料，要求在"学完《联共（布）党史简明教程》之后开始学习斯大林的《论列宁主义的几个问题》以及列宁的著作和马克思列宁主义其他经典著作"。这一要求明显是将学习《简明教程》和斯大林的著作放在最为突出与优先的位置。① 另外，《简明教程》第四章第二节"论辩证唯物主义和历史唯物主义"其实就是斯大林的一本同名小册子全部内容的"压缩版"。斯大林将马克思主义的主要理论贡献概括为"辩证唯物主义和历史唯物主义"，于是告诉人们，读了《简明教程》也就学习了辩证唯物主义和历史唯物主义，同时也就掌握了马克思主义。

2. 将马克思主义过度简单化、功能化

马克思主义本来是一个复杂的整体，主要在分析资本主义社会基础上研究人类是否可能以及如何走向后资本主义时代，其内容涉及方方面面，各部分内容相互融合与贯通，很难将之进行"碎片化"或简单化处理。在将马克思主义民族化的过程中，因为理解或大众化的需要，固然有将原本非常理论化、学术化的马克思恩格斯思想进行重新整理、认知或通俗化的必要。但是这方面工作做得不好，也容易导致庸俗化的态度与结果。列宁在以"三个组成部分"来分解马克思主义时，就已经对于人们从整体上认识和把握马克思主义造成了某种局限，但还不是非常突出。但是斯大林时代就完全不同了。过于重视突出马克思主义的功能作用而忽略其真理性认识作用，势必要对马克思主义进行分门别类的整理与说明。例如《简明教程》第四章第二节几乎就是以教义的形式提出问题："（一）什么是辩证唯物主义呢？（二）什么是历史唯物主义呢？"整个内容没有"论"，没有对马克思这两方面理论复杂性的分析和研究，而只有框框条条式的概括，以及简单的判断与结论。

---

① 本节数据及引文，参见闻一：《苏维埃文化现象随笔》，江西人民出版社，2006年，第170～171页。

应该承认，辩证法、唯物主义和历史唯物主义原本在马克思的思想中确实存在，然而是一个无论表述还是思想内容本身都很复杂的部分。但是在《简明教程》中，不但将之作了因过于简单而失之庸俗的概括，而且借助这样的概括过度强调人类社会发展的客观性、必然性与可知性，目的是服务当时苏联共产党的政治需要，即充分肯定苏联社会主义理论与实践的"科学性"。

3. 充满强烈的救世主义①

东正教文化是一种"救世"文化。在起源上，东正教从西欧经过东罗马帝国来到幅员辽阔的俄国，"它自认为只有自己才既兼东西方之长，又察东西方之短，才获得了终极的真理，是上帝的选民，负有救人于水火，领导人类进入天堂的使命"②。由于深受"救世"文化影响，在《简明教程》充满这样的判断语句："只是由于列宁的坚持"，"结果正如列宁所预见和警告的那样"，"中央懂得""党懂得""党知道""中央也知道"；由于"斯大林同志指出……结果正是如此"，"斯大林同志的文章具有极大的政治意义"，"斯大林同志的演说在这方面起了极重大的作用"，"斯大林同志演说的历史意义，在于……""斯大林同志的演说深深印在千百万庄员的心里"……同时宣布季洛维也夫、加米涅夫及其托洛茨基的仆从们"是德日法西斯分子的可恶奴仆和走狗"，甚至直接使用宗教语言，称托洛茨基以及分子是"犹大"，然而"党怜惜他们"。列宁和斯大林是"救世主"，他们领导下的布尔什维克党自然也就是这样的政治集团："布尔什维克不能不看见，从恩格斯逝世以后，西欧各国社会民主党已经开始由主张社会革命的党蜕化成为主张'社会改良'的党"；"第二国际各党没有经受住考验，背叛了工人阶级……只有布尔什维克

---

① 在苏联解体后，俄国学术界有一种观点：救世主义是俄国文化的重要特点，也是十月革命的本质特征。参见安启念：《俄罗斯向何处去——苏联解体后的俄罗斯哲学》，中国人民大学出版社，2003 年，第 260 页。

② 安启念：《俄罗斯向何处去——苏联解体后的俄罗斯哲学》，中国人民大学出版社，2003 年，第 259 页。

党才光荣地经住了考验,才彻底忠于社会主义事业,忠于国际无产阶级国际主义事业"。① 这样的党领导下的苏联,自然也就拥有历史上"第三罗马"的"光荣":"在世界上,只有我国的无产阶级革命才不仅向人民显示了自己的政治成果,而且显示了自己的物质成果。……只有我国革命才不仅打破了资本主义的枷锁,给了人民自由,而且给人们创造了富裕生活的物质条件。我国革命所以有力量而且不可战胜,原因就在这里。"②《简明教程》还如此赞颂 1936 年 11 月苏维埃第八次代表大会通过的苏联新宪法,认为"宪法明文记载了一件具有全世界历史意义的事实,即苏联已进入新的发展时期,进入完成社会主义社会建设并逐渐过渡到以'各尽所能,按需分配'的共产主义原则为社会生活准则的共产主义社会的时期"③。在"结束语"部分,则以"联共(布)的历史教导我们的是什么呢?"作为引导语,紧接着十个"党的历史教导说",由此提醒人们和整个国际社会:只要有苏联共产党领导,世界革命的前途就一片光明,人类社会的"天堂"便能够降临人间。

4. 秉承僵化、教条与保守的态度与立场

宗教文化本质上就意味着僵化、教条与保守,如前所述,这在东正教尤其明显。在东正教的历史上,没有产生过也不允许产生西欧天主教派别中诸如托马斯·阿奎那、马丁·路德和加尔文那样,能够随时代发展而对教义进行重新阐释的革新派人物。这一文化特点在《简明教程》中同样体现得非常明显。仍以第四章第二节内容为例,文章完全是以一种对立的思维方式,强调辩证法与形而上学是"截然相反"的。文章充满这样的论断:

从资本主义过渡到社会主义……只能通过资本主义制度的质变,

---

① 《联共(布)党史简明教程》,人民出版社,1975 年,第 192 页。
② 同上,第 376 页。
③ 同上,第 381 页。

通过革命来实现；

要在政治上不犯错误，就要做革命者，而不要做改良主义者；

社会存在怎样，社会物质生活条件怎样，社会思想、理论、政治观点和政治设施也就怎样；

新的社会思想和理论，只有在社会物质生活的发展向社会提出新的任务以后，才会产生。可是，一经产生，它们就会成为促进解决社会物质生活的发展所提出的新任务、促进社会前进的最重大力量；

社会的生产方式怎样，社会本身基本上也就怎样，社会的思想和理论、政治观点和政治设施也就怎样；

生产力怎样，生产关系就必须怎样……

社会发展、社会形态更替，以及在社会进程中经济基础与上层建筑、政治与文化等之间的关系是非常复杂的，有因未必有果，或者原因并不充分但却会有意想不到的结果产生。然而如果按照《简明教程》的解释，一切既非常简单同时也成为某种早已"命定"的机械图式。①

东正教文化之所以会对马克思主义俄国化产生深刻制约与影响，和斯大林本人成长中的宗教因素有着很密切的联系。斯大林从9岁起就被送入属于东正教的神学校读书，先是宗教小学，后来又是宗教中学。毫无疑问，无论他对宗教学校的刻板生活和枯燥教义是如何的反感，青少年时代的宗教教育都会对他的价值观念、思维方式等产生重要影响。俄国作家德·安·沃尔科戈就认为，斯大林因长期接受宗教教育而导致思维方式存在两大缺陷：一是"教义问答的思维方式"。这种思维方式给人印象是"很有条理""很有逻辑"，但由于将任何知识都加以整理后分成许多智力的"小格

---

① 以上论述和引用均参见《联共(布)党史简明教程》，人民出版社，1975年。

子"，这就容易导致教条与僵化。二是"不能认真地用批判眼光看待自己的思想和行为"，特别是由于"对自己信奉的理论上的种种基本原理的真理性很少提出怀疑，他也就不认为需要批判地对待自己的观点和意愿"。①

另外直到十月革命前夕，俄国的教育仍然被东正教会牢牢控制着，从小学到大学，都充满教会的势力和影响。据统计，截至1914年，全国有40%的小学是掌握在教会手中，中等学校在全国有一百二十多所，此外还有四所专门的神学院培养高级神职人员。十月革命后，苏维埃政府宣布废除东正教特权，结束教会统治地位，同时还采取各种办法缩小或限制东正教对于俄国各方面的影响，但作为早已根深蒂固的民族文化脉络，东正教对广大人民精神和心理的深度渗透性、弥散性，远不是一场革命或轰轰烈烈的几次运动所能够解决的。

与俄国比较，中国缺少纯粹意义上的宗教文化。在古代，尽管与儒家文化相并列的还有从国外传入的佛教及本土生产的道教，然而一方面后两者的宗教性与神圣性远不如基督教，同时在中国的影响始终非常有限（特别是道教）。在中国，儒家学说虽然不是宗教，却在实际生活中具有类似于宗教的性质与功能。一方面，以孔子为代表的早期儒家学说"继承了《周易》《尚书》的传统……创立了以'四书''五经'为代表的中国世俗化宗教的经典著作"，并且"将世俗化的宗教经典化、规范化、制度化"；另一方面，"儒家学说还以一整套祀祖制度来维系国民对最高统治者和政治共同体的情感"。于是在漫长的历史演化过程中，中国逐渐建立起"以儒家思想为核心的中国式世俗化宗教信仰"。②

这种以儒家学说为代表的中国式世俗化宗教，具有两个重要特点：

---

① ［俄］德·安·沃尔科戈诺夫：《斯大林》（上册），张基良等译，国际文化出版公司、世界知识出版社，2006年，第34~35页。

② 金太军、王庆五：《中国传统政治文化新论》，社会科学文献出版社，2006年，第66~68页。

首先，是将世人原本寄托于神灵或者类似于西方上帝的宗教情感转移至最高统治者。例如在中国，皇帝是"天子"，其功能是"奉天承运"。这种观念最初产生自周朝，"皇天上帝，惟天受命"；孔子的国家秩序观确认了这一事实，而之后的儒家学说又不断将之夯实与强化。于是在中国人的文化观念中甚至心灵深处，皇帝不但是世俗社会政治上的主宰与统治者，而且还掌控人们的精神世界，是最高精神领袖。所以德国社会学家马克斯·韦伯认为："在中国封建时代中，帝国的最高掌权者也是最高的祭司。作为最高的祭司，皇帝是使地域大小不同、武力强弱不一，统一程度有别的许多国家在文化上融合的一个基本因素。宗教仪式使这种融合得到巩固。"①

其次，奉行泛道德主义。儒家学说本质上是一种伦理体系，是关于人如何为"人"，以及社会如何为"社会"的理论。例如孔子提出"仁者爱人"的道德标准，同时建立起以"仁"为核心的道德规范，要求人们必须做到"孝悌、忠恕、忠信、智勇"，以最终达到"克己复礼"的境界。孟子则进一步提出以"仁、义、理、智"为核心的道德规范体系。在孔子、孟子之后，经过汉唐经学和宋明理学的进一步阐释、发挥，同时又以科举考试的方式将之"国学化"而深入每一个中国人的心灵深处，从而使中国古代社会完全成为一个伦理本位的社会。值得指出的是，在孔孟学说基础上建立起来的道德体系，是以"人性善"为既定前提的。"人之初，性本善"，由此将道德与否当作评判一切的标准，当作推动社会发展的重要动力。这种道德理想主义反映于政治，将"仁"当作治国理政的最高道德规范，推崇"圣君贤相"的"仁德治国"，千百年来"明君""清官""廉吏"等一类称呼就是对官员的最高评价；反映于社会，"君子喻于义，小人喻于利"，讲"义"是高尚的、道德的，而计较"利"则是可耻

---

① ［德］马克斯·韦伯：《文明的历史脚步——韦伯文集》，黄宪起、张晓玲译，上海三联书店，1988 年，第 70 页。

的、卑劣的；反映于家庭，"百善孝为先"，极为推崇孝道，并由原本出于子女对父母间自然情感的流露转变为一种外在的规则。

强调对上帝或如来菩萨及其他各种神的尊崇，要求信徒对他人和社会拥有泛爱精神，这本是大多数宗教都具有的特点。然而作为不是宗教的宗教，这两点在儒家却能够对中国文化产生更加深刻的影响：一是由于符合历朝历代巩固政治统治、维护封建秩序的需要，所以始终得到世俗政权的大力肯定、褒奖与支持；二是以"三纲五常"为核心的伦理体系，由于涉及人与人、人与社会各方面的规范，因而更具有普遍性，尤其是深入人们生活的每一个角落甚至任何的言行举止。因此在古代中国，各级官学无不明确将"明人伦"作为教育的首要目标，隋唐以后科举考试无不以儒家经典特别是"四书五经"作为出题依据，各种乡规民约也无不以儒家所确立的忠、孝、节、义作为奖惩原则。经过数千年的流传与教化，不是宗教的宗教却产生了比世界上任何一种宗教更加广泛、更加深入人心的影响。秦代以前，儒家学说也只是"百家"中之一家，但通过汉代的"罢黜百家、独尊儒术"，取得了"一统天下"的地位；再经过宋明理学时期的进一步梳理和概括、宣传与教化，最终演变为社会的传统与习惯，并成功铸就了中华民族的思维方式与文化心理结构。

任何文化一旦成为民族的传统或思维方式，势必具有难以超越的集体无意识的特征，并深刻影响对外来文化的吸收与借鉴。马克思主义作为西方文化的产物，同时又是现代资本主义发展的文化成果，本质精神原本和中国古代的儒家学说很少共同之处，甚至风马牛不相及。但是马克思主义中国化的过程，一方面是从中国实际出发、以能够解决中国革命与建设中的具体问题作为出发点和落脚点；同时也是用中国人的眼光与思维来认识和接受，并且在此基础上加以改造和再创造的过程。在这一过程中，由于文化传统的巨大惯性作用，特别是由于宗教化了的儒家学说所具有的那种无比强大的文化磁场特性，很容易使其结果带有中国旧文化的深刻烙印，甚至产生与传统的同构效应。也就是说，原本作为对立面出现的东西、作为对中国旧的文化传统构成否定的东西，最终却成为相类似甚至是共通的东西。这多少有点令人啼笑皆非、惊诧莫名，然而却是事实。

例如我们知道，马克思主义的科学性绝不在其伦理上如何正确，而在于以一整套知识系统为基础（社会的及自然的），坚持从现实出发，建立起对人类社会发展前景的认识。马克思开始理论创造之初，德国思想界流行一种"真正社会主义"思潮，这股思潮宣扬将互爱、公平、正义等一类抽象道德作为社会的基础，提倡主要通过人类互爱或道德教化的方式来建立或实现社会主义。与之针锋相对，马克思和恩格斯在其理论创造和发展过程中始终强调，资本主义灭亡的主要根据在于现代社会化大生产的高度发达，而未来社会只能以物质财富的极大丰富为前提；无论道德还是政治，在一定条件下能够对历史发展起重大作用，但在根本上都不足以长久支持一个新社会的存在并推动其不断发展。早在 1845 年的《德意志意识形态》中，他们就已经将问题表述得很清楚：如果没有"生产力的巨大增长和高度发展为前提……那就只会有贫穷、极端贫困的普遍化；而在极端贫困的情况下，必须重新开始争取必需品的斗争，全部陈腐污浊的东西又要死灰复燃"①。

然而在中国儒家的泛道德主义文化背景下，马克思主义以知识系统为基础的科学性却时常被伦理价值观所遮蔽，人们是否具有高尚的道德成为社会主义能否成功的关键。

根据马克思的唯物史观，人们的思想道德状况受经济结构与经济发展的制约；在经济极端落后、物质普遍贫乏的情况下，人们必须首先考虑自我生存的问题，只有到了社会财富充分"涌流"的阶段，才能够超越"资产阶级权利的狭隘眼界"，从而表现出高尚的道德情操。当然，在极为特殊的条件

①　《马克思恩格斯选集》（第一卷），人民出版社，1995 年，第 86 页。

下（例如战争年代）或在一定的社会关系内部（例如关系密切的亲友之间），也会有比较高尚的表现；然而在一般情况下特别是和平建设时期，人们的道德状况、道德水准总是受一定的社会存在制约的。另外，由于受社会存在制约，道德的进步与成长大体也是一个"自然历史进程"——不排除在某个特定时期及在特定人群中会存在短暂的"反常"现象。既然标准已经确立、界定也已明晰，但在事实上又达不到，怎么办呢？于是思想批判、残酷斗争成为提高人们道德水准的主要途径。这显然既不切实际，也完全背离了真正的马克思主义。

二、社会理想的乌托邦幻象

马克思和恩格斯提出社会主义问题的哲学基础是唯物史观，在方法论上则是坚持从实际出发，强调主要应由社会发展自身展开其历史必然性逻辑。但是在缺少大工业、缺少现代文明土壤的国度，这些科学性内涵实际上是很难被始终坚持的。同时对社会运行、社会发展及社会理想能否有科学认识，也与一定的文化相联系。列宁曾经有个观点："群众的文化程度愈低，政治上的乌托邦通常也愈容易产生，而且保持的时间也愈久。"[1]列宁所讲的"文化程度"主要是指居民识字率，这仅是问题的一个方面，另外更加重要的是，民族深厚而悠久的乌托邦文化背景也会对共产党人的社会理想追求产生深刻影响。

俄罗斯就是一个有乌托邦传统的民族。别尔嘉耶夫在《俄罗斯思想的宗教阐释》一书中认为："社会主义思想在俄罗斯经历了三个发展阶段：乌托邦社会主义阶段、民粹主义的社会主义和科学社会主义或者马克思主义社

---

[1]　《列宁全集》（第22卷），人民出版社，1990 年，第129 页。

会主义。"①所谓"乌托邦社会主义阶段"，主要指在十二月党人时期，俄国产生了"可以被称作第一位俄罗斯社会主义者"的彼得捷里。② 另外无论在斯拉夫主义者还是西欧主义者中间，都存在很多圣西门、傅立叶、欧文的忠实信徒。19 世纪 40 年代末，一位叫作彼得拉舍夫斯基的俄国地主在家里办起"社会主义研究班"③，专门与一些圣西门或傅立叶的信徒们讨论如何实施新的和更好地管理人类社会的计划，特别是还有一位来自俄国大草原的地主尼·伊·沙松诺夫专门到巴黎去，成为马克思的"最初的学生之一"④。乌托邦社会主义的主要特征，是对彼得大帝改革以前的俄国怀有梦想与向往；就其社会根源，与俄国的村社存在着非常密切的联系。村社在俄国，不但是一种独特的农村组织形式，而且也是源远流长的文化类型，甚至如沙皇时期的大臣维特所肯定，村社就是俄国人民的特点，侵犯村社就是侵犯特殊的"俄罗斯精神"。⑤

　　俄国村社的最大特点是全部土地归集体所有，分配给各户使用（起初不存在土地重分现象，到 15 世纪后则定期重分）；以家庭为单位进行生产；实行连环保制度；以全体村民大会裁决的方式处理民事纠纷和刑事案件……在西欧的一些国家（例如马克思曾经分析过的德国）及世界其他地区，历史

---

① ［俄］尼·亚·别尔嘉耶夫：《俄罗斯思想的宗教阐释》，邱运华、吴学金译，东方出版社，1998年，第 27 页。

② 同上，第 19 页。

③ 这就是俄国历史上有名的彼得拉舍夫斯基小组。小组是俄国 20 世纪 40 年代出现的带有空想社会主义性质的团体，参加者中有俄国著名作家萨尔蒂科夫－谢德林、陀思妥耶夫斯基，以及教师、大学生等。列宁曾经认为，俄国的社会主义知识分子与彼得拉舍夫斯基小组存在着血缘关系；曾经信仰社会主义的陀思妥耶夫斯基也承认俄罗斯的社会主义者"是从彼得拉舍夫斯基小组产生的"。姚海：《俄罗斯文化》，上海社会科学院出版社，2005 年，第 195 页。

④ ［俄］尼·亚·别尔嘉耶夫：《俄罗斯思想的宗教阐释》，邱运华、吴学金译，东方出版社，1998年，第 28 页。沙松诺夫（1815—1862）为俄国政论家、空想社会主义者、第一批被沙皇政府流亡的革命家之一。19 世纪 40 年代曾接近马克思，但据说非没有获得马克思的喜欢与信任，而且马克思还为竟然在俄国草原的地主中出现他的追随者而感到惊讶。

⑤ ［俄］维特：《俄国末代沙皇尼古拉二世》，张开译，新华出版社，1983 年，第 392 页。

上都曾经有过类似于俄国村社一样的组织形式。然而在俄国，有两点很值得我们注意：第一，村社不仅是经济单位，"而且是社会政治组织，是一个无所不包的政社合一的组织"①。在俄文中，"米尔"的原意是"世界"。将村社称之为"米尔"，这表明在农民心目中，村社就是他们的世界，就是他们的一切，亦即"俄国农民只是在自己的公社里面生活和活动；其余的整个世界只有在干预他的公社事务时，对于他才是存在的"②。第二，村社的存在不仅非常普遍，而且历史悠久、前后绵延近十个世纪。马克思曾经论述过："俄国是在全国范围内把'农业公社'保存到今天的欧洲唯一一国家。"③从基辅罗斯至十月革命前，村社能够长期存在，与俄国地广人稀的地理环境、始终是自然经济占统治地位等因素有着密切的联系，同时在政治方面，也因为有利于维护统治阶级的利益，特别是沙皇专制统治而获得国家政权的保护。

　　一个民族的文化传统，通常由这个民族长期保持不变的底层生活状态、生产方式凝结或"蒸馏"而成。在俄国这样的"农民国家"，村社作为一种独特的、普遍而长期的生产、生活形式，必然对民族精神、民族性格的形成具有十分重要的作用。或者说，为俄国文化传统注入深厚的村社烙印，例如集体主义文化心理根深蒂固。④ 这种集体主义文化心理一方面表现为对集体的崇拜，即肯定米尔的神圣不可侵犯："米尔不受任何人的审判"；另一方面更加体现为对集体耕作方式的依恋："身在米尔，死也值得。"反映于文化，"俄罗斯人民永远喜欢生活在集体的温暖之中，生活在与大自然的亲密无间之中，生活在母亲的怀抱之中"；"对集体的顺从使得他们要比个体的宗教锤炼

---

① 曹维安：《俄罗斯史新论——影响俄国历史发展的基本问题》，人民出版社，1963年，第257页。
② 《马克思恩格斯全集》（第18卷），人民出版社，1964年，第618页。
③ 《马克思恩格斯全集》（第19卷），人民出版社，1963年，第435页。
④ 参见金雁：《农村公社、改革与革命——村社传统与俄国现代化之路》，人民出版社，1963年，第106页。

更轻松，比牺牲掉温暖舒适的民族自然生活更轻松"。①

其实被别尔嘉耶夫称作俄国社会主义思想发展第二阶段的"民粹主义的社会主义"，同样是一种主要根植于村社传统的乌托邦主义。活跃于 19 世纪六七十年代的民粹派，以赫尔岑、车尔尼雪夫斯基为代表，他们主要站在农民利益的立场上反对沙皇专制统治。由于坚持"对俄罗斯人民的信仰"②（所谓"人民"其实也就是农民），相信俄国的未来存在于人民中间，因此产生了列宁所指出的"民粹派坚决地离开了自由派'社会'而'到民间去'"，即"到农民中去"（列宁语）。因为在他们看来，在村社条件下成长起来广大农民天生具有"共产主义本能"。列宁曾经分析：作为"观点体系"的民粹主义，"它包含以下三个特点"："（1）认为资本主义在俄国是一种衰落，退步。因此便有'遏止'、'阻止'、'制止'资本主义'破坏'历史基石的意图和愿望以及诸如此类的反动狂叫。（2）认为整个俄国经济制度有独特性，特别是农民及其村社、劳动组合等等有独特性。……农民村社被看作是一种比资本主义更高、更好的东西，因此便产生了对'基石'的理想化。……（3）忽视'知识分子'和全国法律政治制度与一定社会阶级的物质利益有联系。……"③其中关键之处是第二点，即将俄国传统农民及其以村社为代表的经济组织形式理想化。列宁针对民粹派的这一思想特点，明确指出，尽管"作为农民群众的特殊的、有历史局限性的民主主义斗争的表现"，在政治上是正确的、富于革命性的，但"这种民主主义作为社会主义乌托邦是错误的"。④

然而在思想层面被否定的东西，却有可能以隐型文化的方式继续存在并且在实践中发生作用。别尔嘉耶夫论述俄国社会主义思想的第三阶段是

---

① ［俄］别尔嘉耶夫：《俄罗斯的命运》，王剑钊译，云南人民出版社，1999 年，第 5 页、10 页。

② ［俄］尼·亚·别尔嘉耶夫：《俄罗斯思想的宗教阐释》，邱运华、吴学金译，东方出版社，1998 年，第 57 页。

③ 《列宁选集》（第一卷），人民出版社，1995 年，第 118 页。

④ 《列宁全集》（第 22 卷），人民出版社，1990 年，第 132～133 页。

"科学社会主义或者马克思主义社会主义"，这是指马克思主义在俄国发展的列宁主义时期。应该承认，列宁对空想社会主义或以民粹派为代表的乌托邦社会主义是有清醒认识的，所以尽管有过"战时共产主义"的错误，但他很快意识到在当时的俄国，最多只能是宣布"走向社会主义"，而不能够实际地建设社会主义、实现社会主义。在晚年，列宁甚至坚决反对"马上把纯粹的和狭义的共产主义思想带到农村去"，认为在农村具备"共产主义的物质基础之前"，"这样做对于共产主义可以说是有害的，可以说是致命的"。① 但是在列宁之后，苏联的社会主义在许多方面开始背离社会主义的科学性原则，而走向乌托邦主义。在这个过程中，文化传统尤其是为民粹派所推崇的村社传统的作用与影响不容忽视。例如从1928年开始，斯大林就竭力否定列宁提出的国家垄断资本主义的必要性，在农村大力推行全盘集体化政策以实现社会平等。集体农庄制度作为"斯大林社会主义建设的核心内容之一"，实质上就是村社组织在苏联时期"再版"，②是苏联社会主义陷入农民式乌托邦主义泥沼的开始……

在中国，对于社会理想的追求更加源远流长。早在中国古代第一部诗歌总集《诗经》中，就有对"乐土"的向往；《礼记》则以"大道之行也，天下为公"为原则，具体描绘了一个大同社会的理想蓝图。之后两千余年，类似描述不绝如缕，直到康有为的《大同书》。中国小农经济时代农民对理想社会的追求存在与俄国村社主义相通的地方，例如都反映出集体主义的文化心态。但除此之外，又还有本民族的文化特色，例如浓厚的平均主义意识。

平均主义在古代中国既具有深远的文化渊源，又拥有相当深厚的社会土壤。早在《国语·周语》中就有"分均无怨"的观点；《论语·季氏》所主张

---

① 《列宁选集》（第四卷），人民出版社，1995年，第765页。
② 陆南泉等主编：《苏联真相——对101个重要问题的思考》（上册），新华出版社，2010年，第258、254页。

的"不患寡而患不均"更是深入人心；《老子》描绘的理想社会，其重要原则之一是奉行"损有余而补不足"的平均主义；孟子提出的"五亩之宅、百亩之田"一说，同样包含平均主义；东汉《太平经》之"太平"，即高度平均与平等……至于历朝历代农民起义，无不以"等贵贱、均贫富"作为战斗号召与理想追求；发展到太平天国时期，《天朝田亩制度》提出"有田同耕，有饭同食，有衣同穿，有钱同使，无处不均匀，无人不饱暖"的设想，目的就是要实现"天下一家，共享太平"的大同社会……

平均主义在本质上不是社会主义，尤其与马克思的社会主义毫无联系。

在对民粹派"社会主义乌托邦"批判中，列宁曾经提出过一个重要观点：一种思潮或主义在政治或阶级倾向上或许是正确的，而在文化上却有可能是落后的。例如民粹派当时所提出的平均地产主张，它固然"反映了农民群众斗争的愿望"，"是千百万小资产阶级劳动者要求**根本**消灭封建旧剥削者的愿望的反映"，特别是它包含了"农民群众真诚的、坚决的、战斗的民主主义的健康而宝贵的内核"；然而在本质上，却是代表了小生产者非常落后的文化要求，即只是通过对有财产者的财富进行平均化处理的途径来实现自己对财富的占有。任何违反经济社会发展规律的政治愿望、政治行为，哪怕对未来的设想再美好，到最后也只能是一种乌托邦式的政治幻想。①

但是这种并非马克思主义甚至与科学社会主义根本对立的平均主义，却深刻制约了中国共产党人对社会主义的认识和理解，特别是最终又导致实践困境。

回顾历史，一方面有"对较富裕的私有财产怀有忌妒和平均化的欲望"作为中国农民普遍的文化心理，这在相当程度上不但成为战争年代人们参加中国共产党领导下的"革命队伍"的内在动力，而且也是后来导致土地改

---

① 本节引文除注明外，均引自列宁的《两种乌托邦》一文。

革时期全国各地不断产生极左行动的重要原因；另一方面，不但广大群众而且包括共产党的许多领导人在内，在夺取全国政权后的长期实践中，经常将平均主义误认为社会主义，或者说社会主义公平正义的具体体现就是"无处不均匀，无人不饱暖"。例如在1958年12月党的八届六中全会期间，毛泽东批示印发《三国志·张鲁传》①让全体中央委员认真学习，他本人还对区区几百字的《张鲁传》作大篇幅批注，认为社会主义就是类似于张鲁的财产公有、人人都过上吃饭不要钱的生活。② 正是借助于这样的宣传，人民公社成为中国社会主义农村的理想蓝图……

正是在这次会议上，中共中央正式通过了《关于人民公社若干问题的决议》。该决议不无自豪地提出，只要在我国农村大规模地推行以"工农商学兵相结合的、政社合一的人民公社"，就可以很快使我国从"社会主义的'按劳分配'（即按劳付酬）逐步过渡到共产主义的'按需分配'（即各取所需）的道路，城乡差别、工农差别、脑力劳动和体力劳动的差别逐步缩小以至消灭的道路，以及国家对内职能逐步缩小以至消灭的道路……"③消灭三大差别固然是马克思社会主义的重要特征——马克思和恩格斯著作中的准确提法是"消灭"城市和乡村之间的"对立"状态，但究其过程，与其说是通过制度方式进行人为的"消灭"，不如理解为通过生产的发展和社会进步使之不断融合得更为恰当。恩格斯在《论住宅问题》一文中指出，城乡之间对立状态的

---

① 《三国志·张鲁传》用较短篇幅记载：张鲁承祖辈衣钵，任五斗米道教主。因其母与益州牧刘焉家的关系，被刘焉任命为"督义司马"；后割据汉中，用五斗米道教化人民，建立起政教合一的政权和宝塔式教阶制度。张鲁的政教合一政权"雄踞巴汉，垂三十年"，实行一系列原始共产主义式的政治、经济措施，倡导天地中一切财物都为社会公有，积财应"救穷周急"，强调人人自食其力，反对"强取人物"，主张人人平等、公平的平均主义原则。

② 1958年11月，毛泽东在参加郑州会议时就已经坦承对张鲁的欣赏。他说：汉中有个张鲁，他搞过吃饭不要钱，凡是过路人在饭铺吃饭吃肉都不要钱。他搞了三十年，人们都高兴那个制度，这有种社会主义的作风，这说明我们的社会主义由来已久了。

③ 《关于人民公社若干问题的决议》，《人民日报》，1958年12月19日。

"消除"不是空想，但如果"有人硬要'从现有情况出发'预先规定一种据说可用来消除现存社会中这种或其他任何一种对立的形式时，那才是空想"。①所谓"预先规定……形式"，大体可以理解为脱离实际的制度安排或制度设计。也就是说，在实际生产的发展、社会发展还没有达到一定的水平或阶段，即不但城乡差别、工农差别的消灭主要表现为"自然历史"状态，而且意味着真正意义上的社会进步，如果主要靠某种制度来实现这一目标，那么就只能属于空想性质。然而人民公社就是"预先规定"的、实现这一主张的最佳"形式"。人为地消灭三大差别的目的，当然是为了实现以"等贵贱、均贫富"为特征的"社会主义"。

进一步分析：现实的社会主义真的能够通过"消灭"贫富差别，很快实现共同富裕吗？

马克思在《哥达纲领批判》中断然否定这种可能。针对拉萨尔派提出的"公平分配"观点，马克思认为在生产还不够发达（即"集体财富的一切源泉"还没有达到"充分涌流"水平时），人们还需要"奴隶般地服从分工"同时劳动还仅仅是作为"谋生的手段"而没有成为"生活的第一需要"时，不同劳动者之间（由于劳动能力的大小及所需要抚养子女的多少）一定会存在贫和富的差别。这种差别的存在既由生产的不发达所决定，同时在特点的历史条件下，也是迫使人们努力生产、服务社会的必要手段。这样做似乎不那么社会主义，尤其是不那么符合社会主义人人有饭吃、有衣穿的理想状态，然而问题是："权利决不能超出社会的经济结构以及由经济结构制约的社会的文化发展。"②"社会的文化发展"主要指人们的思想觉悟、思维方式、道德水准等，这些无疑是与一定的经济状况相联系的，或者借用马克思的说法是

---

① 《马克思恩格斯选集》（第一卷），人民出版社，1995 年，第 215 页。
② 《马克思恩格斯选集》（第三卷），人民出版社，1995 年，第 305 页。

"由经济结构制约"的。例如在古代农业经济条件下，人们很难超越小生产者的狭隘眼界，以及自私自利观念的束缚。在现实社会中，各种"权利"的实现一方面取决于生产的发展和客观的社会历史进程，另一方面还与人们的思想状况、道德状况等精神的或文化的东西相联系。如果说前者主要是一个能不能的问题，那么后者的意义在于当人们拥有了某种权利时能否正确使用并进而推动社会进步的问题。所以马克思在谈到为什么在生产不发达的情况下还必须实行按劳分配这一没有资产阶级的"资产阶级权利"时，强调这个社会"是刚刚从资本主义社会中**产生出来的**，因此它在各方面，在经济、道德和精神方面都还带着它脱胎出来的那个旧社会的痕迹"①。

请注意：马克思这里所论述的社会主义至少在理论上是"从资本主义社会中的产生出来的"，即不但以资本主义文明为既定历史前提，而且又是从资本主义社会中"自然"生长出来的。那么现实的社会主义呢？第一，既定历史前提非但不是一个完整的、高度发达的资本主义社会，而且是一个基本属于古典古代的或封建的小农业社会；第二，究其"产生"过程或方式而言，缺乏"自然"性而更多"历史"性，即主要是借助于特殊的历史条件，由中国共产党带领农民"造反"成功而实现。由此决定了在现实的社会主义，在由于生产力极度不发达而处于普遍贫穷状态的同时，人们实际的"道德和精神"往往还会（而且只能是）带有比资本主义社会更加落后的"那个旧社会的痕迹"。

三、从"奥勃洛摩夫"到"阿 Q"

奥勃洛摩夫和阿 Q，分别为俄国大作家冈察洛夫与中国作家鲁迅笔下的

---

① 参见《马克思恩格斯选集》（第三卷），人民出版社，1995 年，第 304～305 页。

文学典型。此二人，一个为 19 世纪俄国农村的小地主，一个为 20 世纪初中国浙江农村的流民，本来毫不相干，然而在特定背景下，恰可成为社会主义建设时期人们某种政治文化心理或精神状态的生动写照。

最先借用奥勃洛摩夫这一文学典型的，是列宁。经过十月革命后短暂的执政实践，列宁深刻地察觉到，在文化上对俄共（布）及其事业构成严重制约的，还有"奥勃洛摩夫精神"或"奥勃洛摩夫习气"。

作为俄国作家冈察洛夫最有影响的作品，长篇小说《奥勃洛摩夫》（1859）的成功在于塑造出一个农奴制度下成长的贵族地主典型——奥勃洛摩夫。奥勃洛摩夫本是个受过西方文明教育的先进贵族，正直、善良，还"具有黄金般的心灵"；但是在农奴制度下，却变得怠惰成性、害怕变动，终日耽于幻想，同时对生活抱非常消极的态度。他的最大特点是没法集中思想考虑任何实际问题，更不能克服微不足道的障碍，去处理或解决一件日常生活中的具体事情，因而最终一事无成。在小说中，冈察洛夫借另一人物斯托尔兹之口，概括奥勃洛摩夫自毁于"奥勃洛摩夫性格"，即农奴制生活方式所养成的惰性。作品问世后，俄国著名文学评论家杜勃罗留波夫在《什么是奥勃洛摩夫性格？》一文中指出，主人公的"惰性"根植于俄国的农奴制土壤，重要的是，这种"奥勃洛摩夫性格"非但没有像冈察洛夫所喻示的那样已经被埋葬了，而是继续存在于我们中间，继续成为社会进步的阻力。

"奥勃洛摩夫性格"不仅属于贵族地主奥勃洛摩夫，而且更是整个民族的，特别是作为俄罗斯民族性格中的消极面，是需要随着时代发展、社会进步而被改造的因素。正是在此意义上，列宁晚年经常以"奥勃洛摩夫精神（习气）"来解释民族文化中的落后内容对社会主义实践的深刻影响。

列宁最初使用"奥勃洛摩夫"，是在 1902 年的《俄国社会民主党的土地纲领》一文中。文章以对农奴制度条件下"宗法式农民"的改造为前提，认为使农民成为小块土地的实际拥有者，即"维护小私有制"，将有助于"废除那些有碍于凝固在停滞、闭塞和荒芜状态的宗法式奥勃洛摩夫卡得到改造的制度"。① "奥勃洛摩夫卡"就是冈察洛夫小说中奥勃洛夫生活的庄园，列宁在此把它当作农奴制度的残余，"停滞、闭塞和荒芜"和"宗法式"则概括其落后的基本特点。后来他再一次明确提及，已经是在新经济初期的《论粮食税》一文中。列宁从基本国情角度论证为什么必须从"军事共产主义""退却"到新经济政策阶段，强调在俄国存在着大片大片的与现代文明、资本主义、大工业及城市生活相隔绝的穷乡僻壤，在这些地方，"到处都是宗法制度、奥勃洛摩夫精神和半野蛮状态占优势"。这是第一次使用"奥勃洛摩夫精神"的提法，并将之与宗法制度、半野蛮状态相并列。"状态"主要指生活方式，制度、精神及状态都属于文化范畴，因而相比之下，"奥勃洛摩夫精神"侧重从民族传统层面提出，更具备民族文化性格特点。不过此时，"奥勃洛摩夫精神"的直接指向主要限于农村。我们知道，在"军事共产主义"时期，列宁对农民政治上的不觉悟甚至麻木与反动（大量农民投向白军，以及主要农民出身士兵参与的喀朗斯塔得军事叛乱）具有痛心疾首般的感受，因而大致可以认为，《论粮食税》中提出此说的首要背景，仍然是十月革命后对广大农民精神上仍处于愚昧状态的深刻体验。

然而随着工作重点由政治斗争、军事斗争转向经济建设，特别是随着理论思维重心从最宏观层次即俄国及整个世界的前途命运，转向更加关注苏维埃政权建设、执政党的建设，列宁对奥勃洛摩夫精神的认识逐渐发生变化。

首先是和机关作风、党的作风相联系，主要从"怠惰"角度承认在政府部门大量存在奥勃洛摩夫"习气"（"风气"）。

从1921年底到1922年初，列宁对党和国家机关的拖拉作风非常气愤，

① 《列宁全集》（第6卷），人民出版社，1986年，第319页。

有时简直达到怒不可遏地步。这一时期与苏维埃高层机关领导及党的主要
领导的部分通信，通篇都是对机关散漫拖拉和不负责任作风的谴责。也有
人为之辩护，例如波格丹诺夫就认为机关的作风虽然差些，但其工作人员
"都是些极好的、忠诚的、宝贵的工作人员"。但列宁认为绝不能姑息养奸，
要求必须严厉处置这些人。1921 年 12 月 23 日，列宁在《致彼·阿·波格丹
诺夫》这封信中针锋相对地指出："就算这是事实"，就算波格丹诺夫在这个
问题上"没有'本位主义情绪'"，但是这些丝毫不能排除"拖拉作风和领导
不力"者应该负有的"罪责"。列宁建议对犯有此类"罪责"者进行公开审
判，强调由于"我们不善于对可恶的拖拉作风进行公开审判，为此完全应该
把我们大家以及司法人民委员部的人用发臭的绳子吊死"，否则，将来"说不
定什么时候我们就会因此而活该被吊死"。①

　　与谴责并要求严厉处罚相比较，列宁更注意从文化根源上进行分析，以
便有助于问题的真正解决。他认为工作中的怠惰、拖拉和不负责任等，并不
仅是发生于极少数人的偶然现象，"这在我们这个'奥勃洛摩夫'共和国里是
司空见惯的"②。从"奥勃洛摩夫卡"扩展到"'奥勃洛摩夫'共和国"，可见范
围之广、影响之深刻。在根源上，"'奥勃洛摩夫'共和国"根植于"沙皇时
代"；历史上的沙皇时代虽然不存在了，但沙皇时代所形成的传统还必然会
对现实生活构成制约，结果"**高明的东西**"（指资本主义的文化成就——引者
注）没有学到多少，却将"奥勃洛摩夫习气"继承下来了，而这恰恰是旧时代
"最坏的东西"，"共产党员的空谈""共产党员的狂妄自大"等，都是其表现
形式。③　正是由于摆脱不掉"可恶的、奥勃洛摩夫式的风气"的干扰和影响，
"我们的上层机关即各人民委员部及其各部门实际上都存在着根本无人负

---

①　《列宁全集》（第 52 卷），人民出版社，1988 年，第 149～150 页。
②　同上，第 270 页。
③　参见《列宁全集》（第 42 卷），人民出版社，1987 年，第 426 页。

责的现象","如果不注意、不督促、不检查、不拿三根鞭子抽打",工作在"两个星期就会'松下来'"。①

更进一步的认识,是在1922年3月,即俄共(布)第十一次代表大会召开前后。这时已不再仅限于机关作风层面,而是和共产党人的进取精神、实际领导能力和经商才能等相联系。

随着新经济政策的全面实施,国内经济逐渐商品化,发展国家资本主义成为重要内容。这些对俄共(布)的执政能力、执政水平提出了新要求:处于管理岗位的共产党员必须要能够适应发展商品经济的需要,具有更强的竞争意识和管理现代经济的本领。然而许多共产党员却难以做到这一点。对他们构成障碍的,不是政治品质问题,因为他们"在争取共产主义的斗争中受过考验,坐过监牢",甚至在政治上堪称是"最可敬、最优秀的共产党员"(正好比奥勃洛摩夫正直、善良,还具有"黄金般的心灵"),总之,"他具备共产党员的一切无可争辩的优点"。但是他却"不会做生意"!列宁承认:"共产党人要学会经商确实需要时间",而且"在头几年总会犯一些严重的错误",不过这没关系,"历史会宽恕他们的,因为这是一件新事情"。真正的障碍在哪里?列宁明确指出:是"俄国人的奥勃洛摩夫习气和其他许多习气"。"俄国人"的,自然也就是俄罗斯民族的,是俄罗斯民族性格中惰性的一面、不善于处理实际问题的特性,妨碍着共产党员在和平建设时期奋力进取,妨碍他们在商品经济条件下通过努力学习而具有"精明商人的本领"。进入新经济政策时期,俄共(布)执政将经济建设当作头等大事,从而"安排了一批共产党员"离开他们所熟悉的政治、军事领域,改行"去从事实际执行工作"。结果,"他们虽然具有一切优秀品质但完全不适宜做这种工作";他们只知道匆匆忙忙起草成堆的法令,"但对于法令的实际执行情况却没有加以检查"。

---

① 《列宁全集》(第42卷),人民出版社,1987年,第388～389页。

他们不会做这些实际的工作，也不屑于去做这些工作，事实上，他们像 19 世纪中期的奥勃洛摩夫一样，已经成为新时代共产党执政队伍中"多余的人"！为此，列宁建议如同 1921 年下半年"清除混入党内的自私自利分子和盗贼"那样，将严重具有奥勃洛摩夫习气的共产党员清除出党和国家的管理机构。①

"总是躺在床上，制定计划"，列宁认为这是冈察洛夫小说中奥勃洛摩夫的最大特点。冈察洛夫作品所反映的，是 19 世纪中叶的俄国社会现实，"从那时起，已经过去很长一段时间了"。那么情况有没有发生变化呢？最终没有能够走出"奥勃洛摩夫卡"、没有能够摆脱房东寡妇怀抱的奥勃洛摩夫，无疑在终日躺卧状态中早已死去。但是在现实生活中，虽然自 1861 年农奴制改革，俄国历史上先后发生过 1905 年革命、1917 年二月革命和十月革命，革命一次比一次猛烈、一次比一次激进，然而难道就足以将"老奥勃洛摩夫"们完全送进坟墓吗？非也！列宁坦承：

> 俄国完成了三次革命，但奥勃洛摩夫们仍然存在，因为奥勃洛摩夫不仅是地主，而且是农民，不仅是农民，而且是知识分子，不仅是知识分子，而且是工人和共产党员。只要看一下我们如何开会，如何在各个委员会里工作，就可以说老奥勃洛摩夫仍然存在。

"老奥勃洛摩夫"在"借尸还魂"，甚至包括那些经常在精神领域与"老奥勃洛摩夫"针锋相对的俄国知识分子们，包括专门革贵族地主奥勃洛摩夫之命的工人和共产党员们！

这就是传统的力量！

---

① 引文及基本思想，参见《列宁全集》（第 43 卷），人民出版社，1987 年，第 3 页、13～14 页。

列宁是从俄国的现实出发,从对俄共(布)执政后社会主义实践面临的困难中,再次认同并进一步俄国化了马克思文化理论中的一个重要观点:"死人抓住活人!"

"仍然存在"的奥勃洛摩夫们已经不再生活于"奥勃洛摩夫卡",但头脑中的"奥勃洛摩夫精神""奥勃洛摩夫习气"依然相当的顽固,要清除这些东西,"必须长时间搓洗敲打,才会产生一些效果"。为此,列宁最后特别提醒人们注意传统的力量:

在这方面,我们应当正视自己的处境,不要有任何幻想。①

任何一个民族,由于特定地域、共同生活方式,以及历史和传统等因素,其成员都会存在某种文化上的共同性,即被人类学家称为民族性的内容。杰出文学作品中的人物形象往往是现实生活典型化的反映与表现。因此,人们在分析概括一个民族之文化性格或者说国民性时,经常以该民族某些著名作家作品中的人物作为代名词。和奥勃洛摩夫类似,鲁迅作品中的阿Q之于中国人,在某种程度上具有同样的作用与功能。

根据鲁迅小说的描写,阿Q生活于闭塞落后的农村小镇未庄,属于上无片瓦、下无寸土的赤贫者,他没有家,住在土谷祠里,也没有固定的职业,"割麦便割麦,春米便春米,撑船便撑船"。在生活方面,阿Q由于失去了土地和房屋,靠打零工为生,堪称是吃了上顿愁下顿;社会地位更加可怜,除了庙里的小尼姑,谁都可以欺负他、侮辱他,甚至连姓赵都不许可,现实处境十分悲惨。正是在现实生活中处处碰壁、"毫无出路的处境",促成了阿Q参加革命的愿望。他对革命并不理解,认为革命就是造反、造反就是与他为难,但是

---

① 《列宁全集》(第43卷),人民出版社,1987年,第12~13页。

当看到那些原本一直欺负他的举人老爷们都害怕革命时，便不免对革命"神往"起来："革命也好吧，革这伙妈妈的命，太可恶！太可恨！……便是我，也要投降革命党了。"他幻想革命后，赵家的元宝、洋钱、洋纱衫，以及秀才娘子的宁式床、钱家的桌椅等都可以搬进土谷祠，归他所有；他幻想革命后，就可以"手执钢鞭将你打"，对以往欺负他的、那些"该死的"小 D、赵太爷、秀才和假洋鬼子等实施报复；他还幻想革命后，自己就可以随便地拥有女人——"赵司晨的妹子真丑。邹七嫂的女儿过几年再说。假洋鬼子的老婆会和没有辫子男人睡觉，吓，不是好东西！秀才的老婆是眼胞上有疤的。……吴妈长久不见了，不知道在那里，——可惜脚太大"……

鲁迅笔下的阿 Q 传神而深刻。小说创作于 1921 年底 1922 年初，那时中国共产党刚成立不久，还没有党领导下的工农武装一说。为阿 Q 所神往的"革命"，实则是辛亥革命，与共产党领导下的新民主主义革命毫不相干。然而应该承认，无论党员的实际构成，还是党领导下的工农革命武装力量基本成分，难道不正是主要由阿 Q 一样出身的农民所组成？甚至还可以推断他们中的绝大多数，就促成其参加革命的处境与最初动机，和阿 Q 也是相差无几。当然，我们同样也可以认为，这些人在投身共产党领导的革命队伍后，经过长期的思想教育，政治觉悟发生很大转变，特别是有效克服了阿 Q 式的"革命主义"。但问题在于，一方面灵魂深处的东西是很难获得改正的；另一方面，更加重要的是，作为国民性方式存在的那些隐型文化层面的内容，在新的历史条件下还会改头换面地再现于现实生活。于是在 1949 年以后，我们不但可以从处于执政地位的党的中高级干部中，看到"打江山坐江山"的各种表现，不但可以从农村土地改革及后来的历次政治运动中，看到阿 Q 式的报复心理，不但可以从一些基层党员干部中，看到土皇帝式的表现，看到类似于阿 Q 梦境中对财物和女人的期待……而且可以在更大范围、更长远影响中，看到"阿 Q 文化"在更深层次的种种表现。

鲁迅塑造阿Q这个典型是有深刻含义的。阿Q是个文盲，一字不识甚至连自己姓什么都搞不清楚，然而阿Q却又是一个真正意义上的文化典型。借用鲁迅自己的说法，是通过阿Q这个人物典型表现"国民的弱点"以引起"疗救的注意"。所谓"国民的弱点"，意即并不专属于哪一类人或哪一个阶级所有，而是整个民族的。但是既然阿Q是农民，这些"弱点"在农民中间肯定表现得最为深刻与淋漓尽致。共产党员首先是"国民"，同时就其成分，农民或出身农村者又始终在党员总数中占有主要比例。于是我们可以看到：在处于执政地位的共产党内，阿Q的两大文化特征有着非常广泛的表现：

1."精神胜利法"

阿Q地位低下、物质贫困，但在精神上却"常处优胜"。例如他常常靠夸耀过去得到心理上的满足："我们先前——比你阔多啦！你算是什么东西！"又从比附将来中获得精神上的陶醉："我的儿子会阔的多啦！"他忌讳自己头上的癞疮疤，明知不那么光彩，但又认为别人"还不配"；经常被别人打败，但心里转念思之又会转败为胜："我总算被儿子打了，现在的世界真不象样……"在中国共产党成为执政党后，许多党的领导干部在执政素质、能力水平和知识水平等方面面临严峻挑战；也就是说，存在诸多不适应之处。例如从来没有做过城市管理工作，学历不高、识字不多等。与正视这些缺陷与不足相反，一些共产党人也会像阿Q一样面对自己的困境，努力通过寻求精神上的"胜利"获得满足：明知不识字无论对于实际的建设还是当领导，都是一件非常糟糕的事情，却口口声称"老子就是文盲，就是老大粗，怎么啦？"

2.亦主亦奴心理

亦主亦奴、主奴合一，是中国古代社会最具普遍意义的社会人格。鲁迅对此有过非常精彩的分析：

专制者的反面就是奴才，有权时无所不为，失势时却奴性十足。……做主子时以一切别人为奴才，则有了主了，一定以奴才自命：这是天经地义，无可动摇的。①

在辛亥革命之前的《国民报》，有更加入木三分的描述：

> 中国之官，愈贵而愈贱。其出也，武夫前呵，从者塞途，非不赫赫乎可畏也；然其逢迎于上官之前则如妓女，奔走于上官之门则如仆隶，其畏之也如虎狼，其敬之也如鬼神，得上官一笑则作数日喜，遇上官一怒则作数日戚，甚至上官之皂隶、上官之鸡犬，亦见而起敬，不敢少拂焉。且也，上官之上更有上官，其受之于人者亦莫不施之于人。位至督抚、尚书，其卑污诟贱，屈膝逢迎者，曾不少减焉。②

亦主亦奴人格心理的典型表现是"阿上而卑下"，即面对在地位、力量等方面强于或高于自己者，竭尽送往迎来、卑躬屈膝、阿谀奉承之能，甚至不惜吮痈舐痔以献殷勤；而对低于自己者，则冷若冰霜、喜怒无常、趾高气扬，甚至随意打骂和侮辱以显威风。在鲁迅笔下，阿Q虽然不曾有过半点官职，并且是赤贫者，然而作为"国民"，同样具有亦主亦奴的二重性格。例如在赵太爷这种"有身份的人"面前，最初努力攀附做本家，但经赵太爷怒斥后低三下四、再也不敢提姓赵；然而"革命"后自以为有点地位了，便又在赵太爷面前神气活现、冷淡对之。他一方面受赵太爷、假洋鬼子等人的欺负苟且偷生；另一方面，又欺负比他弱小的小D、小尼姑，并且是肆意凌辱、毫不手软。做奴才做久了，便想着闹翻身，即参加"革命"。"革命"的目的，是要让未庄的

---

① 《鲁迅全集》（第4卷），人民文学出版社，1981年，第542页。
② 《辛亥革命前十年间时论选集》（第一卷）（上册），生活·读书·新知三联书店，1978年，第76页。

一伙鸟男女们跪在他面前求饶命……

亦主亦奴心理是在中央高度集权的专制体制下,人格分裂的一种表现。面对权力支配一切、官大一级压死人的专制制度,面对官员从自上而下任命、上对下具有生杀予夺权力的官僚体系,下级官员只能唯上级官员马首是瞻,非但在表面上不能有任何的不满或反抗,而且还必须呵捧备至、不能有半点差池。转而面对层级较低的官员或者是普通百姓,他自然又会将上级官员对待他的方式、态度等全部展现,甚至是变本加厉。即使贵为宰相,"一人之下,万人之上",然而也不免在皇帝面前摇尾乞怜,在百官面前又专横跋扈。官员或当政者若是知识分子出身,由于更多一些人文精神、人道主义,经常会不太明显(例如中国历史上的陶渊明、苏东坡等)——当然也并不尽然;倘若出身农民或是农民起义成功者,则因阿 Q 一样的农民性格使然,表现得更加突出。例如历朝历代农民起义,都存在着对有钱人或当官者的极度报复现象。

在中国古代社会,主奴合一意识存在于每一个国民的灵魂深处,"几乎一切社会个体都会历时性或共时性地兼备主奴双重角色"[①]。如同即使不是农民,但只要是中国人就有可能从阿 Q 这个人物典型中或多或少地看到自己的存在一样,时至今日,一方面亦主亦奴作为隐型文化还在发生作用,另外我们的政治体制仍然具有集权特征,特别是大多数官员仍然主要由上级任命。已经去世的中国社会科学院前副院长李慎之先生,是 20 世纪 30 年代参加革命的老党员。他曾经著文指出:"最近看到报上有青年干部说,'看看我们现在对上级说话的态度,已经跟过去完全不一样了'。他的意思是说上下关系已经很民主了。我却很怀疑,不一样的恐怕只是失去了中国曾经十分讲究的礼貌与规矩而趋于随便与粗野,不变的却是首长的自以为是和下

---

① 刘泽华:《中国的王权主义》,上海人民出版社,2000 年,第 375 页。

属的曲意逢迎。证据真是随处可见，只要打开电视，翻开报纸，看看上面的新闻报道和评论文章，都是只见千士之诺诺，不见一士之谔谔。"①根据党章规定，党员在党内地位平等、互称同志，然而不但以官相称成为普遍现象，即使在一个支部或党委内部，书记对其他副书记、委员也难以平等相待，更不用说普通党员了；相反，对待上一级党委的书记或常委却经常是恭敬倍加、唯唯诺诺。又比如，在迎接上级官员时能够手搭车门、躬腰屈膝或笑脸相迎、阿谀丑态百出；然而在下去视察工作时，则喜欢下级官员前呼后拥、提包端茶，若逢下雨则都习惯别人给撑伞……

亦主亦奴者缺乏独立人格，因而又具有严重的依附心理。这是由于在古代社会，任何人都没有能够独立的政治地位与经济地位。譬如阿Q，他之所以见到赵太爷就战战兢兢，是因为如果赵家不雇他做工，他的生计就无从着落。同样，上级官员之所以能够对下级官员（或者官员对于百姓）动辄冷对，因为牢牢掌握着他们的政治权力、经济利益或社会地位。这些在1949年以后，在以苏联模式为特征的政治条件下仍然存在；制度条件更兼之文化因素，不但造成了党员干部的亦主亦奴心态，而且还形成了下级对上级的"人身依附关系"。正是从这种"人身依附关系"出发，邓小平在《党和国家领导制度的改革》一文中指出并严厉批评了党内的亦主亦奴心理：

> 上级对下级不能颐指气使……下级也不应当对上级阿谀奉承，无原则地服从，"尽忠"。②

---

① 李慎之：《中国文化传统与现代化——兼论中国的专制主义》，《战略与管理》，2000年第4期。
② 《邓小平文选》（第二卷），人民出版社，1994年，第331页。

第八章
文化制约的执政维度：历史的投影

1980 年 8 月，中国共产党召开了一次政治局扩大会议，会议主要是讨论党和国家领导制度改革问题。在会上，邓小平作了《党和国家领导制度的改革》长篇讲话。这是一篇值得纪念的讲话，也是一篇无论在中国共产党历史还是国际共产主义运动史上都具有重要意义的讲话！

讲话明确指出，在共产党执政条件下，"党和国家现行的一些具体制度中"都"存在不少的弊端"；"从党和国家的领导制度、干部制度方面来说，主要弊端就是官僚主义现象，权力过分集中现象，家长制现象，干部领导职务终身制现象和形形色色的特权现象"。共产党是无产阶级政党，共产党由工人阶级中的先进分子所组织，共产党的宗旨是全心全意为人民服务；既然如此，为什么在其执政的"具体制度"中还会存在各种各样的弊端呢？邓小平认为，关键在于还没有走出封建主义或封建专制主义的历史阴影，"旧中国留给我们的，封建专制传统比较多，民主法制传统很少"。当然，邓小平也指出了共产国际的影响，认为"共产国际时期实行的各国党的工作中"形成了一种"领导个人高度集权的传统"。[①]

---

① 本节引文及基本思想，参见邓小平：《党和国家领导制度的改革》，载《邓小平文选》（第二卷），人民出版社，1994 年。

"传统"是一种文化现象,而且属于深层次的隐型文化范畴。作为传统的文化形成于过去,即由民族历史上的生产与生活所铸就,其中的政治文化传统,则主要因一个国家或民族历史上流传数百年甚至上千年的各种政治制度、机制及其运行方式等而产生。无论作为传统的文化抑或政治文化传统,一旦形成又会对现实的制度建设及其运作效果形成深刻制约。

一、权力高度集中:"普照之光"

论及共产党在落后国家执政后的制度弊端,有一点早已达成共识,即普遍存在权力高度集中现象。

邓小平在《党和国家领导制度的改革》一文中分析:

> 在加强党的一元化领导的口号下,不适当地、不加分析地把一切权力集中于党委,党委的权力又往往集中于几个书记,特别是集中于第一书记,什么事都要第一书记挂帅、拍板。党的一元化领导,往往因此而变成了个人领导。全国各级都不同程度地存在这个问题。①

中国如此,苏联也是这样,甚至在"各国党的工作中"都存在"个人高度集权"事实。马克思和恩格斯是坚决反对集权的。无论根据《共产党宣言》,还是第一国际、第二国际的成立过程,他们都主张无产阶级政党应建立在民主原则基础,党内各级领导人不能由上级任命而必须真正是通过民主选举产生,任何党的领导人都要定期向党组织报告工作。这样做既是为无产阶级政党性质所要求,同时也是为了防止个人过度集权从而导致各种政治弊

---

① 《邓小平文选》(第二卷),人民出版社,1994 年,第 328～329 页。

端发生。

变化始于列宁,始于苏联共产党的前身——俄国布尔什维克党。

布尔什维克既是国际共产主义运动的产物,更是俄国当时特殊国情的产物。所谓"特殊国情",从建党角度看主要表现在两个方面:第一,俄国是一个"农民国家"(列宁语),缺少真正意义上的、如19世纪40年代英法等国那样政治上已经比较成熟的工人阶级队伍;第二,沙皇专制统治异常残酷与暴虐,根本不给政治异己者任何公开活动的自由。在这种恶劣环境下,如何组织坚强有力的无产阶级政党并使之卓有成效地开展活动,就成了当时俄国革命家必须认真考虑和解决的问题。在这个问题上,俄国革命家当时分成了尖锐对峙的两派:一派以马尔托夫为代表,主张效法欧美发达国家的工人政党,即根据马克思和恩格斯的建党思想,按照民主的规范和原则行事;另一派则以列宁为代表,认为根据俄国国情尤其是极其恶劣的政治生态,只能建立一个有别于欧美发达国家的新型无产阶级政党。很显然,集中制固然能够使党更加适应在沙皇专制制度下开展活动并组织有效的斗争,但是也很容易导致少部分人甚至极少部分人独揽党的权力。所以在当时,就引起了国内孟什维克派、国际上一些社会民主党人包括马克思主义者的反对,理由就是这样做不符合马克思主义的建党传统。或许是这些反对意见也使列宁意识到过分强调集中制存在的隐患,1905年以后列宁更主张在"集中制"前面加上"民主的",即将"民主的集中制"或"民主集中制"作为布尔什维克党的建党原则。

有一点应该承认:如果不是环境过于险恶,列宁还是主张民主的。例如当1917年二月革命后布尔什维克党公开活动成为可能时,列宁马上就强调要发扬党内民主:重新选举党的各级领导人,强调中央要向全党报告工作。在为十月革命作理论准备的《国家与革命》中,列宁进一步提出,要"彻底发展民主,找出彻底发展的种种形式,用实践来检验这些形式等等,这一切都是为社会革命进行斗争的基本任务之一"①。文章还专门引用了恩格斯关于普选与地方自治的一段论述："省、专区和市镇通过由普选权选出的官吏实行完全的自治。取消由国家任命的一切地方和省的政权机关。"在工作实践中，列宁更是注意通过运用自己高度的民主修养和优秀民主作风，来影响和推动布尔什维克的党内民主，特别是高层的民主化。他执政六年，就开了六次党代表大会（从 1918 年到 1923 年，每年开一次）。

列宁想民主而无法民主。但是当斯大林自俄共（布）第十一次代表大会当选为总书记以后，情况就变得完全不同了。在列宁生前，斯大林对于权力的"垄断"多少还有所顾忌；列宁逝世后，很快变得肆无忌惮：到了 20 世纪 30 年代，在苏共党内就已经形成了总书记的领导体制，总书记从最初协调人的角色转变为书记处、政治局和组织局的最高领导甚至党的化身，最终成为集党、政、军三大权力于一身、至高无上的最高领袖。同时斯大林领导下的书记处也迅速由秘书机构转变为决策机构，书记处的权力后来又进一步转移到斯大林办公室，最终演变为党和国家重大问题均由斯大林一人决断……

难道仅是斯大林一人迷恋权力、对高度集权制情有独钟吗？

在斯大林去世后，高度集权制的弊端暴露无遗，无论是有识之士还是苏共党内高层对此都已经有比较深刻的认识。然而尽管后来有过改变，例如赫鲁晓夫上任之初采取过加强党的集体领导、将党政最高职务分开、定期召开党的代表大会和中央全会等措施，但事实上并没有获得根本扭转。尤其在赫鲁晓夫坐稳了位置之后，又重新走向新的集权；赫鲁晓夫之后的继任者勃列日涅夫，又几乎将斯大林时期高度集权的各种做法恢复如初。

"萧规曹随"，中国共产党也大体有过同样的历程。

中国共产党是从战争年代过来的。和俄共（布）早期一样，在战争年代

---

① 《列宁选集》（第三卷），人民出版社，1995 年，第 181 页。

特别是外部政治环境极其险恶的条件下，实行高度集中统一的领导模式既可以理解也是能够接受的。问题是在成为执政党以后，就应该努力推行党内民主和坚持民主建党的原则。然而一切诚如邓小平所总结：

> 我们历史上多次过分强调党的集中统一，过分强调反对分散主义、闹独立性，很少强调必要的分权和自主权，很少反对个人过分集权。①

难道仅仅因为战争年代、革命年代的影响或者是少数人甚至个别人的品行问题吗？邓小平认为事关封建主义残余或遗毒。那么在古代封建主义中究竟是什么因素竟然能够影响共产党人的制度建设？

美国学者卡尔·A.魏特夫曾经借助马克思的"亚细亚社会"理论，提出"东方专制主义"的概念。他认为，"东方"（包括俄国在内）的专制主义要较西方国家更为全面、更加暴虐，特别是"表现了极权力量最残酷的形式"。之所以如此，是因为权力在这些国家既缺乏有效的宪法或法律上的约束，也缺乏有效的社会制约或者自然法则和道德文化方面的制约。在其名著《东方专制主义——对于极权力量的比较研究》中，魏特夫借用印度学者 K.V. 兰加斯瓦米的观点对专制主义作如下解释："一种政府形式，在这种政府中，一切权务必须集中在统治者手里，并不存在着其他并行的或独立的权威，即并不存在另一种象服从统治者那样惯常得到人民服从的、并且能够对统治者进行合法反抗或责备的权威。"②魏特夫将形成东方专制主义的根源归结于"治水"，这或许不无偏颇之处，应该说他对"东方专制主义"的许多认识大体是正确的。

---

① 《邓小平文选》（第二卷），人民出版社，1994年，第329页。
② ［美］卡尔·A.魏特夫：《东方专制主义——对于极权力量的比较研究》，徐式谷等译，中国社会科学出版社，1989年，第99页。

例如中国，权力至上并且使整个国家和广大人民置于一个政权甚至就是某个人统治之下的中央集权制度，在秦始皇统一中国时就已经建立并趋于定型。高度专制、残暴的秦王朝虽然仅存十余年，然而"秦亡，而秦法未败"，继起的汉王朝在政体上基本沿袭了秦的制度；再以后两千余年，"百代都行秦皇法"①，秦始皇建立的中央集权制度为历朝历代所遵循，始终没有大的改变。追本溯源，早在国家形成之初的商周时代，君主便拥有至高无上的权威，不但全国的臣民而且所有的贵族都要绝对服从王的旨意。

高度的中央集权、个人专权，在一定的历史条件下固然有助于维护国家统一和抵御外敌入侵，有助于巩固和强化以实行君主专制统治为特征的中央权威，但同时也在中国人心灵深处埋下了习惯于并且相信中央高度集权是"好东西"的思维定式。从而致使在几千年的历史进程中，独裁的君主专制制度始终是中国政治发展主线，而"民主对君主的分权和制约的原则，一直淹没在专制君主个人拥有无限权力的现实之中"②。

俄国的国家史没有中国悠久，然而不幸的是，自862年留里克王朝开始起步的第一个历史时期，就被俄国著名的历史学家塔季谢夫称为"专制统治时期"。除了本土原因，俄国历史上的专制主义还不断为外来因素所强化：

一是东正教。东正教在俄国原本就是由官方政权引进并利用其权威强力推行才得以流行和成为唯一国教的，对沙皇权力的无限尊崇与依附自然既成为俄国东正教的主要特点，也是其教义的重要组成部分。

二是蒙古人的入侵与统治。著名俄国文化史学者格奥尔吉耶娃认为："蒙古-鞑靼人的入侵和鞑靼人对罗斯两个半世纪的桎梏（1238—1480年），

---

① 毛泽东：《七律·读〈封建论〉呈郭老》，参见季世昌编著：《毛泽东诗词鉴赏大全》，南京出版社，1994年，第614页。另外此句在陈晋《毛泽东与文艺传统》《毛泽东之魂》二书，作"百代都行秦政法"。

② 金太军、王庆五：《中国传统政治文化新论》，社会科学文献出版社，2006年，第27页。

几乎影响了整个俄罗斯文化的发展。"①金帐汗国的建立及其统治，在俄国形成并奠定了东方专制主义的政治文化传统。甚至完全可以说，在一定程度上，正是"蒙古人的统治在政治上哺育和教诲了罗斯的王公们，使罗斯国家从此走上了沙皇专制制度的道路"②。

当然，俄国不但地理上接近"西方"，而且在文化上也较其他东方国家更早受到西欧文化的影响。尤其是自彼得大帝以后，在俄国就掀起了向往欧洲文化的热潮，甚至在叶卡捷琳娜二世时期的俄罗斯文化被建设得几乎成为"欧洲文化的一个复制品"③。然而无论彼得一世还是叶卡捷琳娜二世，他们引进西方文化在根本上都不是为了彻底改变俄国的基本制度。或者借用中国晚清洋务派人士的一个观点，他们在思想深处是以西方文化为"用"，并借此达到增强、巩固俄国之"体"的目的。由于"体"和"用"之间存在本质性冲突，西方化达到一定程度之后必然与普遍的东方社会制度、社会结构形成深刻的内在矛盾。震撼俄国大地的十二月党人起义，正是这一矛盾的反映。其结果，只能是激起俄国专制统治者的残酷镇压，以及对西方文化的围堵与扼杀。因此，就出现了俄国历史上的一个奇怪现象：无论彼得大帝、叶卡捷琳娜二世还是其后的各个沙皇，他们在技术或经济方面向西方学习的同时，君主专制统治不但没有减弱，反而不断获得巩固和强化。甚至到了 19 世纪末即亚历三大三世时期，专制统治在俄国仍然十分残酷，政府仍然"维持俄国体制的中央集权化、官僚主义化和等级制度的性质"，以致"俄国人就像生

---

① ［俄］T. C. 格奥尔吉耶娃：《俄罗斯文化史——历史与现代》，焦东建、董茉莉译，商务印书馆，2006 年，第 61 页。
② 本节部分内容及引文，参见曹维安：《俄罗斯史新论——影响俄国历史发展的基本问题》，中国社会科学出版社，2002 年，第 55～58 页。
③ 转引自［俄］M. P. 泽齐娜等：《俄罗斯文化史》，刘文飞、苏玲译，上海译文出版社，2005 年，第 99 页。

活在一个部分军事管制的国家之中"。① 另一方面，既由于西方文化主要由外部引进，同时又缺乏社会生产、社会结构的整体变革作为支撑，所以有限的西方化仅仅局限于贵族与知识分子中间。即当社会上层的西方化热火朝天之时，占人口 90% 以上的下层居民尤其是广大农民还仍然为传统的政治文化所支配与左右。

由长期保持一种政治制度而形成的文化传统，对于一个民族集体心理的影响无疑是深刻的，不但普遍民众"日用而不知"，即使伟大领袖也有可能深陷其中并为其左右。传统有时也就如同人的潜意识一样，在非常理智或处于被压迫状态时，许多内容得不到反映与表现；而在无意识条件下或一旦处于权力顶峰，这些东西会"随性"而获得大量释放，甚至表现得淋漓尽致。如何正确对待和行使权力，是共产党在东方落后国家执政中无法回避的难题，而且也是最难以应对的严峻挑战。这在高层领导或领袖人物中尤其如此。受专制主义文化传统制约，掌权者的权力欲望通常异常强烈，并且在权力运用方面会竭力躲避或挑战各种监督、制约或制衡机制。

更加值得重视的是：在东方落后国家，专制主义传统尤其一种"普照的光"，它会使社会尤其是政治制度的其他方面都或多或少地具有这方面的色彩或特点。

二、权力崇拜及个人迷信问题

马克思主义无疑是反对个人崇拜的，或者说个人崇拜与马克思主义风马牛不相及。马克思自己尖锐批评过对他个人的崇拜："我们两人（指他和

---

① ［美］尼古拉·梁赞诺夫斯基、马克·斯坦伯格：《俄罗斯史》（第七版），杨烨，卿文辉译，上海人民出版社，2007 年，第 360 页、361 页。

恩格斯——引者注）都把个人声望看得一钱不值。……由于厌恶一切个人迷信，在国际存在的时候，我从来都不让公布那许许多多来自各国的使我厌恶的歌功颂德的东西；我甚至从来不予答复，偶尔答复，也只是加以斥责。"①列宁对个人崇拜同样抱着极其厌恶态度。十月革命后初期，党内就已经出现了对列宁的歌颂，甚至报刊上还登载过这一类文章，但不断被列宁阻止甚至是遭到严厉批评。1920年4月召开俄共（布）第九次全国代表大会期间，正逢列宁50岁生日，于是党内一些重要领导人在发言中开始祝贺列宁的诞辰，在历数列宁丰功伟绩基础上，加里宁等人还建议举行一系列庆祝活动。列宁对此十分恼怒，最后以退出会场作为抗议，并在会场外几次写便条要求停止这种"胡闹"。

然而为什么在以后共产党执政历程中，特别是在苏联和中国，竟然都会存在个人崇拜现象？仅仅是个别领袖人物的喜好所致，还是因为深厚的历史文化背景？如果是后者，那么究竟是什么因素导致？

苏共党内的个人崇拜几乎随着列宁去世，就立即开始泛滥。1924年初列宁逝世后，托洛茨基撰文："该有多少人愿意毫不犹豫地献出自己的最后一滴血，只要能使伟大的领袖列宁——伊里奇这个唯一不可重复的人的血管重新工作起来！但是这样的奇迹并未能实现，科学表明自己是无能为力的。……就这样，伊里奇不在了。党成了孤儿，工人阶级成了孤儿。"②斯大林则在《悼列宁》一文中，代表全党表示一定要不遗余力地忠实执行列宁的遗嘱，连续六次重复使用了"列宁同志，我们谨向你宣誓"这类极似封建大臣向其明君表态的用语。

当然，更加突出的个人崇拜出现在20世纪20年代末到50年代初，即党

---

① 《马克思恩格斯全集》（第37卷），人民出版社，1971年，第443页。
② ［苏联］托洛茨基：《论列宁》，王家华、张海滨译，生活·读书·新知三联书店，1980年，第149页。

内对斯大林个人的疯狂崇拜。

1929 年底斯大林 50 诞辰时，出现了颂扬斯大林的第一个高潮，报纸上连篇累牍地刊登文章，将斯大林吹捧成列宁的唯一助手，是活着的列宁。1934 年联共（布）第十七次代表大会召开时，每个代表的发言都要有大段颂扬斯大林的套话；之后，狂热的程度越发显得不合实际，甚至达到无以复加的地步，例如各级领导人的讲话都要有一段歌颂斯大林的文字。同时，斯大林也开始运用一切手段美化自己，如 1929 年在报上发表题为"斯大林与红军"的文章，而经过斯大林本人反复修订的《联共（布）党史简明教程》更是将他描绘成一个天才般的人物。1949 年 12 月，斯大林 70 岁生日之际，《真理报》称斯大林当政的时代是"正义的时代"，而在可能被当作新纪元起始的日期中，人们会选择斯大林生日那天为"感恩日"……当著名的法国作家安德烈·纪德在访问斯大林故乡时，他想给斯大林发一封电报，以示感谢，其中草拟电报稿中写有"向你致敬"云云，但是翻译却告诉他，须在"你"字后面加上"劳动者领袖"或"人民导师"之类礼赞式的字样，否则电报就不予发出。后来在旅行中，安德烈·纪德又遇到过几次类似的情形，以致作家不得不宣布："在此次旅行中，用俄文发表的任何文章，我都不承认是我的。"①与纪德同样被邀请访问苏联的法国另一名大作家罗曼·罗兰，对于当时苏联严重存在的个人崇拜也深感不安与疑虑。在他笔下描写过这样的场景："在大街上，在游行队伍中，当着进行检阅的斯大林的面，他的无数像房屋一般巨大的画像在人群的肩膀上缓缓移动。"②罗曼·罗兰认为，这样一种过分的迷信和崇拜最容易在社会上挑起对一个人顶礼膜拜的不祥的宗教信仰，显然不符合民主的要求，对苏联的发展是极其危险的。他尤其感到不解的是斯大

---

① ［法］安德烈·纪德：《从苏联归来》，郑超麟译，辽宁教育出版社，1999 年，第 28 页。
② ［法］罗曼·罗兰：《莫斯科日记》，袁俊生译，上海人民出版社，1995 年，第 115 页。

林本人的态度，"斯大林对我是一个谜。……他在所有的行为和言论中都表现出自己是一个纯朴和严肃的人，讨厌赞扬。他怎么会允许在苏联出现围绕他的那种气氛，不停地对他大加颂扬？……他的头脑中在想些什么？如果他真的感到恼火，他的一句话就足以推翻这种可笑的崇拜，把一切化为笑谈"①。

安德烈·纪德和罗曼·罗兰都曾经是十月革命的同情者、苏联社会主义事业的拥护者，甚至安德烈·纪德还曾经是共产党人。他们对当时苏共党内个人崇拜的反感与怀疑，是出于真诚的、对共产党形象的爱护，以及对社会主义事业的憧憬与向往。

安德烈·纪德尖锐揭示过个人崇拜的可怕后果：盲目崇拜实际上是在领袖与人民之间划下了一道不可逾越的鸿沟。在人民心中，斯大林已然不是有血有肉、有七情六欲的人，而是言必成真理、永不会犯错误的神的化身。这样一来，斯大林一个人就代表整个国家，他的话就是唯一的标准和路线，他始终是指引人民走向光荣和幸福的伟大旗帜。人民在无意之中已经在领袖的肩膀上压上了过于沉重的担子，而在事实上，这样的重负是任何单个的人（即便是伟人）都无法承担得起的。由此所导致的后果，领袖的哪怕一点点失误，都会给党乃至整个国家和民族带来无法估量的损失！

对于领袖人物如此，即使普通的党员干部搞个人崇拜，其直接后果同样也是很严重的；更何况个人崇拜不但有违马克思主义、社会主义的根本立场，而且更加不符合共产党的执政原则与宗旨。但问题是：为什么个人崇拜在落后国家执政中成为一个持久的普遍现象？此其一。其二，为什么无论领袖个人、高层领导还是普通党员，都会深陷其中？

有研究认为，共产党执政中的个人崇拜与高度的中央集权制存在密切

---

① ［法］罗曼·罗兰：《莫斯科日记》，袁俊生译，上海人民出版社，1995年，第116页。

联系，即只要实行中央集权制就会有个人崇拜。这无疑有一定的道理。因为我们确实可以从古今中外许多案例的分析中，获得充分证明。然而这仅是问题的一个方面。另外，当个人崇拜严重发生于共产党内时——一个坚持以马克思唯物史观作为指导，强调人民群众是历史的创造者和推动者的政党——这种解释至少不能概括问题的全部，甚至有些苍白无力。

文化的作用是巨大的，特别是当一种文化作为民族的信仰、习惯或思维定式而存在时，它对现实生活的影响经常是难以抗拒的。

如前所述，俄国的历史几乎是一部以武力对抗武力、以野蛮征服野蛮的历史。在长期的武力对抗和野蛮征服的历史进程中，逐渐形成了对武力的最高拥有者——沙皇——的崇拜意识；而依附于皇权的东正教，又为这种崇拜不断提供合理性论证。俄国统治者沙皇在东正教的解释中是现世的上帝，敬拜沙皇就是敬拜上帝。所以在俄国，承认政教合一、皇权统摄教权的东正教，成为皇权崇拜最深厚的文化土壤。于是，沙皇不但在中央高度集权体制下成为万民之主宰，整个国家的政治沿革、经济活动、社会变迁、宗教活动和文化意识形态的更新乃至人民的生活方式、风俗习惯等，无不为至高无上的沙皇所操纵；而且由于东正教"润物细无声"的"教化"作用，这种操纵又建立在以皇权崇拜为特征的自觉自愿基础上。浓厚的皇权崇拜、皇权主义至上的思想弥漫于整个俄国，尽管革命最后已将沙皇专制制度彻底粉碎，但俄罗斯民族精神中的那些糟粕，却在人民头脑中长期积淀下来，并形成巨大的惯性力量。

中国没有东正教，但是就形成个人崇拜的社会文化土壤而言，在两个方面较俄国更加突出：

1. 皇权至上主义源远流长

有学者认为，中国传统社会的最大特点是"王权支配社会"。这句话是从马克思对法国中世纪特点的一个评论引申而来("行政权支配社会"①)。所谓"王权",实则就是"皇权"或"君权"。在长达数千年的中国古代,政治权力始终居于历史舞台的中心,即使人们的经济利益问题也主要不是通过经济方式获得解决,而往往是通过政治方式或赤裸裸的权力支配的方式来解决;"不是经济力量决定着权力分配,而是权力分配决定着社会经济分配"。在中央高度集权的制度下,皇权无疑是最高权力。于是,皇帝的权力是绝对至上的、无限的,既不存在任何有效的制衡力量,而且职位也是终身的与世袭的;同时又是全能的,不但要统天、地、人为一体,而且还一直深入人们的思想领域(这与有宗教传统的国家明显不同)。② 在皇权之下,由贵族或官僚所构成的各级权力系统,既是作为皇权的附属物而存在,同时在每一层级也构成一个相对独立的政治系统与社会结构系统。在这些大大小小的系统中,最高行政官员如同国之君主一样,也都处于系统内的权力中心位置,对于系统成员及其所辖民众同样具有支配一切的权力以及地位。

另外更加重要的是,皇权至上主义在中国不仅是一种制度安排或社会控制与运行机制,同时也是一种始终坚定不移的文化观念。在中国古代,"各种思想,如果说不是全部,至少是大部,其归宿基本都是王权主义"③。

2. 极具典型性的农民政治文化心理

1851 年12 月,法国的路易·波拿巴废除共和、重新恢复帝制。马克思在分析这一事件的原因时,将根源归结于法国深厚的农民文化。他指出:"波拿巴王朝是农民的王朝",因为法国"小农人数众多",是广大农民对皇帝的崇拜、"对恢复帝国的希望"及对拿破仑皇帝的怀念,才将拿破仑的侄子推

---

① 《马克思恩格斯选集》(第一卷),人民出版社,1995 年,第 678 页。
② 以上引文与部分内容,参见刘泽华:《中国的王权主义》,上海人民出版社,2000 年,第 1 ~ 3 页。
③ 刘泽华:《中国的王权主义》,上海人民出版社,2000 年,第 3 页。

上的皇位。马克思分析，在自然经济条件下，小农非但不能够自己主宰自己的命运，而且难以形成一个阶级。在这样背景下，"他们不能以自己的名义来保护自己"，"他们不能代表自己，一定要别人来代表他们"；"他们的代表一定要同时是他们的主宰，是高高站在他们上面的权威，是不受限制的政府权力，这种权力保护他们不受其他阶级的侵犯，并从上面赐给他们雨水和阳光"。正是这样一种"历史传统"，"在法国农民中间造成了一种迷信，以为一个名叫拿破仑的人将会把一切美好的东西送还他们"；而波拿巴之所以成功，在于他"冒充"了这个人……①

我们完全可以将马克思的上述分析运用于中国社会，甚至可以说，中国古代农民对皇权的崇拜及个人迷信更甚于法国。

中国是一个宗法血缘关系极其深厚的国家。在几千年的农耕文明时代，一个家族发展壮大了，分成若干个新的家庭；再发展下去，开始形成一个又一个近亲家族群；每个家族群构成宗族，宗族再分成不同的等级，大宗和小宗组合成宗族制度。上下左右联姻、千年百代衔接，其中独特的姓氏起了重要作用。沿袭至宋明以后直到清末，经过逐步稳定与沉淀，最终在封建政治结构中取得了亚结构地位。于是在中国古代的政治系统中，中央集权制度和宗法制度相互依赖、互为补充，共同构成为压迫民众尤其是农民的政治机器与精神枷锁；也就是说，古代的中国人不但是皇帝的臣民，而且还是家长、族长或类家长、族长们（各级官员）的子民。② 家有家长，族有族长，国有国君，家规、族规、国法等如同磨盘一样压迫着人们，由此对于人们心理的影响是双重的：

① 引文及相关内容，参见《马克思恩格斯选集》（第一卷），人民出版社，1995 年，第 677 ~ 678 页。

② 参见金太军、王庆五：《中国传统政治文化新论》，社会科学文献出版社，2000 年，第 15 页、21 页、24 页。

　　一是对皇帝个人的迷信和对权力的极度仰仗。中国农民既存在马克思所分析的小农的政治心理，同时又兼具浓烈的宗法血缘崇拜。二者叠加，使中国人不但更加认同皇权的权威，而且始终生活于对奉天承运、皇帝诏曰的梦幻之中，相信能够而且也只有从皇帝那里才可以获得公平和正义、雨露和阳光。由此在中国历朝历代农民起义运动中，大都是"只反贪官，不反皇帝"。但是皇帝毕竟只有一个，并且"天高皇帝远""县官不如现管"。因此，作为"不能以自己的名义保护自己"的小农们，又会将对于皇帝权威的认同与期待转至各层各级"父母官"，相信他们能够如同衣食父母一样恩顾于己，如同"青天"一样地"正大光明"。

　　二是对获得皇位或各种权力的期盼与无限向往。由于在极权制或带有浓厚宗法特点的官僚体系中，权力具有支配一切、获得一切的魔力，任何人只有拥有权力或爬到某一位置，才能够有出头之日，才能够既充分满足个人的各种贪欲又可以光宗耀祖，因而崇拜之余必然是追求与向往。项羽作为"愤青"见到秦始皇南巡时威风浩荡情景，发出了"彼可取而代之"的心声。其实不仅是项羽，这也是大多数农民造反时的目标期待；"打江山、坐江山"，当然，最好是能够一步登上龙廷、从此小视环宇。如果不行，哪怕被"招安"也可以争取作为新官僚的组织者进入权力体系。

　　因此在中国文化中，被当下一些人积极赞颂的"民贵君轻"从来都只是统治术而已，实际所奉行的不但是君尊臣卑、官隆民贱，而且是"民可使由之，不可使知之"。在中国文人的文章或奏表中，君主总是无限光荣、伟大、正确；帝王与天同体，如同太阳一样带给人们光明与温暖；帝王贵为圣上，他们总是功德无量、泽被千秋……

　　循着上述"文脉"，我们不但可以理解以往社会主义实践中的个人崇拜及其一些政治错误，而且对于至今不绝如缕的某些政治迷信、官员崇拜以及"颂圣文化"等，以及非但屡禁不绝而且仍不断蔓延的政府大楼现象、买官卖官现象、宁当科长不做教授现象等，或许也可以大致释然……

三、"官僚政治"及其官本位与特权

我国著名学者王亚南先生曾经著有《中国官僚政治研究》一书。在书中，他引用英国政治学权威拉斯基教授的观点，对"官僚政治"作过这样的概括说明：

> 官僚政治一语，通常是应用在政府权力全把握于官僚手中，官僚有权侵夺普通公民自由的那种政治制度上。那种政治制度的性质，惯把行政当作例行公事处理，谈不到机动，遇事拖延不决，不重实验。在极端场合，官僚且会变成世袭阶级，把一切政治措施，作为自己图谋利益的勾当。①

根据这个定义，"官僚政治"具有三个特点：一是权力完全为官僚所拥有，官僚可以借助手中的权力随意侵吞公民的自由；二是官僚们办事拖拉、重形式不重效率；三是官僚将职务或权力作为谋取各种私利的条件。很显然，在一个民主发达的社会里，构不成作为"政治制度"存在的官僚政治，最多只存在官僚作风、官僚习气等技术层面的各种弊端。所以王亚南先生认为，"真正的官僚政治"，即"当作一个社会体制看的典型的官僚政治"，只能是"专制政权的配合物或补充物"；"只允许在社会的某一个历史阶段存在"，例如欧洲的 16 世纪到 18 世纪末或 19 世纪初。②

---

① 王亚南：《中国官僚政治研究》，中国社会科学出版社，1981 年，第 1 页。
② 同上，第 2~3 页。

王亚南先生是《资本论》第一个全译本的翻译者,对于马克思的思想是相当熟悉与精通的。马克思在《法兰西内战》中通过总结世界上第一个工人阶级政权——巴黎公社——的经验,提出了"防止国家和国家机关由社会公仆变为社会主人"的办法:一是实行普选制,将"行政、司法和国民教育方面的一切职位交给由普选选出的人担任,而且规定选举者可以随时撤换被选举者";二是推行低薪制,即为了"防止人们去追求升官发财","对所有公务员,不论职位高低,都只付给跟其他工人同样的工资"。① 马克思认为,巴黎公社的这两条措施可以确保国家政权重新回归社会,从而避免重蹈当时执政的法国路易·波拿巴政权极度官僚化之覆辙。列宁在为夺取政权及革命后建设作理论准备的《国家与革命》一文,高度肯定并赞赏马克思对巴黎公社经验的总结,并且很自信地认为:1917年革命将会"在另一个环境和另一种条件下继续着公社的事业,证实着马克思这种天才的历史的分析"②。应该承认,十月革命胜利之初,列宁领导下的俄共(布)在国家政权建设上确实试图体现巴黎公社的原则。所以王亚南先生在书中也高兴地认为,沙俄帝国历史上的官僚政治弊病,"显然是一直延续到十月革命才根本铲除了的"③。

然而事实证明,王亚南先生"显然"是过于乐观了。

相比之下,倒是列宁很快就坦承在俄共(布)执政条件下,存在着"官僚制度复活"现象,甚至存在着因此而"毁掉"共产党执权的危险。

文献研究表明,1918年5月,即发表《论"左派"幼稚性和小资产阶级性》一文之前,列宁只是零星地提及官僚主义,并且认为革命后建立起来的工农政权具有"现代民主政治"性质,因而完全能够清除官僚主义这一旧社

---

① 《马克思恩格斯选集》(第三卷),人民出版社,1995年,第12~13页。
② 《列宁选集》(第三卷),人民出版社,1995年,第160页。
③ 王亚南:《中国官僚政治研究》,中国社会科学出版社,1981年,第15页。

会的丑恶现象。① 但是到了 1919 年 3 月，列宁在《俄共（布）第八次代表大会文献：关于党纲的报告》中，开始大篇幅地谈论官僚主义"祸害"，明确承认它对苏维埃政权建设的重大破坏性影响。然而还只是将它限定在"苏维埃制度内部"，而且是"部分地"复活。所谓"复活"，因为就其来源，主要是利用旧的官僚机构和沙皇时代官僚的结果：随着共产党成为执政党，"沙皇时代的官僚渐渐转入苏维埃机关，实行官僚主义，装成共产主义者，并且为了更便于往上爬而设法取得俄国共产党的党证。结果，把他们赶出门外，他们又从窗口飞进来"②。

在此基础上，列宁认识更加深刻的是在 1923 年初，即"政治遗嘱"时期。这一时期不但将"这个祸害看得更清楚，更明确，更严重了"，而且具体内容则有所不同。

列宁最初认为，官僚主义主要存在于苏维埃机关下层，并且只是局部性的；后来强调，官僚主义已经成为"我们国家制度中的""一种脓疮"③；再接着他认识到，政府部门存在着的"复活了的官僚主义"也必然会在"党的组织中"产生有害的影响，在"党的机构中"出现"旧官僚主义这种坏现象"也是"很自然的"，"因为党的上层领导就是苏维埃机构的上层领导"；最后是将官僚主义列为"党的病症"，并承认这种"病证""不仅莫斯科有，而且正在向全国各地蔓延"④，并且强调"我们内部"的官僚主义者们，"都是身居苏维埃要职（也有担任一般职务的）、由于勤勤恳恳而受到大家尊敬的共产党员"⑤。至于危害程度，最初只是一般地提及，认为官僚主义的主要危害表现在影响苏维埃政权的工作效率，后来是从国家制度建设层面提出问题，指出这是妨

① 参见《列宁全集》（第 33 卷），人民出版社，1985 年，第 110 页。
② 《列宁全集》（第 36 卷），人民出版社，1985 年，第 154 页。
③ 《列宁全集》（第 41 卷），人民出版社，1986 年，第 26 页。
④ 《列宁全集》（第 40 卷），人民出版社，1986 年，第 33 页。
⑤ 《列宁全集》（第 43 卷），人民出版社，1987 年，第 14 页。

碍国家制度良性运行的一种"脓疮"，人们身体中的"脓疮"可以"立刻消灭、彻底消灭"，而党和国家机关内部的官僚主义危害却具有长期性、顽固性，同时强调它是"我们内部最可恶的敌人"，"宏伟的共产主义事业"有可能"被死气沉沉的官僚主义彻底败坏"：①

　　　　共产党员成了官僚主义者。如果说有什么东西会把我们毁掉的话，那就是这个。②

　　官僚主义是一种很复杂的政治现象，其源头如王亚南先生所分析，在于君三专制统治。那么在新生的无产阶级政权怎么会产生腐朽的官僚主义呢？苏维埃政权内部和共产党执政中的官僚主义又有什么独特的性质与特点？这些问题当然可以有多种答案，同时应该承认，列宁晚年也没有能够就此作出全面系统的分析。但值得我们注意的，即使在有限的认识中，已经具有文化的视野和方法。

　　1. 工人、农民文化落后削弱了苏维埃政权的民主程度，使共产党执政在制度上存在重大缺陷

　　十月革命胜利之初，列宁基于对社会主义本质的科学认识，强调"社会主义不是按上面的命令创立的"，是"由人民群众自己创立的"，因而"生气勃勃的创造性的社会主义"，在本质上是"和官场中的官僚机械主义根本不能相容"的。③ 然而一旦进入实质性的经济建设、政治建设时期，列宁的愿望或

　　①　以上有关第四阶段认识的引文及基本思想，全部出自列宁 1921 年 4 月《论粮食税》之后文献。按本文论述先后顺序，分别参见：《列宁全集》（第 50 卷），人民出版社，1988 年，第 330 页；《列宁全集》（第 43 卷），人民出版社，1987 年，第 14 页；《列宁全集》（第 42 卷），人民出版社，1987 年，第 419 页；《列宁全集》（第 52 卷），人民出版社，1988 年，第 300 页。

　　②　《列宁全集》（第 52 卷），人民出版社，1988 年，第 300 页。

　　③　《列宁全集》（第 33 卷），人民出版社，1985 年，第 53 页。

设想遇到两个层面的麻烦：一是工人、农民及大量工农出身的管理干部、国家工作人员严重缺乏读和写的能力，二是实际的管理、计算、监督工作并非如革命前所想象的那样简单，由具体管理或执政的复杂性所决定，无产阶级的国家还必须大量利用旧社会的专家和资产阶级时代遗留下来的"文明机构"。①

于是，就有了1919年3月俄共（布）第八次代表大会关于党纲报告中的认识："说起来苏维埃机构是全体劳动者都可以参加的，做起来却远不是人人都能参加，这是我们大家都知道的。这决不是因为法律造成了障碍，如在资产阶级时代那样；恰恰相反，我们的法律有助于这样做。但只有法律是不够的。"仅有法律还不行，还需要什么呢？"除了法律，还要有文化水平，而你是不能使它服从任何法律的。"因此，问题的关键在于：

> 由于文化水平这样低，苏维埃政权虽然按党纲规定是通过劳动者来实行管理的机关，而实际上却是通过无产阶级先进阶层来为劳动者实行管理而不是通过劳动群众来实行管理的机关。

从"通过劳动者"到"为劳动者"：真可谓一字之差，天壤之别！

理想中的"生气勃勃的社会主义"本应是由"人民群众自己创立"的，而在现实中，却变成了"按上面的命令"（"无产阶级先进阶层"）来建设。民主大打折扣，工农参与监督和管理几乎成为空想，因此可以说：

---

① 有关论述参见：《列宁全集》（第35卷），人民出版社，1985年，第403页；《列宁全集》（第36卷），人民出版社，1985年，第153页。

文化上的落后（却）限制了苏维埃政权的作用并使官僚制度复活。①

2. 历史文化传统对现实政治的作用和影响

列宁在 1921 年底之前谈论官僚主义时所涉及的文化，主要局限于显型文化，将工人、农民文化水平低下当作"我们内部"产生官僚主义的首要因素。然而当俄共（布）中央上层及国家中央政府部门也出现大量官僚主义时，这种解释却明显缺乏一定的说服力：

第一，当时俄共（布）中央级领导人大多有着良好的文化程度。例如在列宁时期（至 1924 年）的俄共（布）中央委员中，有 29.6% 出身受过良好中等教育和非专家类的职员家庭，有 12.6% 出身受过高等教育或具有很深专业知识教育的家庭，另外还有 25.4% 出身具有熟练技能的工人家庭；而就本人受教育程度而言，在俄共（布）第十二次代表大会选举产生的中央委员中，有 34% 接受过普通中等教育，27% 接受过专门技术教育，11.3% 接受过法律和经济教育，9% 接受过人文科学或自然科学教育，4.5% 接受过农业教育，4.5% 接受过党校教育。②

第二，列宁并不怀疑那些身居要职的共产党员对党的事业、革命工作的忠诚勤恳程度。在当时俄国共产党内，下层开始出现贪污受贿、腐化堕落现象，而担任较高领导职务的共产党员大多经受过长期革命斗争的考验，③ 在

---

① 《列宁全集》（第 40 卷），人民出版社，1986 年，第 32 页。1920 年初，列宁在俄共（布）莫斯科省代表会议上还发表过一篇讲话，更清楚地表达了工农文化落后与官僚主义复活之间的对应关系：苏维埃政权本应由工农群众直接管理，但"由于农民和工人群众的文化水平不能适应这一任务，同时我们几乎 99% 的人都已习惯于军事政治任务，我们这里官僚主义又复活了。这是大家公认的。苏维埃政权的任务就是要彻底消灭旧的机构（就像十月革命时那样），把权力交给苏维埃。但是，我们在自己的纲领中又承认，在我们这里官僚主义已经复活，真正的社会主义社会的经济基础还没有。许多工农没有文化，不识字，更谈不上较高的文化。"

② 转引自戴隆斌：《苏联"罗名制"的形成、特点及其影响》，《俄罗斯研究》，2004 年第 3 期。

③ 在俄共（布）第十二次代表大会选举产生的中央委员中，仍然有 92% 是 1917 年前入党的职业革命家。参见戴隆斌：《苏联"罗名制"的形成、特点及其影响》，《俄罗斯研究》，2004 年第 3 期。

政治立场、理想信念上一般并不存在大的问题，所以列宁晚年一方面对他们的作风等有所批评，另一方面又高度肯定他们的优秀政治品质。例如，就在指出"身居苏维埃要职"者由于成为官僚主义分子从而成为"我们内部最可恶的敌人"时，他仍然认为他们是"勤勤恳恳而受到大家尊敬的共产党员"，并引用克雷洛夫寓言比喻他们的廉洁与清白："他唱得有点刺耳，好在他滴酒不进"。①

既然如此，根源何在？

大体自 1921 年底开始，列宁对党和国家机关"内部"官僚主义成因的文化分析，逐渐由单纯强调显型文化转向更加重视隐型文化影响。

1922 年初，列宁首次指出"我们内部"的官僚主义与历史文化传统的关系："我们从沙皇俄国学到了最坏的东西，也就是简直要把我们窒息死的官僚主义和奥勃洛摩夫习气，可是高明的东西却没有学到手。"②几乎同时，在给亚·德·瞿鲁巴的信中，列宁认为可恶的官僚主义已经成为一种"积习"，而"大多数人民委员和其他大员"都是"不自觉地"钻进官僚主义的"绞索套"。一种东西"积"久成"习"（习惯、习俗、习气等），正是以传统、习俗、心理等为内容的隐型文化形成之最基本特点。由于长期的历史积淀和生活衍化，如何做官、如何在官场中装腔作势、逢场作戏、妄自尊大等，已经像人们怎样吃饭、怎样交往、怎样说话一样，成为习以为常、融入人们血肉的东西，所以那些身居苏维埃要职或担任党的高级职务的"大员"们，那些思想品质优秀、"绝对忠诚"于共产主义的共产党员们，才会"不自觉地"成为"我们内部最可恶的敌人"——官僚主义者！虽然这些官僚主义者出身无产阶级，并

---

① 出自俄国著名文学家伊·安·克雷洛夫的寓言《音乐家们》：有一个人请客，邀请了一批歌手助兴。哪知这些歌手们各唱各的，令客人无法欣赏、难以忍受。主人却解释说：他们歌唱得是有些刺耳，但是个个生活检点、认真，特别是滴酒不进。

② 《列宁全集》（第 42 卷），人民出版社，1987 年，第 426 页。

且是优秀的共产党员，但是就其官僚主义的味道、方式、行为特征等，与人们从俄国大作家果戈理、托尔斯泰笔下已经非常熟悉的官僚形象比较，何其相似乃耳?! 如同任何民族都有其独特的文化传统，列宁认为，即使苏维埃国家机关内部、共产党内部的官僚主义，也是"真正俄罗斯式的"①官僚主义。

王亚南先生在著作中，通过和英国、法国和德国历史上官僚政治进行比较，认为由于"俄国式的专制政体"之故，官僚政治在俄国不但一直存在至十月革命，而且有其"特异性"。所谓"特异性"，大体可"从俄国是一个西方国家兼东方国家"来作解释，"也许因此故，我们一见到前述帝俄后期的官僚政治及其弊害，就仿佛格外感到是'吾家故事'"。②

"吾家故事"者，中国古代官僚政治之谓也。

前面讲过，在古代中国，国与家是相通的，而君权与父权是相互为用的。这就使得官僚政治能够借助于以父家长制为中心的家族制和宗法组织，渗透到社会的方方面面，甚至将原本可以与"国家"相对应的"社会"完全吞没。在西欧国家，由于文化传统的关系，人民对于自己的权利义务、对于法律保障等往往有比较明确的概念，因此在习惯或素养、行为与认知等方面能够对那些任意侵犯人权、任意剥夺或压迫人民的专制官僚政体构成或大或小的抵制甚至反抗。然而中国却没有这些。在中国古代，是实行人治而非法治，一般性社会秩序的维持更多的是靠宗法、靠伦理纲常、靠官员的品德，以及下层对上层的服从来实现，"这显然是专制-官僚政治实行的结果，但同时却又成为官僚政治得以扩大其作用和活动范围的原因"③。西欧近代史上的一波又一波的思想文化运动，例如文艺复兴、宗教革命、科学革命、启蒙运动等，都包含有主张个人自由与权利，反对专制独裁与官僚政治的内容。即使

---

① 《列宁全集》(第43卷)，人民出版社，1987年，第25页。
② 同上，第15页。
③ 同上，第23页。

在俄国,在 18 世纪末 19 世纪初,也已经受到欧洲上述思想文化运动特别是法国启蒙运动的影响,从而产生了诸如十二月党人起义这样的、以反抗封建专制为特点的运动。然而这些在中国几乎都不存在。因此,官僚制度及其对经济、社会、文化,以及人们思想的支配与影响可以达到无微不至的地步,甚至这种对于其他方面的支配与影响最后也成为官僚制度内部的一种机能或附属物。

王亚南先生还认为：

> 唯其中国专制的官僚的政治自始就动员了或利用了各种社会文化的因素以扩大其影响,故官僚政治的支配的、贯彻的作用,就逐渐把它自己造成一种思想上、生活上的天罗地网,使全体生息在这种政治局面下的官吏与人民,支配者与被支配者都不知不觉地把这种政治形态看为最自然最合理的政治形态。[①]

这就是说,官僚政治本身就是一种文化因素,但是当它有意识地和社会的思想文化结合在一起并从中获得支持,同时社会不同时代的思想文化也主动配合官僚政治的推进与施行。经过长期的双向互动与影响,一方面使得官僚政治本身更加文化化,而社会的文化也更加官僚政治化,最终作为一种深层次的精神性因素,久存或积淀为我们民族的文化心理。于是,无论为官者还是变通百姓,都"不知不觉"受其浸染与熏陶,从而将官僚政治或其具体制度设计当作"最自然最合理的政治形态"。

正因为官僚政治在中国最终演化成为一种深层次的隐型文化,所以即使古代君主专制统治寿终正寝,但这一政治形态非但不会随之结束,而且还

---

① 王亚南：《中国官僚政治研究》,中国社会科学出版社,1981 年,第 24 页。

会顽强地存在于后封建时代。王亚南先生在书中有新、旧官僚政治的提法：旧者，自秦自至晚清灭亡；新者，形成于辛亥革命后时期，具体地说，"是由抗战到直到现在（即作者成书年份——1948 年）"。辛亥革命之后，是"中华民国"了；皇帝已经倒台、君主专制也已不复存在，但是"古旧的专制官僚政治建筑上的冠饰虽被拆落，那建筑却还腐朽而毫无生气地残存着"。①

王亚南先生所论，是旧中国的情形，新中国又将如何呢？

毫无疑问，毛泽东领导共产党执政，是想努力走出中国二千余年官僚政治樊篱的。主要办法有四：一是鼓励党的领导者及其机关干部具有高昂的革命激情与远大政治理想，保留艰苦奋斗的光荣传统与艰苦朴素的生活作风；二是在党和国家机关大力提倡革命战争年代形成的"三大法宝"（理论联系实际、密切联系群众、批评和自我批评），尤其是要求党和政府的各级官员要经常深入广大人民群众，与劳动人民实行"三同"（同吃、同住、同劳动）；三是经常通过发动群众运动的方式，或者"帮助党整风"，或者"清算"干部中的各种不良行为，以使党和国家的各级领导干部都能够时刻牢记"为人民服务"宗旨；四是不惜动用"文革"的手段，实行对党的领导体制、执政模式的全面改造（例如用"革命委员会"取代以往的党和政府两大领导体系）。② 然而一方面上述有些做法本身就存在某种局限性，尤其"文革"无论是作为手段还是最后结果都是错误的。另一方面，整个领导方式与执政方式仍然是以人治为主。所以即使在毛泽东时代，也并不能够有效克服旧时代官僚政治的影响与渗透。1980 年，邓小平的《党和国家领导制度的改革》一文在分析领导制度、干部制度存在的主要弊端时，将官僚主义列在首位。邓小平坦承：

---

① 王亚南：《中国官僚政治研究》，中国社会科学出版社，1981 年，第 141 页。
② 以上部分内容，参见姬金铎：《封建主义及其当代影响》，中国社会科学出版社，2003 年，第 95 ~ 96 页。

官僚主义现象是我们党和国家政治生活中广泛存在的一个大问题。它的主要表现和危害是：高高在上，滥用权力，脱离实际，脱离群众，好摆门面，好说空话，思想僵化，墨守成规，机构臃肿，人浮于事，办事拖拉，不讲效率，不负责任，不守信用，公文旅行，互相推诿，以至官气十足，动辄训人，打击报复，压制民主，欺上瞒下，专横跋扈，徇私行贿，贪赃枉法，等等。这无论在我们的内部事务中，或是在国际交往中，都已经达到令人无法容忍的地步。①

在邓小平之后，中共许多领导人也都指出过党内官僚主义严重这一事实，并且痛陈其各种表现，要求各级领导能够予以克服和纠正。2000 年 9 月 28 日，江泽民在中央军委常务会议上提出一个疑问：

我们党历来反对形式主义、官僚主义，但为什么形式主义、官僚主义还是成为一种"常见病""多发病"，甚至成为久治不愈的顽症呢？②

关于这个问题，邓小平在《党和国家领导制度的改革》中曾经有过分析：

我们现在的官僚主义现象，除了同历史上的官僚主义有共同特点以外，还有着自己的特点，既不同于旧中国的官僚主义，也不同于资本主义国家中的官僚主义。它同我们长期认为社会主义制度和计划管理制度必须对经济、政治、文化、社会都实行中央高度集权的管理体制有密切关系。我们的各级领导机关，都管了很多不该管、管不好、管不了

---

① 《邓小平文选》（第二卷），人民出版社，1994 年，第 327 页。
② 中共中央文献研究室编：《江泽民论有中国特色社会主义（专题摘编）》，中央文献出版社，2002 年，第 651 页。

的事,这些事只要有一定的规章,放在下面,放在企业、事业、社会单位,让他们真正按民主集中制自行处理,本来可以很好办,但是统统拿到党政领导机关、拿到中央部门来,就很难办。谁也没有这样的神通,能够办这么繁重而生疏的事情。这可以说是目前我们的特有的官僚主义的一个总病根。官僚主义的另一病根是,我们党的党政机构以及各种企业、事业领导机构中,长期缺少严格的从上而下的行政法规和个人负责制,缺少对于每个机关乃至每个人的职责权限的严格明确的规定,以至事无大小,往往无章可循,绝大多数人往往不能独立负责地处理他所应当处理的问题,只好成天忙于请示报告,批转文件。有些本位主义严重的人,甚至遇到责任互相推诿,遇到权利互相争夺,扯不完的皮。还有,干部缺少正常的录用、奖惩、退休、退职、淘汰办法,反正工作好坏都是铁饭碗,能进不能出,能上不能下。这种情况,必然造成机构臃肿,层次多,副职多,闲职多,而机构臃肿又必然促成官僚主义的发展。①

这就是说,中共执政中之所以存在官僚主义,主要因为两大"病根":一是高度中央集权制,二是缺少行政法规和个人负责制。这个无疑是正确的。但是这两大"病根"都属于制度层面,除此之外还有什么原因? 此其一。其二,应该承认,经过四十余年的改革开放尤其是市场经济体制的有效运转,高度的中央集权或计划化的管理模式虽然不能说已经不复存在,但至少不再成为一个问题,同时无论党内民主还是行政体制改革也都有了长足的进步,但为什么官僚主义仍然挥之不去呢?

问题在于:官僚主义在中共党内,更重要的是作为文化因素而存在!

即作为制度或机制的官僚政治,经过几千年的运行早已演化为潜藏于

---

① 《邓小平文选》(第二卷),人民出版社,1994年,第327~328页。

每一个中国人灵魂深处的文化"基因"。就如同人身体表面的脓疮可以通过外科手术的方式立刻除去，而要医治身体内部的病毒甚至由于某种"基因"缺陷所导致的疾病，却要困难千百倍。

当邓小平指出在中国，"官僚主义是一种长期存在的、复杂的历史现象"时，就已经包含着对中共党内官僚主义现象的文化分析。但他更侧重于从现实制度方面查找问题的关键，因为当时要着眼于推进党和国家领导制度的改革。当不断改革开放二十年后问题依然没有获得很好解决时，江泽民再一次将认识的重点转移到文化：

> 官僚主义，在很大程度上源于我国封建社会形成的"官本位"意识。所谓"官本位"，就是"以官为本"，一切为了做官，有了官位，就什么东西都有了，"一人得道，鸡犬升天"。这种"官本位"意识，流传了几千年，至今在我国社会生活中仍然有着很深的影响。一些共产党员和党的领导干部，也自觉不自觉地做了这种"官本位"意识的俘虏，于是跑官、买官、卖官的现象出来了；弄虚作假，虚报浮夸，骗取荣誉和职位的现象出来了；明哲保身，不思进取，但求无过，一切为了保官的现象出来了；以权谋私的现象出来了。①

"以官为本"或"官本位"，实则是指一种社会的价值取向，即在一定的政治制度、政治氛围下，社会普遍认可以获得官位作为谋取社会利益或其他社会资源的主要手段，并由此以官位之大小、高低作为判别、衡量人们价值实现程度的基本标准。换个角度，也可以将官本位意识当作"政治文化意义上

---

① 中共中央文献研究室编：《江泽民论有中国特色社会主义（专题摘编）》，中央文献出版社，2002 年，第 653 页。

的潜意识和行为取向"①。"官本位"意识的形成，一方面是政治泛化的结果：一个社会的经济领域、文化领域或其他各个领域无不为政治所覆盖、所支配；一切都是政治、政治就是一切，政治权力高度主宰社会，不存在任何能够游离于政治之外的社会空间与生活空间。另一方面，更加重要的是因为在一定的政治条件下，能够借助于官位获得各种各样的个人利益。这就是王亚南先生在定义官僚政治时所指出的：官僚"会把一切政治措施，作为自己图谋利益的勾当"。

任何官位都意味着对权力的拥有。在人们占据某个官位后，不但能够获得由官员职位所带来的一般利益，而且有可能获得因权力所产生的各种特殊利益——特权！

在中国古代，"升官"总是和"发财"紧密联系。"千里做官只为财""三年清知府，十万雪花银"。做官或升官所以能够发财，是因为有特权存在。王亚南先生在书中分析：

> 中国人传统地把做官看得重要，我们有理由说是由于儒家的伦理政治学说教了我们一套修齐治平的大道理；我们还有理由说是由于实行科举制度而鼓励我们"以学干禄"，热衷于仕途；但更基本的理由，却是长期的官僚政治，给予了做官的人，准备做官的人，乃至从官场退出的人，以种种社会经济的实利，或种种虽无明文确定，但却十分实在的特权。那些实利或特权，从消极意义上说，是保护财产，而从积极意义上说，则是增大财产。②

---

① 马庆钰：《告别西西弗斯——中国政治文化分析与展望》，中国社会科学出版社，2002年，第152页。

② 王亚南：《中国官僚政治研究》，中国社会科学出版社，1981年，第90页。

当然，在共产党执政史上，最先产生特权并且也更加严重的，应该是苏联共产党。由于特殊待遇逐渐蜕变为特权，并向社会其他阶层保密，而这个阶层的各种需要又都在一个完全独立于外界的系统内解决，这实际上意味着党和国家的管理机关及其上层管理人员已经开始把自己和人民群众隔离开来，并形成了自己的特殊利益。特权的形成会强化"向上爬"的官本位意识，并致使一些心术不正的干部把依附于能提拔自己进入特权阶层的人，看得比为群众办事更重要，这就必然造成领导集团日益严重的思想僵化、抱残守缺、安于现状、不思进取等消极颓废现象，甚至导致结党营私、贪污腐化等不正之风的出现，从而进一步使整个政治形态更加官僚化。

四、人治与家长制

一个党成为执政党后，是能够自觉地用宪法和法律规范执政行为，党的任何组织和个人权力的实施都保证在法律、法令容许的范围内，还是凌驾于宪法和法律之上，甚至根本无视依法执政的重要？这是评判政党先进与否、文明程度如何的重要尺度。

十月革命后，曾经发生过这样一件事。1919 年 3 月，列宁的女秘书福季耶娃请求列宁同意录取一名女工作人员到人民委员会秘书处工作。此人已经由人民委员会办公厅职工委员会推荐，但是人民委员会办公厅主任反对录用此人，因为被推荐者的姐姐已经在人民委员会工作，录用她将违反《关于不准亲属同在一个苏维埃机关中工作的法令》。福季耶娃想走一走列宁这个大"后门"，于是给列宁写信：职工委员会推荐的是个"很可贵的工作人员，我们就是对录用她感兴趣。……法令不能绕过吗？"收到女秘书的来信后，列宁立即回了一张便条："绕过法令是不行的，光是因为提出这样的建议就该送交法庭审判。"①

"绕过"一词用黑体字标出仍嫌分量不够，又加着重号以示强调：何等的斩钉截铁，何等的不徇私情！列宁如此不近"情理"，与其两个基本观点紧密联系：第一，十月革命后的社会首先应该是一个现代社会，即能够在文明方面迅速赶上西欧各国，而"以法治国"则是现代社会、现代文明的基本特点之一；第二，俄共（布）作为执政党，作为无产阶级的先锋队组织，共产党员的表率作用理应首先体现在能够自觉遵纪守法。

在列宁晚年还发生过这样一件事。1922 年 5 月 13 日，第九届全俄中央执行委员会第三次常会讨论司法人民委员部提交的《检察条例》草案。草案在常会上受到尖锐批评，尤其是第五条竟然引起与会代表的激烈争论。该条款规定：地方检察长越过地方执行委员会，直接受共和国检察长的领导；地方检察长的任免、调动和停职也完全通过共和国检察长。由于争执不下，常会投票决定将法案作为材料交由专门选出的委员会审议，而委员会审议的最终结果是推翻了原草案的有关规定，多数委员主张地方检察长应该接受省执行委员会和中央机关（通过共和国检察长）的"双重"领导。后来，这一"双重"领导的意见同样也为俄共（布）中央设立的专门委员会接受并获得通过。

5 月 20 日，仍处于生病休养中的列宁得知这一情况后，立即电话口授一封给斯大林并转中央政治局的信，即《论"双重"领导和法制》一文。在文章中，列宁旗帜鲜明地反对让检察长同时接受地方（省执行委员会）和中央（相应的人民委员部）"双重"领导的规定，并且对这样的规定竟然能够在全俄中央执行委员会下设的专门委员会获得"多数委员"的支持，感到惊讶与愤怒：这是一个"显然错误的决定"，因为"法制只能有一种"，而坚持检察长只能接

---

① 《列宁全集》（第 48 卷），人民出版社，1987 年，第 521 页。

受中央有关部门的垂直领导，是确保法制权威、法律公正"所需的最起码的条件"。

司法人民委员部和讨论提案的专门委员会，照理懂得现代法制与法治的最基本要求，为什么还会犯一系列违背"起码常识"的错误呢？问题的根源在哪里？简短地执政实践使列宁清醒地认识到：

> 毫无疑问，我们是生活在无法纪的海洋里……我们的全部生活中和我们的一切不文明现象中的主要弊端就是纵容古老的俄罗斯观点和半野蛮人的习惯。①

"法治"或依法执政的基础不但在于建立起现代意义的法律体系、法律制度，并借此努力维护司法的公正与平等（列宁认为俄共（布）执政如果连这一"最起码的条件"都达不到，"那就根本谈不上什么维护和创立文明了"②），而且更加重要的，是人们心中有"法治"，即具有"最起码的"法律意识，能够自觉地维护法律的尊严与权威——无论党和国家领导人、共产党员还是普通公民。

然而这在东方落后国家又谈何容易?! 所谓"古老的俄罗斯观点和半野蛮人的习惯"，当然包括很多内容，但"习惯"于"人治"而非"法治"，无疑是最重要方面。

所谓"人治"，并不意味着国家没有宪法或各种法律条文，甚至有时会非常完备，而是指在国家的统治或政党的执政过程中，主要依靠国家领导人和各级官员的聪明才智、在群众中的威信和以身作则的影响，而不是通过或借

---

① 以上引文及基本思想，参见《列宁全集》（第 43 卷），人民出版社，1987 年，第 194～196 页。
② 《列宁选集》（第四卷），人民出版社，1995 年，第 702～703 页。

助于具有普遍意义的法律、法令。具体地说，在苏共执政的斯大林时期，由于高度集权的制度设计首先取得了党对国家的全面控制，共产党"名义上是政党，实质上是国家政权组织"①；而在党政不分、以党代政同时，斯大林又取得了凌驾于全党及整个党中央机关之上的地位。于是，无论斯大林个人还是其他党的高级领导人或者党的决策机构等，都可以使自己的权力实施不受宪法与法律的约束，从而导致权力的"非法化"运作与实施……

从赫鲁晓夫开始，虽然没有再发生过斯大林时代诸如"大清洗"一类造成重大社会危害与非常恶劣国际影响的做法，但"人治"的执政方式及国家治理方式仍然大体维持不变——作为一种带有文化特征的惯性思维，事实上是很难改变的。因而如此判断应该是正确的："从一定意义上说，苏共对国家全面领导的政治体制是人治的体制。"②

和俄国比较，中国"人治"的传统更为悠久与深厚，对中国共产党执政的影响无疑也更加突出。

中国古代一方面如其他许多国家一样，所谓法律只是统治者为了更加方便地统治人民的工具，而对皇帝是没有任何制约作用的；同时法律又极具模糊性，皇帝可以根据自己的意志或喜好作任意发挥与运用。法国启蒙思想家孟德斯鸠就曾经在《论法的精神》一书中作如此评论："中国的法律规定，任何人对皇帝不敬就要处死刑。因为法律没有明确规定什么叫不敬，所

---

① 例如斯大林曾经讲过：党要"检查各管理机关的工作，政权机关的工作，纠正那些不可避免的错误和缺点，帮助这些机关执行政府的决议，竭力保证它们得到群众的支持，而且它们通过任何一项重要的决议都非有党的有关指示不可。"《斯大林全集》（第10卷），人民出版社，1954年，第92～93页。另一位苏共领导人卡冈诺维奇在谈到党中央机关的作用时，特别强调："中央委员会不仅花时间来指导国际政策问题、国防问题和经济建设问题，而且还同时处理这样一些问题，诸如：课本，图书馆，文学，剧院，电影院；处理这样一些问题，诸如：唱片的生产，肥皂和质量等等。布尔什维的领导艺术也就在这里，就是说，要分出主要战线，全力以赴，同时又要注意到整个战场，任何一个地段都要观察到。"［苏联］卡冈诺维奇：《从党的第十六次至第十七次代表大会》，转引自郝宇青：《苏联政治生活中的非制度化现象研究》，华东师范大学出版社，2008年，第87～88页。

② 周尚文等：《苏共执政模式研究》，上海世纪出版集团，2010年，第140页。

以任何事情都可以拿来作借口去剥夺任何人的生命，去灭绝任何家族。"①

另一方面，中国社会的人伦性质更加使人治具有某种"合法"性与温情色彩；当然，也更加深入人们心灵深处。例如中国社会的人治又与家长制传统存在非常密切的联系。

邓小平在《党和国家领导制度改革》一文中讲过："家长制是历史非常悠久的一种陈旧社会现象。"②家长制是对一种社会关系或社会现象的概括，它表明在家庭这一共同体中，家长掌握有极大的权力并具有绝对权威性，家庭的其他成员和家长之间属于支配与被支配、统率与从属的不平等关系。③ 家长制当然不仅是中国有，其他国家至少在古代社会都存在过家长制。但是在中国，家长制具有这样一些特点：一是历史非常悠久，并且其权力拥有与权威特征始终得到中国社会主流文化或统治阶级思想的支持；二是很早就将家长制与中央高度集权制相联系，"家"与"国"并称从而使家长制既"合理"又"合法"；三是由于一切经济权力都掌握在父亲手中，所以父家长始终居于绝对权威的地位。

马克思说过，封建社会"物质生产的社会关系以及建立在这种生产的基础上的生活领域，都是以人身依附为特征的"④。在中国古代社会，无论富贵贫贱，一个家庭的经济大权无疑都掌握于一家之长的手中，其他人都只能够仰食于他、依附于他，这就使家长拥有了绝对权威性。严重的人身依附关系既是中国古代家长制的特点，也是其得以历久而不衰的条件。"家事统一于一尊"，因经济上的独占性造成家长必然凌驾于整个家庭之上，拥有至高无上的权力。甚至直到国民党统治时期的 1931 年，其《民法》中还明文规定：

---

① ［法］孟德斯鸠：《论法的精神》（上册），张雁深译，商务印书馆，1961 年，第 194 页。

② 《邓小平文选》（第二卷），人民出版社，1994 年，第 329～330 页。

③ 参见王玉波：《历史上的家长制》，人民出版社，1984 年，第 1 页。

④ 《马克思恩格斯全集》（第 23 卷），人民出版社 1972 年，第 94 页。

"家置家长。同家之人，除家长外，均为家属"，"家务由家长管理"。

在欧洲国家，随着市场经济的发展、人文主义或人道主义兴起，以及资产阶级革命成功后逐步实施民主政治，家长制逐渐衰退，无论妇女还是子女都获得了自由。但在中国，虽然辛亥革命结束了封建帝制，但直到新中国成立之初，小农的生产关系始终占主导地位；再加上在国民党统治时期为了巩固专制政权，事实上仍然维护着封建的家长制度。几千年传统习俗的影响，再加上中国共产党队伍中农民成分居多，所以长期以来，家长制成为共产党内部的一种个别现象。

诚如邓小平在《党和国家领导制度的改革》一文中所指出：

> 它的影响在党的历史上产生过很大的危害。陈独秀、王明、张国焘都是搞家长制的。从遵义会议到社会主义改造时期，党中央和毛泽东同志一直比较注意实行集体领导，实行民主集中制，党内民主生活比较正常。可惜，这些好的传统没有坚持下来，也没有形成严格的完善的制度。……从一九五八年批评反冒进、一九五九年"反右倾"以来，党和国家的民主生活逐渐不正常，一言堂、个人决定重大问题、个人崇拜、个人凌驾于组织之上一类家长制现象，不断滋长。
>
> 不少地方和单位，都有家长式的人物，他们的权力不受限制，别人都要惟命是从，甚至形成对他们的人身依附关系。我们的组织原则中有一条，就是下级服从上级，说的是对于上级的决定、指示，下级必须执行，但是不能因此否定党内同志之间的平等关系。……上级对下级不能颐指气使，尤其不能让下级办违反党章国法的事情；下级也不应当对上级阿谀奉承，无原则地"尽忠"。不应当把上下级之间关系搞成毛泽东同志多次批评过的猫鼠关系，搞成旧社会那种君臣父子关系或帮派关系。一些同志犯严重错误，同这种家长制作风有关，就是林彪、江青

这两个反革命集团所以能够形成，也同残存在党内的这种家长制作风分不开。①

---

① 《邓小平文选》(第二卷),人民出版社,1994 年,第 330～331 页。

下篇

21世纪前景：

现实与可能

进入 21 世纪,世界范围最为引人注目的莫过于"全球化"与"中国崛起"两大议题。

几乎紧随冷战结束,关贸总协定(GATT)转变为世界贸易组织、跨国公司纷纷推行本地化战略、互联网进入普通家庭、飞机旅行成为工薪阶层的首选方式……原本十分遥远的国家突然成为"近邻","老死不相往来"的民族仿佛一夜之间成了亲兄弟,资金、商品、技术、人员等的全球流动达到前所未有的高度,全球化成为时代的新标识。然而每当有重大国际性危机发生,无论经济的(例如 2008 年金融危机)、政治的或军事的(例如中东战争),还是文化或大量非传统安全性质的(例如 2020 年的新冠肺炎疫情),都会有许多人质疑全球化存在与否、前景如何?

与全球化同时成为时代标识的,还有中国道路。

1978 年以后,中国用短短几十年时间不但很快告别"贫穷落后""东亚病夫"的形象,而且跻身世界前列、实现了"自立于世界民族之林"的光荣与梦想。毫无疑问,中国的迅速发展与人类全球化紧密联系,在某种程度上,二者构成互为因果与推动的关系。由此也引发了对中国道路的不同声音:中国是在与国际资本主义同流合污,中国的发展以"低人权"为代价,中国崛起将会对别国形成损害甚至"威胁"整个世界的和平与繁荣……

真的是这样吗？

人们在思考、在争论，同时也不断在探索与证明着……

一个半世纪前，马克思和恩格斯就提出了人类文明的后资本主义时代问题，"自由人联合体"是他们始终不渝的向往。如今虽然已地覆天翻、沧海桑田，但世界仍然是资本主义为主导的世界，"自由人联合体"仍然是一个遥不可及的梦想。

世界怎么变？

资本主义的未来前景如何？

在新的"世界历史"背景下，人类文明究竟怎样向前发展？

特别是，"老祖宗"当时上下求索、殚精竭虑的社会主义，是否仍然是人类文明的发展方向？

第九章
现代化的"中国道路"问题

所谓"中国道路",实际上就是"中国特色社会主义现代化道路"。这条道路的前身,是 1978 年以前苏联模式的中国版本。由于苏联模式既"水土不服"又"食古不化",完全不适应时代变化和中国国情;痛定思痛,中国最终决定"走自己的路,建设有中国特色的社会主义"(邓小平语)。从社会主义到中国特色社会主义,不但"主义"的内涵和外延发生变化,而且承载的任务与目标也发生深刻改变。面对这些变化或改变,人们经常发出疑问:中国道路的实质是什么? 它与马克思的社会主义究竟是什么关系?

由于中国道路既是从中国的实际出发,又是顺应时代潮流或世界发展大势的结果,那么怎样认识中国道路对人类文明的贡献或影响?

一、道路承载:内在统一性与矛盾性

中国道路提出之初,其实际内涵与目标是两个:一是社会主义,二是现代化强调社会主义与现代化互为条件与结果,实现初步目标的时间点是 21 世纪中叶。但是中国共产党第十五次全国代表大会又赋予了在这个阶段实现中华民族伟大复兴的任务。由此,中国道路承载着三大历史主题,即现代化、社会主义和民族复兴。这三大主题既存在内在的联系或统一性,同时客观上又相互矛盾甚至排斥。以往的深刻教训或经验反复告诉我们：无论对其统一性还是矛盾性，一旦缺乏科学认识和准确把握，中国的历史进程就会遭受重大挫折与失败。然而时至今日，对这三大主题内在统一性和矛盾性的研究仍然存在不少盲点或误区，因而是一个值得进一步深入探讨的重要课题。

（一）三大主题的形成与其统一性

这三大主题在近代以来中国历史上并非同时出现，而是渐次形成的。

两次鸦片战争使中国人通过"洋枪洋炮"知道了西方列强机器制造、工业生产的厉害，于是在"师夷长技以制夷"口号下，以洋务运动为标志，现代化历史主题日渐彰显。和世界各国一样，中国的现代化最初也只是体现为生产领域的革命，但工业主义很快扩散到科学技术、教育文化、生活方式等各个不同方面，并进而引发制度变革和文化启蒙。虽然中国的现代化在洋务运动后的百年历程中因为战争或各种形式的内乱而时断时续，甚至成效并不十分显著，但这个主题始终是存在的，并且为各党各派认可与接受。

在时间上，民族复兴主题的明确提出应该是在19世纪末，具体地说，是在甲午战争失败之后。此前半个多世纪，虽然在与西方列强的较量中，中国已经有了一连串的失败记录，但许多惯于自傲自欺的中国人仍然是不以为然的；而1894年对日战争惨败才使中国人真正清醒地认识到自己的处境。正是在这样的背景下，孙中山先生于1904年第一次提出了"振兴中华"的口号。从此，民族复兴几乎成为全体中国人最重要的目标追求与价值指向。在中国共产党的政治语汇中，第一次明确将"实现中华民族伟大复兴"当作自己的行动纲领，是在党的十五大政治报告；进一步规划蓝图，是在党的十六大，而到了党的十八大之后则将之概括为"中国梦"。

社会主义主题虽然早在20世纪初就开始进入人们的视野，但明确将之作为国家层面的发展目标，则是在中国共产党获得执政党地位之后。1949年以后，经过短暂的过渡时期，共产党人从人类五大社会形态角度提出和论证社会主义在当代中国的历史地位，进而将社会主义当作首要目标和压倒一切的行动方向。1978年之后，虽然意识到由国情所决定，中国搞社会主义还"不够格"，还不是"真的搞了社会主义"（邓小平语），但依然"毫不动摇"地坚持社会主义是中国的发展方向、发展任务和目标。

三大主题不但在形成时间上有先后，内涵也各有所不同。

现代化首先发端于西欧，到19世纪中后期成为一个世界性的历史潮流。就其内容而言，偏重于经济层面，在一定意义上具有"普世"的性质与特点。民族复兴主题其实是因世界现代化进程而产生：西欧国家率先进入工业文明阶段，由此造成的"文明落差"使中华民族陷于"落后挨打"的境地，因而民族复兴的本义是要根本改变近代以来中华民族在世界民族之林中不断被边缘化的地位，重新回到世界体系的"中心"。如果说现代化主题具有世界性，民族复兴主题突出体现了全民族的"光荣与梦想"，那么社会主义主题则首先是中国共产党的政治主张和对于中国社会发展的规划（尽管代表和反映了广大人民的愿望）。

在人类历史的长河中，"复兴"目标曾经成为许多民族的自觉向往与追求，但方式、手段等却各式各样。即使在20世纪，有的试图通过军事扩张达到恢复民族"昔日荣光"的目的；有的则借助人民对宗教的热情，来维护民族曾经拥有过的尊严与强盛；也有的想通过与世界一流大国争霸从而成为超级大国的方法，提升民族的国际地位……追求民族复兴方式、途径的不同，既与一个民族的政治文化传统相联系，同时也更加取决于对导致民族衰落原因的探究及最终目标设定。既然中华民族历史上的衰败主要根源于在世界近现代文明进程中的落后，同时由基本国情所决定，最终只有在文明方面赶上或超过世界先进水平，民族复兴才能够获得实现，那么现代化必然是其最重要的方式或手段。或者也可以说，中华民族要实现的复兴与现代化主题在根本上非但并不矛盾，而且是内在统一的。

如果我们将民族复兴的本质与过程作一分解，二者之间的统一性就更加清楚了：由于民族衰败本质上是世界文明发生"大变局"的结果，因此我们必须将民族复兴主题置于世界文明进程中加以思考和把握，特别是目标与要求等内容的提出必须既符合世界现代文明的规律与特点，同时也要以世界的发展为基准或参照系。由此决定民族复兴的第一步，是实现民族的独立和解放，因为现代国家都是"民族国家"，没有民族的独立和解放，以及使中国成为一个拥有完全主权的国家，所谓的"复兴"就根本无从谈起；第二步是通过社会制度革命与科学、文化革命，为工业化作基础的新文明发展开辟道路；第三步，是最终在文明方面赶上或超过世界先进水平。

进一步分析：无论是现代化还是民族复兴，都存在着一个道路选择问题。

"道路"的最重要含义与价值，是能够为创造和发展现代文明提供有效制度条件或一定的方式、方法。然而这又是争议最大、困惑最多，同时对实现民族复兴最具根本性质的难题。从现代化主题进入中国人视野之后，道路问题始终困扰着中国的政治家、思想家。在这方面，中华民族经历了太多的复杂与曲折。概括地讲，百年中国曾经先后形成过三条不同的道路：首先是洋务派和后来的康有为、梁启超，试图在封建制度框架内学习、引进现代文明；其次是以孙中山为代表的资产阶级民主主义者，企图在中国仿效实行欧美资本主义；最后是中国共产党人先是"以俄为师"，通过武装革命的方式实现了民族的独立和解放，接着又力图通过全面引进"苏联模式"，"把我国建设成为社会主义的强国"（毛泽东语）。客观地说，三条道路都曾经对中国的现代化和民族复兴有所贡献。特别是第三条道路即"苏联模式"的社会主义，短短几十年，不但迅速建立起独立的工业体系和有效维护了国家的和平与领土完整，而且使中华民族经历长时期的屈辱与伤痛后，在国际上重新获得尊重与尊严。

然而对社会主义的片面理解与追求，又必然会使中国的现代化与民族复兴误入歧途。

（二）矛盾及其解决："中国道路"运行机制

在独特的时空条件下，三者之间的矛盾与冲突又经常使发展进程或目标的实现遭受重大挫折。

任何国家的现代化都有着明确的价值追求与制度载体。正是主要由于价值与制度的不同，世界范围内存在两种不同性质的现代化：资本主义与社会主义。世界现代化进程首先开始于西欧资本主义国家，并且主要在资本主义条件下获得成功。资本主义与现代化的结合不存在社会发展逻辑或文化等方面障碍。由此导致20世纪社会主义国家在追求现代化时，经常表现出极为矛盾的一面（现代化是否属于资本主义？），甚至因为处理不好社会主义与现代化之间关系而导致经济社会停滞不前。用何种价值目标构建民族发展进步图景，按照什么样的价值原则处理国家强盛与民族繁荣、人民富裕的关系，直接关系现代化进程中的人心向背与民族是否能够形成很强的凝聚力。特别是将中国的现代化置于西方发达资本主义国家为主导的现代世界体系背景下审视，如果不能够牢固确立优越于资本主义的价值追求，就难以实现执政党领导广大人民同心同德、团结奋斗的灿烂图景。虽然制度层面的解释存在分歧，但有一点毫无疑问，即社会主义必须以公平正义、以最广大人民的根本利益的充分满足为价值目标。所以当年邓小平在谈到中国为什么必须坚持社会主义时，反复强调一个观点："我们的责任，要对世界上五分之一的人负责，要发展经济，使他们生活得更好。"①

民族复兴意味着突出本民族的利益诉求，将民族的崛起与强盛放在第一位。然而共产党追求全人类的解放，这从根本上决定了作为执政党不能奉行狭隘的民族主义原则。同时共产党的最终目标是要实现共产主义，而共产主义的实现又是以民族之间敌对关系的消失为前提。因此，无论过去还是现在都有人提出，以民族复兴为己任，将实现中华民族复兴作为党的奋斗目标，这是否与党的性质、根本宗旨和共产主义事业相违背？

即使民族复兴与现代化，如果处理不好或者不能正确认识，也是容易产生矛盾甚至尖锐对立的。

近代以来，世界范围内曾经反复上演着大国争霸、民族崛起的悲剧或喜剧。就其模式而言，无非三种：一是如英国、法国通过海外殖民扩张途径，二是德国、日本的军国主义道路，三是美国、苏联以军事对抗为基础在全球划分势力范围方式。这三种模式的共同点，是通过军事实力取胜。在现代战争条件下，军事实力的提高需要借助于工业化现代化，然而片面发展军事工业、过于突出武装力量的重要，必然又会给现代化带来各种形式的伤害。因为真正意义上的现代化重在现代社会的成长，重在广大人民生活方式的改变、生活水平的提高，重在社会整体文明的转型与变迁。事实上，上述三种模式的任何一种最后都给该国现代化的良性健康发展造成过不同程度的破坏（尤以日本、德国、苏联为甚）。这无疑值得中国警惕与借鉴。

三者之间矛盾客观存在。事实上，中国改革开放前的曲折甚至某些时期的失败，大体皆因不能妥善处理三者关系所致。例如，我们曾经拒绝以实现民族复兴为号召，完全用纯粹的社会主义甚至共产主义思想原则要求不同阶级和民族。结果不但现代化及民族复兴进程陷于举步维艰、进退两难

---

① 《邓小平文选》（第三卷），人民出版社，1993年，第326页。

境地,而且共产党执政及社会主义事业也面临空前危机。

面对曾经有过的困境,邓小平理论从重新确认现代化在当代中国的"权威"开始其探索进程,并且侧重从与社会主义和民族命运关系双重视角思考问题,而非单纯从社会主义及政党利益出发。现代化与民族复兴关系的充分表达,大约在不断提出和论证中国现代化"三步走"战略时期。在此过程中,有两方面的认识逐步获得明晰与强化:

1. 中华民族的伟大复兴究竟意味着什么?

新中国成立后,执政党提出过"赶英超美"之类的目标,但存在相当大的局限性:一是将"赶超"仅限于经济甚至几种主要工业产品的产量,二是认为可以通过全民"大跃进"的方式一蹴而就,三是片面且不恰当地夸大基本制度优越性,以及社会主义在社会形态阶梯序列中对于资本主义的超越性。由于认识错位,追求结果未免南辕北辙。从理论上分析,"复兴"在本质上是要重新恢复中华民族历史上曾经拥有过的、在世界文明体系中处于"中心"的地位。世界文明又是一个综合概念,是一个不断发展和进步的指标体系。由此决定"复兴"不仅意味总体经济实力和综合竞争力处于世界前列,而且人民生活及社会发展等方面也要达到世界先进水平。由于既遵循实事求是的思想路线,同时又能够真正"睁开眼来看世界",执政党逐渐获得了对实现中华民族伟大复兴目标的科学定位:通过"三步走"战略基本实现现代化,整个社会面貌达到中等以上发达国家水平;赶超世界先进水平首先是经济建设,同时也包括精神文明、政治文明、社会文明与生态文明,从而使古老的中华民族充满生机与活力。

2. 如何认识社会主义在当代中国的历史地位?

社会主义是共产党人的奋斗目标,也是20世纪国际环境下历史对中国发展道路的必然选择。然而选择了社会主义并不意味着就可以按照"老祖宗"的设想建设社会主义,尤其不意味着中华民族可以在马克思设想的社会主义道路上实现其伟大复兴。因为作为完整社会形态意义上的"够格"①的社会主义，理应属于现代化文明高度发达后的"自然历史过程"。另外，马克思意义上的社会主义作为"世界历史性的事业"，具有超越现代民族国家特性，或者至少不能以民族复兴作为号召并将之当作鼓舞广大人民行动的旗帜。在一定意义上，社会主义既是目标也是手段，而在当下阶段，相对于现代化及民族复兴历史主题，首先是手段。由发展进步的内部制约与外部挑战所决定，要实现民族的伟大复兴，当代中国必须要能够在以发达资本主义国家为主导的世界现代化进程中，努力走一条独特的发展道路。

民族伟大复兴代表最广大人民的根本利益，民族伟大复兴需要现代化、需要社会主义，而现代化及民族复兴过程中的社会主义又只能是"不够格的"社会主义，或者说是初级阶段的社会主义。② 在明确三者之间内在联系的基础上，中国特色社会主义成为必由之路。

中国特色社会主义，本质上就是在中国实现现代化的社会主义、实现民族伟大复兴的社会主义。这意味着使社会主义从"天上"降临地面、从马克思意义上的社会主义转化为从中国实际出发的社会主义。几十年改革开放的根本价值，就在于为实现中国的现代化和中华民族的伟大复兴，寻找、探求一条中国特色的社会主义之路，其结果是使民族伟大复兴与现代化、社会主义之间构成三位一体、联动互进关系。

改革开放作为实现机制，体现其深度与广度的一切规范性、原则性内容，均由以下方面获得确立：

---

① "够格"一词是邓小平的语言。党的十三大召开之前，他提醒全党："现在虽说我们也在搞社会主义，但事实上不够格"，甚至还不能说"真的搞了社会主义"。《邓小平文选》（第三卷），人民出版社，1993年，第225页。

② 党的十五大对社会主义初级阶段性质及目标的定位，就是对这三者关系最为简洁明了的科学概括：社会主义初级阶段是"逐步缩小同世界先进水平的差距，在社会主义基础上实现中华民族伟大复兴的历史阶段"。《十五大以来重要文献选编》（上），人民出版社，2000年，第16页。

（1）由世界现代化共同规律、民族复兴本质要求决定，中国必须对传统的社会主义制度体系、传统的社会主义建设模式进行"革命"性质的变革，以增强生机与活力、增强发展进步的创造性与力度，必须实行全方位、永久性开放政策，以便能够用好现代化"后发优势"、努力使本民族的发展进步"逐步缩小同世界先进水平的差距"。

（2）既然民族复兴意味着文明的整体性提升与赶超世界先进水平，改革就必须是全面的改革，即包括经济体制、政治体制、文化与社会体制等方面，目标是构建有利于中国生产力发展和社会进步的全新的社会主义具体形态。

（3）现代化进程中的民族复兴意味着需要不断扩大对外开放的深度与广度，在世界各国经济及各方面联系越来越紧密的背景下，积极参与全球性竞争与合作。

（4）既然从世界文明进步要求出发，将人民生活的改善及社会文明进步作为衡量民族复兴的重要尺度，那么在追求国内生产总值增长、牢固确立发展是党执政兴国第一要务的同时，改革开放过程中必须处理好经济发展与提高全民族文明素质的关系，要通过改革开放实现不同文明的共同进步，实现全民族的物质和文化生活水平及全民族文化素质的不断提高……

从实现民族伟大复兴和现代化历史主题角度审视中国社会主义条件下的改革开放，四十余年的成就突出表现在四个方面：一是国家实力获得极大提高，从经济、政治、军事、科技等诸多方面比较，可靠地说，已经成长为具有广泛世界性影响的一流强国；二是人民生活及社会面貌发生质的变化，人们的平均生活质量指数接近或已经达到中等发达国家水平；三是通过不断深化改革，初步建立起既充满生机与活力，同时又能与国际接轨或对话的制度体系，因而社会活跃、广大人民参与经济社会发展的积极性空前高涨；四是在相当程度上融入国际体系，中国的发展和世界发展、人类进步形成不可分割的密切联系。

在新的历史起点上，民族伟大复兴和现代化建设也面临更为严峻的挑战。挑战既源于国内诸多矛盾和问题，也包括来自国际社会的困扰甚至阻碍。然而更深刻层面的挑战还在于，人类社会正在如火如荼展开的、继工业文明之后的又一次文明转型。现实中正面临的国内、国际挑战固然严峻，相比较而言，新的文明转型对民族复兴和现代化构成的挑战，是一种不同性质的更为深刻和持久的挑战。在18世纪、19世纪，清朝统治集团就是因为先是漠视继而不能正确应对人类文明转换形成的挑战，结果导致中华民族急剧衰落与沉沦。当中华民族又一次面临人类文明转型的深刻挑战时，继续把改革开放事业全面推向前进，必然成为实现三大历史主题的根本性战略选择！

二、以人为出发点：理论回归与实践超越

回顾20世纪社会主义的实践历程，最大失误或许是在人的解放和发展方面。实践中社会主义遭遇的第一个重大"污迹"，是苏联30年代的"大清洗"；在中国，则有在"革命"旗号下发生的非人道错误。现在我们知道，这些其实是使马克思的社会主义蒙受了"不白之冤"。马克思社会主义理论的出发点是"现实的人"，对人的"解放"的追求及其实现，是其本质要义。未来社会的最本质之点，是使每一个社会成员都能够获得自由而全面发展。

20世纪社会主义之所以在人的解放和发展问题上出现严重失误，原因是多方面的。首先，苏联和中国社会主义建设的历史前提，大体都属于东方式的小农业社会。如果说在欧洲的中世纪，社会异化的结果是人将自己的本质交给上帝；那么在东方的"中世纪"，异化则突出表现为被统治者心悦诚服地将帝王及其统治下的"国家"当作自己的主宰。由于历史的惯性作用，

小农业社会模式及其文化必然在现实中要有所反映。于是就像我们曾经看到的,革命成功后,虽说广大劳动人民在宪法中成为国家的主人,但一方面"国家"垄断着一切社会领域和社会事务,行政权力支配社会的现象非常突出;另一方面,"传统"也使人们在观念上"习惯于"将领袖和国家当作万能的力量主体。其次,在理论上,主要表现为对马克思社会主义理论的认识误差。社会主义的本质在于实现每个人的自由而全面发展,但 20 世纪东方国家在以马克思主义为理论指导的过程中,曾经普遍存在着对马克思关于人的地位、作用及其实现思想的忽视或片面认识。例如主要从推翻旧制度角度来接受马克思的"解放"概念,同时有意无意地排斥本与"解放"完全等值的"自由";使"个人"淹没于抽象的"人民"或"集体","单个人"则失去存在的价值与可能;极左思潮泛滥时期,完全以革命性、阶级性取代实际存在、永远也不可能消灭的普遍人性;用小农业社会的"德才兼备"简约马克思的"人的全面发展"所具有的深刻内涵,并且试图主要通过政治和思想的手段,实现本应与现代经济和现代社会发展紧密联系的"全面发展"目标……这些不但造成东方国家社会主义建设的重大曲折与失败,而且严重损害了社会主义在世界上的形象,降低了社会主义对人类进步的吸引力和感召力。

另外在最近几十年,全球化的新发展正推动着西方国家和国际社会发展理论、发展战略发生根本性转变,对人及其全面发展的重视已经不再是马克思社会主义的"专利"。特别是从 20 世纪 80 年代起,西方发展理论也开始充分肯定人在"发展"中的地位和价值。在这方面,1983 年法国学者弗朗索瓦·佩鲁的《新发展观》具有"里程碑"的意义,可以说代表了在 80 年代全球化背景下,世界有识者对"发展"主题的重新认识和思考。

《新发展观》开宗明义:"自上一次世界大战以来,世界力量的重新组合产生了连锁反应,它要求对思考经济、社会和国家关系的传统方式进行反省。……对发展问题的注意预示着经济学及其所应用的分析工具领域中的各种根本变革。其要点在于，发展同作为主体和行为者的人有关，同人类社会及其目标和显然正在不断演变的目的有关。"回顾以往世界的"发展"，是见物不见人；经济学研究的中心是国内生产总值或企业利润的增长，并且将这一价值观与发展方式推荐给广大第三世界国家。作者明确提出："既然当代已经以制度性暴力造成的血腥暴行作为代价把那些比较拙劣的骗局暴露在光天化日之下，为了一切人和完整人的发展就是理应是政治家、经济学家和研究人员一致接受的目标。"基于这一背景和前提，人类应该从经济学与哲学的结合上重新审视发展的内在规定性，确立以人为中心的发展战略。①

自佩鲁提出"新发展观"之后，国际社会不断展开对"发展"主题的讨论，并且经常是由联合国出面组织进行，"为了一切人的发展和人的全面发展"至少在理论上，逐渐成为大家可接受的发展价值取向。尤其是在发展中国家"发展"问题研究中，有人提出，其"重要的价值标准"至少应包括"维持生存、自我尊重和自由"，因为这些价值"代表了所有个人和社会所寻求的共同目标。它们也与几乎所有社会和文化都一直得到表现的人类的基本需要相联系"。②

---

① 参见［法］弗朗索瓦·佩鲁：《新发展观》，张宁、丰子义译，华夏出版社，1987 年，第 1～2 页、4 页。值得指出的是，《新发展观》在确立以人为中心的研究视野过程中，尖锐批评了人们对马克思及其相关思想遗产的"误读"或不重视现象。佩鲁认为，在 20 世纪，许多人头脑中的马克思，既不是写下大量早期著作的马克思，甚至也不是写作《资本论》的马克思，而只是"给列宁的基本政治活动铺平道路的马克思"。尽管"这种马克思主义并没有产生任何科学论著"，然而事实上却以讹传讹，被人们当作"有很高价值的或供选择的一种理论来运用这种主义"。马克思理论的本质是人类社会发展问题，在这方面，"卡尔·马克思始终是个高高在上的角色"。而造成这种误解或歪曲的原因，在于人们自以为懂得或知道马克思，但却"很少有人实际阅读他的著作"。虽然"马克思激起了人数众多的诠释者的灵感……但绝大多数人是依据种种解释、复述和使之通俗化的评论进行诠释工作的。因此，在某种程度上出现了马克思思想的退化现象，这种退化物同马克思原来的见解相比，毫无精确性可言——这是所有具有丰富创造力的学说都无可奈何、必须忍受的一种命运"。作者特别指出："最伟大的思想往往最容易成为某种简化主义的牺牲品。这种简化主义是肤浅的，它为了能被懒惰的读者和职业鼓动家所接受而背叛了思想本身。"《新发展观》第 56 页、67～68 页、99 页。鉴于作者的观点对我们今天如何认识和阅读马克思仍然具有启发性意义，故不惜篇幅介绍于此。

② ［美］迈克尔·P. 托达罗：《经济发展与第三世界》，印金强、赵荣美译，中国经济出版社，1992 年，第 80 页。

由此我们可以发现,虽然当代国际社会没有提出以马克思主义为指导,但是对发展问题的重新审视和对人在其中地位和价值的重视,甚至在战略层面上,的确与马克思一个世纪前提出的许多思想"不谋而合"。①

从理论上说,社会主义以公有制为主体和以最广大人民的生存与发展为第一目标,这在政策与战略层面上更容易体现和实施以人为出发点的发展思想。问题在于,以往缺少正确的认识及与此相关的配套政策和法令。一旦明确了指导思想并注意采取有效措施后,很快在实践中产生积极效果。最近几十年,中国道路在这方面确实取得了长足的进步。然而也应该看到,全球化正在使中国在这方面面临着新的考验:

(1)全球各国的生存和发展日益结成一个休戚相关、唇齿相依的"命运共同体",世界的发展或灾难会对中国产生影响,中国发展方面的问题也会给人类21世纪状况留下深刻印记。

(2)以信息革命成果为载体,新的全球化伴随着人们生存方式的改变与人类不同民族文化的大碰撞,由此必然带来道德体系的崩溃、重构或新的整合。互联网在带给人类文明进步的同时,存在着导致文明走向"堕落"的可能。除了内容上的不健康或不道德外,互联网还使常规教育手段、教育途径发生重大危机。在这方面,仍处于社会主义初级阶段的中国所面临的挑战,将更甚于西方或其他发展中国家。

(3)当代全球化条件下传媒业和通信异常发达,人口的跨国界流动更加频繁,高度开放性使中国在人的生存与发展中所存在的不足或问题愈益鲜明和突出。

(4)随着中国在更大程度上融入世界的全球化进程,面临着与发达国家

---

① M. A. 西纳索为《新发展观》写了《发展——走向何方?》一文,其中明确以"为了一切人的发展和人的全面发展"这一非常马克思的语言作为小标题。参见《新发展观》一书的"导论"部分第11页。

之间全方位、多领域的交往和竞争,社会成员素质的地位和作用将更加突出。

面对新的挑战,同时也是为了更进一步彰显现实社会主义的优越性和更好地建设和实现社会主义,在 21 世纪之初,中国道路明确提出一个事关全局的主导性思想:"建设社会主义新社会本质要求",在于"促进人的全面发展"。

这一思想首先是在坚持马克思社会主义理论基础上,对"什么是社会主义,怎样建设社会主义"问题认识的深化和发展。

从总体上看,人的发展与社会发展是相互促进的关系,但不可否认的是,阶级压迫、饥饿与棍棒是包括资本主义在内的以往一切有阶级社会发展的重要手段。由制度特性与社会性质所决定,社会主义社会的发展必须以整个社会成员各方面素质的不断提高为首要条件。马克思和恩格斯就说过,未来新社会的建设需要一种"全新的人"。所谓"全新的人",也就是思想素质高,人的先天与后天的各种才能获得充分发展的人。对以全面发展为特征的"新人"的大力培养和运用,既是社会主义社会发展的基础,也是推进社会主义未来进程的需要。社会主义凭什么优越于资本主义或成为比资本主义更高的社会发展阶段? 根本上要靠更加发达的生产力和水平更高的劳动生产率。这就离不开人的全面发展。

另外我们还应该看到,促进人的全面发展也是推进社会主义制度建设的重要条件。生产力水平的不断提高是社会主义制度建设的基础,但无论是经济制度还是政治制度都必须靠人来运行,并且体现为对人的组织和管理,因而广大人民的素质状况对于社会主义制度建设的水平与效果起着决定作用。例如社会主义的公有制要能够顺利有效地运行,不但取决于人们的管理能力、生产能力与受教育程度,而且与整个社会的思想道德水平存在十分密切的联系。人民当家做主是社会主义政治制度的根本特征,但人民掌权单有思想觉悟或"手上有老茧"是远远不够的,还必须有"本领"(列宁语）。若没有广大社会成员参政议政能力的普遍提高，就很难有社会主义民主的高度发展。

在人的发展问题上，马克思主义历来强调"出发点是从事实际活动的人"①。但在 20 世纪社会主义的实践中，由于对现实社会中人的状况及如何发展两方面认识不足，在将马克思和恩格斯人的全面发展理论贯彻于实际建设的过程时，时常会产生左或右的偏差。例如曾经长期脱离人民物质生活水平的提高大谈人的发展或社会主义精神文明建设，结果不但是人们的能力发展受制约，而且造成精神发展中的"假大空"现象。从对人的全面发展内涵的准确理解和把握，需要我们更加清楚地认识到社会的经济、文化发展对于实现人的全面发展的重要性。

（1）通过生产力和生产方式的发展与改变，促进人的全面发展。从根本上说，人的发展是与生产力、生产方式的发展和改变相一致的。在农业生产力条件下，劳动者所能够获得的最重要发展，是以体力为主的身体素质。到了工业生产时代，生产过程中机器的使用对人的受教育程度提出比较高的要求，因此就有了相应的文化水平、科学技术素质的提高。如今正在兴起的知识经济，则对人们的科学素质提出了更高的要求。在不同的生产力时代及生产组织过程中，人们的思想状态、精神面貌、道德状况也大不相同。总之，人是生产力的基本要素，人在劳动中改造自然、创造物质财富的同时，也在改造或改变着他自身，在运用各种能力、各方面素质的过程中，也使能力和素质得到开发、培养和提高。

（2）物质财富与文化财富的充分积累是人获得全面发展的条件。由上述对人全面发展内涵的分析可以看出，人全面发展的实现离不开一定的物质财富和文化财富的积累。马克思说过："如果音乐很好，听者也懂音乐，那

---

① 《马克思恩格斯全集》（第 3 卷），人民出版社，1960 年，第 30 页。

末消费音乐就比消费香槟酒高尚。"①条件是必须要有好的音乐，这就存在一个文化积累问题；另外还得有闲暇时间、听者接受过音乐的培训或教育等，这些都离不开社会的发展，以及社会经济、文化水平的提高。另外，经济发展存在不同的途径与方式，从有利于促进人的全面发展考虑，我们的经济建设不但要致力于总量规模的扩大，而且要尽可能通过最新科学技术的使用提高经济效率。因为在社会主义条件下，生产率的提高意味着劳动者闲暇时间的增多，而人民有了更多的、属于自己安排的非劳动时间，才有可能更好地全面发展自己。

（3）在不断满足人民生活需要的基础上促进人的全面发展。人之所以能够获得全面发展，除了外在的环境因素外，与人们本身各种需要的实现存在密切联系。在现实世界中，每个人都存在着许多需要。有为生存而提出的需要，这在需要的等级划分中属于低级需要，表现为以对物的占有为特征，或直接体现为对金钱的追求；除此之外，作为人，还会产生活动与发展的需要（劳动的需要、创造的需要、探究的需要、学习的需等）、享受的需要（审美的需要、尊重和信任的需要、交际的需要、健康的需要等）。具有并不断实现人们的各种"高级需要"，正是人能够获得全面发展的条件。只要需要是合理的，真正的社会主义社会不但不应该排斥这些需要，相反，应该充分鼓励和发展这些需要，努力为在广大人民中实现这些需要的满足创造条件。可以说，社会主义社会的重要特征之一，就是"能够保证每个人的一切合理的需要日益得到满足"②。马克思有一段话很好地阐明了在社会主义条件下，人的全面发展获得实现的途径："培养社会的人的一切属性，并且把他作为具有尽可能丰富的属性和联系的人，因而具有尽可能广泛需要的人生产

---

① 《马克思恩格斯全集》（第 26 卷）（I），人民出版社，1973 年，第 312 页。
② 《马克思恩格斯全集》（第 19 卷），人民出版社，1963 年，第 124 页。

出来——把他作为尽可能完整和全面的社会产品生产出来。"①以人们各方面生活需求的满足推动人的全面发展,已经成为中国特色社会主义建设的一个指导性思想。

真正全面发展的人,必然是具有"世界眼光"的个人。也就是马克思早年所提出的,要能够超越狭隘民族性和地域性局限,成为"世界历史性的个人"。因此,要促进人的全面发展,需要不断扩大对外开放。因为对外开放不但有利于人们摆脱宗法血缘关系,开阔眼界,迅速成长为具有世界性普遍联系的人,而且还能够使人通过吸收世界各种优秀文明成果来提高自己,从而迅速成长为全面发展的"个人"。

三、中国道路的世界历史意义

中国道路有别于西方模式,已经成为事实并为世界公认。而中国道路对于世界历史、人类文明的贡献或影响,还有待于人们深入探究与总结。

(一)"非西方"现代化:经验与借鉴

近代以来的世界历史主要是由现代化推动的。到 19 世纪,现代化不但成为不可逆转的世界性历史事实,而且还形成了一条"西方道路":财产私有、市场自由、资本统治、政治分权……到第二次世界大战前,一个又一个欧美国家通过这条道路获得成功;日本是这条道路的最后一个成功者,同时也是唯一的东方国家。日本之后,虽然有韩国、新加坡等国家和地区的成功,然而在总体上,非西方国家究竟如何实现现代化仍然是一道世界性难题。必须面对国际资本市场的强大压力,工业化未见分晓之时,全球化、信息化

---

① 《马克思恩格斯全集》(第46卷)(上册),人民出版社,1979 年,第392 页。

又纷至沓来，因此非西方国家的现代化往往是一个交织着希望与痛苦、新生与混乱的复杂过程。美国学者塞缪尔·亨廷顿指出："在欧洲和美国，现代化进程已经持续了几个世纪，在一个时期内一般只解决一个问题或应付一项危机。然而，在非西方国家的现代化进程中，中央集权化、国家整合、社会动员、经济发展、政治参与以及社会福利等诸项问题不是依次，而是同时出现在这些国家面前。"①这意味着非西方国家现代化中面临的问题或要实现的目标，具有"一揽子解决"的特点。"一揽子解决"是机会，同时也极具挑战：对现代化领导者是严重挑战，对执政党或政府更是严峻考验，要求执政党或政府更有效能，以能够应对许许多多异常复杂的任务和难题。事实证明，要做到这一点远非易事。展望非西方国家现代化，除了大多数国家长期经济增长缓慢或有增长而无发展之外，还普遍存在以下问题：

一是严重的两极分化。现代化必然产生贫富差距的扩大，如果任由少数人充分占有工业化成果，绝大多数人依旧生活于贫困之中，势必有失社会公正。然而这却是许多非西方国家的"正常"现象。例如巴西现代化的重要教训之一，就是没有解决好财富分配中的矛盾。如果以基尼系数衡量，自1960年起巴西的基尼系数始终在0.5，最高不超过0.6。在农村，1984年4%的地主占有67%的耕地，而71%的穷困农户却只占有区区10.9%的耕地。严重的贫富差距与劳动人民生活的持续贫困化，导致社会矛盾日益加剧，由此不断引发社会动荡与暴力犯罪。作为"金砖国家"之一的印度，同样也是一个贫富差距极大的国家。到了20世纪90年代中期，贫困人口比例高达38%，政府喊了许多年的"消灭贫困"，目前依然如故。

二是军人干政。在非西方国家现代化过程中，军人干政几乎是一个普

---

① ［美］塞缪尔·亨廷顿：《变动社会的政治秩序》，张岱云等译，上海译文出版社，1989年，第47页。

遍现象,以致有人怀疑军事干预政权是落后国家现代化的必然产物。据统计,在拉丁美洲独立后的一百五十年间,共发生过不下五百五十次军事政变。这意味着在当时二十个独立的拉丁美洲国家中,平均每个国家发生过近三十次成功的军事政变。到 20 世纪 70 年代,除古巴外,所有拉丁美洲国家都建立起清一色的军人政府。当然,军人干政也不仅在拉丁美洲普遍存在。"在亚洲、非洲、拉丁美洲许多国家,政权落入军人手中已经不是例外,几乎成为一条法则,这不是偶然的巧合,而是有规律的事实。"①频繁的军人干政不但导致社会混乱、破坏现存秩序,而且会对国家的政治现代化形成重大障碍,并进而影响经济发展和社会进步。

三是严重依附于发达国家。美国学者亨廷顿将"自主"当作发展中国家现代化的目标之一,然而要想实现这一目标又谈何容易？由世界经济体系的不平等交换所决定,非西方国家现代化过程中很难摆脱对发达国家的依附;而严重存在依附,正是这些国家难以发展、难以实现现代化的重要原因。对国际市场尤其是某一两个发达国家的严重依附,无论资本、技术还是出口市场,都会导致经济的脆弱性与不稳定性。资金的严重依赖,还容易导致债务危机。自 20 世纪 80 年代初以来,许多拉丁美洲国家大量举借外债,超过了本国的支付能力,结果引发全面经济危机,致使经济出现负增长。

四是价值分裂、社会道德沦丧。现代化过程往往会在文化层面出现传统与现代对立的现象,这是两种不同的价值观,尖锐对立会导致社会的不稳定。但随着经济及社会的发展,传统不断向现代变迁,最终现代性成为主导,社会也逐渐归于稳定。然而在许多发展中国家,一方面是经济增长、社会发展,但另一方面传统的价值观仍然顽强存在甚至保存完好。例如印度

---

① ［苏联］米尔斯基:《"第三世界":社会、政权和军队》,力夫,阜东译,商务印书馆,1980 年,第 2 页。

古老的种姓制度，至今仍然保存着，甚至在农村的许多地方还有"贱民村"。由此形成的价值分裂"使得印度这个新的民主共和国的大多数公民不可能有效地参与经济的或政治的发展过程"①。另外在许多发展中国家，为了追赶发达国家的经济发展水平，往往会采取一些极为短视的做法，从而导致社会道德沦丧。例如泰国，色情业泛滥不但败坏道德、摧残人性，而且还带来了吸毒、性病等诸多社会问题；哥伦比亚毒品交易确实使经济实力不断增强，但毒品对于国家政治、经济和文化等方面的渗透也达到了十分惊人的地步，整个社会腐化，整个国家成为一个"被毒化了的国家"。

中国同样属于非西方国家。除此之外，中国又是一个超巨型、多民族的东方大国。世界现代化的经验证明，在追求现代化的过程中，大国比小国更为艰巨、多民族国家较单一民族国家面临更多的复杂性，例如仅仅是要寻求社会稳定与发展中的平衡性就很不容易。然而中国道路四十余年不但创造了经济发展的"中国奇迹"，而且成功避免了社会分裂与崩溃、军人干政或军事政变等上述非西方国家现代化难以避免的现象。靠的是什么？有哪些经验值得分析与总结？

"中央要有权威"，这是邓小平在20世纪80年代中期反复强调的一个重要思想，也是中国道路前行过程中始终遵循的一条原则。中国道路的实践证明，至少在下述两方面，正确而强有力的"中央权威"对于市场经济条件下的现代化是必不可少的：

1. 面对激烈的国际竞争环境和并不优越的国内条件，能够在获得较快经济增长的同时更好地确保经济发展战略目标的实现

根据世界现代化规律，非西方落后国家要实现经济发展战略，就必须拥

---

① ［美］弗兰辛·R.弗兰克尔：《印度独立后政治经济发展史》，孙培钧等译，杨瑞林校，中国社会科学出版社，1989年，第7页。

有比发达国家更为优越的方法和手段。撇开政治上和军事上的对抗不论，经济全球化时代的国际资本垄断、区域经济集团化等，早已将新古典经济学的"自由竞争""比较利益"等大打折扣。主要由政府制订计划和着力保护、扶植国内幼稚工业，逐步有条件、有选择地开放国内市场，以提高本国工业的国际竞争能力，这是"后发型"国家工业化、现代化的成功之道。另外，明显的二元结构特征是许多发展中国家的基本特点，中国经济的二元性尤其具有典型性，同时又是在一个极其巨大的活动空间展开的，这使中国在现代化的过程中长期面临着一系列尖锐、复杂的矛盾和困难。例如，既要独立自主、自力更生，充分发挥和利用国内科技力量和工业力量，又要大力吸收国外一切先进的东西，以发展和壮大自己；既要发展外向型经济、积极开拓国外市场，又不能不努力促进国内消费，将积极开拓国内市场作为经济发展的立足点；从参与国际竞争需要出发，要大力发展新兴产业，特别是加快高新技术产业发展的步伐，尽快缩小和消除我国在高技术产业上同先进国家之间的差距，但也不能忽视对传统工业的革新改造，甚至在一定时间内和在一些地区，仍然要将重点放在劳动密集型和技术密集型相结合的工业上；要大规模发展农村非农产业，发展现有中小城市和新兴城镇经济，加快实现农业人口向非农产业和城市的转移，同时又要始终不放松农业，农业依然是整个国民经济发展的基础和保证；既要尽一切可能推进经济增长，确保现代化战略目标的实现，又要把控制人口、节约资源、保护环境放到重要的位置，使人口增长与社会生产的发展相适应，使经济建设与资源、环境相协调……要处理好这一系列矛盾和问题，单靠市场是不行的，必须借助有效的"中央权威"。

2. 能够在经济总量有限、社会整体发展水平不很高基础上，实现经济效益和社会效益的有机统一

市场经济的根本作用，在于通过资源的有效配置提高整个社会的经济

效率,促进国民经济快速增长。但是作为社会发展的现代化目标绝不止于提高效率和促进增长,还要努力实现效率与公平的统一。在中国,社会制度特征尤其决定了我们必须把维护社会公正和达到共同富裕当作发展战略的核心内容。美国经济学家西蒙·库兹涅茨提出过社会收入分配的"倒 U 型"学说,但由中国的社会制度与文化传统所决定,不可能被动地等到社会财富总量有了相当程度增长后,再任其"自然"实现社会公平,而必须在初步现代化阶段就由政府出面在政策层面对收入分配加以调节和控制。公有制为主体能够从根本上保证共同富裕目标的实现,但实际上市场经济条件下初始财产分配的不平等,以及经济运行过程中必然会出现的差别等情况,都会导致收入分配严重不均等或贫富之间存在较大差距。中国的贫富差距在很大程度上,是由地区差别造成的。那么怎样在优先发展沿海地区经济基础上,解决好广大中西部地区发展问题? 怎样在经济发展基础上,平稳而积极地推动实现政治民主、文化进步与社会和谐? 中国道路认为:"这一切,如果没有中央的权威,就办不到。"①

"中央要有权威"思想,是针对市场经济固有的缺陷和社会主义现代化发展目标提出来的,其性质、作用对象及其系统都与计划经济时期的"高度集中"有所不同。在计划经济条件下,"中央"既是国有资产的所有者又是经济运行"全能"的管理者;其"管理"又主要通过自上而下的行政隶属关系,以决议、指示和指令性计划等强制性手段进行的。在市场经济条件下,"中央"对经济的干预主要在宏观层面,主要为中央政府从国民经济的总要求出发和根据现代化的长期战略目标,对经济发展进行调节和控制。具体地说,"中央"的"权威"主要在以下几方面发挥作用:第一,建立并维护有效的制度条件,包括所有制结构、确保经济和社会良性运行的体制机制;第二,以市场

---

① 《邓小平文选》(第三卷),人民出版社,1993 年,第 278 页。

体系为依托,创造公平竞争的秩序与环境,保持社会公正和稳定;第三,努力为经济和社会发展提供必要的服务,包括提供能源、交通、通信等有形的基础设施,以及发展教育和科技事业等;第四,进行宏观经济调控,包括制定发展规划和产业政策,协调战略目标和总体布局,控制人口增长,保护生态平衡,实行社会保障等。

1985年8月,邓小平在会见坦桑尼亚总统尼雷尔时,如此论述中国改革的意义:"我们的改革不仅在中国,而且在国际范围内也是一种试验,我们相信会成功。如果成功了,可以对世界上的社会主义事业和不发达国家的发展提供某些经验。"①中国的成功并肯定不意味着要求所有非西方国家都按照中国的经验或模式搞现代化。正如邓小平在三年后会见另一位非洲国家领导人、莫桑比克总统希萨诺时指出的:"所有别人的东西都可以参考,但也只是参考。世界上的问题不可能都用一个模式解决。"②

(二)大国崛起、民族复兴新模式

五百年的世界近现代史,反复上演着大国争霸、民族复兴的悲剧或喜剧,但在不同时代,不同国家或民族有着不同的道路与模式。

1. 法国和英国的殖民侵略、领土扩张道路

法国是近代欧洲国际社会形成之后的第一个大国,即第一个现代意义上的强大国家。法国的方式是首先通过战争,在欧洲范围建立霸权。从1618年爆发的欧洲历史上著名的"三十年战争"算起,六十余年间,分别和不同国家进行了六场大的战争,最终从一个欧洲强国迅速成长为欧洲大陆头号大国。看到海峡对岸的法国崛起为大国,英国自然不甘示弱。为了扩张

---

① 《邓小平文选》(第三卷),人民出版社,1993年,第135页。
② 同上,第261页。

的需要，英国将工业实力迅速转化为军事力量尤其是海军实力的增长，从而为进一步开拓海外市场、寻求国家权力扩张与财富最大化提供条件。到 19 世纪末，英国统治下的总人口超过 3.45 亿，从而成为继古代罗马之后的又一个全球性霸权国家，一个名副其实的"日不落帝国"。"可以说，殖民扩张和争霸战争一直是英国实现霸权崛起以及进行霸权维护的主要方式。"①

2. 德国和日本：法西斯军国主义道路

德国在古代欧洲，曾经有过称雄的历史，但是到了近代，其地位逐渐被法国和英国取代。这是傲慢的德意志民族的一块"心病"。20 世纪 30 年代，希特勒看准了这一点，"恢复日耳曼民族昔日之荣光"成为纳粹党上台的"意识形态"。在这样的民族复兴口号的鼓舞下，整个德国迅速走上了一条法西斯军国主义的不归路。然而以战争称霸欧洲甚至世界的图谋最终遭到彻底失败。

日本缺少历史上的辉煌，但大国争霸的现实也鼓舞起与中国、东亚甚至整个世界一决雌雄的野心。以建立"大东亚共荣圈"为幌子，1931 年制造了九一八事变，使日本成为远东的法西斯战争策源地；1937 年发动全面侵华战争，1941 年挑起太平洋战争，最终发展到与全世界反法西斯同盟的全面对抗……

3. 美国、苏联以军事对抗为基础，在全球划分势力范围的"冷战"方式

"冷战"的基础是军事实力较量，较量的根本目的仍然是为了国家权力的最大化或者说争夺世界霸权。美国一方面通过军备竞赛发展起强大的军事实力，同时还通过缔结共同防御条约、构建双边或多边军事同盟方式，与亚欧许多国家形成军事同盟关系，并在一些具有重要地缘政治价值的地区和国家建立军事基地，维持常驻军队，从而为对抗苏联进行全球部署。

---

① 李景治：《中国和平发展与构建和谐世界研究》，中国人民大学出版社，2011 年，第 31 页。

针对美国的军事战略，苏联一方面在意识形态层面提出"两个阵营"理论，另一方面则是组建东方军事同盟——华沙条约组织。赫鲁晓夫执掌政权初期的"底线"是与美国平起平坐、共同主宰世界，后期则是要和美国争夺世界霸权。美国自然不甘落后，于是两国之间的核军备竞赛迅速升级、愈演愈烈。最终的结果是苏联败北、苏联解体。

中国道路的任务承载之一，是要实现中华民族的伟大复兴。以何种方式实现这一目标？面对来自外部世界的各种质疑或期待，和平发展成为中国道路的重要战略选择。

国际社会永远存在竞争和矛盾，历史上的解决办法是军事较量与强权政治。但在世界多极化、经济全球化日益成为历史潮流的背景下，合作共赢理应成为必然趋势。更何况在大规模杀伤性武器扩散、信息技术深入普及的时代，不但人类再也承受不起世界大战的摧残，而且任何大国之间的全面冲突与对抗只会造成两败俱伤的结果。面对历史趋势与恶性竞争的可能性后果，中国道路条件下的和平发展倡导以合作谋和平、以合作促发展、以合作化争端，致力于通过同各国不断扩大互利合作方式，协力解决关乎世界经济发展和人类生存进步的重大问题，促进各国共同发展，同时也不断发展壮大自己、实现自己的发展目标、发展战略。

回溯世界各大国的成长之路，检点人类各民族复兴之潮，大多以挑战现存国际体系或对外发动侵略战争的方式得以成功。因此，在传统国际关系理论、传统国际政治思维中，大国成长或民族复兴通常与和平无缘，殖民掠夺、军备竞赛、地区争霸、军事侵略等是其常见方式。美国学者罗伯特·吉尔平指出："国际体系的历史就是这样一些帝国和居支配地位的国家的兴衰史"，"……一场霸权战争的结束是另一次成长、扩张直至最终衰落周期的开端。不平衡发展规律继续重新分配权力，从而破坏着上一次霸权争斗建立起来的现状。不平衡代替平衡，世界走向新一轮霸权冲突，这种周期已经并且还将继续下去，直至人类或者毁灭自己，或者学会开辟一种有效的和平变革机制"。① 中国道路条件下的民族伟大复兴，能够成为终结以往霸权争斗周期的成功尝试吗？推动构建人类命运共同体，能够成为"一种有效的和平变革机制"吗？中国道路条件下的和平发展，以谋求与世界各国的合作共赢为前提，能够成为人类 21 世纪新文明的第一束曙光吗？

既通过维护世界和平发展自己，又通过自己发展维护世界和平；在强调依靠自身力量和改革创新实现现代化目标的同时，又坚持学习世界一切先进文明成果、借鉴别国长处；既追求本民族复兴，又主动与国际社会一道努力，推动建设以持久和平、共同繁荣为特征的人类命运共同体……毫无疑问，这是一条基于中国几千年文化传统及广大人民利益追求所选择的现实之路，这也是一条有利于人类文明进步与世界共同繁荣的光明之路。

（三）新社会主义：力量与形象

社会主义曾经是 20 世纪国际经济政治风云变幻中的一道靓丽风景。第二次世界大战后的五六十年代，随着以中国为代表的一些亚洲国家、东欧近十个国家，以及拉美的古巴等相继宣布建设社会主义，再加上非洲大陆有二十四个国家明确宣布走社会主义道路，社会主义如日中天、声名大振。然而转眼进入 20 世纪 80 年代，非洲社会主义迅速走向衰落，社会主义的"大本营"苏联和东欧国家虽然又苦苦支撑了几年，但到 80 年代末 90 年代初，终于相继油灯耗尽、寿终正寝……为什么会是这样？怎么会搞了几十年又衰落了呢？邓小平有个观点：社会主义如果老是穷，它就站不住。

站不住，是因为没力量；没力量的原因，是由于经济没搞好，广大人民生

---

① ［美］罗伯特·吉尔平：《世界政治中的战争与变革》，宋新宇、杜建平译，上海人民出版社，2007 年，第 49 页、213 页。

活水平长期停滞不前。

贫穷不是社会主义！更何况：以苏联模式为代表的社会主义，还不仅仅只是一个贫穷问题！全面封闭、整天搞阶级斗争、个人崇拜、极少数人专权、不讲法治与不尊重人权……由此不但损害了社会主义在广大人民心目中的形象，而且还背上诸多骂名，成为西方思想家、政治家们整天奚落、嘲讽、攻击的对象。

力量虚弱、形象欠佳：这样的社会主义虽然与马克思主义存在某种渊源关系，但在根本精神上却与马克思主义相去甚远。"旧的不去，新的不来。"在旧社会主义基础上成长起来的，是中国特色社会主义。中国特色社会主义是一种新社会主义。

之所以是一种新社会主义，首先表现在，它将力量牢牢建立于发展及广大人民生活水平不断提高基础上。

自 20 世纪 70 年代末至 80 年代初中期，即在中国特色社会主义道路开创阶段，邓小平屡次三番地强调一个观点：社会主义的优越性表现在能够比资本主义更快更好地发展生产力，并且在此基础上，使广大人民的物质文化生活不断获得改善与提高。为了充分引起人们的注意，特别是避免偏离方向，邓小平又明确提出了"三个有利于"思想：判断改革开放及整个社会主义建设的得失成败、是非对错，主要看是否有利于发展社会主义社会的生产力，是否有利增强社会主义国家的综合国力，是否有利于提高人民的生活水平。国力是力量，人民也是力量，而且是更加重要、更加根本的力量。人民拥护不拥护、答应不答应、满意不满意，既是检验政党执政是否成功、能否巩固的标准，同时也是衡量社会主义是否有力量、是否"站得住"的根本所在、关键所在。以此为标准或出发点，中国特色社会主义始终将紧密联系的两个方面当作核心与灵魂：第一是发展，发展是硬道理；第二是不断提高广大人民的生活水平。

315

中国特色社会主义之所以是一种新社会主义，其次还在于形象发生了根本改变。

一是以人民为中心。总结历史的经验教训，中国特色社会主义既在本质精神上重新回归马克思的人的解放主题，另外又结合时代与国情，将人民本位或人民中心思想落到实处：重视人民利益、重视广大人民各方面发展权利，强调通过制度建设解放个体，使人们在经济、政治和各种社会活动中获得不同程度的自由；将能否忠实代表最广大人民的根本利益作为检验共产党人是否真正坚持马克思主义的基本标准，明确认为"建设社会主义新社会的本质要求"就是"促进人的全面发展"；强调要通过全面建设小康社会，使社会各阶层利益能够获得更好的保障与实现……

二是将和谐当作本质属性。旧社会主义宣扬斗争哲学：在国内"以阶级斗争为纲""向地球开战"；在国际层面则要充当现存世界体系的革命者、造反者，主张"世界革命"其实斗争并不是马克思社会主义的本质特征。社会主义本质上意味着人类社会四方面矛盾的解决：个人与共同体之间、个人与个人之间、每个人与一切人之间、民族或国家范围内的个人与世界范围内的每个人之间。① 四方面矛盾的解决，既是人类解放的实现，也标志着社会的高度和谐。因此，中国特色社会主义明确将和谐当作本质要求、当作现代化的目标追求，特别是强调"社会和谐是中国特色社会主义的本质属性"②。

三是将全方位对外开放当作基本国策。旧社会主义又以封闭著称。其实封闭是与马克思主义无缘的，因为封闭只能导致民族的片面性与局限性、只能产生个人迷信与家长制，或者说只能产生封建的社会主义。③ 当代中国

---

① 参见叶汝贤：《每个人的自由发展是一切人的自由发展的条件》，《中国社会科学》，2006 年第 3 期。

② 胡锦涛：《坚定不移沿着中国特色社会主义道路前进 为全面建成小康社会而奋斗——在中国共产党第十八次全国代表大会上的报告》，人民出版社，2012 年，第 15 页、47 页。

③ 参见《马克思恩格斯选集》（第一卷），人民出版社，1995 年，第 86～87 页、276 页。

将对外开放当作基本国策、当作基本路线的重要内容、当作坚持和发展中国特色社会主义的必由之路。由此表明，中国特色社会主义完全反旧社会主义之道而行之：不但要开放、要全方位的开放，而且要通过开放使中国的发展、中国特色社会主义完全融入世界文明大道。

四是以五大文明共进作为奋斗目标。既然社会主义是比资本主义更加优越的社会，理应在文明方面具有更高水平。中国特色社会主义承认、尊重并努力保护社会成员的生命与尊严，以及全面发展的要求和权利；认为物质贫困不是社会主义、精神贫困同样也不是社会主义，要求推动并实现社会主义文化的大发展大繁荣；主张在全体人民共同奋斗、经济社会发展的基础上，努力建设对保障社会公平正义具有重大作用的政治制度，逐步建立以权利公平、机会公平、规则公平为主要内容的社会公平保障体系，努力营造公平的社会环境，保证人民平等参与、平等发展的权利；鼓励树立尊重自然、顺应自然、保护自然的生态文明理念，把生态文明建设放在突出地位。

中国坚持社会主义，就是要坚持经过改革、实行开放的新社会主义。坚持这样的社会主义并且取得成功，不但重新塑造了社会主义理论与实践的世界形象，而且重构全球两制关系，也就是将历史上以相互竞争、对抗为主的关系，转向以谋求和平共存、合作共赢为方向的新关系模式。

（四）在"亚太世纪"或"太平洋时代"发挥重大作用

在人类文明漫长的历史进程中，总会有一些国家、民族和地区高擎火炬，走在各个不同历史阶段人类文明由低向高发展阶梯的前列。当这些地区或民族越过该文明发展的顶点而衰落之际，往往会有一些新的地区或民族取而代之，以新火炬手的角色将人类文明引领向更高水平。各地区、国家或民族之间发展不平衡，不同阶段引领者循环更替，是人类文明发展的一个规律性历史现象。[①]

　　由于地理的原因，人类古代文明被划分几大块，每一部分在不同地区大体孤立地形成并发展着；但是在每一文明板块，也总是有某些国家或民族处于中心地带，对整个文明起着规范和引领的作用。在西方历史上，曾经有过以古代希腊、罗马为代表的、文明发展的"地中海时代"；而在东方，则产生过以中华帝国为中心的"华夷秩序"或"朝贡体系"。到了近代，历史的发展将不同地区、国家和民族越来越连成一片，出现了马克思所说的、以世界性普遍交往为特征的"世界历史"时代。古代不同文明中心同时并存的局面被打破了，愈来愈形成统一的文明历史进程。由于有"二元革命"（英国工业革命、法国政治大革命）为先导，于是产生了人类文明历程中的"大西洋时代"。英国率先，其他"老欧洲"国家跟上，成为这一文明时代的领跑者，在这些老欧洲国家略显疲态时，大西洋对岸的美国蓬勃崛起，将"大西洋时代"成功带入 20 世纪。

　　21 世纪还会是人类文明的"大西洋时代"吗？

　　在第一次世界大战结束时，随着欧洲逐渐衰落和日本迅速崛起，开始出现"20 世纪将是太平洋时代"的观点。然而第二次世界大战结束后，一方面日本的经济及国际地位遭到毁灭性打击，另一方面，当时环太平洋的其他国家和地区还都比较落后，所以"太平洋时代"说沉寂了一段时间。到了 20 世纪 60 年代末 70 年代初，日本再度崛起，经济总量跃居世界第二位，同时东亚"四小龙"腾空而起，引起世界的关注。在此背景下，"太平洋时代"又一次成为热门话题。

　　从客观发展态势上分析，"亚太世纪"或"太平洋时代"的到来是完全可能的。然而问题在于，首先，自近代以来，一个地区要成为世界文明的中心，

---

　　① 参见何芳川：《太平洋时代和中国》，《北京大学学报》，1995 年第 3 期。

必须要有两到三个以上世界范围最具影响力的国家存在。例如"大西洋时代"，至少英、法、德、美，都是世界强国、大国。其次，所谓"最具影响力"，即不但具备世界级的经济实力、军事实力，而且还要有巨大的文化力量，否则就不足以充当文明的领跑者或火炬手角色。日本的缺陷是，它只有单一的经济实力，而不具有强大的综合实力。更何况由于第二次世界大战期间对亚洲及太平洋国家的侵略，使之始终在这一地区难以有太多的号召力、影响力。美国的目的是要借助亚太崛起这块"跳板"，继续维持其世界霸主地位。与美国完全不同，邓小平当年确定中国的对外战略原则是："不当头"，努力把自己的事情做好。

主观上"不当头"，未必在客观上就不具备这样的作用和影响。就"亚太世纪"或"太平洋时代"而言，首先如邓小平所说，中国块头大、分量重。当然，最重要的还是要靠发展，"没有中国的发展是形不成的"。

邓小平讲这番话时，是1990年4月。此后至今，时间又过去三十余年！斗转星移，世界已经不再是当年那个世界，中国也已经不再是当年的中国。那时的中国，虽然是人口大国、政治大国，但在经济上还比较弱，算是"小国"。尽管目前的中国和发达国家相比依然落后，仍然属于发展中国家，然而各方面实力毕竟已经发生了很大的变化：

世界不完全是中国的，中国却属于世界，当然，首先属于亚洲、属于环太平洋地区。中国最近几十年的发展，已经使世界的目光更多地投向东亚，并且催生美国的"重返亚太"战略。中国的进一步发展，既会使亚太地区日益成为世界经济政治矛盾的焦点，成为大国战略争夺的地带，也使这个地区加速成为人类文明新的时代、新的中心，从而将人类的文明史推向更高阶段。

回顾历史，当"地中海时代"的那些欧洲国家间杀得难分难解、一个个遍体鳞伤时，中国与周边国家关系则以礼尚往来的方式为主；当欧洲人为了开辟"大西洋时代"，而远航拉美、远征北美时，中国的郑和"七下西洋"只是为了远播皇恩，给南亚、东非那些落后国家带去各种各样的礼物……无论"地中海时代"还是"大西洋时代"，但凡有以西方国家、西方文化为主导的文明时代，其开辟过程无不狼烟四起、哀鸿遍野；少数几个国家崛起为世界大国或登上霸主位置，无不以给整个地区甚至世界带来斑斑血泪、缕缕伤痕为沉重代价。即使在东亚范围，日本当年为了与德、意法西斯实现瓜分世界的图谋，不惜全面发动对东亚和太平洋国家的战争。所谓"大东亚共荣圈"，实际是要使"大东亚"都成为它的殖民地、附属国。

那么在"亚太世纪"或"太平洋时代"到来之际，中国将会扮演什么样的角色？是重走历史老路，还是以崭新姿态推动人类文明新时代的到来？

以史知今：平等互利、合作共赢，不等于没有矛盾、摩擦甚至冲突；而各国之间的和平发展也不等于进入无差别境界。毕竟当今的世界，还是一个各国家或民族以其利益为根本利益的世界，国与国之间、民族与民族之间的差别乃至矛盾，是难以避免的。整个世界是这样，彼此之间各方面差别很大的亚洲太平洋地区更是如此。问题是关键是用什么样的方法和手段去解决这些矛盾、摩擦和冲突。21 世纪的世界不同于 20 世纪，更加不同于 17 世纪至 19 世纪；人类未来文明的新时代不同于历史上的"大西洋时代"，更加不同于古代的"地中海时代"或别的什么时代。在新的文明时代，人类应该有智慧以更加理性的方式解决这些矛盾、摩擦和冲突。亚太国家理应在这方面起表率作用，而作为亚太地区最重要国家之一的中国，更应该而且也正在这方面发挥带头作用。

四、余论：继承、超越与挑战

（一）中国道路，究其本质，首先是一条落后国家如何实现工业化、现代化的道路

这个问题最初由马克思提出。19 世纪 50 年代，马克思以不列颠对印度的侵略实际具有"双重使命"为例，认为可以由此推动落后国家成为"西方式的社会"，即成为工业化的国家，然后再进一步走向"新世界"。① 19 世纪 60 年代，《资本论》第一版序言中的一句话，后来成为英国《大不列颠百科全书》"现代化"词条的重要内容："工业较发达的国家向工业较不发达的国家所显示的，只是后者未来的景象。"② 到了 19 世纪 70 年代，在发觉资本主义工业发达国家借助于殖民侵略后形成的国际分工格局和世界体系的结构性关系，已经将落后国家工业化的道路大体堵塞之后，马克思一方面将《资本论》中有关资本主义工业化道路的论述明确仅限于西欧，另一方面将目光转向东方、转向俄国，探讨落后国家可否不通过"资本主义制度的卡夫丁峡谷"，又能够取得工业文明的一切成就。遗憾的是，这在马克思的著作中，最后留给后人仅仅是一个理论"悬案"。

面对许多俄国人的咨询或探求，马克思没有能够就俄国的未来给出明确答案，既由于可供解"方程式"的"已知项"不够齐全，也因为马克思不熟悉俄国。马克思不熟悉俄国，当然也就更加不了解真正的东方以及整个非西方落后的情形。

---

① 参见《不列颠在印度的统治》《不列颠在印度统治的未来结果》，载《马克思恩格斯选集》（第一卷），人民出版社，1995 年。
② 《资本论》（第一卷），人民出版社，1975 年，第 8 页。

列宁接过马克思留下的"悬案"。

十月革命原本想一步跳过资本主义的"卡夫丁峡谷"，即不但跳过其"万恶"的制度，而且跳过工业化文明，使古老的俄国直接进入共产主义。"战时共产主义"的失败使列宁彻底明白：西欧国家的资本主义制度可以拒绝，但以工业化、现代化为内涵的"西欧文明"却不可拒绝，也无法拒绝。为了俄国，也为了自己执着追求的理想信念，于是在晚年，已病入膏肓、生命垂危的列宁"忍痛"以口授的方式"写"下了《论我国革命》这篇文章。文章肯定十月革命，但同时认为革命的最重要意义仅在于"使我们能够用与西欧其他一切国家不同的方法来创造发展文明的根本前提"。这个"根本前提"是政治性的，即通过革命的手段建立起"工农政权和苏维埃制度"；借助于这样一个政治前提、政治基础，首先在文明方面"赶上别国人民"，"然后开始走向社会主义"。①

列宁提出的，实际就是一条落后国家的工业化、现代化道路，是一条落后国家如何通过工业化、现代化"走向社会主义"的道路。

就大体原则与方向而言，列宁认识得很清楚、讲得也很明白。但历史的再一次遗憾在于，后来的人们总是惦记着如何"跑步进入共产主义"，一着急就将宝贵的"列宁思路"置诸脑后。

是邓小平，这位中国特色社会主义道路的拓荒者、领路人，重新找回了"列宁思路"，并且最终走出了一条"自己的路"。

（二）中国道路，究其本质，又是一条非西方国家如何实现大国崛起和民族复兴的路

在人类古代，国家力量此消彼长、大国称雄并无定律。但是到了近代，

---

① 参见《论我国革命》，载《列宁选集》（第四卷），人民出版社，1995 年。

情况则有所不同。马克思和恩格斯的《共产党宣言》认为，在西欧主要国家率先开始现代化历史进程后，就整个世界格局而言，着重表现为三个"从属于"："使未开化和半开化的国家从属于文明的国家，使农民的民族从属于资产阶级的民族，使东方从属于西方。"①"从属"意味着落后、意味着被奴役，"从属"意味着在世界上处于被主宰与被支配地位。因此，在人类近现代舞台上，国家力量增长主要由在世界现代化进程中的地位所决定，而大国崛起、民族复兴则基本是西方国家之间的"游戏"。

中国属于东方，在历史上也曾经"从属于"文明的西方，因此在现代世界体系中不断遭排挤，直至沦落为最为边缘化的国家。然而中国又是有着几千年古文明史的东方大国，辉煌的历史和大国的尊严，使其人民始终不甘屈辱与被奴役、被支配，所以实现民族复兴又成为中华民族近代以来最伟大的梦想。

然而要想将梦想变为现实又谈何容易？！

奋斗、牺牲，固然必不可少；努力、苦干，应是必要付出。然而更加重要的，则是道路选择。

民主主义与新民主主义阶段，以无数血的代价，最后走出了一条共产党领导下的新民主主义革命道路，终于取得成功。新中国成立后，又经过反复比较、探索，甚至是"摸着石头过河"，最后终于认定必须在中国特色社会主义道路上实现民族的伟大复兴。

（三）这条道路，究其本质，更是一条东方国家探索如何重新回到马克思社会主义的求真之路

共产党人是要搞社会主义的，所信奉主义的源头在马克思。那么究竟

---

① 参见《马克思恩格斯选集》（第一卷），人民出版社，1995 年，第 277 页。

何为马克思意义上的社会主义？东方国家的共产党人曾经是清楚的，至少在革命时是比较清楚的，但在建设中却时而有所迷糊、有所失误。

人的解放、追求每一个人的自由而全面发展，这是马克思社会主义的整个出发点及其理论归宿。然而在 20 世纪社会主义实践中，围绕人的解放却存在比较多的问题，甚至一些国家出现过与目标或本质背道而驰的做法。

20 世纪社会主义的成功主要归因于"解放"旗帜的指引，而挫折或失败的主要表现，同样在"人的解放"之失误。总结历史的经验教训，中国特色社会主义道路在本质上正重新回到马克思社会主义的人的解放主题。

不是没有问题，道路也并不完美与完善，更何况"行百里者半九十"，中国距离现代化目标的实现还有将近三十年？中国道路以后的里程会更加艰巨，会面临更多严峻挑战。

择其要者：

第一，发展中的不平衡、不协调、不可持续问题已经非常突出，尤其是生态环境恶化现象突出，一些地方生态环境承载能力已近极限。随着经济的进一步发展，生态环境所构成的硬性约束将越来越大，并且严重危及人民群众身体健康。在这方面，无论是通过深化改革克服制约科学发展的体制机制障碍，还是从根本上转变经济发展方式，任务都异常艰巨而复杂。

第二，城乡区域发展差距和居民收入分配差距依然较大。目前中国城乡居民收入差距远甚于世界平均水平，而衡量社会贫富差距的基尼系数也远超国际警戒线，同时不同行业之间、同一行业不同层级之间的差距也过于悬殊。无论发展差距还是收入差距，过于悬殊与突出，都会对社会主义的公平正义造成严重伤害，从而影响人民群众对道路性质的认可与认同。

第三，社会道德失范、诚信缺失现象严重。中国自古以礼仪之邦著称，社会主义的优越性之一就是精神文明水平比较高。然而在目前，一方面导致精神沦丧是市场或现代化的普遍规律，另一方面也与治理中的失误相联系,致使社会思想道德建设面临极其严峻的挑战,尤其是诚信缺失已经影响人与人之间的正常交往、社会秩序的正常建立。

第四,执政党内的腐败问题,部分领导干部理想信念动摇、宗旨意识淡薄或执政能力、领导科学发展能力不强。共产党领导既是中国道路的最大特点或本质特征,也是以往取得成功的最重要原因。因此,共产党自身的问题如不能够获得有效克服,势必会对道路未来行程及其效果产生深重影响。

第五,外部各种挑衅不断,大国关系、周边关系更加微妙与复杂,传统安全与非传统安全面临威胁。在开放过程中妥善处理国际关系、世界政治中棘手的矛盾与问题,是中国道路能够取得成功的重要保证,同时对未来目标的实现起着至为关键的作用。然而在中国已经逐渐强大并开始对现行世界秩序、国际格局构成挑战背景下,这方面的麻烦会更多,这方面问题的处理将对中国共产党人的政治智慧、政治勇气构成更大考验。

回顾过去,中国道路成功的主要"秘诀"是始终坚持和不断发展中国特色社会主义;展望未来,中国道路要能够走下去并实现预期的发展目标,关键之处仍在于如何进一步坚持和发展中国特色社会主义,从而使道路越走越宽广。

第十章
"全球化时代"的"人类解放"：趋势与认识

对人类解放的追求与论证，是马克思社会主义的核心主题。如果以《共产党宣言》发表作为该主题初步形成的标志，至今已一百七十余年；而马克思去世也已经一百几十年。当马克思豪迈地宣布资本主义"必然灭亡"，提出人类文明后资本主义时代将以自由人联合体的方式存在时，其实资本主义尚处于蹒跚学步阶段；经过无数危机及两次世界大战的磨难，这个主义至今仍然是人类当代最主要的生产方式与生活形态。人们不禁要问：应该怎样分析和评价马克思的"人类解放"理论？或者说，人类解放前景究竟如何？

问题的思考自然与对当代资本主义的认识紧密联系。与此同时，全球化及在此背景下世界经济与政治的新特点、新变化，也为我们提供了与马克思时代完全不同的视域和知识。

一、社会主义视角下的全球化问题

无论是研究现实的社会主义还是展望世界社会主义未来前景，都需要有对全球化的深刻认识和对实际过程的具体把握，这不但如前面所论述，即使在马克思的理论中,全球化(世界历史)也是社会主义不可或缺的历史前提,①而且在实践层面,社会主义与全球化之间存在互动性或互为因果关系。目前,已经很少有人对经济全球化事实仍然持完全否认的态度,仅从资本主义社会制度、意识形态普遍化角度接受经济全球化的人也不多了。然而问题是,全球化确实主要表现在经济领域,但我们能否就因此将经济全球化当作全球化的"同义词"来接受和使用呢? 或者说,全球化是否单纯表现为经济维度呢? 问题的讨论并不仅仅局限于对"全球化"概念的认识,还会涉及全球化的动力,以及是否存在全球化中断等相关内容。当然,对这些问题的思考无不与社会主义息息相关。

(一) 全球化:多维还是一维?

马克思的唯物史观告诉我们,人类社会生活总体上可以概括为经济、政治、文化三大领域,每个领域都有其相对独立的内容与运行、变化规则,然而在发展过程中,三个方面又是互相联系着的;经济是基础,经济中包含政治和文化,同时任何形式与内容的经济发展又只能在一定的政治和文化条件下实现。封闭的农业经济必然伴随着政治上的个人专制与宗法血缘关系占统治地位,而商品经济的生成与发展离不开政治民主和自由、平等观念的支持。因此,如果说以市场在世界范围内扩张和资源国际性优化配置为主要内容的经济全球化能够成立,那么也就难以否认全球化在政治、文化等领域的客观存在。事实上在当代世界,经济全球化向纵深推进的重大社会后果之一,就是政治全球化、文化全球化的迅速发展。冷战后世界大市场的出现,以及由"全球性问题"所导致的人类共同利益的增长,促成不同社会制度、意识形态国家政治交往的扩大和更加频繁,由此"全球政治"迹象初露。

---

① 有关论述,详见上篇第二章。

当然，目前各国政治交往的扩大与频繁还只是一种量的扩张，并不足以反映和揭示政治全球化的本质。但全球化本身难道不就是一个不断从量的扩张再到发生质的变化的历史过程吗？随着市场经济的普遍建立与各国经济之间联系、依赖与融合程度的增强，不同民族或国家之间生活方式、消费模式、观念意识等文化上相互容纳、相互承认和吸收，也越来越成为明显的趋势。经济是推动力、是主体，但其他社会领域会在不同时间、以不同程度和方式卷入全球化历史进程。正是在此意义上，有一种观点是可以接受的："全球化概念是相互渗透的，包括经济、政治、文化、意识形态等。"①

将全球化理解为一个多维的发展过程，即如所有实质意义上的社会过程一样，是在诸多领域、不同层面同时展开（尽管在同一时间段程度不一，且表现形态也会有较大差异），于是从 20 世纪 90 年代后期开始，国际学术界就已经产生了这样一种现象：有多少门人文社会科学，就会有多少种关于全球化的看法。这表明最初首先以经济为主题的全球化被当作为一个研究对象来认识时，其概念实际已具有多话语性（multi – discursive）特征，即不同学科背景的人们可以从不同角度赋予不同的意义。由此引出的话题是：在社会主义的研究与认识领域呢？对此，我们或许可以从国外一些相关学科的发展来获得某些借鉴与启示。

与各门具体学科不同的是，国外的一些哲学家、未来学家或社会学家，倾向于从总体上概括或揭示全球化内涵。例如著名的英国学者安东尼·吉登斯认为，全球化就是现代性（modernity）在世界范围内的扩散，因为"现代性在本质上就是全球化的"。罗兰·罗伯森则将纷繁复杂的全球化抽象为

---

① ［英］J. 米特尔曼：《全球化挑战：在边际上生存》，原载英国《第三世界季刊》，转引自蔡拓：《全球化与当代世界》，《南开学报》（哲社版），1999 年第 6 期。

世界压缩（compression）与人们世界整体意识增强的过程。① 对吉登斯和罗伯森的观点或许存在不同看法，但从他们的论述中我们无疑可以得到某些认识论方面的启迪。社会主义研究是建立在对人类社会运动本质和规律科学认识基础上的，因而抽象分析法必不可少。马克思在论及他对资本主义研究时说过："分析经济形式，既不能用显微镜，也不能用化学试剂。二者都必须用抽象力来代替。"②对事物的抽象程度越高越能够深入事物的最深刻本质，但同时也容易产生认识上的混沌与分歧。所以有些学者对全球化的宏观描述并不像吉登斯、罗伯森那样过于抽象。姆利纳尔（Z. Mlinar）认为，全球化就是世界层次上不断增强的相互依存，统治和依赖的扩大，世界的同质化（homogenization），以及"区域共同体"的内部分化。麦克格鲁（A. G. Mcgrew）则强调，全球化是"组成当代世界体系的国家与社会之间的联系和相互沟通的多样化"，是"世界某个部分发生的事件、决定和活动能够对全球遥远地方的个人和团体产生重要影响"的过程。③ 虽然这两种概括未必很准确，例如将全球化理解为世界的同质化就是很值得商榷的观点，但这种概括显然较吉登斯和罗伯森的定义容易体会和把握。

　　综上所述，全球化实质上是指人类在工业化、现代化的推动下，不断跨越空间障碍和制度、文化等方面的社会障碍，在全球范围内逐渐实现充分沟通和达成更多共识与共同行动的历史过程。说得更明白一些，社会主义视野下的"全球化"，也就是指原本分处于不同国家、不同区域和本属于不同民族的人们之间相互联系、相互影响和相互依赖、相互需要的增强，以及建立在比基础上共同意识、共同行动的日益增多。

----

① 参见［美］罗兰·罗伯森：《全球化——社会理论和全球文化》，梁光严译，上海人民出版社，2000年，第11页、38页。
② 《资本论》（第一卷），人民出版社，1975年，第8页。
③ 转引自杨雪冬：《全球化：西方理论的前沿》，社会科学文献出版社，2002年，第13页。

对问题的进一步思考，势必涉及全球化与全球一体化的联系与区别。

在全球化问题出现以后，有人将之完全等同于全球一体化，国外也有相类似的认识。在全球化与一体化关系问题上，我们一方面要看到在当前全球化运动中，确实存在着以美国为首的西方发达国家努力以新自由主义方式实现全球一体化的政治企图，但同时应注意在理论与事实两方面二者之间的相通与不同。

以世界范围不同区域、民族或国家间相互交往与联系日益增多为解释的全球化，在程度上可高可低，在形式上既可能是松散的也能够是非常紧密的。而以使众多不同单位融合为一个整体为特征的一体化，则必须体现为某种形式的固定状态。可以设想，要使若干个较次一级的社会单位真正组成或融合为一个更大的社会共同体，无论以什么方式，有两点是必须的：一是更大范围内社会共同体意识的存在，二是超越原来单个国家权力控制范围之外的且能够为原来的各单位所接受的一定的机制或制度形式（institution）。至于哪一个更重要，国际上存在不同看法。在国际组织蓬勃发展和欧洲一体化运动背景下，以卡尔·W. 多伊奇为代表的美国学者偏重于强调社会共同体意识的重要，但厄恩斯特·B. 哈斯等人更看重机制的作用。其实二者之间那一个更重要，取决于一体化的过程和性质。另外，如果坚持将一体化的本质理解为"融合"而非"组合"，通过共同体意识的和平变化形成全体成员对一个新的社会共同体的强烈认同，则是必不可少的。在此意义上，共同体意识的存在或许比制度更重要。与全球化一样，我们既可以将一体化当作一个过程来认识，同时它又能够作为目标状态存在。值得指出的是下述两点：第一，全面一体化能够在地区范围成为现实，而全球化则必须具备全球性质；第二，某个领域或方面的全球化完全能够长期存在，而任何形式的一体化都必然与政治决定相联系。后者根本上由一体化的上述共同意识和制度两方面特性所决定。从现实来看，经济一体化的实现不可避免地包含着国家主权在一定程度上的削弱或让渡，这也是在当前随着经济全球化深度发展，民族国家的地位与职能面临挑战的根本原因。

借助以上分析，在全球化与全球一体化关系问题上，我们似乎可以得出如下结论：首先，全球一体化理应是一个世界性整体发展概念，即包括区域性、民族性经济、政治、文化差别具有决定意义的缩小和通过"普遍交往"所实现的各种矛盾的缓和（当然决不是同时也不可能像有人所理解的那样，世界各地区和各民族国家之间就不存在差距和矛盾），因而在目标层面，全球化的结果是实现全球一体化；其次，在具体的历史过程中，能够在局部范围和部分领域存在的一体化又构成整个全球化进程具有实质意义的组成部分。

（二）现代性：全球化的推动力量

全球化与现代性问题紧密地联系着。

何为现代性？吉登斯认为："在其最简单的形式中，现代性是现代社会或工业文明的缩略语。"进一步描述，现代性实际涉及三方面内容：首先，是人们对世界的一系列态度，特别是"关于实现世界向人类干预所造成的转变开放的想法"；其次，是复杂的经济制度，尤其是工业生产和市场经济；最后，就是包括民族国家和民主在内的一系列政治制度。[①] 这种概括未必十分确当，但问题是在吉登斯的头脑中，一个社会现代性的生成是与西方现代资本主义紧密联系在一起的。在将现代性等同于资本主义的问题上，还有比吉登斯更加直截了当的。例如曾以"历史终结论"名噪一时的弗朗西斯·福山曾撰文解释，他提出"终结论"的根据在于现代性。他强调，现代性是以西方

---

① 参见［英］安东尼·吉登斯等：《现代性——吉登斯访谈录》，尹宏毅译，新华出版社，2001年，第 69 页。

历史上形成的自由民主制和资本主义为特征，现代性的不可抗拒性正是历史必然"终结"于资本主义的真正理由。对现代性的此种认识，在本质上仍然是没有离开现代化即西方化的思维定式。20 世纪 50 年代，以 S. 艾森斯塔特、T. 帕森斯、M. 列维等人为代表的一批美国学者，以对西方现代化道路的分析为理论基础，提出现代化与资本主义同一性命题。但这个观点从 20 世纪 60 年代后期，就开始受到理论与实践两方面的质疑。到 80 年代，人们对现代化道路的多样性采取普遍认同态度。与此相关，包括罗伯森在内的许多人更倾向于从人类文明进化层面，将现代性理解为推动古代社会向现代社会转变的各种因素，例如质疑精神的增长、追求理性、效率和实证知识，以及在寻求社会"进步"过程中重视物质世界的信仰，如此等等。以此为前提，我们可以从与资本主义相对应的意义上，将现代性作为全球化的另一基本动力因素来认识和接受。

在世界范围，现代性大致萌发于十五六世纪，即主要由欧洲文艺复兴运动、哥伦布航海和德国的宗教改革所肇始。随着工业主义愈来愈成为社会发展的主宰，成为时代精神的象征，科学革命对于改变人类生活面貌、推动社会变迁产生特殊的巨大力量，人们的心理态度、时空观念和生活方式等都发生比较深刻的变化，"现代性"成为社会的特征和基本属性。现代性的生成和发展，就其国内变革而言，推动社会从古代农业文明向现代工业文明转变，即现代化；而对世界的影响，则是交往的扩大。正是由于资本主义工业力量的无孔不入和现代性的全球扩散，推动人类不同区域、不同民族国家之间的交往形式、范围及方式、结果等发生重大变化。由此，也就开始了马克思对社会主义现实可能性的认识和思考。

最近几年，在国内外有关全球化问题的讨论中，经常有人列举一些当下正不断发生着的事实作为否定全球化的"证据"。例如，世界范围内民族主义或民粹主义的张扬，日益扩大化的南北矛盾，国家间经济、政治利益的尖锐对立,以及不同性质的文化冲突等。殊不知深刻的矛盾性是全球化的显著特征之一,而且在一定程度上,这类现象的尖锐与普遍化正是全球化迅速向前推进的典型状态。从历史上看,民族国家的出现与近代以来民族间交往性质的改变与流量的增大紧密联系着。资本主义的兴起和大发展一方面使不同民族间经济上的联系与交往发展到不可或缺程度,但与此同时,尖锐的利益冲突和对抗又使得拥有独立主权、完整领土概念的民族国家成为必要。当民族的联系和交往成为广泛发生于不同主权国家之间的有意识行为时,全球化真正开始走出原初状态而成为现实的历史过程。所以人类的整个全球化历史始终是一个矛盾运动的过程,或者说就是一个合理的悖论。

全球化过程的内在矛盾性还在于现代化模式的多样性。

现代化起源于西欧,发展到19世纪后期逐渐成为世界文明的主潮流。在当今世界,即使最保守的伊斯兰文明区,也不再全盘拒绝现代化所带来的社会进步和各种物质生活方面的享受。现代化有其共同规律性或普遍性的内容,例如市场经济、民主政治和人的自由个性等,任何一个国家只要开始现代化,或迟或早都必须进行这些方面的建设并努力取得成就。各民族现代化普遍规律为全球化的推进提供共同基础。然而在一定的民族国家范围内展开的现代化又总是不同程度地带有自己的模式特点。现代化模式的多样性取决于多方面的因素和影响。现代化有早发内生型(西欧与北美)与后发夕生型(例如广大非西方国家)之区别,更不用说每一个国家的现代化都无可避免地会受其文化传统的制约与作用,因而世界不同国家现代化的道路、方式等必然丰富多彩。取其大者,有社会主义现代化与资本主义现代化的区别;即使在同一社会制度和意识形态条件下,也还会在体制、发展战略等到诸多方面表现出巨大差异。例如德国的市场经济体制和英美有着许多方面的不同,而东亚一些国家和地区的市场经济由于"强政府"特征,甚至被一些研究者拒绝归入资本主义类型……世界现代化的共同性成分不断在增强，但同时在可以预见的将来，现代化的主体依然是民族国家。由此决定全球化的内在矛盾特性必然是一个长期的客观事实，无论多么不可理喻，却是合理并且有益于人类进步的。

（三）"中断"：是否可能？

国外有学者认为，20世纪东西方冷战曾经造成全球化的"中断"，例如美国的托马斯·L.弗里德曼就持这样的观点。他在著作中认为，在第一次世界大战、十月革命和30年代经济大萧条连续"重击"下，全球化无论在物质层面还是在意识形态意义上都发生断裂（break apart）。第二次世界大战后，这种断裂发展为正式分裂，直至1989年柏林墙倒塌。①

其实这种观点是很值得怀疑的。

1. 如前文所述，由现代性推动的全球化存在不可逆性，在总体趋势上，世界的工业化、现代化进程总是推动全球化不断达到新的高度

全球化以资本主义工业化和世界现代化为动力，只要这两方面还在发展，就不可能出现全球化的中断或者当下有人提出的倒退现象。在这一长达七十余年的时间段，正是资本主义工业化和整个世界现代化的大发展时期。即使在此期间的苏联也并没有完全割断与世界的联系。两次世界大战和经济大萧条，自然给世界经济和国家间的贸易往来带来比较大的冲击，但国际垄断组织却获得巨大发展。1923—1937年，国际卡特尔及类似组织对世界贸易的控制达到42%之多。② 两次世界大战期间，亚非拉国家经济、政治、文化殖民地化进一步加深，这也是全球化发展的一种表现形式。第二次

---

① See Thomas L. Friedman, *The Lexus and the Olive Tree——Understanding Globalization*, New York, 1999, p. XIV.

② 以上数据，主要参见宋则行、樊亢主编：《世界经济史》（中卷），经济科学出版社，1993年，第81～82页、234～241页。

世界大战后,随着资本主义工业化"黄金时代"的到来及大多数第三世界国家步入现代化行列,"全球流动和相互联系浪潮获得了新的生命力"。虽然从全球联系广度考察,似乎表现出对古典金本位时代某种性质的复归,但是无论量还是质——就全球化组织和复制意义而言,"完全可以把战后时期看作全球化明确的历史形态",并且是一个全球化从各领域和各方面(除了经济领域外,还包括政治、法律和治理、军事事务、文化扩散与联系以及全球环境等),都开始逐步实现历史性汇合和集中的"独特时代"。①

2. 冷战既是全球化的结果,是其悖论性质的典型表现,同时又是全球化进一步发展的重要推动力量

如果仅仅将全球化理解为西欧、北美资本主义的全球化(这正是托马斯·弗里德曼的观点),那么可以说,第二次世界大战结束后"全球化"的确表现出所谓的"中断"。然而事实上结束的只是在以往历史中始终以欧洲霸权为中心的全球化,和以单向性殖民扩张为特征的全球化。全球化始终是以相反相成的方式向前发展的:当欧洲国家利用海外殖民地建立起全球性经济、政治联系时,却推动了殖民地现代民族国家的诞生;当以欧洲国家为代表的西方思想和制度的影响波及全球的每一个角落时,又导致至少在形式上反对这一思想和制度的现代民族主义的扩散……经济大萧条与法西斯主义,加剧了资本主义发展性危机,特别是使历史上一直令西欧人自以为是的古典资本主义面临严重挑战。在此背景下,社会主义的苏联表现出更大的吸引力。由此,第二次世界大战后全球化的悖论特征在历史上第一次表现为两种社会制度和意识形态的对抗。除了苏联不再孤单,相继在欧洲、亚洲出现一批社会主义国家外,民族主义也打出了社会主义旗号,相当数量的

①　[英]戴维·赫尔德等:《全球大变革——全球化时代的政治、经济和文化》,杨雪冬等译,社会科学文献出版社,2001 年,第 589~590 页。有关二战后全球化发展的具体事实与数据,可参见该书相关部分。

新独立国家表示要与西方资本主义分道扬镳，走自己的"社会主义道路"。另外在发达资本主义国家，除了共产党组织的发展壮大，还有社会民主党的广泛执政和民主社会主义的兴起。应该承认，第二次世界大战后一段时间世界范围社会主义高潮的出现，除东欧部分国家外，基本属于大势所趋。因此，我们完全有理由认为，历经几百年的资本主义全球化第一次遭遇了社会主义全球化的威胁。最后首先是英、美两国的政治家按捺不住，联手拉响了进行冷战的信号。

20 世纪中叶，欧洲列强似乎在形式上又退回到五百年前开始向外扩张的地理起点，但实际上他们的与工业化、现代化相适应的思想及运行体制却并没有在世界范围丧失生命力。第二次世界大战后真正盛行并改变了世界和历史的，是民族主义及其指导下民族国家的普遍建立。回顾历史和展望未来，真正值得记取的或许是下述两点：

（1）发展中国家的"社会主义"包含着民族主义的内容，而社会主义国家的社会主义由于历史前提、发展水平及时代背景的关系，也远未达到马克思"工人没有祖国"的高度。这是我们在分析全球化与 20 世纪社会主义运动关系时，理应不可忽视的重要方面。

（2）如果我们注意到 1989 年以后的全球化又再次以资本主义的全球扩张为特征，那么将弗里德曼的所谓"中断"理解为"过渡"更为确切。因为在此期间：一是以非殖民化运动宣告了以往历史时期主要以欧洲为原点、单向度推进全球化的终结；二是真正世界范围的社会主义运动也开始形成了对"历史"资本主义全球神话的颠覆；三是全球性问题开始出现，例如日益加剧的种族冲突和宗教矛盾、全球环境污染、南北差距的不断扩大。

冷战期间，西方以往始终绝对保持着的经济、政治和军事优势，受到社会主义国家及第三世界的挑战，然而其文化却随着收音机、电视、卫星通信的普及而或堂而皇之、或改头换面地横扫整个世界。衰落中潜伏着新的崛起,成功中却埋藏着失败。这是在新的全球化进程中东西方对抗的特点之一。这一时期开始之时,人类面临一个通常所称的"具有重大历史意义的欧洲"的死亡和一个崭新的社会主义世界的诞生,而这个时期的结束又是以苏联社会主义的垮台和西方新自由主义的全球"胜利"为标志。然而全球化的新阶段却又已经在开始以另一种方式验证社会主义的历史必然性。

二、发展中的趋势与挑战

众所周知,国际主义是马克思社会主义的重要内容("英特纳雄耐尔一定要实现"),无产阶级的国际联合是马克思社会主义得以实现的必要条件。所以经常有人就此在当代的非现实性否认社会主义未来前景。其实,国际主义只是无产阶级革命联合的阶段性条件与结果,马克思的社会主义或共产主义在本质上是全球主义。如果说经济、政治和文化领域的国际化推动国际主义的成长,那么全球化的发展必然是全球主义越来越成为世界性主导趋势。

(一) 从"国际政治"到"世界政治"或"全球政治"

所谓"国际政治",即国家间政治,它主要表达的是民族国家作为行为主体时,在世界范围对国家利益的维护和追求。近代以来,对国家利益的维护和追求取决于一国世界权力的大小。美国著名的政治现实主义学派代表人物摩根索认为,"国际政治是一种权力斗争。无论国际政治的终极目的是什么,权力总是直接的目的",一个国家对外活动的基本原则是"以权力界定的国家利益"。因此,有人进一步将"国际政治"明确定义为:"就是以权力关系为媒介的行为主体间的国际价值分配过程的相互作用。"①很显然,无论是现在还是过去,都有许多超越民族国家范围的政治行为难以用"国际政治"概念来框定。当然,更重要的原因还在于,全球化背景下的当代政治现实。

上文分析,全球化是一个长期的历史过程,同时强调指出全球化只是到了当代条件下,才真正地成为全球化。因为只有在当代,人们不但真切地感觉到"世界变得越来越小",而且社会关系空间在全球规模的扩大也取得实质性进展;全球化的各种力量渗透开始打破几百年来主导人类生活方式的基本范围——国界。跨国公司、因特网、卫星通信……在某种意义上,这些事物的发展已经使国界对于人们的生活不再构成为一个重要的、牢不可破的存在,世界正成为一个无国界的社会领域。② 在当代由全球化新发展所导致的全球规模社会关系网络形成过程中,国家依然存在,并且国家的地位至少在相当长的时期内还不可能发生根本性动摇。然而同样不容忽视的是,主权国家的地位和职能在降低,除国家外,各种国际组织、非国家行为体或准国家行为体、超国家行为体等纷纷登台,并在世界事务中发挥越来越大的作用。

另外,全球化的新发展不但动摇了长期以来主要以主权国家作为单一行为体的地位,而且也对具有历史传统和固定特性的国家利益、国家安全等一类观念提出挑战。传统的国家安全观是以对他国的制约和排斥为基础的,核心是军事安全。然而随着近年来世界政治版图的改变,特别是全球经济的推进、各种"全球性问题"的日益膨胀,正如许多人所指出的那样,传统安全观在发生扩展、转换和充实。新安全观非但不再将国家安全与军事威

---

① ［日］星野昭吉编著:《变动中的世界政治——当代国际关系理论沉思录》,刘小林、王东理等译,新华出版社,1999 年,第 22 页。

② See Scholte, Jan Aart, The Globalization of World Politics, in Baylis, John and Steve Smith, eds., *The Globalization of World Politics: An Introduction to International Relations*, Oxford University Press, 1999, p.14.

胁相等同，而且要求将安全的实现看作全球努力的结果。在不同国家之间，传统意义上的国家利益具有"零和"性质，完全可以通过一国权力的增长甚至"霸权"的途径来获得与保持。然而在当代全球化背景下，随着共同利益的增多，"共赢"或"共输"已经成为可能的现实。其结果，是"对历来认为的政治共同体是具有共同价值观的稳定的避难所这一观念也提出了疑问"①。以往对公民而言，国家是唯一的认同对象和共同价值观的拥有者，并且由国家来保障公民一切利益的实现。但全球化的新发展，使国家这一政治共同体所具有的意义正在发生变化。更何况面对经济的日益全球化和"全球性问题"的持续严峻，也需要建立一个有助于问题的梳理和解决的全球政治框架。于是，在"国际政治"或国家间政治之外，"世界政治"便成为一个更具说服力与解释力的替代形式。

以"世界政治"概念取代"国际政治"，在国际学术界，几十年前就有人提出过。但是美国许多研究者长期以来似乎更推崇甚至偏爱"国际政治"。或许有一种说法不无道理：这与美国在世界上的地位、影响和美国人的心态相联系；因为使用"国际政治"，更加能够凸显美国唯我独大的霸主身份。② 随着全球化进程的迅速推进，近二十年来在美国以外地区，越来越多的学者希望超越传统范畴，"世界政治"（或"全球政治"）的使用频率明显增加。

笔者赞同这样一种观点，即"所谓世界政治，就是在当今世界上存在着的各种各样国家之外的主体已经不再需要以国家为媒介而展开直接的相互作用，这些相互作用已开始具有独立的政治结构。如果仍然用'国际政治'

---

① Ian Clark, *Globalization and International Relations Theory*, Oxford University Press, 1999, p. 19. 转引自［日］星野昭吉：《全球化时代的世界政治——世界政治的行为主体与结构》，刘小林、梁云祥译，社会科学文献出版社，2004 年，第 4～5 页。

② See Hedley Bull, The Theory of International Politics：1919－1969，转引自王逸舟：《西方国际政治学：历史与理论》，上海人民出版社，1998 年，引论第 3 页。

这一旧有的框架来分析这一结构，是难以做出充分的分析与判断的"①。值得指出的是，"世界政治"的提出和使用并不意味着对"国际政治"的排斥或后者的完全过时。只要民族国家仍然存在并且仍然是世界政治的重要行为主体，"国际政治"就有其存在的必要及其意义。可以认为，世界政治是比国际政治更大的一个理论范畴，如果说世界政治是整体，那么国际政治则在其中占有一个部分（当然是一个非常重要的部分）。

（二）从"×国人"到"世界公民"

在某种意义上，人类的全球化就是不同地域、不同民族的人们对自己身份从确立到进而发生转换的过程。这一过程大体上要经历两个不同的阶段：当全球化主要以西方列强帝国的建立和殖民扩张面貌出现时，由于使洲际民族间的联系与交往具有赤裸裸的军事侵略和财富掠夺性质，激烈碰撞和不同种族的鲜明对比，使这一阶段必然表现为"民族"的产生及其高度认同，进而民族性占据主导甚至达到完全排他的程度；在全球化的高级阶段，当国家间联系与交往逐渐以近似于平等与和平的方式进行（实质的或表面的），并且达到高度"密集"水平时，无论在观念还是实际生活中，身份的"世界性"成分不断增长，直到超过甚至取代其民族性内涵。罗兰·罗伯森认为，在"全球性"概念中包含有四种主要成分（或者说四个参照点）：自我（个体）、民族社会、由社会组成的世界体系、人类，由四者相互作用构成所谓的"全球场"运动。② 罗伯森"全球场"理论的最重要意义，在于揭示出全球化状态下人们在"认同（identity）诉求"方面的变化和影响。如果说在第二次世

---

① ［日］远藤诚治：《从国际政治到世界政治——过渡期的展望》，转引自［日］星野昭吉：《全球化时代的世界政治——世界政治的行为主体与结构》，刘小林、梁云祥译，社会科学文献出版社，2004年，第 7～8 页。

② 参见［美］罗兰·罗伯森：《全球化——社会理论和全球文化》，梁光严译，上海人民出版社，2000 年，第 39 页。

界大战前,全球化必然伴随社会和个人民族身份的强化,那么在当下,随着绝大多数国家更大程度地融入全球化进程,则开始出现社会及其个人身份相对化的现象或趋势,即表现为民族社会要通过开放进一步谋求在世界体系中的身份与地位,民族社会中的个人也由于对外交往与联系的扩大而出现民族身份弱化、全球特征(观念与标识)不断增长的情况。正是在这一背景下,无论民族社会还是个人,以什么样的姿态或身份进入全球化,确实已经成为一个世界性难题。

以中国为例。

面对全球化对"身份"的挑战,邓小平在20世纪80年代中期有一个重要提法:"以中华民族一员的资格,而成为世界公民"。[①] 由个人地位及整个思想、理论背景所决定,邓小平的"世界公民"所指自然不是简单的个人身份地位问题。联系相关论述,邓小平的"世界公民"一说实际已经接触后来国内外学术界开始议论纷纷的民族国家与全球化的关系问题。然而这个提法不但在当时,而且至今在国内理论学术界依然没有引起太多的注意。回顾中国对外开放的历程,考察当代全球化背景下中国发展的矛盾与"困境",再联系当前国内外学术界关于全球化与民族国家关系的争论,完全可以认为,邓小平的"世界公民"提法是一个具有深刻理论内涵的科学概括。

成为"世界公民",首先意味着以主动的、积极的姿态加入全球化进程。

进入改革开放后的现代化实践充分证明,对于当代中国,主动融入世界的全球化进程,经济上的收益仅仅是表面的、直接的,更加长远和深刻的积极影响,还在于对社会文明和"社会主义"建设的普遍与全方位促进。在这

---

　　① 1984年12月6日,邓小平为英国培格曼出版公司出版的英文版《邓小平文选》撰写序言。邓小平在序言中指出:世界历史在错综复杂的矛盾和激烈的动荡中发展,社会主义中国和中国共产党也走过了自己很不寻常的道路。我荣幸地以中华民族一员的资格,而成为世界公民。我是中国人民的儿子,我深情地爱着我的祖国和人民。转引自巢峰主编:《邓小平思想理论大辞典》,上海辞书出版社,1994年,第878～879页。

方面，列宁晚年针对文明的西欧与野蛮的亚洲之间关系所形成的一系列论述，对于今天的中国仍然具有深刻的指导意义。虽然从增强民族的自信心和自豪感出发，我们可以经常历数中华文明历史上的辉煌并因此而欣喜和骄傲，但是如果将中国文明置于世界文明体系中考察，不得不承认我们还在面对许许多多的不文明现象甚至愚昧的东西。例如，在社会关系中存在着浓厚的宗法血缘特征、自然半自然经济仍然占有较大比重，缺乏社会公德和公民意识……要克服这些弊病，使不文明社会成为文明社会，使"不够格"、不科学的社会主义逐渐走向完善和科学，最根本的是靠我们的建设和发展，而在更广领域和更深层次上参与世界性普遍交往和联系，应是一条"捷径"。甚至如马克思"世界历史"思想所昭示，一个还没有摆脱封闭性、狭隘地域性的民族，就不可能成为一个具有现代文明的民族；而要想摆脱民族的狭隘性和地域局限，则非世界性交往不可。"麻烦"或许主要在于我们的思想和行动经常要受到"西化"和"西方中心论"的束缚。问题本身多少有点无可奈何的性质。因为必须承认，西方国家在当今世界文明中的领先地位和主导作用，是在几个世纪的历史中逐步形成的；世界近现代历史上所发生的、改变人类社会面貌的重大革命性变化，几乎都出自西欧、北美国家，并由此向世界各地传播和扩散。中国本身无论是鸦片战争以来，还是新中国成立以后，其深刻教训在于，不以积极、主动的姿态加入全球化进程，无疑是对落后的保存和对文明的抗拒。在与世界先进文明的联系与交往中进行学习和更新，古代的、封建迷信的和落后于时代的东西逐渐被淘汰，现代科学与文明获得成长与光大。其中可能存在不足的一面，然而毫无疑问的是，当代中国能够以平等一员的资格进入世界的全球化，比被阻挡在全球化大门外要好；能够借此而形成普遍的世界性联系，"比只是以自然血缘关系和统治服从关系为基础的地方性联系要好"①。另外,也应该将代表人类进步成就的文明当作世界人民的共同财富来接受。十月革命胜利的几个月后,列宁宣布,如果新成立的苏维埃社会主义共和国不采用阳历,就有可能不被世界当作文明的国际社会成员来对待。在这方面,邓小平"最后嘱托"中的一段话同样将问题的重要性揭示得非常清楚:

> 社会主义要赢得与资本主义相比较的优势,就必须大胆吸收和借鉴人类社会创造的一切文明成果,吸收和借鉴当今世界各国包括资本主义发达国家的一切反映现代社会化大生产规律的先进经营方式、管理方法。②

当然,现实中所面临具体问题在复杂和艰难的程度上,时常远甚于理论的抽象。人们对全球化的抵触或排斥,在很大程度上并不完全出于意识形态的考虑和对所由可能产生各种弊端的顾忌,而是因为对现阶段民族性(民族的尊严、民族的地位、民族的文化……)的维护。回顾中国由被动到自觉进入全球化的历程,几乎每一步发展都伴随着民族(主义)问题的讨论或争论。其中不单纯是民族工业或民族经济的生存,还包括更深层面的内容。一方面应该承认,每深入全球化一步,就意味着是对原本属于"地方性"的民族国家权利及其文化的一次冲击和削弱。在政治领域,我们大体可以认同一种通行的观点,这就是:"全球化概念指出了一个方向,而且只有一个方向:经济活动的空间在扩大;它超越了民族国家的边界,因此重要的是政治

---

① 《马克思恩格斯全集》(第 46 卷)(上册),人民出版社,1979 年,第 108 页。
② 《邓小平文选》(第三卷),人民出版社,1993 年,第 373 页。

调控的空间也在扩大。"①加入全球化，无疑面临着部分国家主权的让渡或丧失，这在发展中国家尤为突出。例如随着世界市场对一国经济影响的加深，许多国家制定与实施经济法规及制度的权力逐渐陷于困境：如果坚持牢固控制这种权力，有可能遭遇外国投资减缓甚至国内工业资本迅速减少的麻烦；一旦软化处理，则又将存在着"堤坝"被冲垮的危险。另一方面，无论是学习和借鉴先进文明成果还是更深地融入全球化进程，都意味着对在西方国家主导下确立的国际规则的承认与接受。就像 H. 布尔（H. Bull）在《国际社会的"文明"标准》（The Standard of 'Civilization' in International Society）一文中所指出的，由于在大多数亚洲、非洲国家进入国际社会以前，"文明"的标准就已产生了，因此任何渴望获得国际社会成员资格的政府，其所要达到的行为标准"便与欧洲国家互相之间希望对方达到的标准相似"②。许多规则表面上是"互惠"性的，实际却是历史延续下来的、"某种不公正统治和剥削体系"的体现。承认和接受这些规则不但给落后国家民族利益形成不同程度的损害，而且会对民族情感、民族自尊造成伤害。同时还不可否认，在当代全球化表面现象的背后，仍然在不断重新上演着传统帝国主义的权力游戏。因此，全球化不但对人们通常议论纷纷的国家主权形成挑战，而且也对居住于固定的民族国家领土范围并效忠于国内政府的传统公民观和种族观提出了严峻挑战。

德国著名学者乌尔里希·贝克（Ulrich Beck）指出："人们既可以否定、攻击全球化，也可以为它欢呼，但是无论人们如何评价全球化，涉及的都是这样一种强势理论：以领土来界定的社会领域的时代形象，曾在长达两个世

---

① ［德］拉尔夫·达伦多夫：《论全球化》，载［德］乌·贝克、哈贝马斯等：《全球化与政治》，王学东、柴方国等译，中央编译出版社，2000 年，第 212 页。

② 转引自［美］罗兰·罗伯森：《全球化——社会理论和全球文化》，梁光严译，上海人民出版社，2000 年，第 178 页。

纪的时间里,在各个方面吸引并鼓舞了政治、社会和科学的想象力,如今这种时代形象正在走向解体。伴随全球资本主义的是一种文化与政治的全球化进程,它导致人们熟悉的自我形象和世界图景所依据的领土社会化和文化知识的制度原则瓦解。"①就目前情况看,这不但是一种趋势性存在,而且已经有很深刻的反映。特别是最近几年,随着全球化的深入与西方国家政治、经济甚至文化强权的施展,许多国家的民族主义情绪迅速滋长。民族主义既是全球化的必然结果,而且也是它的重要内容。即使中国,近年来随着进入全球化程度的不断加深,特别是发生了几起西方国家在政治、文化上无视中国主权的事件之后,国内理论界、学术界对民族主义的兴趣大增,主张发展民族主义的呼声也时有所闻。

从经济、文明和社会主义的发展要求出发,中国都不能够拒绝全球化;而要成为当代全球化中的"世界公民",就必须在获得利益的同时,交出自己的部分独立、自主和自由。这不但是马克思而且也是列宁所没有面临的问题(例如至少在列宁当时,国际经济、政治领域中的许多强制性规则还不存在)。狭隘民族主义或极端民族主义以排斥与西方先进文明交往为行动目标,这种立场无疑是不可取的。所以中国共产党明确反对"狭隘的民族主义"。然而采取这样的立场并不意味着置国家主权、地位和民族尊严于不顾。应该看到,当代全球化对民族性的冲击,一方面表现为一种不以人的意志为转移的客观趋势,另一方面,也确实有西方少数政治家、学者在背后推波助澜。事实上,当下全球化依然以民族国家作为主体,在总体上还远没有达到造成民族国家无所立足的地步。尤其是当下全球化发展存在着极大的不平衡性,发展中国家明显处于劣势,要想在全球化进程中确保自身的生存

---

① ［德］乌尔里希·贝克:《全球化时代民主怎样才是可行的?》,转引自［德］乌·贝克、哈贝马斯等:《全球化与政治》,王学东、柴方国等译,中央编译出版社,2000年,第13～14页。

与发展,认真维护民族国家的地位显得尤为重要。邓小平关于"世界公民"问题的那一段话实则包含三层含义:首先是中国在共产党的领导下,经过艰苦卓绝的斗争赢得了民族的独立和解放;其次,由于存在着这样一个大前提,所以才能够以"中华民族一员的资格"而成为世界公民;最后,即使成为世界公民,也仍然是祖国和人民之子。三层意思环环相扣,依次递进。由此可见,与马克思提出的在世界历史条件下、个人已经成为"世界历史性存在"有所不同:特定时空条件决定了邓小平的"世界公民"非但并不意味着自身民族性的丧失,而且只能是在保留民族性的基础上发展世界性,同时只有在拥有世界性的前提下才能更好地坚持民族性。①

另外,要做合格的"世界公民",不但需要遵守通行的国际规则,而且还意味着努力参加国际规则的制定和积极参与全球化的建设与发展,这也是"世界公民"的责任及义务所在。

(三)从"世界革命"到"共同利益",或"人类命运共同体"

马克思理论的基本观点之一,是强调社会主义(共产主义)是全人类的事业:就其内容而言,社会主义只有作为一种世界历史性的存在才有可能取得胜利,而在形式上,一国或几国社会主义的巩固必须有赖于世界范围无产阶级革命的支持。既然认为"无产阶级只有首先解放全人类,才能最后解放自己",在20世纪社会主义历史进程中,自然会长期存在推行世界革命的理论和行动。第一次世界大战时期,列宁亲手组建共产国际,并坚信世界革命

---

① 邓小平所论不是一个具体的公民身份问题,但是我们应该看到在当前全球化背景下,确实在某种程度上存在着公民个人身份认同困境。S. 卡斯特(Castles)和 M. 米勒(Miller)认为,由于迁移和全球化背景下文化冲击所由导致的民族认同危机,在西方国家目前存在着四种公民身份模式:虚幻的(illusory)、排他性的(exclusionary)、共和帝国的(republican - imperial)和多文化的(multicultural)。而民族主义政治风暴与民族认同、公民身份和合法性等种种问题,在发展中国家更是呈集中性反映。S. Castles and M. Miller, *The Age of Migration：International Population Movements in the Modern World*, London,1993.

会在不久的时刻爆发。第二次世界大战前后，斯大林坚持并发挥了列宁的世界革命思想与战略，认为苏联已经毫无疑问地成为推行和指导世界革命中心。斯大林去世后，世界革命的思维虽然在赫鲁晓夫时期有所调整，但没有发生实质性改变，始终成为直到戈尔巴乔夫为止的苏联主要对外指导方针。新中国成立后很长一段时间里，中国也受到过这一思维模式的影响和支配。

20 世纪社会主义中世界革命的理论或行动主张既是教条主义和"左"倾思潮的产物，同时在实践中，又极易将对内对外的许多"左"的错误进一步推向极端。因此，社会主义国家要融入全球化，达到利用全球化的新进程来发展、壮大自己的目的，首先就需要对"世界革命"思维模式进行深刻反思。

在这方面，20 世纪 80 年代后期，苏联的戈尔巴乔夫由于明确提出过一个"新思维"概念曾经名噪一时。从对外关系调整角度来看，"新思维"内含两个基本出发点：

一是关于资本主义的新认识。在此之前，苏联共产党一直坚持认为在当代，资本主义是"垂死、寄生和腐朽"的，正开始走向"全面反动"，世界将面临社会主义同资本主义的"总决战"。这是"世界革命"的预定历史前提和理论基础。"新思维"对资本主义国家甚至美国不再采取"全盘否定"的态度，主张"哪一种制度好，应当由历史做出判断"；提出"让各国人民自己去判断，哪一种制度更好，哪一种意识形态更好"；"让和平竞赛来决定这一切……让各种制度来证明自己有能力满足人的利益和需要"。①

二是对于世界发展的新看法。戈尔巴乔夫没有提出和使用过"全球化"，然而其中确实已经形成了对"全球化"的基本认识。例如认为当代世界的主要特征在于，"国际社会各国相互之间的依赖性越来越大。当代发展的

---

① ［苏联］米·谢·戈尔巴乔夫：《改革与新思维》，苏群译，新华出版社，1987 年，第 187 页。

辩证法就在于此。一个矛盾重重的，在社会和政治方面多样化的，然而却是相互联系的，许多方面是整体的世界……"在当代条件下，世界的"整体性"一方面表现为大家都面临着共同的日益尖锐的"全球性问题"，诸如资源、环境、饥饿和贫困等；另一方面是在经济、政治等领域，"我们大家越来越相互依赖，变得互相需要。……现在，在这个世界上，我们被共同的命运联系在一起，我们生活在一个星球上"。因此，结论必然是在"整体的"世界里，"谁都不能封闭社会主义世界、发展中世界或发达资本主义世界"；"人类迫切需要把自己的力量联合起来，以便保护人类自身，以便造福于今天、明天和未来"。①

在上述认识的基础上，戈尔巴乔夫强调："新思维的核心是承认全人类的价值高于一切，更确切地说，是承认人类的生存高于一切。"②这种提法虽然是在肯定世界日益全球化的前提下，具有打破以往以社会制度、意识形态划线，过于突出社会主义与资本主义对立的积极成分，然而却存在着很明显的缺陷。首先，在本质上未免失之于笼统和抽象。何为"全人类利益"？这多少是一个似是而非的提法。无论在历史上还是现实中，西方国家总是努力向非西方社会推行他们的"民主""自由""人权"等价值观及其制度，这在他们看来，也是出于"全人类利益"的考虑和要求，因为只有他们那一套才是符合"人性""人道"，符合"全人类利益"需要的。其次，过于理想主义，对当今世界国家间仍然存在着尖锐的矛盾、冲突和对立缺乏清醒认识。最近几十年，国家间的相互依赖和相互需要程度较以往有很大程度提高，然而发展差距却在急剧扩大，斗争仍然存在，国家主权在经受挑战的同时又正在获得新的张扬。无数事实证明，"无硝烟的战争"是一场更加激烈的战争。因此，

---

① ［苏联］米·谢·戈尔巴乔夫：《改革与新思维》，苏群译，新华出版社，1987年，第171～173页。
② 同上，第184页。

"全人类利益高于一切"的理想化主张非但不能取代国家主权和国家利益间的尖锐冲突，不能够解决不同意识形态间的明显对立，而且在实践上是非常危险的。其结果就像后来人们所目睹的，只能是麻痹了自己和失去自己，最终导致历史性悲剧。

在对外战略需要调整及理论思维创新问题上，中国共产党从 20 世纪 70 年代末开始有所认识，党的十一届三中全会提出将国内经济建设作为一切工作的中心，实际就已经放弃"世界革命"的理论主张与思维模式。80 年代中期，邓小平明确提出和平与发展是当代世界真正"关系全局"和"带有全球性、战略性"的两大基本问题，从而为与西方大国进一步从对抗走向更高层次的合作提供了理论前提。时代、资本主义和国家间关系等都已出现新的变化，因此需要重新确立新的国际秩序与对外关系原则：

第一，在肯定和平成为世界主题同时，并不否认依然存在着种种尖锐的矛盾与冲突。例如东西方之间社会制度、意识形态的不可调和性及南北之间的差距等，甚至不排除有些矛盾和冲突因处理不当而导致激化的可能。80 年代末 90 年代初，邓小平反复告诫全党，现在国际形势不可测的因素很多，"世界上矛盾多得很，大得很，一些深刻的矛盾还刚刚暴露出来"①。最近二十年，世界范围内频繁爆发的军事对抗、民族冲突、恐怖主义活动等，完全证实了邓小平的判断。特别是在少数西方大国一些政治家的头脑中，冷战思维依然存在，从而使霸权主义和强权政治仍然成为威胁世界和平与稳定的主要根源。

第二，既承认面对发展主题，世界各国间相互依赖、相互需要性的不断增强，同时强调维护国家利益是国际交往的"最高准则"。全球化使各国经济更加紧密地联系在一起，核武器的大量存在又造成世界性战争没有胜利

---

① 《邓小平文选》（第三卷），人民出版社，1993 年，第 354 页。

者的必然结果。在这种情况下，可以说大规模战争已经失去以往历史上充当解决经济、政治问题最终途径的功能。取而代之的，是经济发展的决定性地位。然而发展的共同性与更加发达的相互依赖性，是否已经使国家利益、国家原则失去存在的基础与价值？国家间的差距和不平等还存在，而且在可以预期的相当长时间内，至少应该肯定，国家依然是推动实现世界性普遍交往的最重要行为体。既然如此，在国际交往中，对国家利益的维护必然会成为各国不言而喻的首要选择和最高原则。承认国家间尖锐矛盾和冲突的存在，意味着不可一厢情愿地、用过于理想化的色彩看待与西方国家的交往；肯定和坚持以国家利益为最高准则，则表明不能以所谓的"全人类利益"来压倒或取代民族生存与发展的根基。由此逐渐形成和并确立对外联系和交往的根本原则：在尊重世界文明和各国发展道路多样性的前提下，以各国人民根本利益为重，不计较历史恩怨，不计较社会制度和意识形态差别，努力构建人类命运共同体，加强同世界各国尤其是西方发达国家的联系、交往与合作。

所谓"命运共同体"，简单地说，就是不同国家生存与发展普遍面临的问题及由此所产生的需要的满足。构成"命运共同体"的主体既可以是双边或多边的（例如中美之间，中国与亚洲国家之间），也可以是世界性的。广义的国家间共同利益在历史上始终存在着，而并不仅为当代事实。然而"命运共同体"本质上由民族国家关系确立后的联系与交往而生，全球化及其不同时代的发展，必然使之具有不同的表现形态与内容。当下全球化的显著特征在于，在跨国公司、国际经济组织和世界贸易多方面新发展的推动下，生产分工与资源的优化配置在更深程度上扩展至全球范围；各种"全球问题"更加突出，其中有许多已经构成对整个人类的深度威胁；通信和交通更加发达，各国联系与交往的时空间隔高度压缩，"地球村"已经成为普通人都能够感受到的实际事实。因此在当代：

第一，人类命运共同体能够在相距遥远的国家间形成和深入发展。中国与美国由于相隔一个太平洋，几百年前素不相识，半个世纪前也只能是不同社会制度、意识形态的对抗；如今新地缘政治、世界经济、因特网等众多因素，已经使两国间的共同利益达到一个相当高的程度。在经济贸易领域，经济水平差距、产业结构等的不同，使双方存在巨大的合作空间和潜力。价廉物美的中国商品进入美国市场，不但给美国广大的消费者带来消费的多样化与经济上的实惠，而且为美国提供了约数十万个高薪就业机会和上百万个间接就业机会。同时美国的对华投资既为美国的企业开拓了新的发展空间，也给中国带来了经济建设所急需的资金、技术，并对增加就业有益。双方的互相需求与互利互惠在国际政治（例如打击恐怖主义、毒品走私、跨国犯罪等），科学技术和教育，艺术等领域同样非常突出。

第二，事关各国生存与发展的"命运共同体"在迅速发展。自罗马俱乐部报告后，人类对自身的相互依存性逐渐有了清醒的认识，而近年来全球化的新发展，又在不断以其更具普遍性、整体性的方式显示人类共同利益的存在。例如核威胁下的世界和平，南北差距不断扩大，生态、资源和人口三者之间的恶性循环，国际恐怖活动与犯罪等，甚至包括新冠肺炎疫情，这些都不是某一个国家或几个国家的利益问题，而是关系整个人类的生存和发展。

第三，利益共同性所达到的程度在许多方面已经成为不可转移的根本性存在。国家间的共同利益有许多属于暂时的、表面的，甚至是可有可无的，然而在当代全球化条件下，无论是双边、多边还是全人类的，正愈益表现出涉及根本、难以逆转的性质。

以构建人类命运共同体为方向，就必须最大限度地超越社会制度和意识形态分歧，以全球视野认识和考察国家在世界中的存在。这是"人类命运共同体"构想在未来能够成为事实的基本依据。在此前提下，如果社会主义国家的对外交往仍然以社会制度、意识形态划线，则容易导致不惜以损害民族利益、国家利益为代价，来维护狭隘的政治立场或抽象主义的做法，并且容易形成国际社会不同阵营和集团势不两立、剑拔弩张局面。"命运共同体"不但是以承认国家利益为前提，而且是将国家利益确立为整个国际社会所公认的行为价值取向。然而问题是在当代全球化条件下，国家利益已经在更大程度上"共同化"，共同利益也更加"国家化"。因此，必须在很好地维护共同利益基础上，争取国家利益的巩固和发展。将与资本主义国家的交往建立在维护和发展共同利益、共同价值的基础上，有助于纠正和克服以往社会主义建设过程中与西方世界始终处于对立、对峙的状态，能够在更大程度上融入世界的全球化文明进程。

虽然当代世界仍不太平，少数西方大国仍然坚持不放弃"冷战思维"，人类共同利益的维护和发展，或者说构建人类命运共同体，仍然面临严峻挑战。但是国家利益至上与维护全球利益的统一，毕竟已成为大势所趋。这样做，非但不会削弱中国的社会主义，而且只能使之更加繁荣和昌盛。

三、当代资本主义性质及其未来前景

当历史进入 21 世纪，关心人类未来的人们普遍以一种更加复杂的心情，注视着资本正以前所未有的规模与力量实现全球性占有和渗透。在此背景下，马克思关于资本主义的论断理所当然地成为人们争论的焦点之一。马克思毕生为之奋斗的人类解放首先是针对资产阶级革命所达到的政治解放成果提出的，并以资本主义基本矛盾运动的历史必然性为充分根据。那么人类当代发展究竟是证实还是在证伪马克思的这一思想内容？或者是兼而有之基础上的更新和发展？全部问题的关键或许在于对当代资本主义的认识。

(一)资本主义:从历史到当代

伊曼努尔·华勒斯坦曾经提出过"历史资本主义"(Historical Capitalism)的概念,认为"资本主义首先是一个历史社会体系"。因此,"要了解它的起源、它的运行,或者它当前的状况,我们必须从它存在的现实中加以考察"。[①] 其实这与马克思的资本主义具有世界历史性的思想基本是一致的:资本主义一方面是世界历史的推动者("资本主义大工业首次开创了世界历史");另一方面,"世界历史"作为一种强大的、外在性物质力量,又必然对资本主义的运行和发展发生重大作用。如果马克思的不同于历史编纂学意义上的"世界历史"确实可以作为全球化来理解和接受,那么我们似乎可以将上述思想简单概括为资本主义与全球化之间的互动。

马克思对资本主义的考察,其范围大致局限于十五六世纪到 19 世纪末这段时间内,并且在空间上是以在欧洲最多再加上北美的发展为主。因此在马克思的分析中,我们能够看到的,基本是对这一互动模式单方面情形的阐述。例如,最初的资本原始积累促成世界市场的萌芽与生发,努力实现资本增殖最大化这一本质需求,使资产阶级必须"奔走于全球各地,它必须到处落户,到处开发,到处建立联系"。《德意志意识形态》《共产党宣言》对世界历史(全球化)与资本主义关系的交代,主要以对资本主义从 16 世纪到 19世纪初发展三个时期的划分为基础。这不但是由于历史发展的不成熟所致,而且也因为与此相关联的思想局限性而生。因为当时马克思有一个十分明确的认识:资本主义虽然是世界历史的开创者,但真正的世界历史时代又意味着人类解放事业,即共产主义的到来;而在 19 世纪中叶,历史发展则

---

① [美]伊曼努尔·华勒斯坦:《历史资本主义》,路爱国、丁浩金译,社会科学文献出版社,1999年,第 1 页。

已经达到或至少接近达到"完全转变为世界历史的程度"①。到 19 世纪中后期，马克思意识到这一认识的局限性，同时历史的进一步发展也促使他注意到全球化本身对资本主义存在与发展的作用：一是工业发达国家之间世界市场竞争对资本主义经济危机表现形态发生影响，二是工业不发达国家或发展中国家市场情况构成资本主义发展的制约性因素，三是东方落后国家的革命会成为西欧爆发无产阶级革命的导火线。然而在总体上，这方面思想内容并不十分显著，特别是没有也不可能将全球化当作推动资本主义发展的一种决定性力量。这也影响了当代人对资本主义的认识，即长期以来始终局限于从一国范围内社会化大生产的发展，肯定和探求资本主义产生阶段性变化的根本动力。

这一理论范式在马克思当时是正确的，19 世纪末 20 世纪初已经有些勉强，而到第二次世界大战后局限性逐渐变得比较突出。

最近二十余年，随着信息革命和经济全球化的加速发展，人们普遍认为资本主义正在达到一个新的阶段，但在对这个新阶段的认识及其概括却是意见纷呈，存在着各种不同的观点。

在西方一些著名的思想大家中，例如曼德尔、哈贝马斯、詹明信等，存在着"晚期资本主义"一说。"晚期资本主义"在时间上大致是指战后特别是 20 世纪 60 年代以后主要存在于西方发达国家的资本主义，着眼点在于当代资本主义发展的内在思想文化矛盾及其生存危机。法国巴黎第八大学教授、《当代马克思主义》杂志主编托尼·安德列奥尼则将 90 年代以来的资本主义阶段称为"新资本主义"。与以往相区别，"新资本主义"的最重要特征是跨国公司在唱主角。安德列奥尼认为跨国公司立足全球行动，它要到世界各地寻求市场份额并取得市场地位，但它实施全球战略的目的不在于获

---

① 《马克思恩格斯选集》(第一卷)，人民出版社，1995 年，第 89 页。

利和增加生产能力，而只是为了增加在世界市场中的份额。占有世界58%金融资本份额的国际投资者则是"参与者"，而国家却仅仅是"新资本主义"的"旁观者、伙伴和人质"。① 同为法国学者的让－克罗特·德罗奈则既不赞成诸如"世界资本主义""人民资本主义""后工业社会""后福特社会"等一类提法，也不同意托尼·安德列奥尼的"新资本主义"观点。德罗奈认为继国家垄断资本主义之后的，是可以被称为"金融垄断资本主义"的新阶段。"金融垄断资本主义"并不意味着对国家垄断资本主义的完全否定，而是国家垄断资本主义克服自身危机的结果。他强调，信息革命为金融垄断资本主义提供了技术和生产力基础，而经济全球化和金融化（financiarisation）则是其形成的必要条件。②

在我国学者有关资本主义的研究中，值得注意并曾经引起较大反响的，是中国人民大学高放教授关于"社会资本主义"的提法。他认为从20世纪70年代以来，垄断资本主义已开始发展到社会资本主义阶段，其主要根据是资本主义各方面社会化水平的提高（例如在社会生产、生产关系、社会结构、政府职能，以及国际关系等领域）。③

作为人类社会发展的现代阶段，资本主义已经成为一个非常复杂的历史现象。方法、关注点、学科理论背景和观察角度的不同，都能够产生对当代资本主义的不同认识和体验；就概念性提法或具体定义而言，关键是从什么样的层面展开和突出那方面内容。首先，我们需要达成一致的是，西方当代社会是否仍旧属于资本主义这一大的历史阶段？ 如果回答是肯定的，那么虽然不能否定"后现代社会""后工业社会""后福特社会"之类提法具有

---

① 参见［法］托尼·安德列奥尼：《当代资本主义的新变化》（本文由李伟根据托尼·安德列奥尼在上海社会科学院一个演讲整理而成），《社会科学报》，2002年11月21日。

② 让－克罗特·德罗奈关于金融垄断资本主义的详细观点，参见《国外理论动态》，2002年第1期。

③ 参见高放：《社会资本主义是资本主义的最高阶段》，《江汉论坛》，2001年第8期。

反映当代西方社会某方面特性的优势，但显然与以往概括难以构成同类概念的关系。其次，既然资本主义的最根本属性没有改变，即依然是以"资本"为中心、为核心本质的社会，那么对不同阶段的划分和概括就只能在二级本质层面做文章。根据马克思的唯物史观，使不同社会历史阶段相区别的最主要内容，是生产资料所有制。进一步的分析在于，在所有制性质没有发生根本改变的基础上，使一个社会形成阶段性（质的）差别的最主要根据，或许在于生产资料占有形式及运行方式的变化。

必须注意到，在西欧"双元革命"后到 19 世纪晚期以前的资本主义，即马克思《资本论》所着力分析和研究的资本主义，生产资料的私人占有以个人或家庭（家族）形式为主，经济运行突出体现为国家范围内的自由竞争。19 世纪末以后，随着股份公司的出现，"私人占有"逐渐从个人或家庭（家族）转化为"有限"集团占有，同时出现国家从制约垄断开始、对本国范围内经济运行的干预和调节。后一个阶段如前所述，当然也还会存在前后时期的差别，但在总体上与前一个阶段的根本区别，除了资本占有形式的改变外，则是在经济全球化推动下国家在经济生活中地位与作用的显著增强。这个阶段的发展大致到 20 世纪 70 年代为顶点（近一个世纪）。80 年代以后特别是在 90 年代以来，有两方面与全球化密切相关的事实开始对资本主义新阶段的产生起重大作用：一是资本社会化规模的扩大，二是跨国公司在国家经济和世界经济中地位的提升。通常认为，19 世纪末以前的资本主义为自由资本主义，20 世纪特别是第二次世界大战后的资本主义为国家垄断资本主义。按照划分概念必须坚持同一标准的原则，我们是否可以提出将由内部发展和外部经济全球化支配与影响下的资本主义新阶段，称为"全球自由资本主义"？

(二)全球自由资本主义及其基本矛盾

资本主义天性就是世界的,因为资本的本性决定它必须"夺得整个地球作为它的市场"①。所以资本主义全球化从来就是一个不容回避的客观事实。但同时应该承认,当下的资本主义全球化具有与以往完全不同的内涵,并由此使资本主义社会的性质发生某种程度的改变。

改变是客观事实,问题是如何认识与概括。笔者曾主张将当代资本主义定义为"全球自由资本主义"②。所谓"全球自由资本主义",首先是因为当代资本主义正日益强烈地具有如下全球性特征:①实现资本主义经济形态最大限度的全球占有,②发达国家的生产更加全球化,③生产全球化正在导致资本主义生产关系更具全球性特征。

"全球自由资本主义"另一个基本内涵,在于资本主义的全球组织和运行表现出更高程度的自由化特性。

资本主义在历史上曾经是"自由"的,后来由于发达国家加强对经济生活的干预和发展中国家对资本的抵制,逐渐开始变得不那么自由了。垄断要受到控制,国家在财政、税收、货币、金融等几乎经济活动的所有方面都建立起一整套的制度或法规,从而对生产组织与运行的干预和调节成为带有强制性质的内在机制。最近十几年,新经济形式的出现和经济全球化,又正在使资本的生产和运行重新"恢复"自由特性。

当下资本主义的"自由"属性,首先存在于国内层面:一是国家被迫放弃过多的干预和控制,二是国家主动给资本以更多的自由。其次在国际层面,基于当下资本主义的"全球"性质,这方面的"自由"更为显著和重要。

---

① 《马克思恩格斯全集》(第46卷)(下册),人民出版社,1979年,第33页。
② 有关这个问题的详细论述,参见韦定广:《资本主义的最高阶段是"全球自由资本主义"》,《社会科学》,2005年第9期。

20 世纪 80 年代后期以来，随着跨国公司在世界经济中地位的迅速上升，原本国家市场所扮演的传统贸易角色逐渐为跨国公司所代替。由此产生一个重要事实：世界上的贸易大都是在跨国公司内部发生的，或者说是跨国公司母公司和子公司之间进行的进出口贸易。跨国公司将大量市场内部化的结果，是能够更加自由地驰骋于全球的任何角落。在跨国公司的辞典中已经失去传统意义上的"祖国"，而东道国出于主客观原因，实际上难以对"富可敌国"的跨国公司全球行为实施有效的干预和控制。千方百计地引进国外投资，几乎已成为当前所有发展中国家的头等大事，这也是发展中国家借此发展本国经济和加入经济全球化的有效途径。很少有发展中国家能承受住将跨国公司拒之门外的经济后果。所以在对待跨国公司"准入"问题上，往往是努力以本国政策的改变来迎合跨国公司的全球战略。这也是推动世界经济自由化的重要原因之一。

作为最近十几年"经济全球化时代"的一个重要特征，是金融资本（股票、债券、货币等）市场几乎以令人目眩的速度飞速膨胀。高速而规模巨大、投机性强的货币交易，反映出如今的全球金融交易在相当程度上已经接近于"无国界"状态。[1] 在第二次世界大战后，西方发达国家吸取历史上历次危机的教训，曾经建立起比较有效的国际金融体系。但是在新的全球化条件下，这些正在趋于失去以往的效能。罗伯特·吉尔平指出："在人类步入 21 世纪的时候，还没有一个管好国际金融的机制，这肯定是世界经济的一个最突出特征。"[2]甚至像乔治·索罗斯这样的超级国际金融投机家，也为目前全球金融运行所达到的自由度而惊呼不已。

---

[1] See William Greider, *One World, Ready or Not: The Manic Logic of Global Capitalism*, Simon & Schuster, 1997, p. 23.

[2] ［美］罗伯特·吉尔平：《全球资本主义的挑战——21 世纪的世界经济》，杨宇光、杨炯译，上海人民出版社，2001 年，第 158 页。

另外，信息革命成果不但给全球经济特别是金融资本的更加自由运行提供了技术上的可能，而且信息经济天生就具有自由的特性。例如，由于因特网等信息技术的迅速发展，目前在虚拟空间进行商品销售和金融市场交易的程度越来越高，以致金融电子业务的发展已经达到这样的程度：只要一按按钮，瞬间就能够完成数十亿美元在全球化市场范围跨国界的转移。至于金融市场的外币交易额，更是与日俱增。虚拟的，在一定意义上也是更加自由的。因此，"跨国公司对虚拟空间的开拓以及诸如金融市场的外币计算机网络交易等，使得国与国之间的实际边境失去了传统的意义"①。至于那些以知识和高技术为基础的、数量越来越多的商品和服务，关税或其他障碍甚至根本无法发挥限制作用。

那么应该如何分析全球自由资本主义的基本矛盾？

要认识一个社会的性质，必须从基本矛盾分析入手；而对资本主义社会基本矛盾的科学考察，则是马克思社会主义理论形成和发展的基础。关于资本主义社会的基本矛盾，马克思《资本论》中有非常详尽的研究，但为人们熟知的，是恩格斯在《社会主义从空想到科学的发展》所作的简明概括，即表现为"社会的生产和资本主义占有"之间的矛盾。恩格斯认为在资本主义条件下，"生产已经成为社会的活动；而交换以及和它相伴随的占有，仍旧是个体的活动，单个人的活动：社会的产品被个别资本家所占有。这就是产生现代社会的一切矛盾的基本矛盾，现代社会就在这一切矛盾中运动，而大工业把它们明显地暴露出来了"②。严格地讲，恩格斯的这一表述在资本主义进入 20 世纪后，就开始逐渐表现出局限性。例如随着垄断的出现，社会产品从"个别占有"发展到集团甚至一定意义上的社会占有（因股权社会化而产

---

① 杨伯溆：《全球化：起源、发展和影响》，人民出版社，2002 年，第 410 页。
② 《马克思恩格斯选集》（第三卷），人民出版社，1995 年，第 758～759 页。

生）；在国家宏观调控作用下，整个社会生产开始具有计划性，甚至在民族国家范围内，生产从"无政府"走向有政府；经济发展和社会福利制度的广泛实行，无产阶级及广大劳动人民的生活水平普遍获得较大程度提高；由于第二次世界大战后发达国家之间经济协调的加强，国家间恶性竞争的情况不再多见。那么资本主义基本矛盾是否已经获得根除了呢？如果答案是否定的，又该如何认识资本主义基本矛盾的新内容、新特点呢？

全球自由资本主义依旧属于资本主义，因此大体可以认为，基本矛盾在根本上仍然是生产与占有之间的矛盾。但是经济全球化的新发展一方面真正实现了马克思当年的一个预言："使一切国家的生产和消费都成为世界性的了"①，所以"社会生产"中的"社会"已经从地域或民族国家范围延伸至全球，即社会生产成为全球生产。另一方面，占有的个别性也正在向集团性、社会性甚至全球性转变。以全球市场为纽带的资本主义基本矛盾的全球性生成与展开，总体上并没有使矛盾的性质发生根本改变，但与马克思和恩格斯时期的 19 世纪比较，在形式上却具有很大不同：

1. 在人与人关系上，将主要表现为包括发达国家劳动人民在内的全球广大生产者与跨国资本家阶级的对立

跨国资本家阶级由资本跨国化而产生，能够存在的根据主要在于，跨国公司的发展、国外直接投资的大幅度上升、跨国收购与兼并、不同国家企业相互间建立各种战略联盟、资本的相互渗透等。这些全球化生产的种种新形式组织成一种世界性网络，将不同国家或区域、不同部门与行业的资本家联结在一起，并基于资本的全球性增殖，在某种程度形成客观利益上的一致性与主观认同。这是一个新的霸权集团，它由全世界包括西方发达国家和非西方国家中统治阶级占主导地位的形形色色的经济、政治势力组成。这

---

① 《马克思恩格斯选集》（第一卷），人民出版社，1995 年，第 276 页。

个阶级超越任何一个地方性政治实体之上,追求着阶级目标——资本主义全球化,并努力通过建立跨国国家机构的意识形态,来对全球进行统治。与此相对立的,是一个由工人阶级或其他非统治阶级成员组成的、受全球资本剥削的阵营。在当前全球化背景下,世界各国的工人阶级或劳动人民并不是像马克思当年所期望的那样"联合起来",而是各自为政。这说明在跨国资本家阶级已经具有比较自觉的阶级意识的情况下,与之相对的一方还处于跨国形成过程中,或者说作为一个整体,还处在自在阶段。然而由二者之间的剥削与被剥削、统治与被统治所决定,两方面的总体性对立却是一个日益明显的客观事实。进一步的发展,将有可能产生超出国内阶级对立的世界政治后果。

2. 在经济关系方面,形成生产的跨国组织或国内运行的有计划性与整个世界市场"无政府"状态之间的对立

从效率原则出发,资本主义企业内部的生产组织与运行是非常严密的,这无论是在私人资本还是在垄断资本条件下,都是一样。借助于交通和信息技术的发展,目前即使再大的跨国公司,在全球范围内组织生产也能够达到如以往"小本经营"时一样的科学与严密,甚至在企业网络条件下各方面是有过之而无不及。同时在全球化加速发展的背景下,世界经济运行的无计划、无政府性却日益突出。自20世纪70年代中期布雷顿森林体系正式宣告瓦解后,浮动汇率制首先成为世界货币金融的不稳定因素。现代信息技术在货币金融领域的广泛运用导致大量虚拟资本出现,再加其他一些相关因素,致使整个世界经济特别是货币金融运行出现严重不稳定状况。货币汇率大起大落,股市动荡激烈,著名大银行相继破产,世界性金融危机一个接着一个……具体原因多种多样,但在根本上,是由世界经济运行的"无政府"所导致。"失去控制"至少已经成为当前全球金融体系的显著特征。

3. 在世界经济内部结构方面，形成实物生产有限增长与虚拟经济无限扩张之间的对立

在一定程度上，实物生产总是要受到原料供应、市场容量及生产能力等因素的限制，而以虚拟经济形式出现的金融及其衍生产品的发展则可以无限扩大。法国学者让-克罗特·德罗奈之所以将当代资本主义称为金融垄断资本主义，首先针对的是在当前条件下世界金融领域所发生的深刻变化：金融已发展成为相对独立的领域，虚拟经济和实体经济分离的现象日趋严重。① 这种现象与国际金融体系结构缺陷存在着一定的联系。虚拟经济与实物经济严重脱节，大大超出物质生产和正常贸易需要的巨额游资在全球如同洪水猛兽般"自由"追逐超额利润，无疑是全球经济的祸根所在。虚拟经济严重过剩与无限膨胀，已经成为当代条件下资本主义经济危机的主要根源。

（三）前景：可能与现实

历史总是在不断前进的。当代资本主义非但没有宣告历史的"终结"；相反，几十年来的全球"自由"发展却不但使"它那有限的、脆弱的性质忽然间变得如此明显了"②，而且越来越显现出新文明诞生的征兆与趋势。或者说，出现了许多值得我们重新认识和思考的内容。

1. 向未来社会转变的方式方法问题

马克思认为，资本主义的历史暂时性在于基本矛盾对立的尖锐性及其不可调和性。以此为前提，马克思有理由设想可以由无产阶级通过暴力革

---

① 参见李其庆：《西方左翼学者对当代资本主义的研究——第三届巴黎国际马克思大会述要》，《国外理论动态》，2002年第1期。

② ［英］约翰·劳埃德：《呼唤下一种伟大的思想》，英国《金融时报》，2002年1月12—13日；转引自《国外理论动态》，2002年第4期。

命的方式，实现对资本主义的彻底变革。但是大体在1871年巴黎工人起义后，单纯由无产阶级革命来达到社会彻底变革目标的途径就已经"过时"了。后来列宁根据第一次世界大战背景和帝国主义阶段的新特点，提出过战争与革命相结合的道路模式。然而在第二次世界大战结束后，一是西方主要国家间爆发大规模战争的概率趋于无限制缩小，二是几乎不复存在国内发生暴力革命并能够取得成功的可能性，因而这种道路模式的可能性正在逐渐丧失。

目前国内外有关发达国家阶级状况的研究中，争议最大的问题是关于无产阶级的队伍构成及其数量。为了能够达到对革命或资本主义历史暂时性的论证，有人甚至认为发达国家无产阶级队伍不是比过去缩小了，而是在不断壮大；或者是不断延伸马克思的无产阶级或工人阶级内涵。其实，问题的关键并不在于是工人阶级还是无产阶级，人数是多了还是少了，他们的生活状况或政治、社会地位是比几十年前低了还是高了，如此等等；最重要的是，是否还存在一个能够发动对资产阶级统治进行有效革命行动的阶级？

当代资产阶级状况的最大改变，一是在原本对立的两大阶级中间，出现了一个被称为中产阶级的社会群体；二是在三大产业就业人口比例中，工业就业人数趋于减少，第三产业人口增加。这两方面变化产生的重要结果，是传统的、能够从经济和政治地位、生活状况和受教育程度等方面认识和定义的工人阶级（无产阶级）越来越少；而受教育程度高、从事管理或服务工作、拥有"体面"身份及收入（包括有产）的劳动者占有越来越大的比例。同时城乡差别、工农差别和脑体劳动差别越来越小，整个社会文明程度、政治民主化和社会化程度越来越高。难道这些不正是真正的马克思主义者所期望的社会发展和历史进步吗？（例如马克思就曾经将资本主义社会的人能够获得全面发展，当作未来社会实现人的自由而全面发展的必要基础。）由此，自然是爆发革命的概率越来越低。进一步预测，在发达资本主义国家，像19世纪后期德国社会民主党的设想的那样，通过民主投票的方式宣布进入后资本主义社会的可能性也很小（这种方式曾经得到恩格斯的肯定）。在现代政治和社会条件下，资本主义社会向后资本主义未来社会的转变，大概只能是渐变而很少突变的机会与可能。恩格斯晚年在论述德国社会民主党参加议会选举的社会主义意义时说过："世界历史的讽刺把一切都颠倒了过来。我们是'革命者'、'颠覆者'，但是我们用合法手段却比用不合法手段和用颠覆的办法获得的成就要多得多。"①到了 21 世纪，马克思主义者难道一定要为在资本主义社会始终存在着一个庞大的、被严重异化或处于水深火热中的无产阶级队伍而高兴；为有可能由这样一个阶级起来通过彻底打碎"旧世界"的方式实现未来社会而鼓舞？有这种想法的人，真应该重新读一读恩格斯生前的最后一篇重要文献，即为马克思《1848 年至 1850 年法兰西阶级斗争》一书所写导言！在这篇重要文献的最后，恩格斯意味深长地讲述了基督教的一段历史：一千六百年前，基督教原先是作为罗马帝国时期的地下颠覆派进行活动的，他们不承认皇帝的意志是最高的法律，没有祖国，散布在全帝国并且渗透到帝国边界以外，因此完全是"国际性的"；他们在罗马军团中有许多信徒，破坏了军队的秩序、服从和纪律，因而理所当然地遭到禁止、镇压和 303 年的大规模迫害。然而"这次迫害竟起了如此巨大的作用，以致 17 年之后，军队中绝大多数都成了基督教徒，而继任了全罗马帝国君主，即教士们所称的君士坦丁大帝，则宣布基督教为国教了"。全部论述达七百字左右，不作一字评论，并以所引这段文字作为全部故事和文章的结束。其含义岂不耐人寻味？②

---

① 《马克思恩格斯选集》（第四卷），人民出版社，1995 年，第 524 页。
② 同上，第 526 页。

2. 关于私人生产或社会生产

马克思在19世纪中期认为，可以由无产阶级起来进行一场剥夺"剥夺者"的革命来实现共产主义，其重要前提之一，是当时的"私人占有"主要表现为个人或家庭（家族）占有。大多数人联合起来进行一场针对社会极少数成员的财产革命，这不但在理论上可以成立，而且在历史上也是有先例的。然而在20世纪后期，发达国家所有制关系的发展一方面表现为国有资产在一定范围内继续存在，另一方面是资本社会化趋势的迅速发展。后者突出地表现为股权分散化现象。在股权分散化讨论中，国内学者大都以中、小股东所占比例来论证资本主义财产的私人占有性质没有发生根本改变。这在一定程度上当然是能够成立的。但问题在于：一是在近期，股权分散化的政治意义可能大于经济意义；二是从发展趋势上分析，在未来有可能对社会性质发生更进一步的深刻影响。

发达国家的资本社会化还表现为"养老基金""共同基金"等形式出现的机构投资，在国民经济中起着越来越重要的作用。这类投资通常来源于广大中、小投资者，因而体现出投资社会化方向。甚至有人认为机，构投资所达到的资本社会化程度，已开始显示当代资本主义所有制从量变的积累到引起新质萌发。

当代发达资本主义国家所有制另一个值得注意的重要变化，是合作社经济的大发展。现代意义上的合作社最早产生于英、法、德等国家，属于群众的自发组织。许多著名的空想社会主义者，如欧文、傅立叶等，都将之作为新社会的一种经济形式而倡导或创办过，恩格斯1894年的《论法德农民问题》一文中也有过评述。到19世纪末20世纪初，合作社运动超出欧洲范围，开始向世界各地扩散；第二次世界大战以来始终呈不断发展和壮大之势。目前在发达国家，合作社的规模在不断扩大，在一些国家甚至出现少数大型或超大型合作社企业，特别是合作社的发展早已引起国际社会甚至联合国的关注。

对于上述新情况，我们一方面当然可以说，这些并没有造成发达国家所有制发生根本性质的改变；但同时也应该承认，当代发达资本主义国家的所有制确实已经在很大程度上不同于19世纪的"私人占有"。总的看来，在与极少数富翁更加富有相并存的，是"占有"社会化程度的提高和加速发展。由此可能具有的意义，一是使马克思曾经提出的、以社会多数人通过剥夺极少部分人财产来达到所有制根本变革的方式不再可行；二是明白显示出未来社会实行生产资料"社会占有"的迹象、形式和趋势。

我们知道，针对资本主义的私人占有及其所产生的问题，马克思提出未来社会公有制的具体内涵是实行社会占有。但是一个"社会"如何占有社会的财产？马克思没有明示。或许我们可以从《资本论》"重建个人所有制"的提法中获得某种启示：让每一个社会成员都能够真正地拥有属于他自己的社会财富。当然，关于未来进一步的发展及其结果，我们还很难预测。不过我们应该牢记恩格斯的一个观点："生产力归国家所有不是冲突的解决，但是它包含着解决冲突的形式上的手段，解决冲突的线索。"①另外在社会主义实践中有两个与此相关的事例，也很值得我们思考和发生联想：一是列宁晚年认为在十月革命后的苏维埃俄国，合作社组织形式具有社会主义性质；②二是党的十六届三中全会正式提出，股份制是社会主义公有制的"主要实现形式"。

3. 如何分析和评价国家间关系

在历史上，资本主义每一步发展都是与战争紧密联系在一起的；所谓国家间关系，主要就是压迫与被压迫、掠夺与被掠夺的关系。在19世纪中后期

---

① 《马克思恩格斯选集》（第三卷），人民出版社，1995年，第753页。
② 参见《列宁选集》（第四卷），人民出版社，1995年。

以前，不但有西欧国家之间为领土或政治而进行的各种战争，而且出于资本原始积累与开辟世界市场的需要，还不断进行针对落后国家的军事行动。随着最大资本主义列强将世界领土瓜分完毕和多个工业发达国家并驾齐驱态势的形成，到 20 世纪，则先后是两次世界大战。然而从 20 世纪后期开始，和平逐渐成为世界的主潮流之一。这在根本上是由全球化新发展决定的。一是在当下全球化条件下，发达国家基本不再需要通过战争的方式来实现其经济、政治目的；二是全球造成各国间经济的深度联系，一旦爆发大规模战争，最终的结局必然是没有赢家。因此在冷战结束后，一方面无论发达国家间还是发达国家与发展中国家之间，各种矛盾依然激烈，对抗还在一定程度上存在，特别是美国总是力图在世界范围推行其霸权主义和强权政治，少数西方国家总是要对一些发展中国家采取打压政策；另一方面，又出现国际协调加强、国家间协作或合作增长的趋势。西方国家相互间更加注重宏观经济政策，以及政治与军事方面行动的协调；对于矛盾的解决，往往采取相互妥协而非激烈对抗的处理形式。发达国家与广大发展中国家之间虽然无论矛盾的严重程度还是对立性质都远甚于前者，但是通过大规模战争来解决的可能性或许更加不大。因为发达国家处于主动的一方，不需要用战争来获利；而广大发展中国家则在力量与联合两方面都不可能进行一场针对发达国家的战争。另外更重要的还在于双方发展中的互相需要。发展中国家固然需要从发达国家获得资金、技术与市场，但是如果发展中国家发展不起来，发达国家"就可能没有出路"①。因此 20 世纪 90 年代以来，南北双方的对话、合作及其国际事务中的相互信任与支持的成分在增加。从未来趋势看，这是解决二者之间矛盾的必由之路。

　　至于全球化条件下"全球性问题"，更加需要世界上所有国家达成和平

---

① 《邓小平文选》（第三卷），人民出版社，1993 年，第 106 页。

共处基础上的更高程度的联合、协调与共同努力。

上述这些和前面的资本社会化及阶级状况的改变一样，我们当然不能简单地据此认为资本主义就已经不再是资本主义了。但是资本主义确实在反对资本主义，同时也在消灭着资本主义。

1917 年 9 月，列宁写文章批评部分社会革命党人和孟什维克，认为他们总是"抱着学理主义的态度，即根据他们背得烂熟但理解得很差的教条"来看待社会主义，由此"他们把社会主义说成是遥远的、情况不明的、渺茫的未来"。列宁认为：

> 其实，社会主义现在已经在现代资本主义的一切窗口中出现，在这个最新资本主义的基础上前进一步的每项重大措施中，社会主义已经直接地、实际地显现出来了。①

在列宁之后，历史又前进了将近一个世纪。当代资本主义和列宁时期比较，无疑较那时与马克思时代的差距更大，而且还在不断产生具有新质意义的变化。那么在今天的全球自由资本主义阶段，历史中的社会主义是变得更加遥远、更加情况不明和更加渺茫了呢，还是正好相反？

无论如何，在这个问题上，我们不应再成为被列宁批评过的社会革命党人或孟什维克……

---

① 《列宁选集》（第三卷），人民出版社，1995 年，第 266～267 页。

参考文献

一、中文文献

（一）著作

1.《马克思恩格斯全集》，中文第 1 版，人民出版社。

2.《马克思恩格斯选集》（第一至四卷），人民出版社，1995 年。

3.《列宁全集》，中文第 2 版，人民出版社。

4.《列宁选集》（第一至四卷），人民出版社，1995 年。

5. 马克思：《1844 年经济学哲学手稿》，人民出版社，1985 年。

6.《邓小平文选》（第二卷），人民出版社，1994 年。

7.《邓小平文选》（第三卷），人民出版社，1993 年。

8.［英］阿萨·布里格斯：《英国社会史》，陈叔平等译，商务印书馆，2015 年。

9.［埃及］萨米尔·阿明：《资本主义的危机》，彭姝祎、贾瑞坤译，社会科学文献出版社，2003 年。

10.［英］埃里克·霍布斯鲍姆：《工业与帝国：英国的现代化历程》，梅俊杰译，中央编译出版社，2016 年。

11.［美］艾恺：《世界范围内的反现代化思潮——论文化守成主义》，贵州人民出版社，1991 年。

12.［英］艾瑞克·霍布斯鲍姆：《帝国的年代：1875—1914 年》，贾士蘅译、钱进校，江苏人民出版社，1999 年。

13.［英］艾瑞克·霍布斯鲍姆：《极端的年代：1914—1991 年》，郑明萱译，江苏人民出版社，1998 年。

14.［英］艾瑞克·霍布斯鲍姆：《资本的年代：1848—1875 年》，张晓华等译，钱进校，江苏人民出版社，1999 年。

15.［英］安东尼·吉登斯等：《现代性——吉登斯访谈录》，尹宏毅译，新华出版社，2001 年。

16［法］安德烈·纪德：《从苏联归来》，郑超麟译，辽宁教育出版社，1999 年。

17. 安启念：《俄罗斯向何处去——苏联解体后的俄罗斯哲学》，中国人民大学出版社，2003 年。

18.［美］巴林顿·摩尔：《民主和专制的社会起源》，拓夫、张东东等译，华夏出版社，1987 年。

19.［美］保罗·肯尼迪：《大国的兴衰——1500—2000 年的变迁与军事冲突》，王保存等译，求实出版社，1989 年。

20.［美］加布里埃尔·A. 阿尔蒙德等：《比较政治学：体系、过程和政策》，曹沛霖等译，上海译文出版社，1987 年。

21. 曹维安：《俄罗斯史新论——影响俄国历史发展的基本问题》，中国社会科学出版社，2002 年。

22.［美］查尔斯·布鲁尼格、马修·莱温格：《现代欧洲史：革命的年代（1789—1850）》（第四卷），王皓、冯勇译，中信出版社，2016 年。

23. 陈乐民、周弘：《欧洲文明扩张史》，东方出版中心，1999 年。

24. 陈其人:《世界经济发展研究》,上海人民出版社,2002 年。

25. [英]戴维·赫尔德:《全球大变革——全球化时代的政治、经济与文化》,杨雪冬等译,社会科学文献出版社,2001 年。

26. 丁建弘主编:《发达国家的现代化道路——一种历史社会学的研究》,北京大学出版社,1999 年。

27. [俄]德·安·沃尔科戈诺夫:《斯大林》(上册),张基良等译,国际文化出版公司、世界知识出版社,2006 年。

28. [俄]别尔嘉耶夫:《俄罗斯的命运》,汪剑钊译,云南人民出版社,1999 年。

29. [俄]T. C. 格奥尔吉耶娃:《俄罗斯文化史——历史与现代》,焦东建、董茉莉译,商务印书馆,2006 年。

30. [俄]尼·亚·别尔嘉耶夫:《俄罗斯思想的宗教阐释》,邱运华、吴学金译,东方出版社,1998 年。

31. [俄]普列汉诺夫:《俄国社会思想史》(第一卷),孙静工译,商务印书馆,1988 年。

32. [俄]亚·尼·雅科夫列夫:《一杯苦酒——俄罗斯的布尔什维主义和改革运动》,徐葵等译,新华出版社,1999 年。

33. [俄]M. P. 泽齐娜等:《俄罗斯文化史》,刘文飞、苏玲译,上海译文出版社,2005 年。

34. [美]E. 希尔斯:《论传统》,傅铿、吕乐译,上海人民出版社,1991 年。

35. [法]弗朗索瓦·佩鲁:《新发展观》,张宁、丰子义译,华夏出版社,1987 年。

36. [美]弗兰辛·R. 弗兰克尔:《印度独立后政治经济发展史》,孙培钧等译,杨瑞琳校,中国社会科学出版社,1989 年。

37. 高放、黄达强主编:《社会主义思想史》(上册),中国人民大学出版社,1987 年。

38.《联共(布)党史简明教程》,人民出版社,1975 年。

39. 郭寿玉:《资本主义南北经济关系新论——马克思主义中心外围论》,首都师范大学出版社,1993 年。

40. 姬金铎:《封建主义及其当代影响》,中国社会科学出版社,2003 年。

41. 金太军、王庆五:《中国传统政治文化新论》,社会科学文献出版社,2006 年。

42. 金雁等:《农村公社、改革与革命》,中央编译出版社,1996 年。

43. 金耀基:《从传统到现代》,中国人民大学出版社,1999 年。

44. [美]卡尔·A.魏特夫:《东方专制主义——对于极权力量的比较研究》,徐式谷等译,中国社会科学出版社,1989 年。

45. [澳]A. G. 肯伍德、A. L. 洛赫德:《国际经济的成长:1820—1990 年》,王春法译,经济科学出版社,1997 年。

46. 乐峰:《东正教史》,中国社会科学出版社,1999 年。

47. 李景治:《中国和平发展与构建和谐世界研究》,中国人民大学出版社,2011 年。

48. 李艳丽:《政治亚文化:影响当代中国政治发展的特殊因素分析》,武汉大学出版社,2008 年。

49. 林承节:《印度现代化的发展道路》,北京大学出版社,2001 年。

50. 刘泽华:《中国的王权主义》,上海人民出版社,2000 年。

51. 刘祖熙:《改革和革命——现代化研究》,北京大学出版社,2001 年。

52. 陆南泉等主编:《苏联兴亡史论》,人民出版社,2002 年。

53. 陆南泉等主编:《苏联真相——对 101 个重要问题的思考》,新华出版社,2010 年。

54. 陆扬等:《文化研究导论》,复旦大学出版社,2006 年。

55. [美]路易斯·费希尔:《列宁的一生》,彭卓吾译,北京图书馆出版社,2002 年。

56. [美]露丝·本尼迪克特:《文化模式》,王炜等译,生活·读书·新知三联书店,1988 年。

57. [美]罗伯特·吉尔平:《全球资本主义的挑战——21 世纪的世界经济》,杨宇光、杨炯译,上海人民出版社,2001 年。

58. [美]罗伯特·吉尔平:《世界政治中的战争与变革》,宋新宇、杜建平译,上海人民出版社。2007 年。

59. [美]罗兰·罗伯森:《全球化:社会理论和全球文化》,梁光严译,上海人民出版社,2000 年。

60. [法]罗曼·罗兰:《莫斯科日记》,袁俊生译,上海人民出版社,1995 年。

61. 罗荣渠:《现代化新论——世界与中国的现代化进程》,北京大学出版社,1993 年。

62. 罗荣渠主编:《从"西化"到现代化》,北京大学出版社,1990 年。

63. [德]马克斯·韦伯:《新教伦理与资本主义精神》,生活·读书·新知三联书店,1987 年。

64. [德]马克斯·韦伯:《新教伦理与资本主义精神》,于晓、陈维纲译,生活·读书·新知三联书店,1987 年。

65. [德]马克斯·韦伯:《文明的历史脚步——韦伯文集》,黄宪起、张晓玲译,上海三联书店,1988 年。

66. 马庆钰:《告别西西弗斯——中国政治文化分析与展望》,中国社会科学出版社,2002 年。

57. [美]迈克尔·P. 托达罗:《经济发展与第三世界》,印金强、赵荣美译,中国经济出版社,1992 年。

68. [苏联]米尔斯基:《"第三世界":社会、政权和军队》,力夫、阜东译,商务印书馆,1980 年。

69. [法]米歇尔·博德:《资本主义史》,吴艾美等译,东方出版社,1986 年。

70. [苏联]米·谢·戈尔巴乔夫:《改革与新思维》,苏群译,新华出版社,1987 年。

71. [美]尼古拉·梁赞诺夫斯基、马克·斯坦伯格:《俄罗斯史》,杨烨、卿文辉译,上海人民出版社,2007 年。

72. 钱乘旦、陈意新:《走向现代国家之路》,四川人民出版社,1987 年。

73. 钱乘旦主编:《英国通史》(第五卷),江苏省人民出版社,2016 年。

74. [美]塞缪尔·亨廷顿:《变动社会的政治秩序》,张岱云等译,上海译文出版社,1989 年。

75. [美]塞缪尔·亨廷顿:《文明的冲突与世界秩序的重建》,侯井天译,新华出版社,1998 年。

76. [美]史蒂文·瓦戈:《社会变迁》,王晓黎等译,北京大学出版社,2007 年。

77. [美]斯塔夫里阿诺斯:《全球分裂》(上、下册),迟越、王红生等译,黄席群、罗荣渠校,商务印书馆,1993 年。

78. [美]斯塔夫里阿诺斯:《全球通史:1500 年以后的世界》,吴象婴译,上海社会科学出版社,1999 年。

79. 宋则行、樊亢主编:《世界经济史》(上、中、下卷),经济科学出版社,1993 年。

80. 孙立平:《传统与变迁——国外现代化及中国现代化问题研究》,黑龙江人民出版社,1992 年。

81. [苏联]托洛茨基:《论列宁》,王家华、张海滨译,生活·读书·新知三联书店,1980 年。

82. 王斯德:《世界通史》(第三编),华东师范大学出版社,2001 年。

83. 王亚南:《中国官僚政治研究》,中国社会科学出版社,1981 年。

84. 王逸舟:《西方国际政治学:历史与理论》,上海人民出版社,1998 年。

85. 王玉玻:《历史上的家长制》,人民出版社,1984 年。

86. [美]维克多·埃尔:《文化概念》,康新文、晓文译,上海人民出版社,1988 年。

87. 闻一:《苏维埃文化现象随笔》,江西人民出版社,2006 年。

88. [美]西里尔·E.布莱克等:《日本和俄国的现代化——一份进行比较的研究报告》,周师铭等译,商务印书馆,1984 年。

89. [美]悉尼·胡克:《历史中的英雄》,王清彬等译,上海人民出版社,1984 年。

90. 谢立中、孙立平主编:《二十世纪西方现代化理论文选》,上海三联书店,2002 年。

91. [日]星野昭吉编著:《变动中的世界政治——当代国际关系理论沉思录》,刘小林、王乐理等译,新华出版社,1999 年。

92. [日]星野昭吉:《全球化时代的世界政治——世界政治的行为主体与结构》,刘小林、梁云祥译,社会科学文献出版社,2004 年。

93. 徐迅:《民族主义》,中国社会科学出版社,1998 年。

94. 许纪霖、陈达凯主编:《中国现代化史》(第一卷),上海三联书店,1995 年。

95. 杨伯溆:《全球化:起源、发展和影响》,人民出版社,2002 年。

96. 杨适:《人的解放——重读马克思》,四川人民出版社,1996 年。

97. 姚海:《俄罗斯文化》,上海社会科学院出版社,2005 年。

98. [美]伊曼努尔·华勒斯坦:《历史资本主义》,路爱国、丁浩金译,社会科学文献出版社，1999年。

99. 衣俊卿：《文化哲学十五讲》，北京大学出版社，2004年。

100. ［意］安琪楼·夸特罗其、［英］汤姆·奈仁：《法国1968：终结的开端》，赵刚译，生活·读书·新知三联书店，2001年。

101. ［意］翁贝托·梅洛蒂：《马克思与第三世界》，高铦等译，商务印书馆，1981年。

102. 殷海光：《中国文化的展望》，上海三联书店，2002年。

103. 张广智、张广勇：《史学，文化中的文化——文化视野中的西方史学》，浙江人民出版社，1990年。

104. 张翼星等：《读懂列宁》，四川人民出版社，2001年。

105. 周尚文等：《苏共执政模式研究》，上海世纪出版集团，2010年，

106. 周尚文：《列宁政治遗产十论》，上海人民出版社，2018年。

107. 朱日曜：《论中国传统政治文化》，吉林大学出版社，1987年。

108. 朱云影：《中国文化对日韩越的影响》，广西师范大学出版社，2007年。

109. 庄锡昌等编：《多维视野中的文化理论》，浙江人民出版社，1987年。

110. ［美］兹比格涅夫·布热津斯基：《大失败——二十世纪共产主义的兴亡》，军事科学院外国军事研究部译，军事科学出版社，1989年。

（二）文章

1. 高放：《社会资本主义是资本主义的最高阶段》，《江汉论坛》，2001年第8期。

2. 何芳川：《太平洋时代和中国》，《北京大学学报》，1995年第3期。

3. 李慎之：《中国文化传统与现代化——兼论中国的专制主义》，《战略与管理》，2000年第4期。

4. 李泽厚、王德胜:《关于文化现状、道德重建的对话》,《东方》,1994 年第 5、6 期。

5. 徐大同、高建:《论中国传统政治文化的基础和特征》,《天津社会科学》,1986 年第 5 期。

6. 叶汝贤:《每个人的自由发展是一切人的自由发展的条件》,《中国社会科学》,2006 年第 3 期。

7. 张奎良:《马克思的东方社会理论》,《中国社会科学》,1989 年第 2 期。

8. 郑异凡:《十月革命的几个问题——在德国召开的 1917 年俄国革命国际学术讨论会纪要》,《当代世界与社会主义问题》,1997 年第 4 期。

二、外文文献

1. Edward Tylor, *The Origins of Culture*, New York: Harp and Row, 1958.

2. Immanuel Wallerstein, Social Science and the Communist Interlude, or Interpretation of Contemporary History, ISA Regional Colloquium, Bulding Open Society and Perspectives of Sociology in East – Central Europe, Krakow, Poland, Sep. 15 – 17, 1996.

3. Thomas L. Friedman, *The Lexus and the Olive Tree——Understanding Globalization*, New York, 1999.

4. William F. Ogburn, *On Culture and Social Change*, Chicago: University of Chicago Press, 1964.